REVIEW TEXT IN
SPANISH TWO YEARS

Second Edition

By ROBERT J. NASSI

Former Teacher of Spanish
Los Angeles Valley Junior College, Los Angeles, California

and

BERNARD BERNSTEIN

Former Chairman of the Department of Foreign Languages
Martin Van Buren High School, New York City

Dedicated to serving

AMSCO

our nation's youth

When ordering this book, please specify:

either **R 42 P**

or REVIEW TEXT IN SPANISH TWO YEARS

AMSCO SCHOOL PUBLICATIONS, Inc.

315 Hudson Street   **New York, N.Y. 10013**

ISBN 0-87720-505-1

Copyright 1958, 1969 © by

AMSCO SCHOOL PUBLICATIONS, Inc.

PRINTED IN THE UNITED STATES OF AMERICA

PREFACE

This *Review Text in Spanish Two Years* is offered with a two-fold purpose: (1) To present in concise form, for review, the topics usually taken in Levels I and II; (2) To provide a variety of effective, workable exercises, to help attain mastery of each specific point reviewed.

It contains all topics prescribed in the New York State and New York City Syllabi for Levels I and II. Additional topics are treated, which are not prescribed in either of these syllabi, but which are included for completeness. These topics are labeled as "Optional."

The book is organized in units: Verbs, Grammatical Structures, Idioms, Vocabulary Building, and Civilization. Each unit is divided into lessons, each of which focuses attention on a specific point to be reviewed. This presentation permits the teacher to assign for review any lesson, without the necessity of considering the position of the topic in the normal sequence of instruction. Many of the exercises are in such form as to permit either oral or written treatment.

The following additional features should be mentioned:

1. A set of Mastery Exercises following each section, to provide a comprehensive review of the complete section. These may be used for testing purposes, either as a class activity, or for self-testing by pupils.

2. Special sections which provide copious practice in auditory and reading comprehension.

3. A section on Directed (Guided) Composition, dealing with topics related to the pupil's experience and daily life. Numerous vocabulary aids are supplied.

4. A chart of irregular verbs, classified according to the type of irregularity.

5. A Spanish-English vocabulary list, which includes all the words used in the exercises; also an English-Spanish vocabulary list, as an aid in working out the English-Spanish exercises.

To maintain student interest and increase insight into the life and ways of the foreign peoples, numerous "cultural bits"—skilfully illustrated—have been interspersed throughout the book.

Teachers and students alike, it is hoped, will find this book a helpful supplement to the regular textbook.

—The Authors

CONTENTS

Part I—*Verbs*

Part II—*Grammatical Structures*

Part III—*Idioms*

Part IV—*Vocabulary Building*

Part V—*Hispanic Civilization*

Part VI

Part VII

Part VIII

Appendix

Part I—*Verbs*

1. PRESENT INDICATIVE OF REGULAR VERBS

The present indicative of regular verbs is formed by:

1. dropping the infinitive ending (**-ar, -er, -ir**).
2. adding to the stem the following endings:

-ar verbs:	*-o, -as, -a, -amos, -áis, -an*
-er verbs:	*-o, -es, -e, -emos, -éis, -en*
-ir verbs:	*-o, -es, -e, -imos, -ís, -en*

	entrar, to enter	**comer,** to eat	**recibir,** to receive
	I enter, am entering, do enter, etc.	*I eat, am eating, do eat, etc.*	*I receive, am receiving, do receive, etc.*
yo	entr**o**	com**o**	recib**o**
tú	entr**as**	com**es**	recib**es**
Vd., él, ella	entr**a**	com**e**	recib**e**
nosotros, -as	entr**amos**	com**emos**	recib**imos**
vosotros, -as	entr**áis**	com**éis**	recib**ís**
Vds., ellos, -as	entr**an**	com**en**	recib**en**

Note

A. In a statement, the subject usually precedes the verb. In a question, the subject usually follows the verb.

Ellos comen a las doce.	They eat at twelve o'clock.
¿Comen ellos a las doce?	Do they eat at twelve o'clock?

B. Unless required for clarity or for emphasis, the subject pronouns may be omitted.

Tengo mi lápiz. ¿Tiene Vd. mi libro?	I have my pencil. Do you have my book?

1

COMMON -AR VERBS

ayudar, to help
bajar, to go down, to descend
borrar, to erase
buscar, to look for, to seek
caminar, to walk
cantar, to sing
comprar, to buy
contestar, to answer
cultivar, to cultivate
dejar, to let, to allow, to leave
desear, to want, to wish
enseñar, to teach, to show
entrar, to enter
escuchar, to listen (to)
esperar, to wait for, to await, to hope,
   to expect
estudiar, to study
explicar, to explain
gritar, to shout

hablar, to speak
hallar, to find
invitar, to invite
llenar, to fill
llevar, to carry, to wear
mirar, to look (at)
necesitar, to need
pagar, to pay (for)
pasar, to pass, to spend (time)
patinar, to skate
preguntar, to ask
preparar, to prepare
quitar, to take away
regresar, to return
tomar, to take, to eat, to drink
trabajar, to work
usar, to use
viajar, to travel
visitar, to visit

COMMON -ER VERBS

aprender, to learn
beber, to drink
comer, to eat
comprender, to understand
correr, to run

deber, to have to (should, ought),
   to owe
leer, to read
prometer, to promise
responder, to answer
vender, to sell

COMMON -IR VERBS

abrir, to open
asistir, to attend
decidir, to decide
escribir, to write

recibir, to receive
subir, to go up, to ascend, to climb
sufrir, to suffer
vivir, to live

EJERCICIOS

A. Traduzca Vd. al inglés las frases siguientes:

1. Beben chocolate.
2. María recibe un libro.
3. Abre la ventana.
4. Cultivan la tierra.
5. Vivo en la calle Alameda.

6. Halla diez centavos.
7. Borran la pizarra.
8. Subimos la escalera.
9. Patinan en el invierno.
10. Trabajan todos los días.

B. Escriba Vd. la forma correcta de los verbos entre paréntesis en lugar del verbo en letra cursiva (italics).

1. Yo *deseo* cantar. (necesitar, deber, aprender a)
2. Juan y yo *ayudamos* a la profesora. (contestar, escribir, escuchar)
3. Las alumnas *caminan* a la escuela. (correr, asistir, regresar)
4. Tú no *estudias* la lección. (leer, enseñar, preparar)
5. Pedro *decide* comprar un auto. (prometer, esperar, desear)
6. ¿Quién *necesita* tinta? (usar, vender, comprar)
7. ¿*Gritan* Vds. a sus vecinos? (hablar, mirar, comprender)
8. Nosotros *debemos* trabajar. (desear, aprender a, decidir)
9. ¿*Toma* Vd. un taxi? (buscar, esperar, necesitar)
10. Ana *visita* a su amiga. (responder, escuchar, comprender)

C. Conteste Vd. en español en frases completas.

1. ¿Canta Vd. bien?
2. ¿Quién explica la lección?
3. ¿Come Vd. mucho?
4. ¿Entran Vds. en la escuela a tiempo?
5. ¿Invita Vd. a sus amigos a visitarle algunas veces?
6. ¿Llevan falda los muchachos?
7. ¿Pasa Vd. mucho tiempo en la biblioteca?
8. ¿Viaja Vd. mucho en automóvil?
9. ¿En qué ciudad vive Vd.?
10. ¿Responden Vds. en inglés o en español?

D. Traduzca Vd. al español las expresiones en inglés.

1. *He leaves* los libros en la mesa.
2. *They suffer* mucho.
3. —¿Qué hora es?—*asks* el hombre.
4. Mis amigos siempre *pay.*
5. *We go down* a la calle.
6. *She takes away* la naranja a (from) su hermanito.
7. *I fill* los bolsillos.
8. *They work* en una oficina.
9. *We are traveling* a México.
10. *I live* en los Estados Unidos.

11. Los niños *run* en el parque.
12. Cada día *he takes* una taza de té.
13. *I am selling* la casa.
14. ¿Qué *are you* (tú) *buying?*
15. Pedro *does not help* a sus amigos.
16. El profesor *teaches* bien la lección.
17. La niña *drinks* mucha leche.
18. Los alumnos *speak* inglés y español.
19. Nosotros *receive* muchas cartas.
20. *She is eating* una pera.

E. Traduzca Vd. al español.

1. They study every day.
2. They enter the class.
3. Why don't you (tú) sell the house?
4. She looks at the picture.
5. We attend this school.

6. They use gloves.
7. The pupils answer in a loud voice.
8. What are you* looking for?
9. Every year she travels.
10. Paul is erasing the blackboard.

* In these exercises, *you* as subject pronoun is to be translated by **Vd.** and *you* (*pl.*) by **Vds.**, unless otherwise indicated.

El Alcázar de Segovia es un castillo antiguo construido en el siglo XI. Contiene muchos tesoros artísticos de la Edad Media (Middle Ages).

2. PRESENT INDICATIVE OF IRREGULAR VERBS

1. The following verbs are irregular only in the first person singular of the present indicative:

caber, to fit:	*quepo,* cabes, cabe, cabemos, cabéis, caben
caer, to fall:	*caigo,* caes, cae, caemos, caéis, caen
dar, to give:	*doy,* das, da, damos, dais, dan
hacer, to do, to make:	*hago,* haces, hace, hacemos, hacéis, hacen
poner, to put:	*pongo,* pones, pone, ponemos, ponéis, ponen
saber, to know:	*sé,* sabes, sabe, sabemos, sabéis, saben
salir, to leave, to go out:	*salgo,* sales, sale, salimos, salís, salen
traer, to bring:	*traigo,* traes, trae, traemos, traéis, traen
valer, to be worth:	*valgo,* vales, vale, valemos, valéis, valen
ver, to see:	*veo,* ves, ve, vemos, veis, ven

2. Other verbs that are irregular in the present indicative are:

decir, to say, to tell:	*digo, dices, dice,* decimos, decís, *dicen*
estar, to be:	*estoy, estás, está,* estamos, estáis, *están*
ir, to go:	*voy, vas, va, vamos, vais, van*
oír, to hear:	*oigo, oyes, oye,* oímos, oís, *oyen*
ser, to be:	*soy, eres, es, somos, sois, son*
tener, to have:	*tengo, tienes, tiene,* tenemos, tenéis, *tienen*
venir, to come:	*vengo, vienes, viene,* venimos, venís, *vienen*

EJERCICIOS

A. Escriba Vd. la forma correcta de los verbos entre paréntesis en lugar del verbo en letra cursiva.

1. Yo *escribo* la verdad.   (saber, oír, decir)
2. ¿*Deseas* un regalo?   (dar, traer, tener)
3. Yo *viajo* en abril.   (venir, salir, ir)
4. *Valen* mucho.   (tener, oír, decir)
5. Yo *aprendo* cosas interesantes.   (ver, hacer, comprar)
6. Nosotros *trabajamos* en casa.   (estar, entrar, leer)
7. Ella lo *prepara* en la cocina.   (hallar, poner, dejar)
8. Los soldados no *sufren.*   (caer, bajar, ir)
9. Mi padre nunca *paga.*   (salir, venir, escuchar)
10. Yo *entro* en el cuarto.   (estar, caber, estudiar)

B. Cambie Vd. el infinitivo a las formas del presente de indicativo empleadas con los sujetos entre paréntesis.

1. *Ser* viejo.   (tú, yo, Vd.)
2. *Oír* el ruido.   (ellos, vosotros, yo)
3. *Ir* al parque.   (ella, nosotros, yo)
4. *Decir* adiós.   (yo, ellas, nosotros)
5. No *hacer* nada.   (Juan y yo, vosotros, él)
6. *Venir* mañana.   (yo, tú, nosotros)
7. *Estar* aquí.   (Roberto, ellos, yo)
8. *Ver* el accidente.   (nadie, yo, todos)
9. *Saber* bailar.   (yo, mi profesor, ellas)
10. *Tener* una bicicleta. (nosotros, tú, ellas)

C. Conteste Vd. en español en frases completas.

1. ¿Es Vd. norteamericano(-a)?
2. ¿Trae Vd. dulces para su mamá?
3. ¿Cuánto vale su reloj?
4. ¿Sabe Vd. nadar?
5. ¿A qué hora sale Vd. de la escuela?
6. ¿Va Vd. al cine a menudo?
7. ¿Tiene su familia un automóvil?
8. ¿Dice Vd. siempre la verdad?
9. ¿Hace Vd. ejercicios todos los días?
10. ¿Ve Vd. muchos aviones en un aeropuerto?
11. ¿Qué dice Vd. al saludar a sus compañeros?
12. ¿Es Vd. joven o viejo(-a)?
13. ¿Qué mes viene después de mayo?
14. ¿Pone su madre frutas en la mesa?
15. ¿Está Vd. cansado(-a)?

D. Traduzca Vd. al español las expresiones en inglés.

1. Los libros *do not fit* aquí.
2. Enrique y yo *are going* a España.
3. Yo *leave* de casa a las ocho.
4. *We have* un jardín bonito.
5. Yo *do not know* la respuesta.
6. Mi tío *is* rico.
7. Yo no *see* montañas aquí.
8. Él *hears* bien.
9. Nosotros siempre *come* temprano.
10. ¿Quién *is going* con Vds.?

E. Traduzca Vd. al español.

1. I am going to the country.
2. What are they saying?
3. The waiter is bringing coffee.
4. We are cousins.
5. How are you (tú)?
6. Have you many friends?
7. He falls down (por) the stairs.
8. I know how to play the piano.
9. He puts the newspaper on the table.
10. It is worth ten cents.

3. IDIOMATIC USE OF THE PRESENT INDICATIVE

Hace + *an expression of time* + **que** + *the present indicative* expresses an action that began in the past and continues into the present.

Hace una hora que lee. <small>It an hour that he is makes reading</small>	He has been reading for an hour.
Hace un mes que trabajo. <small>It a month that I am makes working</small>	I have been working for a month.

In asking how long someone has been doing something, *How long?* is translated by **¿Cuánto tiempo hace que . . . ?** followed by the present indicative.

¿Cuánto tiempo hace que lee? <small>How time does that he is much it reading make</small>	How long has he been reading?
¿Cuánto tiempo hace que Vd. <small>How time does that you much it make</small>	How long have you been working?
trabaja? <small>are working</small>	

EJERCICIOS

A. Escriba Vd. la forma correcta de los verbos entre paréntesis en lugar del verbo en letra cursiva.

1. Hace una hora que *estudiamos*. (bailar, comer, escribir)
2. Hace cinco días que *está* en casa. (quedarse, trabajar, cenar)
3. ¿Cuánto tiempo hace que Vd. *aprende* esta lengua? (escribir, leer, hablar)
4. ¿Hace mucho tiempo que no *hablas* a Tomás? (ver, saludar, ayudar)
5. Hace dos años que *estudian* las matemáticas. (enseñar, aprender, saber)
6. ¿Cuánto tiempo hace que *preparán* la comida? (comer, cocinar, tomar)
7. ¿Hace mucho tiempo que *descansas* aquí? (vivir, estar, existir)
8. ¿Cuánto tiempo hace que el comerciante *vende* zapatos? (comprar, fabricar, buscar)
9. Hace seis meses que *esperán* en Madrid. (vivir, descansar, trabajar)
10. ¿Cuánto tiempo hace que *tienen* calcetines de nilón? (llevar, vender, usar)

B. Conteste Vd. en español en frases completas.

1. ¿Cuánto tiempo hace que Vd. estudia el español?
2. ¿Cuántas semanas hace que Vd. está en esta clase?
3. ¿Cuánto tiempo hace que Vd. asiste a esta escuela?
4. ¿Cuántos años hace que Vd. sabe nadar?
5. ¿Cuántos meses hace que Vd. posee un reloj?
6. ¿Cuánto tiempo hace que Vd. lleva anteojos?

lentes
espejuelos
gafas

7. ¿Hace mucho tiempo que Vd. toca un instrumento músico?
8. ¿Cuánto tiempo hace que Vd. sabe el alfabeto inglés?
9. ¿Cuántos años hace que nuestra nación existe?
10. ¿Cuánto tiempo hace que Vd. vive en este pueblo?

C. Complete Vd. las frases en español.

1. She has been teaching Spanish for ten years. Hace diez años que _ _ _ _ _ _ el español.
2. How long have you been giving him money? ¿_ _ _ _ _ _ Vd. le da dinero?
3. He has been visiting his cousin for three weeks. _ _ _ _ _ _ a su primo.
4. How long has George been ill? ¿Cuánto tiempo hace que Jorge _ _ _ _ _ _ enfermo?
5. Charlotte has been wanting that dress for a long time. Hace mucho tiempo que Carlota _ _ _ _ _ _ aquel vestido.
6. They have been suffering for many years. _ _ _ _ _ _ muchos años _ _ _ _ _ _.
7. How long has he been working? ¿Cuánto _ _ _ _ _ _?
8. You have had these books for two months. _ _ _ _ _ _ dos meses _ _ _ _ _ _ estos libros.
9. How long have you known that? ¿_ _ _ _ _ _ eso?
10. How long have you been going to that school? ¿_ _ _ _ _ _ a esa escuela?

D. Traduzca Vd. al español.

1. How long have you (tú) been reading?
2. How long has he been writing?
3. They have been traveling for six months.
4. I have been learning Spanish for two years.
5. He has been waiting for five minutes.
6. How long has she been talking?
7. We have been living here for a week.
8. How long has he been [a] doctor?
9. They have been in the room for an hour.
10. How long have you (pl.) been helping your friend?

El padre Miguel Hidalgo, (1753-1811), cura del pueblo mexicano de Dolores, en 1810 inició la revolución contra España. Salió victorioso en varias batallas contra los españoles, pero al fin fue capturado y condenado a muerte. Otros patriotas continuaron la lucha y lograron la independencia. Hasta hoy se venera (is venerated) el nombre de Hidalgo, a quien los mexicanos consideran padre de la independencia mexicana. En México se celebra el 15 de septiembre, aniversario de la revolución, con fiestas en que se repite el "Grito (War Cry) de Dolores": "¡Viva Nuestra Señora de Guadalupe y mueran los gachupines!" ("Long live Our Lady of Guadalupe and death to the Spaniards!")

4. PRETERITE OF REGULAR VERBS

The preterite of regular verbs is formed by:

1. dropping the infinitive ending (-ar, -er, -ir).
2. adding to the stem the following endings:

-ar verbs:	-é, -aste, -ó, -amos, -asteis, -aron
-er verbs	
-ir verbs	-í, -iste, -ió, -imos, -isteis, -ieron

	hablar, to speak	vender, to sell	abrir, to open
	I spoke, did speak, etc.	*I sold, did sell, etc.*	*I opened, did open, etc.*
yo	hablé	vendí	abrí
tú	hablaste	vendiste	abriste
Vd., él, ella	habló	vendió	abrió
nosotros, -as	hablamos	vendimos	abrimos
vosotros, -as	hablasteis	vendisteis	abristeis
Vds., ellos, -as	hablaron	vendieron	abrieron

COMMON -AR VERBS REGULAR IN THE PRETERITE

aceptar, to accept
acompañar, to accompany
acostarse, to go to bed
admirar, to admire
asar, to roast
cerrar, to close
cobrar, to collect
cocinar, to cook
contar, to count
conversar, to converse
copiar, to copy
desayunarse, to have breakfast
elevar, to raise, to lift

encontrar, to find, to meet
enviar, to send
espantar, to frighten, to scare
estudiar, to study
examinar, to examine
hablar, to speak
importar, to import
llorar, to cry, to weep
pensar, to think, to intend
prestar, to lend
pronunciar, to pronounce
robar, to rob

COMMON -*ER* VERBS REGULAR IN THE PRETERITE

aparecer, to appear
convencer, to convince
devolver, to return, to give back
envolver, to wrap
escoger, to choose
establecer, to establish
mover, to move

nacer, to be born
perder, to lose
reconocer, to recognize
romper, to break
vender, to sell
ver, to see

COMMON -*IR* VERBS REGULAR IN THE PRETERITE

abrir, to open
aplaudir, to applaud

interrumpir, to interrupt
recibir, to receive

Note. The written accent is usually omitted over the following preterite forms of **ver:** *vi, vio.*

EJERCICIOS

A. Escriba Vd. la forma correcta de los verbos entre paréntesis en lugar del verbo en letra cursiva.

1. *Abrió* la puerta. — (cerrar, examinar, romper)
2. *Bebieron* té. — (vender, enviar, importar)
3. ¿*Vio* Vd. el monumento? — (admirar, encontrar, elevar)
4. No *invitasteis* a Pedro. — (acompañar, aplaudir, convencer)
5. *Comí* demasiado. — (cobrar, llorar, perder)
6. *Vimos* el cuadro. — (escoger, copiar, pintar)
7. Mi mamá *cocinó* el pollo. — (asar, comer, recibir)
8. ¿*Prestaste* el dinero? — (aceptar, contar, devolver)
9. No *trabajé* ayer. — (volver, acostarse, nacer)
10. *Entraron* en la sala. — (aparecer, conversar, desayunarse)

B. Cambie Vd. cada verbo del presente al pretérito.

1. ¿*Envuelve* Vd. el paquete?
2. *Pensamos* ir al cine.
3. *Mueven* los muebles.
4. ¿*Reconoces* tu bicicleta?
5. Los niños *espantan* los pájaros.
6. No *interrumpo* al maestro.
7. *Abrimos* la carta.
8. *Establecen* una ciudad allí.
9. *Roba* las joyas.
10. Vosotros *habláis* demasiado.

C. Conteste Vd. en español en frases completas.

1. ¿Estudió Vd. la lección para hoy?
2. ¿Tomó Vd. café esta mañana?
3. ¿Cantó la clase una canción española?
4. ¿Recibió Vd. buenas notas el año pasado?
5. ¿Pronunció Vd. bien las palabras de la lección?
6. ¿Bebió Vd. leche hoy?

7. ¿Visitó Vd. a su amigo ayer?
8. ¿Vio Vd. una película anoche?
9. ¿Compraron Vds. el libro de español?
10. ¿Comieron Vds. hoy en la cafetería de la escuela?

D. Traduzca Vd. al español las expresiones en inglés.

1. ¿Cuándo *did you sell* su automóvil?
2. *They learned* de memoria la lección.
3. *I entered* en el cuarto silenciosamente.
4. Juan y Roberto, ¿*didn't you study* la lección?
5. ¿A qué hora *did you leave* (vosotros) de casa?
6. *We wrote* a Felipe el mes pasado.
7. Alberto *didn't work* la semana pasada.
8. *I bought* dos libras de manzanas.
9. Vds. *did not listen* con atención.
10. Jorge y yo *ate* con apetito.

E. Traduzca Vd. al español.

1. They left the class.
2. Did you speak to Thomas?
3. I took the medicine.
4. We received his reply.
5. Mary helped the teacher.
6. I promised to send the watch.
7. He saw Mr. Gómez.
8. We sang Spanish songs.
9. They did not find the house.
10. I opened the windows.

El Escorial, cerca de Madrid, fue construido por el rey Felipe II. Es un edificio inmenso que contiene un palacio, un monasterio, una biblioteca, un museo, y un Panteón (burial place) de Reyes. Felipe II estableció aquí su corte, y desde aquí gobernó el país.

5. PRETERITE OF IRREGULAR VERBS

The verbs listed below are irregular in the preterite. They have the following endings with no accent marks:

> *-e, -iste, -o, -imos, -isteis, -ieron*

Note

A. **-ieron** becomes **-eron** if **j** immediately precedes the ending. (See **decir, conducir, producir, traducir,** and **traer,** below.)

B. The compounds of **poner** (**componer,** etc.) and **tener** (**detener, mantener, obtener,** etc.) are conjugated like the base verbs, **poner** and **tener.**

andar, to walk (preterite stem *anduv-*):
anduve, anduviste, anduvo, anduvimos, anduvisteis, anduvieron

caber, to fit (preterite stem *cup-*):
cupe, cupiste, cupo, cupimos, cupisteis, cupieron

decir, to say, to tell (preterite stem *dij-*):
dije, dijiste, dijo, dijimos, dijisteis, dijeron

estar, to be (preterite stem *estuv-*):
estuve, estuviste, estuvo, estuvimos, estuvisteis, estuvieron

hacer, to do, to make (preterite stem *hic-*):
hice, hiciste, hizo, hicimos, hicisteis, hicieron

Note. The **c** changes to **z** in the 3rd person singular of **hacer.**

poder, to be able, can (preterite stem *pud-*):
pude, pudiste, pudo, pudimos, pudisteis, pudieron

poner, to put (preterite stem *pus-*):
puse, pusiste, puso, pusimos, pusisteis, pusieron

producir, to produce (preterite stem *produj-*):
produje, produjiste, produjo, produjimos, produjisteis, produjeron

querer, to want, to wish (preterite stem *quis-*):
quise, quisiste, quiso, quisimos, quisisteis, quisieron

saber, to know (preterite stem *sup-*):
supe, supiste, supo, supimos, supisteis, supieron

tener, to have (preterite stem *tuv-*):
tuve, tuviste, tuvo, tuvimos, tuvisteis, tuvieron

traer, to bring (preterite stem *traj-*):
traje, trajiste, trajo, trajimos, trajisteis, trajeron

venir, to come (preterite stem *vin-*):
vine, viniste, vino, vinimos, vinisteis, vinieron

Note. Verbs ending in **-ducir** are conjugated like **producir.**

conducir, to lead, to drive: *conduje, -iste, -o,* etc.

traducir, to translate: *traduje, -iste, -o,* etc.

The following irregular verbs have an accented **i** except in the third person (singular and plural) where **i** changes to **y.**

caer, to fall: *caí, caíste, cayó, caímos, caísteis, cayeron*

creer, to believe: *creí, creíste, creyó, creímos, creísteis, creyeron*

leer, to read: *leí, leíste, leyó, leímos, leísteis, leyeron*

oír, to hear: *oí, oíste, oyó, oímos, oísteis, oyeron*

The verbs **dar, ser,** and **ir** are also irregular in the preterite. **Dar** takes the endings of regular **-er, -ir** verbs; **ser** and **ir** have the same forms in the preterite.

dar, to give: *di, diste, dio, dimos, disteis, dieron*

ser, to be; **ir,** to go: *fui, fuiste, fue, fuimos, fuisteis, fueron*

EJERCICIOS

A. Escriba Vd. la forma correcta de los verbos entre paréntesis en lugar del verbo en letra cursiva.

1. *Llegó* aquí a las tres en punto.   (estar, venir, presentarse)
2. ¿Dónde *escribisteis* las cartas?   (poner, traducir, obtener)
3. Los campesinos *vendieron* legumbres.   (producir, comprar, traer)
4. No lo *hallaron*.   (creer, hacer, decir)
5. *Prometimos* arreglar los muebles.   (poder, querer, lograr)
6. *Habló* despacio.   (andar, leer, ir)
7. Mi padre *compró* el coche.   (conducir, pintar, limpiar)
8. ¿*Llevó* Vd. su paraguas?   (tener, traer, alzar)
9. ¿*Bajaste* por la escalera?   (caer, subir, ir)
10. *Anuncié* la noticia.   (oír, saber, dar)

B. Cambie Vd. cada verbo del presente al pretérito.

1. *Van* a casa.
2. ¿Dónde *pongo* la maleta?
3. *Compone* música.
4. *Traigo* un libro para Vd.
5. *Da* una propina al mozo.
6. *Es* necesario.
7. *Detiene* el coche.
8. *Leo* la revista.

9. *Vienen* tarde.
10. No *puede* respirar.
11. *Tenemos* un examen.
12. *Voy* al campo.
13. ¿Qué *hace* Vd.?
14. No *dicen* nada.

15. *Mantiene* bien a su familia.
16. *Andamos* rápidamente.
17. Las joyas *caben* en la caja.
18. *Conduce* su automóvil.
19. *Estamos* en el jardín.
20. Los alumnos *traducen* bien.

C. Conteste Vd. en español en frases completas.

1. ¿Vino Vd. a tiempo a la escuela?
2. ¿Trajo Vd. muchos libros a la escuela hoy?
3. ¿Hizo Vd. el trabajo para hoy?
4. ¿Estuvo Vd. en casa anoche?
5. ¿Fue Vd. al cine el sábado?
6. ¿Leyeron Vds. muchos cuentos españoles?
7. ¿Anduvo Vd. por el parque el domingo?
8. ¿Dio Vd. un regalo a su amigo para su cumpleaños?
9. ¿Tradujeron Vds. las frases al inglés?
10. ¿Puso Vd. sus libros sobre la mesa?

D. Traduzca Vd. al español las expresiones en inglés.

1. Nosotros *walked* por las calles de la ciudad.
2. Yo *read* aquella novela el año pasado.
3. Juana y yo no *could* trabajar ayer.
4. Yo no *had* bastante tiempo.
5. ¿Cuándo lo *did they obtain?*
6. Carlos y José *were* aquí el martes.
7. Nosotros no *brought* los discos.
8. Vosotros *came* tarde.
9. Yo *wanted* comprarlo.
10. Los alumnos *translated* las frases.
11. Juan no *went* a la escuela hoy.
12. El niño *fell* enfermo.
13. Las muchachas no *said* nada.
14. Tomás lo *did*.
15. ¿*Did you hear* las noticias?
16. La dinamita *produced* la explosión.
17. Yo *went* a casa.
18. El abogado lo *believed*.
19. Nosotros le *gave* la carta.
20. ¿Dónde *did you (pl.) put* los libros?

E. Traduzca Vd. al español.

1. We went to the library.
2. She didn't hear the news.
3. They came on time.
4. It didn't fit in the box.
5. What did they bring?
6. We couldn't see the houses.
7. Who wanted the pen?
8. Lincoln was a famous president.
9. He made many plans.
10. I gave the book to Mary.
11. What did she say?
12. Did you read the newspaper?
13. He fell to the ground.
14. Where did you put the books?
15. They did not believe the story.

6. IMPERFECT INDICATIVE

REGULAR VERBS

The imperfect indicative of regular verbs is formed by:

1. dropping the infinitive ending (-ar, -er, -ir).
2. adding to the stem the following endings:

-ar verbs:	*-aba, -abas, -aba, -ábamos, -abais, -aban*
-er verbs ⎫ **-ir** verbs ⎭	*-ía, -ías, -ía, -íamos, -íais, -ían*

	entrar, to enter	**comer,** to eat	**vivir,** to live
	I was entering, *I used to enter,* *etc.*	*I was eating,* *I used to eat,* *etc.*	*I was living,* *I used to live,* *etc.*
yo	entr*aba*	com*ía*	viv*ía*
tú	entr*abas*	com*ías*	viv*ías*
Vd., él, ella	entr*aba*	com*ía*	viv*ía*
nosotros, -as	entr*ábamos*	com*íamos*	viv*íamos*
vosotros, -as	entr*abais*	com*íais*	viv*íais*
Vds., ellos, -as	entr*aban*	com*ían*	viv*ían*

IRREGULAR VERBS

ir, to go:	*iba, ibas, iba, íbamos, ibais, iban*
ser, to be:	*era, eras, era, éramos, erais, eran*
ver, to see:	*veía, veías, veía, veíamos, veíais, veían*

EJERCICIOS

A. Escriba Vd. la forma correcta de los verbos entre paréntesis en lugar del verbo en letra cursiva.

1. Tomás *quería* sus juguetes.   (esconder, reunir, levantar)
2. Nosotros *decíamos* la verdad.   (creer, dudar, saber)
3. Vds. *andaban* al teatro.   (ir, correr, acercarse)
4. Tú *tenías* las flores.   (oler, mostrar, ofrecer)
5. Yo *veía* los animales.   (temer, amar, huir de)
6. Él *vendía* corbatas verdes.   (llevar, preferir, regalar)
7. Ella *escribía* el artículo.   (leer, corregir, entender)
8. Yo *esperaba* el desayuno.   (tomar, pedir, comer)
9. ¿Qué *decíais?*   (tener, observar, padecer)
10. Ellos le *daban* el periódico.   (quitar, entregar, mostrar)

B. Cambie Vd. cada verbo del presente al imperfecto.

1. *Acaban* de almorzar.
2. *Obedecemos* la ley.
3. *Se quejan* del servicio.
4. La gente *celebra* las fiestas.
5. El autor *describe* el paisaje.
6. El muchacho *se llama* Pablo.
7. *Pasa* el día matando moscas.
8. *Se bañan* todos los días.
9. Siempre *evito* ese restaurante.
10. *Niegan* la verdad.

C. Cambie Vd. cada verbo del pretérito al imperfecto.

1. *Insistí* en no lavarme la cara.
2. El campesino *recogió* el trigo.
3. *¿Continuasteis* vuestro viaje?
4. Ayer *llovió* mucho.
5. Yo no *merecí* el premio.
6. No *tardé* en vestirme.
7. *¿Abrazaste* a tu madre?
8. El rey no *gobernó* bien.
9. *Compilaron* las listas.
10. *Protegimos* a los débiles.

D. Conteste Vd. en español en frases completas.

Cuando Vd. era muy joven . . .

1. ¿Tenía Vd. muchos amigos?
2. ¿Dónde pasaba Vd. las vacaciones de verano?
3. ¿Asistía Vd. a la universidad?
4. ¿Decía Vd. siempre la verdad?
5. ¿Visitaba Vd. muchas veces a sus tíos?
6. ¿Sabía Vd. leer y escribir?
7. ¿Siempre besaba Vd. a su mamá al salir de casa?
8. ¿Salía Vd. de noche a menudo?
9. ¿Iba Vd. todos los sábados al cine?
10. ¿Tenían Vds. un perro?

E. Traduzca Vd. al español.

1. We were going downtown.
2. The children were crying.
3. I used to visit my uncle.
4. We used to work there.
5. He was in the library.
6. What were they doing?
7. We used to see Mary often.
8. John was my friend.
9. The pupils were reading.
10. She was writing a letter.

7. USES OF THE PRETERITE AND IMPERFECT

1. The *preterite* is used to indicate the *beginning* or the *end* of an action or event occurring in the past. It may also indicate the complete event (both beginning and end).

Empezó a trabajar. <u>(beginning)</u>	He began to work.
Cesó de llover. <u>(end)</u>	It stopped raining.
Visité a María ayer. (I went and returned)	I visited Mary yesterday.

2. The *imperfect* is used to indicate the *continuance* of a situation or event in the past. Neither the beginning nor the end is indicated. Thus, it is used:

a. To express what was happening, used to happen, or happened repeatedly in the past.

¿Qué **hacían** mientras el niño **dormía?**	What were they doing while the child slept (= was sleeping)?
Vivíamos en Madrid.	We used to live in Madrid.
Yo le **veía** a menudo.	I used to see him often.

b. To describe persons, things, or situations in the past.

María **tenía** los ojos azules.	Mary had blue eyes.
Era una máquina útil.	It was a useful machine.

c. To express the time of day in the past.

Eran las ocho.	It was eight o'clock.

d. In the construction **hacía** + *an expression of time* + **que** + *the imperfect indicative,* to describe an action or event that began in the past and continued in the past. In questions, *How long?* is expressed by **¿Cuánto tiempo hacía que . . . ?** + the imperfect tense.

Hacía una hora que estudiaban. <small>It an hour that they were made studying</small>	They had been studying for an hour.
¿Cuánto tiempo hacía que Vd. <small>How time did it that you much make</small> **trabajaba?** <small>were working</small>	How long had you been working?

e. With the preterite, to describe what was going on in the past (imperfect) when another action or event occurred, that is, began or ended (preterite).

Yo **leía** cuando mi hermano **entró.**   I was reading when my brother entered.

EJERCICIOS

A. En lugar del verbo en letra cursiva, escriba Vd. la forma correcta de los verbos entre paréntesis, en el tiempo (tense) indicado.

1. El coronel *respetaba* al general.   (obedecer, honrar, creer)
2. En el verano *jugaban* mucho al aire libre.   (divertirse, cenar, quedarse)
3. *Volvió* aquí a las tres de la madrugada.   (despertarse, acostarse, estar)
4. Hacía una hora que lo *buscábamos*.   (aguardar, seguir, hacer)
5. El dependiente no *sabía* los precios.   (recordar, poner, establecer)
6. Elena *llevaba* una blusa blanca.   (tener, querer, preferir)
7. En julio *fuimos* a Europa.   (venir, llegar, visitar)
8. ¿Cuánto tiempo hacía que ellos *vivían* allí?   (dormir, estar, permanecer)
9. Desde lejos *escuchaban* la campana.   (oír, mirar, ver)
10. Por todas partes se *veían* edificios altos.   (construir, elevar, encontrar)
11. *Odiaba* a sus enemigos.   (perdonar, ver, temer)
12. ¿*Cortaste* las flores?   (recoger, oler, cultivar)
13. Enrique *escribía* en su cuarto.   (fumar, comer, sufrir)
14. Generalmente *gastábamos* poco dinero.   (recibir, cobrar, merecer)
15. ¿Dónde *llenasteis* las botellas?   (romper, sacar, guardar)

B. Complete Vd. las frases, escogiendo en cada caso la forma correcta del verbo.

1. The examinations ended last week.
   Los exámenes (terminaron, terminaban) la semana pasada.
2. The door was open when we came.
   La puerta (estuvo, estaba) abierta cuando vinimos.
3. Every afternoon the manager signed (= used to sign) letters.
   Todas las tardes el gerente (firmó, firmaba) cartas.
4. He kissed his mother before getting on the train.
   (Besó, Besaba) a su madre antes de subir al tren.
5. We often went (= used to go) to her house.
   A menudo (fuimos, íbamos) a su casa.
6. The sky was blue.
   El cielo (fue, era) azul.
7. Without asking permission, he began to express his opinion.
   Sin pedir permiso, (comenzó, comenzaba) a expresar su opinión.
8. At three o'clock sharp it stopped raining.
   A las tres en punto (cesó, cesaba) de llover.
9. He always read the newspaper at night.
   Siempre (leyó, leía) el periódico de noche.
10. She was blond and had green eyes.
    (Fue, Era) rubia y (tuvo, tenía) los ojos verdes.
11. He put out the light and left the room.
    (Apagó, Apagaba) la luz y (salió, salía) del cuarto.

12. It was raining when we arrived.
(Llovió, Llovía) cuando (llegamos, llegábamos).
13. While the orchestra played, everybody danced (= was dancing).
Mientras la orquesta (tocó, tocaba), todo el mundo (bailó, bailaba).
14. What were you doing while I was studying?
¿Qué (hicieron, hacían) Vds. mientras yo (estudié, estudiaba)?
15. When he received the prize, he put it in his pocket.
Cuando (recibió, recibía) el premio, lo (metió, metía) en el bolsillo.

C. Conteste Vd. en español en frases completas.

1. ¿Dio Vd. un regalo a su mamá recientemente?
2. ¿Encontró Vd. a muchos amigos esta mañana mientras iba a la escuela?
3. Cuando Vd. volvió a casa ayer, ¿colgó Vd. su abrigo en el armario?
4. ¿Atravesó Vd. muchas calles hoy para llegar a la escuela?
5. ¿A qué hora se acostó Vd. anoche?

Cuando Vd. era niño(-a) . . .

6. ¿Soñaba Vd. con viajar?
7. ¿Siempre obedecía Vd. a su mamá?
8. ¿Poseía Vd. una bicicleta?
9. ¿Tiraba Vd. piedras a los otros niños?
10. ¿Interrumpía Vd. a sus padres cuando ellos hablaban?

D. Traduzca Vd. al español las expresiones en inglés.

1. A menudo yo le ayudaba cuando *I was able.*
2. ¿Cuánto tiempo hacía que Vds. *had been waiting?*
3. Hacía dos días que él *had been* enfermo cuando llegó el médico.
4. Mis primos siempre nos *used to visit* cuando vivíamos allí.
5. ¿Cuánto tiempo hacía que ellos *had been working* cuando Vd. los vio?
6. Mientras yo *was going* al teatro, le encontré.
7. Hacía siete meses que él me *had been promising* una bicicleta.
8. *We were talking and dancing* al mismo tiempo.
9. A menudo *I saw* a Juan cuando pasaba por la calle.
10. ¿Cuánto tiempo hacía que ellos *had been coming* a su casa?

E. Traduzca Vd. al español.

1. I had been going to that school for five years.
2. He used to visit her every day.
3. They were listening to the music when I entered.
4. My uncle often came to our house.
5. How long had you been waiting?
6. We had been listening for a long time.
7. The pupils were reading and writing their lessons.
8. How long had he been coming here?
9. Mary was reading the newspaper while I listened to the radio.
10. He frequently wrote to us.

8. STEM-CHANGING VERBS (CLASS I)

Stem-changing verbs of the first class end in **-ar** or **-er**. These verbs change the stem vowel **e** to **ie** and **o** to **ue** in the following forms:

1. present indicative (1, 2, 3 singular and 3 plural)
2. polite commands

	VERBS THAT CHANGE *E* TO *IE*		
	cerrar, to close	**sentarse,** to sit down	**defender,** to defend
Present *Indicative*	cierro cierras cierra cerramos cerráis cierran	me siento te sientas se sienta nos sentamos os sentáis se sientan	defiendo defiendes defiende defendemos defendéis defienden
Polite *Commands*	cierre Vd. cierren Vds.	siéntese Vd. no se siente Vd. siéntense Vds. no se sienten Vds.	defienda Vd. defiendan Vds.

	VERBS THAT CHANGE *O* TO *UE*	
	contar, to count	**volver,** to return
Present *Indicative*	cuento cuentas cuenta contamos contáis cuentan	vuelvo vuelves vuelve volvemos volvéis vuelven
Polite *Commands*	cuente Vd. cuenten Vds.	vuelva Vd. vuelvan Vds.

COMMON STEM-CHANGING VERBS (CLASS I)

E TO *IE*

atravesar, to cross
calentar, to heat
cerrar, to close
comenzar, to begin
confesar, to confess
defender, to defend
despertarse, to wake up
empezar, to begin
encender, to light

entender, to understand
gobernar, to govern
nevar, to snow
pensar, to think, to intend to
perder, to lose
quebrar, to break
querer, to want, to wish, to love
sentarse, to sit down
temblar, to tremble

O TO *UE*

acordarse (de), to remember
acostarse, to go to bed
almorzar, to lunch
contar, to count
costar, to cost
devolver, to return, to give back
encontrar, to find, to meet
envolver, to wrap up
jugar (u to ue), to play
llover, to rain
morder, to bite

mostrar, to show
mover, to move
oler (o to hue), to smell
poder, to be able, can
probar, to prove, to try, to test
recordar, to remember
sonar, to sound
soñar, to dream
volar, to fly
volver, to return

Important: These stem-changing verbs are identified in the vocabulary lists by the type of change (**ie** or **ue**) in parentheses next to the verb.

EJERCICIOS

A. Cambie Vd. la forma del verbo en letra cursiva, empleando los sujetos indicados.

1. El animal *muestra* los dientes.   (Nosotros, Ellos, Vosotros)
2. Él *defiende* a la niña.   (Nosotros, Vosotros, Tú)
3. Vds. *entienden* el español.   (Yo, Tú, Nosotros)
4. Roberto *se sienta* en el sofá.   (Vds., Tú, Yo)
5. Nosotros *perdemos* la batalla.   (Ellos, Vd., Yo)
6. Yo *cierro* la alcoba.   (Los alumnos, Él, Nosotros)
7. Nosotros *encontramos* los papeles.   (Ellos, Yo, Tú)
8. El estudiante *cuenta* los minutos.   (Vds., Yo, Nosotros)
9. ¿*Se acuerda* Vd. de la fecha?   (tú, Vds., vosotras)
10. Yo *me despierto* tarde.   (Su nieto, Tú, Vosotros)

11. Ellas no *pueden* leer el programa.   (Vd., Vosotras, Nosotros)
12. ¿Qué *piensa* Vd.?   (Vds., él, tú)
13. Los hombres no *vuelven* a casa.   (Ella, Yo, Nosotros)
14. Él *juega* al béisbol.   (Ellos, Yo, Nosotros)
15. Yo *me acuesto* temprano.   (Ellos, Vosotros, Ella)

B. Cambie Vd. el infinitivo a la forma indicada del imperativo.

1. *Volar* Vd. como las aves.
2. *Sentarse* Vds. en esas sillas.
3. *Querer* Vd. a su patria.
4. *Defender* Vd. a su hermanita.
5. *Calentar* Vds. el agua.
6. No *envolver* Vds. los paquetes.
7. *Oler* Vd. el perfume.
8. No *probar* Vds. las albóndigas.
9. *Mostrar* Vd. el mapa al explorador.
10. *Devolver* Vd. el cuaderno a aquel alumno.
11. No *mover* Vds. los muebles.
12. *Encender* Vd. la luz.
13. *Recordar* Vd. el suceso.
14. No *morder* Vd. las uñas.
15. *Atravesar* Vds. el río.

C. Conteste Vd. en español en frases completas.

1. ¿Dónde se sientan los alumnos?
2. ¿A qué hora almuerza Vd.?
3. ¿Juega Vd. al tenis?
4. ¿Llueve ahora?
5. ¿Cuándo empieza su primera clase?
6. ¿Sueña Vd. con ser rico(-a)?
7. ¿Cuesta mucho su reloj?
8. ¿Tiembla Vd. cuando el profesor grita?
9. ¿A qué hora se despierta Vd.?
10. ¿En qué estación nieva?
11. ¿Cuándo se acuesta Vd.?
12. ¿Confiesa Vd. siempre sus errores?
13. ¿A qué hora vuelve Vd. a casa?
14. ¿Entiende Vd. esta lección?
15. ¿Encuentra Vd. difícil este ejercicio?

D. Traduzca Vd. al español las expresiones en inglés.

1. *Do not sit down* Vds. en aquel cuarto.
2. Clara *eats lunch* a la una.
3. *It is snowing* hoy.
4. La comida *smells* bien.
5. ¿Qué *do you think* de este periódico?
6. *I do not understand* esa regla.
7. Deseo *to go to bed*.
8. Los niños *wake up* temprano.
9. *He loses* su cartera.
10. Rosa *shows* un retrato de su familia a su amiga.

E. Traduzca Vd. al español.

1. It costs four dollars.
2. What do they think of that comedy?
3. The soldiers are losing the battle.
4. Are you able to sit down?
5. Go to bed now.
6. It snows in winter and rains in summer.
7. He does not understand English.
8. They defend their home.
9. Show the dress to Mary.
10. At what time does he return?

9. STEM-CHANGING VERBS (CLASS II)

Stem-changing verbs of the second class end in **-ir** only. These verbs change the stem vowel from **e** to **ie** and from **o** to **ue** in the following forms:

    1. present indicative (1, 2, 3 singular and 3 plural)
    2. polite commands

They also change **e** to **i** and **o** to **u** in the following forms:

    1. preterite (3 singular and 3 plural)
    2. present participle (gerund)

	mentir, to lie	**divertirse,** to enjoy oneself	**dormir,** to sleep
Present Indicative	miento mientes miente mentimos mentís mienten	me divierto te diviertes se divierte nos divertimos os divertís se divierten	duermo duermes duerme dormimos dormís duermen
Polite Commands	mienta Vd. mientan Vds.	diviértase Vd. no se divierta Vd. diviértanse Vds. no se diviertan Vds.	duerma Vd. duerman Vds.
Preterite	mentí mentiste mintió mentimos mentisteis mintieron	me divertí te divertiste se divirtió nos divertimos os divertisteis se divirtieron	dormí dormiste durmió dormimos dormisteis durmieron
Present Participle	mintiendo	divirtiéndose	durmiendo

COMMON STEM-CHANGING VERBS (CLASS II)

E TO *IE, I*

consentir, to consent
divertirse, to enjoy oneself, to have a
    good time
herir, to wound

mentir, to lie
preferir, to prefer
sentir, to regret, to be sorry
sentirse, to feel

O TO *UE, U*

dormir, to sleep
dormirse, to fall asleep

morir, to die

Important: These stem-changing verbs are identified in the vocabulary lists by the type of change **(ie, i,** or **ue, u)** in parentheses next to the verb.

EJERCICIOS

A. Cambie Vd. la forma del verbo en letra cursiva, empleando los sujetos indicados.

1. Yo *prefiero* descansar.   (Nosotros, Ellos, Tú)
2. Él *se divierte* en el cine.   (Vds., Ella, Yo)
3. Nosotros no *mentimos*.   (Los alumnos, Yo, Él)
4. Ellos *duermen* mucho.   (Nosotros, Yo, Tú)
5. Yo *consiento* en acompañarle.   (Su padre, Ellos, Vosotros)
6. Ella *se duerme* a las ocho.   (Yo, Tú, Vds.)
7. Él y yo lo *sentimos* mucho.   (Yo, Ella, Vds.)
8. El soldado *hiere* al enemigo.   (Ellos, Vd., Nosotros)
9. Ellas *prefieren* salir temprano.   (Vosotros, Vd., Vds.)
10. Ellos *se sienten* bien.   (Nosotros, Vd., Vosotros)

B. Repita Vd. el ejercicio A, empleando el pretérito en vez del presente.

C. Cambie Vd. el infinitivo a la forma indicada del imperativo.

1. *Dormir* Vd. bien.
2. *Divertirse* Vds. en la playa.
3. No *sentir* Vd. la ausencia de la maestra.
4. *Consentir* Vd. en el plan.
5. No *mentir* Vd. a su padre.

D. Conteste Vd. en español en frases completas.

1. ¿Miente Vd. algunas veces?
2. ¿Se divierten Vds. en el parque?
3. ¿Se divirtió Vd. el domingo pasado?
4. ¿Qué clase prefiere Vd.?
5. ¿En qué cuarto duerme Vd.?
6. ¿A qué hora se durmió Vd. anoche?
7. ¿Cuántas horas durmió Vd.?
8. ¿Se divierte Vd. durante las vacaciones?
9. ¿Se siente Vd. bien hoy?
10. ¿Se sintió Vd. enfermo(-a) ayer?

E. Escriba Vd. el infinitivo y el participio presente de cada uno de los verbos siguientes:

EJEMPLO: hablaron—*hablar, hablando*

1. prefiero
2. se divirtieron
3. se duerme
4. murió
5. sentimos
6. consienten
7. muere
8. miente
9. se sintió
10. durmieron

F. Traduzca Vd. al español las expresiones en inglés.

1. El chico está *sleeping*.
2. *I am sorry* decirle que no lo sé.
3. Mi perro *died* el año pasado.
4. *She preferred* aquel vestido.
5. *I did not sleep* bien anoche.
6. Mi amigo lo *regretted* mucho.
7. Los muchachos *are enjoying themselves* en el teatro.
8. Pedro y Antonio, *do not lie* Vds.
9. *They consent* en traerlo.
10. Carlos y yo *had a good time* ayer.

G. Traduzca Vd. al español.

1. He consented to (en) sell the house.
2. You regret the teacher's illness.
3. Many soldiers died in the war.
4. He felt sad.
5. Do not fall asleep; enjoy yourselves.
6. They had a good time.
7. Sleep in that room.
8. How many hours do you sleep each night?
9. I prefer to buy this suit.
10. The explosion wounded many people.

Jai-alai es el deporte tradicional de las Provincias Vascongadas, en el norte de España. Se juega en una cancha (court) de tres paredes llamada "frontón." Es algo semejante a nuestro "handball," pero en jai-alai se usa una cesta atada a la mano para coger y lanzar la pelota. Con esta cesta lanzan la pelota contra las paredes con mucha fuerza. Jai-alai es muy popular en España, México, y Cuba, y también en la Florida.

10. STEM-CHANGING VERBS (CLASS III)

Stem-changing verbs of the third class, like those of the second class, end in **-ir** only. These verbs change the stem vowel as follows:

e to i
- present indicative (1, 2, 3 singular and 3 plural)
- polite commands
- preterite (3 singular and 3 plural)
- present participle (gerund)

	pedir, to ask (for)	**vestirse,** to get dressed
Present Indicative	pido pides pide pedimos pedís piden	me visto te vistes se viste nos vestimos os vestís se visten
Polite Commands	pida Vd. pidan Vds.	vístase Vd. no se vista Vd. vístanse Vds. no se vistan Vds.
Preterite	pedí pediste pidió pedimos pedisteis pidieron	me vestí te vestiste se vistió nos vestimos os vestisteis se vistieron
Present Participle	pidiendo	vistiéndose

COMMON STEM-CHANGING VERBS (CLASS III)

pedir, to ask (for)
perseguir, to pursue, to persecute
reír, to laugh
repetir, to repeat
seguir, to follow, to continue

servir, to serve
sonreír, to smile
vestir(se), to dress (oneself), to get dressed

Important: These stem-changing verbs are identified in the vocabulary lists by **(i)** next to the verb.

Note

A. The following spelling changes occur in the present indicative (1st person singular) and the polite command:

> conseguir ⎫
> perseguir ⎬ **gu** changes to **g**
> seguir ⎭
>
> corregir ⎫
> elegir ⎬ **g** changes to **j**

si**g**o, si**g**a Vd.; corri**j**o, corri**j**a Vd.

B. The verb **reír** (*to laugh*) is conjugated as follows:

> PRESENT INDICATIVE: *río, ríes, ríe,* reímos, reís, *ríen*
> COMMAND: *ría Vd., rían Vds.*
> PRETERITE: reí, reíste, *rió,* reímos, reísteis, *rieron*
> PRESENT PARTICIPLE: *riendo*

The verb **sonreír** (*to smile*) is conjugated like **reír.**

EJERCICIOS

A. Cambie Vd. la forma del verbo en letra cursiva, empleando los sujetos indicados.

1. Los alumnos *repiten* las frases.   (Vd., Yo, Nosotras)
2. La criada *sirve* el arroz con pollo.   (Tú, Ellos, Yo)
3. Juan *sigue* buenos ejemplos.   (Yo, Sus hijos, Vosotros)
4. Nosotros *reímos* a menudo.   (Vd., Ellos, Tú)
5. Yo *elijo* sopa de legumbres.   (Nosotros, Ellos, Vd.)
6. El mal tiempo no *impide* el movimiento de los coches.   (Los cocheros, La gente, Nosotros)

7. Tú *pides* permiso.   (Nosotros, Yo, Ellos)
8. Él *se despide* del jefe.   (Nosotros, Vds., Yo)
9. Nosotros *nos vestimos* con cuidado.   (Tú, Ellos, Vd.)
10. Ella *corrige* los exámenes.   (Yo, Vosotros, Vds.)

B. Repita Vd. el ejercicio A, empleando el pretérito en vez del presente.

C. Cambie Vd. el infinitivo a la forma indicada del imperativo.

1. *Conseguir* Vd. un billete.
2. No *pedir* Vds. favores.
3. *Servir* Vd. las albóndigas ahora.
4. *Sonreír* Vd. de alegría.
5. No *vestirse* Vds. rápidamente.
6. *Seguir* Vds. su camino.
7. No *reírse* Vd. de sus amigos.
8. *Repetir* Vd. la pregunta.
9. No *despedirse* Vds. ahora.
10. Guardia, *perseguir* Vd. al ladrón.

D. Conteste Vd. en español en frases completas.

1. ¿Se vistió Vd. antes de desayunarse hoy?
2. ¿Pide Vd. dinero a su padre?
3. ¿Sonríe Vd. a menudo?
4. ¿Quién sirvió el desayuno hoy en su casa?
5. ¿Siempre consigue Vd. lo que desea?
6. ¿Corrigió Vd. los errores en la pizarra?
7. ¿Sigue Vd. los consejos de sus padres?
8. ¿Ríe Vd. si está triste?
9. ¿Qué dice Vd. cuando se despide de sus amigos?
10. ¿Repiten Vds. las frases en español?

E. Escriba Vd. el participio presente de cada uno de los verbos siguientes:

1. repetir   **3.** servir   **5.** pedir   **7.** corregir   **9.** sonreír
2. vestirse   **4.** reír   **6.** conseguir   **8.** impedir   **10.** seguir

F. Traduzca Vd. al español las expresiones en inglés.

1. El padre *corrected* las costumbres del hijo.
2. *Repeat* Vd. la frase.
3. El mozo está *serving* el café.
4. Mi hermana *dressed herself* en seguida.
5. *He asked for* un paraguas.
6. Estábamos *getting dressed*.
7. *¿Are you saying goodbye to* nosotros tan pronto?
8. ¿Por qué *did smile* Vds.?
9. *Do not dress yourself* si no quiere.
10. *They did not serve* la comida.

G. Traduzca Vd. al español.

1. I got dressed at once.
2. Serve the tea now.
3. When they asked John for the money, he smiled.
4. They elected the president.
5. Why are you laughing?
6. Ask the waiter for a cup of coffee.
7. He repeated the words several times.
8. They continued laughing.
9. Correct your errors.
10. I promised to say goodbye to Henry.

11. THE FUTURE TENSE

REGULAR VERBS

The future tense is formed by adding to the infinitive the following endings:

-é, -ás, -á, -emos, -éis, -án

	ayudar, to help	**aprender,** to learn	**abrir,** to open
	I shall (will) help, etc.	*I shall (will) learn, etc.*	*I shall (will) open, etc.*
yo	ayudar**é**	aprender**é**	abrir**é**
tú	ayudar**ás**	aprender**ás**	abrir**ás**
Vd., él, ella,	ayudar**á**	aprender**á**	abrir**á**
nosotros, -as	ayudar**emos**	aprender**emos**	abrir**emos**
vosotros, -as	ayudar**éis**	aprender**éis**	abrir**éis**
Vds., ellos, -as	ayudar**án**	aprender**án**	abrir**án**

IRREGULAR VERBS

The following verbs drop the **e** of the infinitive ending before adding the endings of the future.

caber, to fit: *cabré, -ás, -á,* etc.
haber, to have (auxiliary verb): *habré, -ás, -á,* etc.
poder, to be able: *podré, -ás, -á,* etc.
querer, to want, to wish: *querré, -ás, -á,* etc.
saber, to know: *sabré, -ás, -á,* etc.

The following verbs replace the **e** or **i** of the infinitive ending with a **d** before adding the endings of the future.

poner, to put: *pondré, -ás, -á,* etc.
salir, to leave, to go out: *saldré, -ás, -á,* etc.
tener, to have: *tendré, -ás, -á,* etc.
valer, to be worth: *valdré, -ás, -á,* etc.
venir, to come: *vendré, -ás, -á,* etc.

The following verbs drop the **e** and **c** of the infinitive before adding the endings of the future.

> **decir,** to say, to tell: *diré, -ás, -á,* etc.
> **hacer,** to do, to make: *haré, -ás, -á,* etc.

USES OF THE FUTURE TENSE

The future tense is used:

1. To express future time.

> ¿A qué hora *llegará* el tren?   At what time will the train arrive?

2. To express wonderment or probability in the present time.

> ¿Qué hora *será?*   I wonder what time it is.
>
> *Será* la una.   It is probably one o'clock.

EJERCICIOS

A. Escriba Vd. la forma correcta de los verbos entre paréntesis en lugar del verbo en letra cursiva.

1. El empleado *venderá* la camisa.   (ponerse, recibir, quitarse)
2. *Lucharán* mañana.   (llegar, venir, casarse)
3. El capitán no *mandará* atacar.   (poder, querer, consentir en)
4. *Dormiremos* mucho tiempo.   (descansar, tener, continuar)
5. ¿Qué *ganará* ella?   (decir, permitir, escoger)
6. Lo *principiarán* el miércoles.   (hacer, construir, devolver)
7. *Regresará* a las cuatro.   (partir, pagar, salir)
8. Lo *meteré* en la caja.   (buscar, poner, encontrar)
9. ¿Cuánto *costará?*   (valer, durar, llover)
10. Los soldados no *estarán* en el castillo.   (caber, cenar, permanecer)

B. Cambie Vd. los verbos al futuro.

1. Tomás *espera* el tren.
2. ¿En qué fecha *cae* su cumpleaños?
3. *Tienen* muchas oportunidades.
4. ¿Me *dais* permiso para marcharme?
5. Pablo no *trae* el tocadiscos.
6. *Queremos* un consejo.
7. ¿*Sufres* mucho?
8. *Hay* claveles en el jardín.
9. Le *vemos* todos los días.
10. Tú no *puedes* ir al campo conmigo.

C. Conteste Vd. en español en frases completas.

1. ¿A qué hora saldrá Vd. de la escuela hoy?
2. ¿Irá Vd. al centro mañana?
3. ¿Qué hará Vd. la semana que viene?
4. ¿Podrá Vd. ir al cine esta noche?
5. ¿A qué hora volverá Vd. a casa esta tarde?

6. ¿Dónde pasará su familia las vacaciones de verano?
7. ¿Cómo celebrará Vd. su cumpleaños?
8. ¿Tendrá Vd. que estudiar para un examen mañana?
9. ¿Cuánto tiempo durará esta clase?
10. ¿Le gustará a Vd. ir a la tienda esta mañana?

D. Traduzca Vd. al español las expresiones en inglés.

1. El caballero repite que *he will fulfill* con su deber.
2. *She is probably* unos treinta años.
3. No explicará por qué *he will omit* mi nombre de la lista.
4. El niño responde que *he will not obey* a sus padres.
5. *¿I wonder if he is* alemán?
6. Mi madre promete que *she will divide* el pastel en tres partes.
7. Comprendemos que *it will be* necesario descansar.
8. Dicen que *they will come* mañana.
9. *It is probably worth* diez pesetas.
10. *¿I wonder what time it is* en este momento?

E. Traduzca Vd. al español.

1. We will be able to go to a Mexican theater.
2. We know that she will prepare the lunch.
3. Tomorrow we will eat in a good restaurant.
4. The maid will put the plates on the table.
5. It is probably three P.M.
6. She will not be able to sing this evening.
7. At what time will you (*pl.*) leave tomorrow?
8. The artist declares that the paintings will be worth much.
9. I wonder where my books are.
10. His wife thinks that he will sell the house.

12. THE CONDITIONAL

REGULAR VERBS

The conditional is formed by adding to the infinitive the following endings:

> *-ía, -ías, -ía, -íamos, -íais, -ían*

	viajar, to travel	**comer**, to eat	**permitir**, to permit
	I would travel, etc.	*I would eat, etc.*	*I would permit, etc.*
yo	viajar*ía*	comer*ía*	permitir*ía*
tú	viajar*ías*	comer*ías*	permitir*ías*
Vd., él, ella	viajar*ía*	comer*ía*	permitir*ía*
nosotros, -as	viajar*íamos*	comer*íamos*	permitir*íamos*
vosotros, -as	viajar*íais*	comer*íais*	permitir*íais*
Vds., ellos, -as	viajar*ían*	comer*ían*	permitir*ían*

IRREGULAR VERBS

Like the future, the following verbs drop the **e** of the infinitive ending before adding the endings of the conditional.

> **caber,** to fit: *cabría, -ías, -ía,* etc.
> **haber,** to have (auxiliary verb): *habría, -ías, -ía,* etc.
> **poder,** to be able: *podría, -ías, -ía,* etc.
> **querer,** to want, to wish: *querría, -ías, -ía,* etc.
> **saber,** to know: *sabría, -ías, -ía,* etc.

Like the future, the following verbs replace the **e** or **i** of the infinitive ending with a **d** before adding the endings of the conditional.

> **poner,** to put: *pondría, -ías, -ía,* etc.
> **salir,** to leave, to go out: *saldría, -ías, -ía,* etc.
> **tener,** to have: *tendría, -ías, -ía,* etc.
> **valer,** to be worth: *valdría, -ías, -ía,* etc.
> **venir,** to come: *vendría, -ías, -ía,* etc.

Like the future, the following verbs drop the **e** and **c** of the infinitive before adding the endings of the conditional.

decir, to say, to tell: *diría, -ías, -ía,* etc.

hacer, to do, to make: *haría, -ías, -ía,* etc.

Note

When *would* is used in the sense of *used to,* it is translated by the imperfect tense, not the conditional.

Siempre nos **ayudaba.**	He always would (used to) help us.

USES OF THE CONDITIONAL

The conditional is used:

1. To express a condition (*would*).

Pagaría mucho por las joyas.	He would pay a lot for the jewels.

2. To express wonderment or probability in the past.

¿Qué hora **sería?**	I wonder what time it was.
Sería la una.	It was probably one o'clock.

Note

The future tense is commonly used in combination with the present or future tense; the conditional, with a past tense.

Dice que **irá.**	He says he will go.
Dijo que **iría.**	He said he would go.

EJERCICIOS

A. Escriba Vd. la forma correcta de los verbos entre paréntesis en lugar del verbo en letra cursiva.

1. ¿Qué *aconsejaría* Vd. en tal caso?   (hacer, contestar, creer)
2. Ella no lo *copiaría*.   (permitir, destruir, escoger)
3. No *irían* sin decir adiós.   (partir, salir, marcharse)
4. No *lograrían* convencerlos.   (poder, tratar de, insistir en)
5. ¿*Respetarían* Vds. el nombre de ella?   (repetir, acordarse, saber)
6. Nosotros no *viajaríamos* con ellos.   (conversar, divertirse, bailar)
7. ¿Quién *poseería* el dinero para comprarlo?   (tener, ganar, robar)
8. Yo lo *buscaría* aquí.   (poner, esperar, encontrar)
9. *Correría* por las calles estrechas.   (andar, caminar, huir)
10. ¿*Prometerías* visitar la feria?   (querer, preferir, necesitar)

B. Cambie Vd. los infinitivos según los ejemplos.

EJEMPLOS: Dice (Dirá) que no *salir*.   Dice (Dirá) que no *saldrá*.
Dijo (Decía) que no *salir*.   Dijo (Decía) que no *saldría*.

1. Gritó que no *aceptar* el puesto.
2. Si él no trabaja, su familia no *tener* pan.
3. El niño promete que no *cruzar* la calle.
4. Al salir, declaró que *regresar* a las nueve.
5. Colón creía que *descubrir* la ruta de las Indias.
6. Anunciarán que la biblioteca *abrirse* a las nueve.
7. Ella preguntó si la medicina *curar* su enfermedad.
8. Prometió que todo el mundo *divertirse* allí.
9. No olvida que su sobrino *llegar* al día siguiente.
10. El comerciante declara que *emplear* a tres personas más.

C. Conteste Vd. en español en frases completas.

1. ¿Qué hora sería cuando Vd. se acostó anoche?
2. ¿Sabe Vd. a qué universidad asistirá?
3. ¿Les aseguró el maestro que no recibirían un examen?
4. ¿Sabe Vd. a qué hora amanecerá mañana?
5. ¿Prometió Vd. a sus padres que estudiaría más?
6. ¿Dijo Vd. a sus amigos cuándo caería su cumpleaños?
7. ¿Adónde irá Vd. para pasar sus vacaciones?
8. ¿Escogió Vd. un regalo que desearía dar a su mamá?
9. ¿Copiaría Vd. las notas de su amigo?
10. ¿Cuánto costará un reloj como el que tiene Vd.?

D. Traduzca Vd. al español las expresiones en inglés.

1. Sabe que el maestro *will notice* su ausencia.
2. Los niños *probably did not see* el accidente.
3. Estaban seguros de que el dueño *would get angry*.
4. *¿I wonder if they did* el trabajo?
5. Dicen que *they will applaud* al actor.
6. *It was probably* las ocho cuando regresaron.
7. El mozo cree que el turista le *will give* una propina.
8. ¿Quién *would attack* a nuestro ejército?
9. La cocinera *will put* los guisantes en la sopa.
10. *¿I wonder if she knows* los verbos?

E. Traduzca Vd. al español.

1. We would give a lot to (para) see that comedy.
2. John said that his birthday would occur the next day.
3. I know that my friends will come later.
4. They believe that the artist will create a masterpiece.
5. When he lived in Madrid, he would visit the museum often.
6. The game of baseball would not interest me.
7. Would you (tú) be able to read that book?
8. I would give her two pesetas for the oranges.
9. I wonder how much the shoes are worth. [Change to question.]
10. She will not serve the lunch at noon.

13. THE PRESENT PARTICIPLE (GERUND)

PRESENT PARTICIPLES OF REGULAR VERBS

habl*ar,* to speak	habl*ando,* speaking
com*er,* to eat	com*iendo,* eating
recib*ir,* to receive	recib*iendo,* receiving

PRESENT PARTICIPLES ENDING IN -*YENDO*

caer, to fall	*cayendo,* falling
construir, to construct	*construyendo,* constructing
creer, to believe	*creyendo,* believing
destruir, to destroy	*destruyendo,* destroying
huir, to flee	*huyendo,* fleeing
ir, to go	*yendo,* going
leer, to read	*leyendo,* reading
oír, to hear	*oyendo,* hearing
traer, to bring	*trayendo,* bringing

PRESENT PARTICIPLES OF STEM-CHANGING VERBS

Stem-changing verbs ending in **-ir** (classes II and III) change the stem vowel from **e** to **i,** and from **o** to **u.**

decir, to say, to tell	*diciendo,* saying, telling
despedirse, to say goodbye	*despidiéndose,* saying goodbye
divertirse, to enjoy oneself	*divirtiéndose,* enjoying oneself
dormir, to sleep	*durmiendo,* sleeping
venir, to come	*viniendo,* coming

Other verbs of this type are:

conseguir—*consiguiendo*	repetir—*repitiendo*
corregir—*corrigiendo*	seguir—*siguiendo*
mentir—*mintiendo*	sentir—*sintiendo*
morir—*muriendo*	servir—*sirviendo*
pedir—*pidiendo*	vestir—*vistiendo*

Note. The present participle of **poder** is *pudiendo.*

PROGRESSIVE TENSES

The present participle is used with **estar, seguir,** and **continuar** to denote continuous action (progressive tenses).

Siguen trabajando.	They continue working. <u>(Present Progressive)</u>
Estaba leyendo.	He was reading. <u>(Past Progressive)</u>
Continúan escribiendo.	They continue writing; they continue to write. <u>(Present Progressive)</u>

Note

The present participles of **estar, ir,** and **venir** are not used to form the progressive tenses of these verbs. Instead, the simple tenses are used.

Ella *viene* aquí.	She is coming here.
Rosa *iba* al parque.	Rose was going to the park.

EJERCICIOS

A. Escriba Vd. el participio presente de los verbos entre paréntesis en lugar del verbo en letra cursiva.

1. *Andando* por el parque, le encontré. (volver, ir, venir)
2. Siga Vd. *trabajando*. (divertirse, pasearse, estudiar)
3. Los soldados están *saliendo* ahora. (dormir, despedirse, avanzar)
4. Estaban *escuchando* una historia interesante. (leer, escribir, repetir)
5. Estamos *cantando* una canción española. (tocar, aprender, traducir)
6. La criada estaba *preparando* el café en la cocina. (beber, servir, calentar)
7. Siguen *decorando* la sala. (buscar, entrar en, usar)
8. Ellos continúan *llorando*. (comer, esperar, rezar)
9. ¿A quién estaba Vd. *hablando?* (imitar, molestar, seguir)
10. Los comerciantes siempre están *aumentando* los precios. (cambiar, arreglar, bajar)

B. Conteste Vd. en español en frases completas.

1. ¿Está Vd. pensando en algo importante en este momento?
2. ¿Quién está enseñando la lección?
3. ¿Está el maestro castigando a la clase ahora?
4. ¿Está acercándose la fecha de su cumpleaños?
5. ¿Oye Vd. mucho cuando está durmiendo?
6. ¿Está lloviendo ahora?
7. ¿Está Vd. escuchando atentamente las respuestas de sus compañeros?
8. ¿Qué están Vds. haciendo en este momento?
9. ¿Continúa Vd. estudiando todos los días?
10. ¿Qué están Vds. aprendiendo en esta clase?

C. Cambie Vd. cada verbo a la forma correspondiente del tiempo progresivo (presente o pasado).

EJEMPLOS: hablo—*estoy hablando*   comíamos—*estábamos comiendo*

1. leo	**6.** traes	**11.** conseguimos	**16.** huimos
2. sentían	**7.** caigo	**12.** reducías	**17.** moría
3. decían	**8.** corrigen	**13.** creéis	**18.** veo
4. se viste	**9.** creabais	**14.** destruyen	**19.** construíamos
5. crecen	**10.** ponían	**15.** nos unimos	**20.** oigo

D. Traduzca Vd. al español las expresiones en inglés.

1. No *being able* verlo, tuve que regresar al día siguiente.
2. [*By*] *studying* se aprende mucho.
3. *Going* a la escuela, me encontré con mis amigos.
4. Pasamos varias horas *playing* a la pelota.
5. *Saying* esto, se levantó y se fue.
6. Pasó toda la noche *sleeping*.
7. [*By*] *following* este camino, llegarás a Albuquerque.
8. Aprendió a pronunciar [*by*] *repeating* las palabras del maestro.
9. Vivió mucho tiempo, *dying* a la edad de noventa años.
10. *Entering* en la sala, se sentó.

E. Traduzca Vd. al español las expresiones en inglés, empleando el tiempo progresivo (presente o pasado).

1. Las hojas *are falling*.
2. *They keep on asking for* la misma cosa.
3. *He continued to believe* que era una mentira.
4. No es verdad; aquel hombre *is lying*.
5. *She is buying* una novela española.
6. La criada *was covering* la mesa con un mantel.
7. El enfermo *continues taking* la medicina.
8. El muchacho *was playing* en la calle cuando le vi.
9. *Continue* Vds. *writing*.
10. Ella *is dressing* ahora.

F. Traduzca Vd. al español.

1. Being a good child, he always used to obey his parents.
2. She amuses herself [by] dancing.
3. The boy is not lying.
4. To whom is he giving the diamond?
5. He was opening the window.
6. What were they saying?
7. Having enough time, I visited my friends.
8. It is raining.
9. I am working in an office.
10. They were eating then.

14. THE PAST PARTICIPLE; THE PRESENT PERFECT AND PLUPERFECT TENSES

PAST PARTICIPLES OF REGULAR VERBS

visit*ar,* to visit	visit*ado,* visited
aprend*er,* to learn	aprend*ido,* learned
viv*ir,* to live	viv*ido,* lived

PAST PARTICIPLES ENDING IN -*ÍDO*

caer, to fall	*caído,* fallen
creer, to believe	*creído,* believed
leer, to read	*leído,* read
oír, to hear	*oído,* heard
traer, to bring	*traído,* brought

IRREGULAR PAST PARTICIPLES ENDING IN -*TO*

abrir, to open	*abierto,* opened
cubrir, to cover	*cubierto,* covered
descubrir, to discover	*descubierto,* discovered
escribir, to write	*escrito,* written
morir, to die	*muerto,* died
poner, to put	*puesto,* put
romper, to break	*roto,* broken
ver, to see	*visto,* seen
volver, to return	*vuelto,* returned

IRREGULAR PAST PARTICIPLES ENDING IN -*CHO*

decir, to say, to tell	*dicho,* said, told
hacer, to do, to make	*hecho,* done, made

PRESENT PERFECT TENSE

The present perfect tense is formed by the present tense of **haber** (*to have*) plus the past participle.

I have visited (*learned, lived*)

yo	**he**	visitado (aprendido, vivido)
tú	**has**	visitado (aprendido, vivido)
Vd., él, ella	**ha**	visitado (aprendido, vivido)
nosotros, -as	**hemos**	visitado (aprendido, vivido)
vosotros, -as	**habéis**	visitado (aprendido, vivido)
Vds., ellos, -as	**han**	visitado (aprendido, vivido)

PLUPERFECT TENSE

The pluperfect tense is formed by the imperfect tense of **haber** (*to have*) plus the past participle.

I had visited (*learned, lived*)

yo	**había**	visitado (aprendido, vivido)
tú	**habías**	visitado (aprendido, vivido)
Vd., él, ella	**había**	visitado (aprendido, vivido)
nosotros, -as	**habíamos**	visitado (aprendido, vivido)
vosotros, -as	**habíais**	visitado (aprendido, vivido)
Vds., ellos, -as	**habían**	visitado (aprendido, vivido)

Note

To make a verb in the perfect tenses negative, place **no** before the verb **haber.** To make a verb interrogative, place the subject after the past participle.

No habían vivido allí.	They had not lived there.
No se han lavado todavía.	They haven't washed themselves yet.
¿ha visto Vd.?	have you seen?

EJERCICIOS

A. Escriba Vd. la forma correcta del presente perfecto de los verbos entre paréntesis en lugar del verbo en letra cursiva.

1. *Hemos gastado* el dinero.   (pagar, traer, conservar)
2. Lo *han copiado* mal.   (hacer, oír, cubrir)
3. ¿Dónde *ha comprado* Vd. el lápiz?   (poner, arrojar, esconder)
4. ¿No *habéis recibido* el paquete?   (abrir, ver, entregar)
5. Yo *he contestado* la carta.   (leer, escribir, romper)
6. *Han llegado* al campo.   (ir, viajar, huir)
7. Muchos soldados *han luchado*.   (adelantar, caer, morir)
8. ¿*Has trabajado* hoy?   (comer, salir, fumar)
9. No *han venido* todavía.   (volver, acostarse, almorzar)
10. Mi amiga *ha dicho* la verdad.   (negar, creer, dudar)

B. Escriba Vd. la forma correcta del pluscuamperfecto (pluperfect) de los verbos entre paréntesis en lugar del verbo en letra cursiva.

1. Los buques *habían atacado* la isla.   (rodear, conquistar, alejarse de)
2. *Habíamos jugado* en la playa.   (descansar, divertirse, desayunarse)
3. Ella nunca *había vivido* en Cuba.   (estudiar, pensar, estar)
4. El policía *había encontrado* la bomba.   (destruir, ver, descubrir)
5. Yo *había llevado* la chaqueta.   (admirar, romper, vender)
6. *Habíamos esperado* la buena noticia.   (oír, recibir, anunciar)
7. *Habían asistido* el jueves.   (regresar, terminar, desaparecer)
8. ¿*Habías buscado* una guía de teléfonos?   (perder, compilar, obtener)
9. No *habíamos encontrado* leones en la selva.   (buscar, matar, hallar)
10. Los esclavos *habían deseado* la libertad.   (luchar por, conseguir, ganar)

C. Cambie Vd. la forma del verbo al tiempo perfecto que corresponde (el presente al presente perfecto, el pasado al pluscuamperfecto).

EJEMPLOS: *Hacemos* nuestro trabajo.   *Hemos hecho* nuestro trabajo.
Yo *hablaba* con Juan.   Yo *había hablado* con Juan.

1. Yo *visito* a mis primos en México.   6. Su padre *moría*.
2. El Sr. Valdés no *traía* su pasaporte.   7. El niño *bebió* la leche.
3. Ellos no *leen* el periódico.   8. ¿Dónde *pones* mi pluma?
4. Tú no *respondías* a mis preguntas.   9. Mis amigas nunca *veían* seda tan fina.
5. Nosotros no *abrimos* (past) el baúl.   10. Nosotros no *decimos* una mentira.

D. Conteste Vd. en español en frases completas.

1. ¿Ha llegado Vd. temprano a la escuela?
2. ¿Ha muerto su abuelo?
3. ¿Había estudiado Vd. el español antes de asistir a esta escuela?
4. ¿Ha visto Vd. a sus amigos hoy?
5. ¿Ha escrito Vd. los ejercicios correctamente?
6. ¿Ha ido Vd. al cine esta semana?
7. ¿Qué ha hecho Vd. hoy?
8. ¿Habían vivido sus padres en España?
9. ¿Han preparado Vds. el trabajo?
10. ¿He leído yo estas frases claramente?

E. Traduzca Vd. al español las expresiones en inglés.

1. No sabían que *I had said* "adiós."
2. Los soldados *have been* valientes.
3. *He has eaten* todas las manzanas.
4. ¿*Have you heard* la historia de su vida?
5. Lo *I had covered* con un plato.
6. *They have opened* una biblioteca nueva.
7. *We have not been able* ayudarle.
8. El sastre *has made* el vestido.
9. *She had written* a su novio.
10. Siempre *you* (tú) *have been* un amigo fiel.

F. Traduzca Vd. al español.

1. Who has done the work?
2. We have decided to sell the store.
3. I had opened the door.
4. My children have not returned.
5. Where had they put the flowers?
6. That author had written interesting books.
7. Have you seen my nephew?
8. They have promised to eat the soup.
9. What had you said to your brother?
10. Who has read the novel?

La Dama de Elche es una estatua antigua descubierta en 1897 cerca de la ciudad de Elche en España. Se cree que es una estatua de una diosa (goddess) o princesa de los iberos, un pueblo antiguo de España.

15. THE FUTURE PERFECT AND THE CONDITIONAL PERFECT (OPTIONAL)

FUTURE PERFECT TENSE

The future perfect tense is formed by the future of **haber** plus the past participle.

I shall (will) have visited (learned, lived)

yo	**habré**	visitado (aprendido, vivido)
tú	**habrás**	visitado (aprendido, vivido)
Vd., él, ella	**habrá**	visitado (aprendido, vivido)
nosotros, -as	**habremos**	visitado (aprendido, vivido)
vosotros, -as	**habréis**	visitado (aprendido, vivido)
Vds., ellos, -as	**habrán**	visitado (aprendido, vivido)

CONDITIONAL PERFECT

The conditional perfect is formed by the conditional of **haber** plus the past participle.

I would have visited (learned, lived)

yo	**habría**	visitado (aprendido, vivido)
tú	**habrías**	visitado (aprendido, vivido)
Vd., él, ella	**habría**	visitado (aprendido, vivido)
nosotros, -as	**habríamos**	visitado (aprendido, vivido)
vosotros, -as	**habríais**	visitado (aprendido, vivido)
Vds., ellos, -as	**habrían**	visitado (aprendido, vivido)

EJERCICIOS

A. En lugar del verbo en letra cursiva, escriba Vd. la forma correspondiente de cada uno de los verbos entre paréntesis.

1. Ellos *se habrán acercado* a la aduana con el juez. — (volver, dirigirse, ir)
2. La señorita *habrá escondido* la carta de su novio. — (abrir, recibir, leer)
3. El enfermo *habría vivido* sin ayuda. — (morir, levantarse, caer)
4. El pintor *habrá vendido* sus obras. — (traer, mostrar, romper)
5. Mi madre *habría colocado* el jugo de limón en la mesa. — (señalar, poner, ver)
6. El abuelo *habría abrazado* a su nieta. — (escribir, pegar, besar)
7. Los estudiantes *habrán alabado* las pinturas del gran artista. — (copiar, estudiar, entender)
8. El público no *habrá dudado* la noticia. — (oír, escuchar, creer)
9. En Sevilla *habrían visitado* la catedral. — (admirar, describir, hallar)
10. Nosotros *habríamos contestado* lo mismo. — (hacer, aconsejar, decir)

B. Escoja Vd. la forma del verbo **haber** que traduzca correctamente la forma correspondiente en inglés.

1. they have returned   (han, habían, habrán) vuelto
2. I would have been   (había, habré, habría) sido
3. we had put   (hemos, habíamos, habríamos) puesto
4. he had covered   (habría, había, habrá) cubierto
5. we would have brought   (habíamos, hemos, habríamos) traído
6. they had discovered   (habían, habrían, han) descubierto
7. I will have seen   (he, había, habré) visto
8. you had arrived   (habrás, habrías, habías) llegado
9. they will have judged   (habrán, han, habían) juzgado
10. nothing would have happened   nada (ha, habría, había) sucedido

C. Traduzca Vd. al español las expresiones en inglés.

1. *He had paid* la cuenta.
2. *They would not have read* la revista.
3. ¿Qué *would you have done* en este caso?
4. Yo *had not returned* el diccionario.
5. Ana *has not returned* todavía.
6. *We will have visited* el hospital.
7. *They had not received* la máquina.
8. *She has not learned* mucho.
9. La comedia *had begun* a las nueve.
10. *He had gone down* al sótano.

D. Traduzca Vd. al español.

1. The children had eaten the eggs.
2. He and I will have begun the novel.
3. We would not have been able to see him.
4. They have gone to the movies.
5. She would have died without the medicine.
6. You (Tú) had put the map on the ground.
7. They will have returned at five o'clock.
8. You (*pl.*) have not heard the truth.
9. They had gone out early.
10. The child would have taken the money.

16. *ESTAR* AND *SER*

The verbs **estar** and **ser** both mean *to be* in English.

USES OF *ESTAR*

Estar is used to express:

1. *Location or position.*

¿Dónde está Juan?	Where is John?
Madrid *está en España.*	Madrid is in Spain.

2. *Condition.*

   a. Health.

Pedro *está enfermo.*	Peter is ill.
¿Cómo está Vd.?	How are you?

   b. Change from previous state or condition.

Estoy cansado.	I am tired.
Está triste.	He is sad.

Common adjectives used with **estar** to express a change are:

abierto(-a), open	**limpio(-a),** clean
alegre, happy, gay	**lleno(-a),** full
ausente, absent	**ocupado(-a),** busy
caliente, warm, hot	**sentado(-a),** seated
cansado(-a), tired	**sucio(-a),** dirty
cerrado(-a), closed	**triste,** sad
contento(-a), content, happy	**vacío(-a),** empty
frío(-a), cold	

3. *With the present participle to form the progressive tenses.*

Están trabajando.	They are working.

USES OF *SER*

Ser is used to express:

1. *Characteristics.*

   a. Origin, possession, and material, with **de.**

Juan *es de España.*	John is from Spain.
Esta falda *es de México.*	This skirt is from Mexico.
Es el libro *de Ana.*	It is Ann's book.
Es una corbata *de seda.*	It is a silk tie.

   b. Occupation, profession, nationality, identification.

Es médico.	He is a doctor.
Es el presidente.	He is the president.
Son españoles.	They are Spanish.
La flor *es una rosa.*	The flower is a rose.

2. *Description.*

   a. Color.

La flor *es roja.*	The flower is red.

   Common adjectives of color used with **ser** are:

amarillo(-a), yellow	**negro(-a),** black
azul, blue	**rojo(-a),** red
blanco(-a), white	**verde,** green

   b. Other descriptive adjectives.

La casa *es grande.*	The house is large.
María *es bonita.*	Mary is pretty.

   Common descriptive adjectives used with **ser** are:

alto(-a), tall	**pequeño(-a),** small
bonito(-a), pretty	**pobre,** poor
grande, large	**rico(-a),** rich
joven, young	**viejo(-a),** old
nuevo(-a), new	

3. *Time and dates.*

Es la una.	It is one o'clock.
Es el dos de mayo.	It is May 2.

Note

A. The adjective **feliz** (*happy*) is used with the verb **ser**.

Es feliz.

but   He is happy.

Está contento.

B. Some adjectives may be used with either **ser** or **estar,** but differ in meaning.

Alberto *es bueno* (*malo*).	Albert is good (bad). **(characteristic)**
Alberto *está bueno* (*malo*).	Albert is well (ill). **(condition)**
Alberto *es listo.*	Albert is clever. **(characteristic)**
Alberto *está listo.*	Albert is ready. **(condition)**

C. Adjectives used with **ser** or **estar** must agree with the subject in number and gender.

María está cansada.   Mary is tired.

Son ricos.   They are rich.

EJERCICIOS

A. Escoja Vd. la forma correcta de **ser** o **estar.**

1. Mis padres (son, están) bien.
2. Madrid (es, está) la capital de España.
3. La sopa (será, estará) caliente.
4. (Son, Están) mexicanos.
5. Mi tía (es, está) bondadosa.
6. No (soy, estoy) viejo.
7. (Soy, Estoy) muy ocupado.
8. La cesta (es, está) debajo de la mesa.
9. Mi amigo y yo (somos, estamos) felices.
10. La caja (es, está) cerrada.
11. Juan y yo (somos, estamos) tristes.
12. El profesor (es, está) delante de la clase.
13. Estos cuartos (son, están) sucios.
14. Los libros no (eran, estaban) nuevos.
15. Alberto (es, está) alto.

B. Complete Vd. cada frase, empleando la forma correcta de **ser** o **estar** en el presente de indicativo.

1. La comida _____ fría.
2. El anciano _____ sentado.
3. Juana _____ bonita.
4. Carlos _____ ausente.
5. Ese coche _____ del médico.
6. Mi tío _____ abogado.
7. La botella _____ llena de agua.
8. Este sombrero _____ de París.
9. La pluma _____ en el escritorio.
10. Las iglesias _____ abiertas.

11. Ellos _____ pescando.
12. _____ las once y media.
13. ¿_____ rojo el libro?

14. El reloj _____ de plata.
15. Yo _____ pobre.

C. Conteste Vd. en español en frases completas.

1. ¿Está Vd. contento(-a) cuando recibe buenas notas?
2. ¿Cuál es el primer mes del año?
3. ¿Están cubiertos sus libros?
4. ¿Cuál es su deporte favorito?
5. ¿Es Vd. gordo(-a) o delgado(-a)?
6. ¿Cuál es el número entre diez y doce?
7. ¿Está su casa cerca de la escuela?
8. ¿Está Vd. bueno(-a) o malo(-a) hoy?
9. ¿Ha estado Vd. ausente muchos días este año?
10. ¿De qué colores es nuestra bandera?

D. Cambie Vd. las frases siguientes al plural:

1. Esta mujer es hermosa.
2. Estoy cansado.
3. La cama está limpia.
4. ¿Por qué está Vd. tan alegre?
5. El chaleco es muy pequeño.

6. Tú eres muy joven.
7. El alumno es listo.
8. Su traje es nuevo.
9. Yo no soy rico.
10. ¿Es feliz la muchacha?

E. Traduzca Vd. al español las expresiones en inglés.

1. El elefante *was* muy grande.
2. ¿Quién *is* él?
3. ¿*Are* Vd. carpintero?
4. Yo no *am* francés.
5. Mi hermana y yo *are* cantando.

6. El vaso *is* vacío.
7. El sillón *is* cerca de la puerta.
8. Nosotros *were* esperando.
9. *It will be* el primero de mayo.
10. ¿*Are they* aquí?

F. Traduzca Vd. al español.

1. She is happy, but he is sad.
2. This wine is from Spain.
3. The child is ill.   (two ways)
4. They were poor, but now they are rich.
5. That boy is not lazy; he is tired.
6. How is your sister? She is well, thanks.
7. The coffee is cold.
8. The streets are dirty today.
9. We are not young; we are old.
10. Paul and Anna are very intelligent students.

17. REFLEXIVE VERBS

lavarse, to wash oneself

PRESENT INDICATIVE

I wash myself, you wash yourself, etc.

yo	*me lavo*	nosotros,-as	*nos lavamos*
tú	*te lavas*	vosotros,-as	*os laváis*
Vd., él, ella	*se lava*	Vds., ellos,-as	*se lavan*

PRETERITE

I washed myself, you washed yourself, etc.

yo	*me lavé*	nosotros,-as	*nos lavamos*
tú	*te lavaste*	vosotros,-as	*os lavasteis*
Vd., él, ella	*se lavó*	Vds., ellos,-as	*se lavaron*

IMPERFECT

I was washing myself, you were washing yourself, etc.

yo	*me lavaba*	nosotros,-as	*nos lavábamos*
tú	*te lavabas*	vosotros,-as	*os lavabais*
Vd., él, ella	*se lavaba*	Vds., ellos,-as	*se lavaban*

FUTURE

I shall wash myself, you will wash yourself, etc.

yo	*me lavaré*	nosotros,-as	*nos lavaremos*
tú	*te lavarás*	vosotros,-as	*os lavaréis*
Vd., él, ella	*se lavará*	Vds., ellos,-as	*se lavarán*

CONDITIONAL

I would wash myself, you would wash yourself, etc.

yo	*me lavaría*	nosotros,-as	*nos lavaríamos*
tú	*te lavarías*	vosotros,-as	*os lavaríais*
Vd., él, ella	*se lavaría*	Vds., ellos,-as	*se lavarían*

Present Perfect

I have washed myself, you have washed yourself, etc.

yo	**me he lavado**	nosotros,-as	**nos hemos lavado**
tú	**te has lavado**	vosotros,-as	**os habéis lavado**
Vd., él, ella	**se ha lavado**	Vds., ellos,-as	**se han lavado**

Pluperfect

I had washed myself, you had washed yourself, etc.

yo	**me había lavado**	nosotros,-as	**nos habíamos lavado**
tú	**te habías lavado**	vosotros,-as	**os habíais lavado**
Vd., él, ella	**se había lavado**	Vds., ellos,-as	**se habían lavado**

Present Participle

lavándome, lavándote, lavándose, etc., *washing myself, washing yourself, etc.*

Polite Commands (Affirmative)

lávese Vd., *wash yourself*   **lávense** Vds., *wash yourselves*

Note

A. The reflexive pronoun, like other object pronouns, normally precedes the verb. When used with (1) an affirmative command, (2) an infinitive, or (3) a present participle, the reflexive pronoun follows and is attached to the verb.

Normal Position:

Se lava.   He washes himself.

Exceptions:

1. *Affirmative Command.*

Láve**se** Vd.   Wash yourself.
(affirmative)

but

No **se** lave Vd.   Don't wash yourself.
(negative)

2. *Infinitive.*

Quiere lavar**se**. ⎤
⎟
or   ⎬   He wants to wash himself.
⎟
Se quiere lavar. ⎦

3. *Present Participle.*

Está lavándo**se**. ⎤
⎟
or   ⎬   He is washing himself.
⎟
Se está lavando. ⎦

B. A reflexive pronoun may either follow the infinitive or present participle, or precede the "conjugated" verb.

C. When a reflexive pronoun follows the affirmative command or the present participle, a written accent mark is required on the vowel that was stressed before the addition of the pronoun.

COMMON REFLEXIVE VERBS

asustarse, to be frightened
callarse, to be silent, to keep still
desayunarse, to eat breakfast
enfadarse ⎤
⎬ to get angry
enojarse ⎦
equivocarse, to be mistaken
irse ⎤
⎬ to go away
marcharse ⎦
levantarse, to get up

llamarse, to be called or named
pasearse, to take a walk
peinarse, to comb one's hair
ponerse, to put on, to become
quedarse, to remain
quejarse, to complain
quitarse, to take off
sentarse, to sit down

EJERCICIOS

A. Escriba Vd. la forma correcta de los verbos entre paréntesis en lugar del verbo en letra cursiva.

1. El ladrón *se reía* de la policía.   (burlarse, quejarse, alejarse)
2. ¿Por qué *se enojó* Vd.?   (callarse, irse, levantarse)
3. Alberto *se asustó*.   (divertirse, sentarse, enfadarse)
4. *Nos levantaremos* temprano.   (dormirse, despedirse, acostarse)
5. El anciano *estaba peinándose*.   (acercarse, quejarse, pasearse)
6. La enfermera no *se ha acordado* del hombre enfermo.
                                                   (alejarse, olvidarse, despedirse)
7. ¿Cuándo *se marcharon* los actores?   (lavarse, presentarse, desayunarse)

8. No *se acuesten* Vds.

9. Los novios *se casarán* en octubre.

10. Vds. *se equivocaban.*

(olvidarse, reírse, dormirse)
(irse, despedirse, marcharse)
(vestirse, despertarse, callarse)

B. Escriba Vd. la forma indicada del verbo en letra cursiva.

1.	pres. ind.	¿Cómo *llamarse* tú?
2.	imp. ind.	Esa criada no *ocuparse* de sus deberes.
3.	preterite	Los niños *ponerse* tristes.
4.	imperative	¡No *equivocarse* Vds. en el uso de esas palabras!
5.	pres. perf.	Ella *quejarse* del servicio.
6.	preterite	Al ver el sol, la niña *alegrarse.*
7.	pres. ind.	La dama *quitarse* los guantes.
8.	future	Carlos y su hermana *quedarse* aquí.
9.	conditional	Nosotros *hallarse* allí a las nueve.
10.	gerund	Hace una hora que está *despedirse* de sus compañeros.
11.	preterite	No sé por qué Carlos *acostarse.*
12.	infinitive	Tú debes *unirse* a los buenos.
13.	pres. ind.	Todos los días mi madre *dirigirse* al mercado.
14.	imperative	*Quedarse* Vds. aquí en la sala.
15.	future	El enemigo no *atreverse* a atacar.
16.	pluperfect	Nosotros ya *desayunarse.*
17.	imp. ind.	A menudo mi tía *quejarse* de su salud.
18.	preterite	El torero *sorprenderse* al ver el toro.
19.	gerund	Yo estaba *quitarse* los calcetines.
20.	infinitive	Debemos *moverse* pronto.

C. Conteste Vd. en español en frases completas.

1. ¿Se apresura Vd. a llegar a tiempo a la escuela?

2. ¿Desea Vd. hacerse médico?

3. ¿Se aprovecha Vd. de sus oportunidades?

4. ¿Se lavó Vd. la cara esta mañana?

5. ¿Se enoja Vd. a menudo?

6. ¿Dónde se encuentran el elefante y el león?

7. ¿Se mira Vd. en el espejo cuando se peina?

8. ¿Cómo se llama Vd.?

9. ¿Se sentía Vd. mal al entrar en esta clase?

10. ¿En qué estación se mueren las flores y las hojas?

D. Traduzca Vd. al español las expresiones en inglés.

1. *He was taking a walk* por la calle.

2. Los hombres valientes *are not frightened* fácilmente.

3. Vds. *are mistaken* esta vez.

4. Roberto *used to complain* de sus vecinos.

5. Mi familia *has not eaten breakfast* todavía.

6. Todos los hombres *were silent.*

7. *We complained* del precio.

8. Mis parientes *became* tristes.

9. *He put on* un gabán de lana.

10. *She has remained* en el hotel.

11. Roberto *did not wash* el cuello y las orejas.

12. *She didn't put on* la blusa amarilla.
13. *¡Go away* Vd.!
14. *He will get angry* si le dices eso.
15. *They went away* satisfechos.

E. Traduzca Vd. al español.

1. My name is Henry; my friend's name is Robert.
2. They became very sick yesterday.
3. My sister and I got up early today.
4. His friends are going away.
5. Helen is never mistaken.
6. I want to sit down here.
7. John used to get up late.
8. The men became angry.
9. Keep still, please.
10. I took off my shoes.

La estatua de San Martín a caballo domina este monumento en Buenos Aires. José de San Martín (1778-1850) fue un general argentino que luchó por la independencia de la Argentina, Chile, y el Perú. Una de sus hazañas (exploits) más admirables fue cruzar los Andes en 1817, con un ejército de 5000 hombres, y derrotar (defeat) al ejército español en Chile.

18. POLITE COMMANDS WITH *VD*. AND *VDS*.

The polite command is formed from the first person singular of the present indicative. The final **-o** is changed as follows:

-ar verbs:	to *-e* (Vd.) or *-en* (Vds.)
-er verbs ⎤ **-ir** verbs ⎦	to *-a* (Vd.) or *-an* (Vds.)

	Pres. Ind., First Singular	Polite Commands
caer, to fall	caigo	caiga Vd., caigan Vds.
comer, to eat	como	coma Vd., coman Vds.
decir, to say	digo	diga Vd., digan Vds.
escribir, to write	escribo	escriba Vd., escriban Vds.
hacer, to do	hago	haga Vd., hagan Vds.
huir, to flee	huyo	huya Vd., huyan Vds.
oír, to hear	oigo	oiga Vd., oigan Vds.
poner, to put	pongo	ponga Vd., pongan Vds.
salir, to leave	salgo	salga Vd., salgan Vds.
tener, to have	tengo	tenga Vd., tengan Vds.
tomar, to take	tomo	tome Vd., tomen Vds.
traducir, to translate	traduzco	traduzca Vd., traduzcan Vds.
traer, to bring	traigo	traiga Vd., traigan Vds.
venir, to come	vengo	venga Vd., vengan Vds.
ver, to see	veo	vea Vd., vean Vds.

The following verbs form the polite commands irregularly:

dar, to give	*dé* Vd., *den* Vds.
ir, to go	*vaya* Vd., *vayan* Vds.
ser, to be	*sea* Vd., *sean* Vds.

EJERCICIOS

A. Escriba Vd. la forma correcta de los verbos entre paréntesis en lugar del verbo en letra cursiva.

1. *Salga* Vd. de aquí.   (huir, ir, partir)
2. *Miren* Vds. ese árbol.   (conservar, describir, no cortar)
3. *Vaya* Vd. ahora mismo.   (entrar, gritar, obedecer)
4. *Repitan* Vds. lo que les digo.   (hacer, no olvidar, oír)
5. *Viva* Vd. mucho tiempo.   (estudiar, no esperar, descansar)
6. *Muestre* Vd. el juguete al niño.   (devolver, dar, quitar)
7. *Defiendan* Vds. la verdad.   (decir, creer, descubrir)
8. *Prometa* Vd. pronunciar bien.   (principiar a, aprender a, tratar de)
9. *Traiga* Vd. los platos.   (arrojar, romper, contar)
10. *Traduzca* Vd. la página.   (escribir, copiar, ver)

B. Cambie Vd. cada frase empleando la forma imperativa del verbo, según los ejemplos.

EJEMPLOS: Yo no ayudo a mi mamá.   *Ayude Vd.*   a su mamá.

Nosotros no ayudamos   *Ayuden Vds.*   a su mamá.
a nuestra mamá.

1. Yo no leo el periódico.   ------ el periódico.
2. Yo no cierro la puerta.   ------ la puerta.
3. No somos diligentes.   ------ diligentes.
4. No escribimos la forma correcta.   ------ la forma correcta.
5. No tomo asiento.   ------ asiento.
6. No cuido a mi hermano menor.   ------ a su hermano menor.
7. No contestamos en voz alta.   ------ en voz alta.
8. No como los bizcochos.   ------ los bizcochos.
9. No cubro mi libro.   ------ su libro.
10. No aprendemos las ciencias.   ------ las ciencias.

C. Escriba Vd. la forma correcta (singular o plural) del imperativo.

1. (estudia) ------ Vd.   6. (da) ------ Vd.
2. (pongo) ------ Vd.   7. (veo) ------ Vd.
3. (caen) ------ Vds.   8. (vengo) ------ Vds.
4. (responde) ------ Vd.   9. (abren) ------ Vds.
5. (voy) ------ Vds.   10. (recibe) ------ Vd.

D. Traduzca Vd. al español las expresiones en inglés.

1. *Leave* Vd. de casa en seguida.
2. *Do not eat* Vds. tan aprisa.
3. *Bring* Vds. las cartas aquí.
4. *Buy* Vd. diez centavos de chocolate.
5. *Open* Vd. las ventanas, por favor.
6. *Give* Vd. el cuaderno al estudiante.
7. *Translate* Vds. bien las frases.
8. *Do not speak* Vd. a Dorotea.
9. El profesor dijo a los alumnos:—*Read* Vds.
10. *Do* Vds. el trabajo ahora.

E. Traduzca Vd. al español.

1. Listen to the teacher (Vds.).
2. Do not fall (Vd.).
3. Go home (Vd.).
4. Write clearly (Vds.).
5. Have patience (Vds.).

6. Come early (Vd.).
7. Tell the truth (Vd.).
8. Sell the automobile (Vd.).
9. Bring your books (Vds.).
10. Eat slowly (Vds.).

En San Juan de Puerto Rico se ve lo antiguo al lado de lo moderno.
Desde la antigua Fortaleza (Fort) de San Gerónimo, se ve la playa lujosa
(luxurious) de El Condado, con sus hoteles grandes y modernos, a donde
vienen miles de turistas cada año.

19. VERBS ENDING IN *-CAR, -GAR,* AND *-ZAR*

Verbs ending in **-car, -gar, -zar** change the consonant as follows:

> **c** to **qu**
> **g** to **gu** } before the letter **e**
> **z** to **c**

The changes therefore occur in the following forms:

1. preterite (1 singular)
2. polite commands

explicar, to explain

PRETERITE: *expliqué,* explicaste, explicó, explicamos, explicasteis, explicaron
COMMAND: *explique* Vd., *expliquen* Vds.

llegar, to arrive

PRETERITE: *llegué,* llegaste, llegó, llegamos, llegasteis, llegaron
COMMAND: *llegue* Vd., *lleguen* Vds.

rezar, to pray

PRETERITE: *recé,* rezaste, rezó, rezamos, rezasteis, rezaron
COMMAND: *rece* Vd., *recen* Vds.

Note. These changes in spelling are necessary in order to keep the original sounds of the consonants.

COMMON *-CAR* VERBS

acercarse (a), to approach
atacar, to attack
buscar, to look for
colocar, to place
dedicar, to dedicate, to devote
explicar, to explain

mascar, to chew
sacar, to take out
significar, to mean
suplicar, to beg, to implore
tocar, to touch, to play
    (an instrument)

COMMON -*GAR* VERBS

cargar, to load
castigar, to punish
entregar, to deliver, to hand over
jugar (ue), to play (a game)
juzgar, to judge

llegar, to arrive
negar (ie), to deny
obligar, to obligate, to compel
pagar, to pay
rogar (ue), to beg, to request

COMMON -*ZAR* VERBS

abrazar, to embrace
alcanzar, to overtake, to reach
almorzar (ue), to lunch
alzar, to raise
avanzar, to advance
comenzar (ie), to begin
cruzar, to cross

empezar (ie), to begin
gozar, to enjoy
lanzar, to throw
realizar, to fulfill, to realize (a profit)
rezar, to pray
tropezar, to stumble

Important: Verbs with spelling changes are identified in the vocabulary lists by the type of change **(qu, gu, c)** in parentheses next to the verb.

EJERCICIOS

A. Conteste Vd. en español en frases completas.

1. ¿A qué hora se acercó Vd. a la escuela?
2. ¿Pagó Vd. la cuenta ayer?
3. ¿A qué hora empezó Vd. a estudiar?
4. ¿Tocó Vd. el piano anoche?
5. ¿Jugó Vd. a la pelota hoy?
6. ¿Explicó el profesor esta lección?
7. ¿Rezó Vd. anoche?
8. ¿Cuándo llegó Vd. a casa ayer?
9. ¿Buscó Vd. a su amigo(-a) la semana pasada?
10. ¿Abrazó Vd. a su madre al salir?
11. ¿Dónde colocó Vd. el sombrero?
12. ¿Cruzó Vd. la calle hoy?
13. ¿Sacó Vd. un libro de la biblioteca?
14. ¿A qué hora almorzó Vd. ayer?
15. ¿Alzó Vd. la mano hoy en la clase?

B. Cambie Vd. el infinitivo al pretérito, primera persona singular, y al imperativo (con *Vd.*).

EJEMPLO: abrazar—*abracé, abrace Vd.*

1. suplicar
2. obligar
3. avanzar
4. significar
5. gozar
6. juzgar
7. lanzar
8. mascar
9. tropezar
10. atacar
11. entregar
12. realizar
13. alcanzar
14. cargar
15. alzar
16. dedicar
17. castigar
18. comenzar
19. negar
20. rogar

C. Traduzca Vd. al español las expresiones en inglés.

1. ¿Dónde *did I place* los zapatos?
2. *Explain* Vd. el problema.
3. Ayer *I played* el piano.
4. *I did not play* al ajedrez.
5. *Advance* Vds. contra el enemigo.
6. ¿A qué hora *do you lunch?*
7. *He enjoys* de buena fama.
8. *I looked for* el libro pero no lo hallé.
9. Corrí tras él y le *overtook.*
10. *I took out* el dinero del banco.

11. *Do not approach* a aquel edificio.
12. *I punished* al alumno.
13. ¿*Did they arrive* a tiempo?
14. *Attack* Vds. con fuerza.
15. *Begin* Vds. a escribir.
16. *Do not cross* Vd. las calles.
17. No puedo *reach* aquel cuadro.
18. Yo lo *denied.*
19. *He raised* los ojos.
20. El cartero me *delivered* el paquete.

D. Traduzca Vd. al español.

1. Look for the magazine.
2. I approached the store.
3. Begin the lesson.
4. I arrived last night.
5. I already lunched.

6. I enjoyed the music.
7. Do not touch that picture.
8. Punish the thief.
9. Pay the bill tomorrow.
10. Who plays the guitar?

En España cada región tiene sus propios bailes y costumbres tradicionales.
Aquí hay un grupo de bailarines de Zamora, en el noroeste del país.

20. VERBS ENDING IN *-GER, -GIR,* AND *-GUIR*

Verbs ending in **-ger, -gir, -guir** change the consonant as follows:

> **g to j** }
> **gu to g** } before **o** or **a**

The changes therefore occur in the following forms:

1. present indicative (1 singular)
2. polite commands

proteger, to protect

PRES. IND.: *protejo,* proteges, protege, protegemos, protegéis, protegen
COMMAND: *proteja* Vd., *protejan* Vds.

dirigir, to direct

PRES. IND.: *dirijo,* diriges, dirige, dirigimos, dirigís, dirigen
COMMAND: *dirija* Vd., *dirijan* Vds.

seguir (i), to follow, to keep on

PRES. IND.: *sigo,* sigues, sigue, seguimos, seguís, siguen
COMMAND: *siga* Vd., *sigan* Vds.

Note. These changes in spelling are necessary in order to keep the original sounds of the consonants.

COMMON *-GER* VERBS

coger, to seize, to catch
escoger, to choose

proteger, to protect
recoger, to pick up, to gather

COMMON *-GIR* VERBS

corregir (i), to correct
dirigir, to direct

dirigirse a, to make one's way toward, to address
elegir (i), to elect

COMMON -*GUIR* VERBS

conseguir (i), to get, to obtain, to succeed in

distinguir, to distinguish

perseguir (i), to pursue

seguir (i), to follow, to keep on

Important: Verbs with these spelling changes are identified in the vocabulary lists by the type of change. **(j, g)** in parentheses next to the verb.

EJERCICIOS

A. Conteste Vd. en español en frases completas.

1. ¿Escoge Vd. a sus amigos con cuidado?
2. ¿Distingue Vd. entre lo bueno y lo malo?
3. ¿Corrige Vd. sus faltas?
4. ¿Sigue Vd. estudiando el español?
5. ¿Protege Vd. a los niños?
6. ¿Consigue Vd. buenas notas en la clase de español?
7. ¿Coge Vd. muchas moscas en el verano?
8. ¿Recoge Vd. sus libros antes de salir de casa?
9. ¿A qué hora se dirige Vd. a casa?
10. ¿A quién eligieron presidente del país?

B. Cambie Vd. el infinitivo al presente, primera persona singular, y al imperativo (con Vd.).

    EJEMPLO: coger—*cojo, coja Vd.*

1. dirigir	3. escoger	5. proteger	7. recoger	9. elegir
2. perseguir	4. seguir	6. corregir	8. distinguir	10. conseguir

C. Escriba Vd. la forma indicada del verbo en letra cursiva.

1. pres. ind.   Yo *coger* un catarro a menudo.
2. command   *Corregir* Vds. las faltas.
3. command   *Seguir* Vd. leyendo.
4. pres. ind.   Yo *dirigirse* a su casa.
5. command   *Escoger* Vd. el mejor diamante.
6. preterite   Pedro *conseguir* un buen empleo.
7. pres. ind.   La muchacha *recoger* el pañuelo.
8. pres. ind.   Los padres siempre *proteger* a sus hijos.
9. pres. ind.   Yo no *distinguir* entre los dos colores.
10. pres. ind.   El policía *perseguir* al ladrón.
11. pres. ind.   Yo siempre *escoger* los problemas más difíciles.
12. pres. ind.   Yo no *seguir* sus consejos.
13. command   *Coger* Vd. la pelota.
14. pres. ind.   Antes de salir yo *recoger* mis cuadernos.
15. command   *Conseguir* Vd. buenas notas.

D. Traduzca Vd. al español las expresiones en inglés.

1. *Pick up* los lápices.
2. *Keep on* luchando.
3. El policía *seized* al ladrón.
4. *He succeeded in* convencer a sus amigos.
5. *He kept on* escribiendo.

6. *I catch* la pelota.
7. Yo siempre *follow* sus consejos.
8. Ellos le *elected* presidente.
9. *Correct* Vd. las frases.
10. *I am addressing* a Vds.

Muchos siglos antes de la llegada de los españoles, los mayas habían establecido en la península de Yucatán una civilización avanzada. Hoy se ven, en la ciudad de Chichén-Itzá, las antiguas pirámides y las ruinas de los templos que construyeron.

21. VERBS ENDING IN *-CER* AND *-CIR*

Most verbs ending in **-cer** and **-cir** change **c** to **zc** before **o** or **a,** if a vowel precedes the **c.** The change therefore occurs in the following forms:

1. present indicative (1 singular)
2. polite commands

ofrecer, to offer

PRES. IND.: *ofrezco,* ofreces, ofrece, ofrecemos, ofrecéis, ofrecen
COMMAND: *ofrezca* Vd., *ofrezcan* Vds.

producir, to produce

PRES. IND.: *produzco,* produces, produce, producimos, producís, producen
COMMAND: *produzca* Vd., *produzcan* Vds.

Note

A. **Decir** (*digo, diga, digan*) and **hacer** (*hago, haga, hagan*) are exceptions.

B. If a consonant precedes the **c,** the change is **c** to **z**:

vencer: *venzo, venza, venzan*

C. Verbs ending in **-ducir** are also irregular in the preterite.

produje, produjiste, produjo, produjimos, produjisteis, produjeron

COMMON *-CER* VERBS

agradecer, to thank (for)
aparecer, to appear
conocer, to know (a person)
desaparecer, to disappear
merecer, to deserve
nacer, to be born
obedecer, to obey

ofrecer, to offer
padecer, to suffer
parecer, to seem
permanecer, to remain
pertenecer, to belong
reconocer, to recognize

COMMON -*CIR* VERBS

conducir, to lead, to drive   **reducir,** to reduce
producir, to produce   **traducir,** to translate

Important: Verbs with these spelling changes are identified in the vocabulary lists by the type of change **(z, zc)** in parentheses next to the verb.

EJERCICIOS

A. Escriba Vd. las formas correctas de cada verbo en el tiempo indicado, empleando los sujetos indicados.

EJEMPLOS: ellos ofrecen: yo __*ofrezco*__; Vds. __*ofrecen*__
          Vds. redujeron: tú __*redujiste*__; él __*redujo*__

1. nosotros traducimos: yo _____; los alumnos _____
2. yo merezco: nosotros _____; Felipe _____
3. ellos produjeron: él _____; yo _____
4. él parece: ellos _____; yo _____
5. ¿obedece Vd.?   yo _____; tú _____
6. nosotros convencemos: yo _____; el padre _____
7. nosotros conocemos: yo _____; ¿quién _____?
8. ellos nacieron: él _____; yo _____
9. él condujo: ellos _____; nosotros _____
10. Juan padeció: nosotros _____; ellos _____

B. Conteste Vd. en español en frases completas.

1. ¿Cuándo nació Vd.?
2. ¿Conoce Vd. a sus vecinos?
3. ¿Obedece Vd. a sus padres?
4. ¿Conduce Vd. un automóvil?
5. ¿Vence Vd. a sus rivales?
6. ¿Ofrece Vd. ayuda al profesor?
7. ¿Agradece Vd. a sus amigos los favores que ellos le hacen?
8. ¿Traduce Vd. bien las frases de la lección?
9. ¿Padece Vd. dolor de cabeza ahora?
10. ¿Desaparece Vd. cuando hay algo que hacer?

C. Cambie Vd. el infinitivo al presente, primera persona singular, y al imperativo (con Vd.).

EJEMPLO: obedecer—*obedezco, obedezca Vd.*

1. merecer	**3.** desaparecer	**5.** permanecer	**7.** reducir	**9.** agradecer
2. traducir	**4.** aparecer	**6.** pertenecer	**8.** vencer	**10.** reconocer

D. Traduzca Vd. al español las expresiones en inglés.

1. *It seems* extraño.
2. *I do not deserve* este premio.
3. Yo le *thank for* su bondad.
4. *Appear* Vds. ante el juez.
5. Yo le *led* al ascensor.
6. *Translate* Vds. al inglés.
7. *I know* a su padre.
8. *Obey* Vd. a la profesora.

9. *I was born* en agosto.
10. ¿*Do you recognize* a este hombre?
11. *They disappeared* a lo lejos.
12. *Offer* Vd. este dinero al pobre.
13. Yo le *convinced* que hoy es martes.
14. ¿A quién *belongs* este dinero?
15. *They conquered* al enemigo.

E. Traduzca Vd. al español.

1. I always obey my mother.
2. I know her very well.
3. He seems intelligent.
4. Spain produces much wine.
5. I belong to this club.

6. I thank you [for] this gift.
7. He drives a new car.
8. It seems impossible.
9. Do you know that lady?
10. I do not recognize this man.

La Universidad de Salamanca es la universidad más vieja de España. Fue establecida en el siglo XIII. En los siglos XV y XVI fue una de las universidades más famosas de toda Europa. Muchos estudiantes vinieron a Salamanca de todas partes para continuar sus estudios.

22. VERBS ENDING IN *-IAR, -UAR,* AND *-UIR*

1. Some verbs ending in **-iar** and **-uar** have a written accent mark on the i (í) or the u (ú) in the following forms:

    1. present indicative (1, 2, 3 singular and 3 plural)
    2. polite commands

PRESENT INDICATIVE

enviar, to send		**continuar,** to continue	
envío	enviamos	continúo	continuamos
envías	enviáis	continúas	continuáis
envía	envían	continúa	continúan

POLITE COMMAND

envíe Vd.	envíen Vds.
continúe Vd.	continúen Vds.

Like **enviar: guiar;** like **continuar: situar, graduarse.**

Note. The verbs **anunciar, averiguar, cambiar, copiar, estudiar, iniciar, limpiar, odiar, principiar,** and **pronunciar** are exceptions and have no accents on the u or the i.

2. Verbs ending in **-uir** (but not **-guir**) change as follows: Drop the infinitive ending **(-ir)** and insert **y** in the:

    a. present indicative (1, 2, 3 singular and 3 plural)
    b. polite commands
    c. preterite (3 singular and 3 plural)
    d. present participle

huir, to flee

PRESENT INDICATIVE	
hu*y*o	huimos
hu*y*es	huís
hu*y*e	hu*y*en

POLITE COMMAND	
hu*y*a Vd.	hu*y*an Vds.

PRETERITE	
huí	huimos
huiste	huisteis
hu*y*ó	hu*y*eron

PRESENT PARTICIPLE
hu*y*endo

Like **huir**: **concluir, construir, contribuir, destruir, distribuir, influir, sustituir.**

EJERCICIOS

A. Cambie Vd. la forma del verbo en letra cursiva, empleando los sujetos indicados.

1. Yo *envío* el regalo. (Nosotros, Ella, Vosotros)
2. Ella *distribuye* los premios. (Ellos, Yo, Nosotras)
3. Nosotros *contribuimos* (present) a menudo. (Él, María y yo, Yo)
4. Ellas *odian* el trabajo. (Tú y yo, Mi hermano, Vd.)
5. Nosotras *continuamos* (present) andando por la plaza. (Tú, Vosotros, Ellos)
6. Tú *averiguas* la distancia. (Vosotros, Yo, Ellos)
7. Vds. *construyeron* un ferrocarril. (Vd., Tú, Nosotros)
8. Tú *guías* el coche. (Nosotros, Vd., Ellos)
9. Él *anuncia* la llegada del tren. (Los empleados, Vd., Vosotros)
10. Ella y yo *limpiamos* (preterite) las habitaciones. (Luisa, Ellas, Tú)

B. Escriba Vd. la forma correcta de los verbos entre paréntesis en lugar del verbo en letra cursiva.

1. *Anda* por el bosque. (huir, correr, avanzar)
2. Un soldado *limpia* las armas. (destruir, distribuir, enviar)
3. *Colocaron* el hospital en la avenida principal. (situar, construir, alzar)

4. Están *mirando* un gran edificio.   (construir, destruir, limpiar)
5. Sale *gritando*.   (correr, cantar, huir)
6. *Rompió* las cortinas.   (limpiar, cambiar, destruir)
7. El general está *regresando* del combate.   (retirarse, huir, alejarse)
8. *Pronúncielo* con cuidado.   (copiar, situar, estudiar)
9. *Arreglaron* el asunto.   (terminar, estudiar, concluir)
10. *Terminan* el negocio.   (cambiar, continuar, concluir)

C. Conteste Vd. en español en frases completas.

1. ¿Mueve Vd. los labios cuando pronuncia las palabras?
2. ¿Continúa Vd. escuchando los programas de radio todo el día?
3. ¿Cuándo se gradúa Vd.?
4. ¿Construyen muchos rascacielos en esta ciudad?
5. ¿Guía Vd. el automóvil de su familia?
6. ¿Huye Vd. de la escuela los días de exámenes?
7. ¿Inicia Vd. el día dando un paseo rápido?
8. ¿Cambian a menudo las modas?
9. ¿Contribuye Vd. mucho dinero para los pobres?
10. ¿Destruye Vd. los nidos de los pájaros?
11. ¿Influye Vd. en las decisiones de sus padres?
12. ¿Estudia Vd. el latín también?
13. ¿Se limpia Vd. los dientes todos los días?
14. ¿Envía Vd. tarjetas de cumpleaños a sus amigos?
15. ¿Odia Vd. los huevos?

D. Traduzca Vd. al español las expresiones en inglés.

1. Mi prima *did not graduate* el año pasado.
2. Los indios de México *constructed* muchas pirámides.
3. Ellos *contributed* mucho para defender a su patria.
4. Estaban *destroying* la ciudad.
5. *Send it* Vd. lo más pronto posible.
6. El ingeniero *copied* los planes.
7. *He guided* a los turistas al museo.
8. Al ver al policía, el ladrón *began* a gritar.
9. *Substitute* Vd. esta palabra por otra.
10. El director *concluded* su discurso.

E. Traduzca Vd. al español.

1. Do not hate (Vds.) your neighbors.
2. She continues speaking.
3. Pronounce (Vd.) the word clearly.
4. I sent him the gift.
5. A pupil distributed the papers.
6. She found out the price of the article.
7. The maid cleans the room every day.
8. The soldiers don't flee from the battle.
9. An employee announces the hour.
10. Charles didn't study the lesson last night.

23. THE PASSIVE EXPRESSED BY A REFLEXIVE CONSTRUCTION; INDEFINITE *SE*

1. The passive voice is often expressed by the reflexive construction when the agent (doer) is not mentioned and the subject is a thing.

Aquí *se habla* español. (singular) (singular)	Spanish is spoken here.
Se abren las tiendas a las nueve. (plural) (plural)	The stores are opened at nine o'clock.
Se terminó el trabajo. (singular) (singular)	The work was finished.
Se construyeron muchas casas. (plural) (plural)	Many houses were built.

Note

A. The third person singular form of the verb is used when the subject is singular; the third person plural is used when the subject is plural.

B. The subject often follows the verb.

2. The pronoun **se** is used also with indefinite meaning (*one, people, they, you,* etc.). As an indefinite pronoun it is always used with a verb in the third person singular.

Se cree que él es rico.	(It is believed, People believe, One believes, They believe) that he is rich.
Se paga al entrar.	(One pays, People pay, You pay) upon entering.

EJERCICIOS

A. Escriba Vd. la forma reflexiva de los verbos entre paréntesis en lugar del verbo en letra cursiva.

1. Aquí *se vende* tabaco. — (fumar, comprar, cultivar)
2. Los billetes *se compran* allí. — (echar, distribuir, cobrar)
3. Esas flores *se encuentran* en el campo. — (ver, buscar, hallar)
4. La fiesta *se celebrará* la semana que viene. — (omitir, observar, acabar)
5. *Se cree* que la bomba atómica puede destruir una ciudad entera. — (saber, comprender, anunciar)
6. *Se ven* muchas cosas pintorescas en México. — (notar, fabricar, conservar)

7. No *se escribe* así.
8. No *se puede* hablar de esta manera.
9. La cuenta *se ha pagado* ya.
10. *Se necesitan* armas allí.

(pronunciar, jugar, pintar)
(deber, soler, permitir)
(arreglar, cobrar, entregar)
(enviar, obtener, usar)

B. Conteste Vd. en español en frases completas.

1. ¿Qué lengua se habla en España?
2. ¿Cuándo se celebra la Navidad?
3. ¿A qué hora se abre la escuela?
4. ¿Qué se vende en una panadería?
5. ¿Qué se compra en una carnicería?
6. ¿A qué hora se cierran las tiendas?
7. ¿A qué hora se sirve el almuerzo?
8. ¿Cómo se dice "road" en español?
9. ¿Dónde se hallan edificios altos?
10. ¿Se permite fumar en el cine?

C. Traduzca Vd. al español las expresiones en inglés.

1. Desde lejos *are heard* las campanas.
2. *It is believed* que es un hombre valiente.
3. El primer capítulo *was read* en voz alta.
4. En Cuba *are produced* el azúcar y el café.
5. En aquella fábrica *they work* hasta las cinco.
6. En España *are eaten* muchos cereales.
7. En aquel autobús *you pay* al entrar.
8. Nada *is known* de su vida.
9. Aquí *one enters* por la puerta.
10. Poco a poco *one learns* mucho.
11. En aquella tienda *are sold* pañuelos.
12. *People know* que el mundo es redondo.
13. Hoy día *one travels* mucho.
14. *They say* que él es muy rico.
15. En mi casa *we eat* a las seis.
16. Aquí *are spoken* español y francés.
17. Muchos edificios *have been built*.
18. En este país *people smoke* mucho.
19. ¿A qué hora *is opened* esta tienda?
20. Muchos monumentos *are seen* en aquel país.

D. Traduzca Vd. al español.

1. The national holiday of Mexico is celebrated September 16.
2. Many newspapers are read every day.
3. Spanish is taught in many schools.
4. Books are sold here.
5. Much money is needed.
6. The doors are closed at noon.
7. It is believed that he is innocent.
8. Many flags were seen on the streets.
9. They say that he used to have much money.
10. How does one enter that building?

24. THE PASSIVE VOICE (OPTIONAL)

When the agent (doer) is mentioned, the passive voice is formed by the verb **ser** followed by the past participle.

El hombre fue atacado por el perro.
The man was attacked by the dog.

La puerta fue abierta por el alumno.
The door was opened by the pupil.

Las ventanas fueron cerradas por el profesor.
The windows were closed by the teacher.

María es amada de todos.
Mary is loved by all.

Note

A. The past participle is used here as an adjective and agrees with the subject in gender and number.

B. *By* is translated by **por** if a physical action is expressed **(atacar, abrir, cerrar)** and by **de** if a state of mind, a feeling, or an opinion is expressed **(amar).**

C. The passive voice in Spanish is a word-for-word translation of the English passive voice.

EJERCICIOS

A. Cambie Vd. cada frase, empleando los sujetos entre paréntesis y haciendo los otros cambios necesarios.

1. *Las líneas* fueron fijadas por un comité.   (La fecha, El día, Los límites)
2. *La comida* será preparada por la criada.   (Los pollos, El rosbif, Las patatas)
3. *El alcalde* es amado de todos.   (Los extranjeros, Nosotras, Mi tía)
4. *El acueducto* fue guardado por los soldados.   (Las calles, Los puentes, La aduana)
5. *Este cuadro* fue pintado por un gran artista.   (La obra, Los retratos, Las escenas)
6. *Los gritos* fueron oídos por los habitantes.   (El ruido, La música, Las canciones)
7. *El presidente* es respetado de la gente.   (Los jueces, Las leyes, Su memoria)
8. *Los soldados americanos* son admirados de todo el mundo.   (El vino español, Las bailarinas, Isabel)
9. *Una nueva compañía* será fundada por ellos.   (Dos colonias, Un teatro y un museo, Un gobierno)
10. *Las banderas* fueron tomadas por el enemigo.   (La fábrica, El país, Los tesoros)

B. Cambie Vd. las frases siguientes a la voz pasiva:

EJEMPLO:
{ Juan abrió las ventanas.
{ Las ventanas *fueron abiertas por* Juan.

1. La gente admira al general. El general _____ la gente.
2. Su hermano cerró la puerta. La puerta _____ su hermano.
3. María no invitó a Juan. Juan no _____ María.
4. Cervantes escribió *Don Quijote*. *Don Quijote* _____ Cervantes.
5. Los niños respetan a los profesores. Los profesores _____ los niños.
6. Pedro firmó la carta. La carta _____ Pedro.
7. José ayudará a mis hermanas. Mis hermanas _____ José.
8. Antonio ama a Isabel. Isabel _____ Antonio.
9. La maestra castigó al niño. El niño _____ la maestra.
10. Un autor español escribió estas novelas. Estas novelas _____ un autor español.

C. Traduzca Vd. al español las expresiones en inglés.

1. La ciudad *will be taken by* los soldados.
2. Teresa *was not invited by* sus amigas.
3. Estos estudiantes *are admired by* sus profesores.
4. América *was discovered by* Colón.
5. El soldado *was wounded by* el enemigo.
6. El héroe *was praised by* el presidente.
7. La cuenta *will be paid by* el señor Pardo.
8. Los hijos *are loved by* sus padres.
9. Los documentos *were received by* el abogado.
10. *She is feared by* los estudiantes.

D. Traduzca Vd. al español.

1. The child was saved by the dog.
2. The exercises were explained by the teacher.
3. They are respected by their friends.
4. The town was captured by the soldiers.
5. The lesson was learned by the pupils.
6. The father was loved by his children.
7. He is employed by the government.
8. The captain was hated by his soldiers.
9. The president is admired by the people.
10. The books were bought by my father.

25. FORMATION OF THE PRESENT SUBJUNCTIVE

The present subjunctive is formed from the stem of the present indicative, first person singular. The final **-o** is changed as follows:

-ar verbs:	*-e, -es, -e, -emos, -éis, -en*
-er verbs ⎫ **-ir** verbs ⎭	*-a, -as, -a, -amos, -áis, -an*

REGULAR VERBS

hablar, to speak		**comer,** to eat		**abrir,** to open	
hable	hablemos	coma	comamos	abra	abramos
hables	habléis	comas	comáis	abras	abráis
hable	hablen	coma	coman	abra	abran

	Pres. Ind., First Singular	Present Subjunctive
caber, to fit	quepo	*quepa, quepas, quepa,* *quepamos, quepáis, quepan*
caer, to fall	caigo	*caiga, caigas, caiga,* *caigamos, caigáis, caigan*
conocer, to know	conozco	*conozca, conozcas, conozca,* *conozcamos, conozcáis, conozcan*
decir, to say	digo	*diga, digas, diga,* *digamos, digáis, digan*
hacer, to do	hago	*haga, hagas, haga,* *hagamos, hagáis, hagan*
huir, to flee	huyo	*huya, huyas, huya,* *huyamos, huyáis, huyan*

	Pres. Ind., *First Singular*	*Present Subjunctive*
oír, to hear	oigo	*oiga, oigas, oiga,* *oigamos, oigáis, oigan*
poner, to put	pongo	*ponga, pongas, ponga,* *pongamos, pongáis, pongan*
salir, to leave	salgo	*salga, salgas, salga,* *salgamos, salgáis, salgan*
tener, to have	tengo	*tenga, tengas, tenga,* *tengamos, tengáis, tengan*
traducir, to translate	traduzco	*traduzca, traduzcas, traduzca,* *traduzcamos, traduzcáis, traduzcan*
traer, to bring	traigo	*traiga, traigas, traiga,* *traigamos, traigáis, traigan*
valer, to be worth	valgo	*valga, valgas, valga,* *valgamos, valgáis, valgan*
vencer, to conquer	venzo	*venza, venzas, venza,* *venzamos, venzáis, venzan*
venir, to come	vengo	*venga, vengas, venga,* *vengamos, vengáis, vengan*
ver, to see	veo	*vea, veas, vea,* *veamos, veáis, vean*

STEM-CHANGING VERBS

cerrar, to close	cierro	*cierre, cierres, cierre,* cerremos, cerréis, *cierren*
contar, to count	cuento	*cuente, cuentes, cuente,* contemos, contéis, *cuenten*
perder, to lose	pierdo	*pierda, pierdas, pierda,* perdamos, perdáis, *pierdan*
poder, to be able	puedo	*pueda, puedas, pueda,* podamos, podáis, *puedan*

	Pres. Ind., *First Singular*	*Present Subjunctive*
querer, to want	**quiero**	***quiera, quieras, quiera,*** queramos, queráis, ***quieran***
volver, to return	**vuelvo**	***vuelva, vuelvas, vuelva,*** volvamos, volváis, ***vuelvan***
sentir, to regret	**siento**	***sienta, sientas, sienta,*** ***sintamos, sintáis, sientan***
dormir, to sleep	**duermo**	***duerma, duermas, duerma,*** ***durmamos, durmáis, duerman***
pedir, to ask for	**pido**	***pida, pidas, pida,*** ***pidamos, pidáis, pidan***
enviar, to send	**envío**	***envíe, envíes, envíe,*** enviemos, enviéis, ***envíen***
continuar, to continue	**continúo**	***continúe, continúes, continúe,*** continuemos, continuéis, ***continúen***

Note

A. In **-ar** and **-er** verbs, the stem changes in the present subjunctive are the same as those in the present indicative.

B. Stem-changing **-ir** verbs (**sentir, dormir, pedir**) also change in the first and second persons plural (**e** to **i**, **o** to **u**).

C. Some verbs ending in **-iar** or **-uar** stress the **i** or the **u** (**í, ú**) in all forms except those for **nosotros** and **vosotros**.

CONSONANT-CHANGING VERBS

avanzar, to advance	***avance, avances, avance,*** ***avancemos, avancéis, avancen***
buscar, to look for	***busque, busques, busque,*** ***busquemos, busquéis, busquen***
coger, to seize	***coja, cojas, coja,*** ***cojamos, cojáis, cojan***

dirigir, to direct	*dirija, dirijas, dirija,* *dirijamos, dirijáis, dirijan*
distinguir, to distinguish	*distinga, distingas, distinga,* *distingamos, distingáis, distingan*
empezar, to begin	*empiece, empieces, empiece,* *empecemos, empecéis, empiecen*
juzgar, to judge	*juzgue, juzgues, juzgue,* *juzguemos, juzguéis, juzguen*
llegar, to arrive	*llegue, llegues, llegue,* *lleguemos, lleguéis, lleguen*
pagar, to pay	*pague, pagues, pague,* *paguemos, paguéis, paguen*
sacar, to take out	*saque, saques, saque,* *saquemos, saquéis, saquen*
seguir, to follow	*siga, sigas, siga,* *sigamos, sigáis, sigan*
tocar, to touch	*toque, toques, toque,* *toquemos, toquéis, toquen*

Note. Some verbs are both stem changing and consonant changing (**empezar, seguir**).

IRREGULAR VERBS

dar, to give	*dé,* des, *dé,* demos, deis, den
estar, to be	*esté, estés, esté,* estemos, estéis, *estén*
haber, to have	*haya, hayas, haya, hayamos, hayáis, hayan*
ir, to go	*vaya, vayas, vaya, vayamos, vayáis, vayan*
saber, to know	*sepa, sepas, sepa, sepamos, sepáis, sepan*
ser, to be	*sea, seas, sea, seamos, seáis, sean*

EJERCICIOS

A. Cambie Vd. cada infinitivo a las formas siguientes: (1) presente de indicativo, 1 sing.; (2) presente de subjuntivo, 3 sing.; y (3) presente de subjuntivo, 1 plural.

EJEMPLO: valer—*valgo, valga, valgamos*

1. destruir	**6.** venir	**11.** tener	**16.** hablar	**21.** escribir
2. prometer	**7.** comprar	**12.** convencer	**17.** caer	**22.** vender
3. vivir	**8.** parecer	**13.** recibir	**18.** traer	**23.** entrar
4. conducir	**9.** ver	**14.** correr	**19.** salir	**24.** poner
5. oír	**10.** decir	**15.** visitar	**20.** hacer	**25.** proteger

B. Escriba Vd. las formas del presente de subjuntivo, empleando los sujetos entre paréntesis.

1. servir   (él, nosotros, yo, tú)
2. extender   (Vd., ellas, nosotros, tú)
3. morir   (ella, nosotros, ellos, vosotros)
4. soñar   (nosotros, Vd., vosotras, yo)
5. encontrar   (tú, nosotros, él, vosotros)
6. dormir   (nosotros, él, Vds., yo)
7. pedir   (ellos, vosotros, Vd., yo)
8. contar   (vosotros, ellos, tú, yo)
9. despertarse   (él, yo, nosotros, ellos)
10. sentir   (yo, nosotros, ellos, tú)
11. perder   (él, yo, nosotros, Vds.)
12. reír   (yo, él, nosotros, tú)
13. cerrar   (yo, nosotros, ellos, tú)
14. volver   (Vds., nosotros, yo, vosotros)
15. divertirse   (yo, ella, nosotros, ellos)

C. Cambie Vd. cada infinitivo a las formas siguientes: (1) pretérito, 1 sing.; (2) presente de subjuntivo, 3 plural; y (3) presente de subjuntivo, 1 plural.

EJEMPLO: atacar—*ataqué, ataquen, ataquemos*

1. comenzar	**5.** juzgar	**9.** alcanzar	**13.** tocar	**17.** explicar
2. continuar	**6.** almorzar	**10.** buscar	**14.** distinguir	**18.** corregir
3. abrazar	**7.** sacar	**11.** seguir	**15.** dirigirse	**19.** avanzar
4. acercarse	**8.** llegar	**12.** pagar	**16.** jugar	**20.** coger

D. Cambie Vd. cada infinitivo a las formas siguientes: (1) presente de indicativo, 1 sing.; (2) presente de subjuntivo, 1 plural; y (3) presente de subjuntivo, 3 plural.

EJEMPLO: agradecer—*agradezco, agradezcamos, agradezcan*

1. caber	**6.** mentir	**11.** repetir	**16.** traducir	**21.** huir
2. empezar	**7.** saber	**12.** haber	**17.** ir	**22.** castigar
3. vestirse	**8.** vencer	**13.** acostarse	**18.** caer	**23.** conocer
4. estar	**9.** coger	**14.** ser	**19.** pensar	**24.** pedir
5. valer	**10.** dar	**15.** sufrir	**20.** sonar	**25.** enviar

26. FORMATION OF THE IMPERFECT SUBJUNCTIVE (OPTIONAL)

The imperfect subjunctive of all verbs is formed by dropping the **-ron** from the third person plural of the preterite and adding either the **-se** endings (**-se**, **-ses**, **-se**, **'-semos**, **-seis**, **-sen**) or the **-ra** endings (**-ra**, **-ras**, **-ra**, **'-ramos**, **-rais**, **-ran**).

Infinitive	**tomar**	**vender**	**vivir**
Preterite, 3rd Plur.	toma**ron**	vendie**ron**	vivie**ron**
Stem	toma-	vendie-	vivie-
Imperfect Subjunctive, -se form	toma**se**	vendie**se**	vivie**se**
	toma**ses**	vendie**ses**	vivie**ses**
	toma**se**	vendie**se**	vivie**se**
	tomá**semos**	vendié**semos**	vivié**semos**
	toma**seis**	vendie**seis**	vivie**seis**
	toma**sen**	vendie**sen**	vivie**sen**
-ra form	toma**ra**	vendie**ra**	vivie**ra**
	toma**ras**	vendie**ras**	vivie**ras**
	toma**ra**	vendie**ra**	vivie**ra**
	tomá**ramos**	vendié**ramos**	vivie**ramos**
	toma**rais**	vendie**rais**	vivie**rais**
	toma**ran**	vendie**ran**	vivie**ran**

STEM-CHANGING *-IR* VERBS

sentir, to regret

sintieron: **sintiese, sintieses,** etc.   **sintiera, sintieras,** etc.

dormir, to sleep

durmieron: **durmiese, durmieses,** etc.   **durmiera, durmieras,** etc.

pedir, to ask for

pidieron: **pidiese, pidieses,** etc.   **pidiera, pidieras,** etc.

IMPERFECT SUBJUNCTIVE OF VERBS
IRREGULAR IN THE PRETERITE

	-SE Form	*-RA Form*
andar, to walk:	**anduviese**, etc.	**anduviera**, etc.
caber, to fit:	**cupiese**, etc.	**cupiera**, etc.
caer, to fall:	**cayese**, etc.	**cayera**, etc.
creer, to believe:	**creyese**, etc.	**creyera**, etc.
dar, to give:	**diese**, etc.	**diera**, etc.
decir, to say:	**dijese**, etc.	**dijera**, etc.
estar, to be:	**estuviese**, etc.	**estuviera**, etc.
haber, to have:	**hubiese**, etc.	**hubiera**, etc.
hacer, to do:	**hiciese**, etc.	**hiciera**, etc.
huir, to flee:	**huyese**, etc.	**huyera**, etc.
ir, to go; **ser**, to be:	**fuese**, etc.	**fuera**, etc.
leer, to read:	**leyese**, etc.	**leyera**, etc.
oír, to hear:	**oyese**, etc.	**oyera**, etc.
poder, to be able:	**pudiese**, etc.	**pudiera**, etc.
poner, to put:	**pusiese**, etc.	**pusiera**, etc.
producir, to produce:	**produjese**, etc.	**produjera**, etc.
querer, to want:	**quisiese**, etc.	**quisiera**, etc.
saber, to know:	**supiese**, etc.	**supiera**, etc.
tener, to have:	**tuviese**, etc.	**tuviera**, etc.
traer, to bring:	**trajese**, etc.	**trajera**, etc.
venir, to come:	**viniese**, etc.	**viniera**, etc.

EJERCICIOS

A. Cambie Vd. cada infinitivo a las formas siguientes: (1) pretérito, 3 plural; (2) imperfecto de subjuntivo, forma **-se**, 3 sing.; y (3) imperfecto de subjuntivo, forma **-se**, 1 plural.

EJEMPLO: hablar—*hablaron, hablase, hablásemos*

1. estudiar	3. abrir	5. ser	7. saber	9. sentir
2. responder	4. mezclar	6. desear	8. dar	10. leer

En 11–20, escriba Vd. la forma **-ra** del imperfecto de subjuntivo.

EJEMPLO: hablar—*hablaron, hablara, habláramos*

11. volver	13. perder	15. poder	17. encantar	19. beber
12. poner	14. morir	16. tener	18. subir	20. caer

B. Escriba Vd. los infinitivos de los verbos siguientes:

1. diéramos	4. hiciéramos	7. riera	10. perdiera	13. sonriese
2. quisiesen	5. dijeras	8. supiéramos	11. pudiéramos	14. hubiésemos
3. condujera	6. pidiesen	9. tuviésemos	12. trajesen	15. pusiesen

27. POLITE AND INDIRECT COMMANDS

The present subjunctive is used to express:

1. Polite commands with **Vd.** and **Vds.**, affirmative and negative.

Salga Vd. en seguida.	Leave immediately.
Vayan Vds. a casa.	Go home.
No lean Vds. aquel libro.	Don't read that book.

2. Indirect commands introduced in English by *let* or *may*.

Que *entre* él.	Let him enter.
Que *vengan* mañana.	Let them come tomorrow.
Que Dios le *proteja*.	May God protect you.
Vendamos la casa.	Let us sell the house.

      but

Vamos.	Let us go.

Note

A. In indirect commands, **que** generally precedes the subjunctive but is omitted when expressing *let us*.

B. *Let us go* is expressed by **vamos** instead of **vayamos**.

C. *Let us* may also be expressed by **vamos a** + the infinitive.

Vamos a entrar (or *Entremos*).	Let us enter.
Vamos a correr (or *Corramos*).	Let us run.

EJERCICIOS

A. Escriba Vd. la forma correcta de los verbos entre paréntesis en lugar del verbo en letra cursiva.

1. *Aprendan* Vds. la dirección.   (copiar, leer, no olvidar)
2. *Subamos* la colina.   (ver, bajar, buscar)
3. Que Dios le *ayude*.   (guardar, proteger, castigar)
4. *Siga* Vd. adelante.   (pasar, correr, ir)
5. *Cierre* Vd. la puerta.   (abrir, destruir, pintar)
6. *Miren* Vds. los aviones.   (contar, observar, ver)
7. *Escuchemos* la canción.   (empezar, aprender, enseñar)
8. *Salga* Vd. con el gato.   (quedarse, jugar, volver)
9. *Traiga* Vd. la cuenta.   (entregar, devolver, cobrar)
10. Que *descansen* en paz.   (dormir, rezar, soñar)

B. Cambie Vd. cada infinitivo a la forma del imperativo empleada con (1) *Vd.*, (2) *Vds.*, y (3) *nosotros*.

EJEMPLO: comer—*coma, coman, comamos*

1. poner	**5.** impedir	**9.** continuar	**13.** describir	**17.** coger
2. encender	**6.** atravesar	**10.** concluir	**14.** morir	**18.** mezclar
3. abrazar	**7.** enviar	**11.** mostrar	**15.** detener	**19.** agradecer
4. conseguir	**8.** atacar	**12.** elegir	**16.** morder	**20.** apagar

C. Complete Vd. las frases siguientes, empleando en vez del infinitivo la forma indicada del imperativo:

1. (Hablar) Vd. despacio.
2. (Ir) nosotros al centro.
3. Que (vivir) ellos mil años.
4. (Examinar) Vd. el lápiz.
5. (Seguir) Vds. luchando.

6. Que no (sufrir) él.
7. Que (reír) ellos.
8. No (engañar) nosotros a los inocentes.
9. (Cumplir) Vd. con su deber.
10. (Limitar) Vds. sus gastos.

D. Traduzca Vd. al español.

1. Tell (Vds.) the truth.
2. Give (Vd.) the money to the man.
3. Do not leave (Vds.) the house.
4. Let us go to the movies.
5. Do (Vd.) the work now.

6. Let them enter the museum.
7. Let us be good neighbors.
8. Do not put (Vd.) your feet on the sofa.
9. Let her see the book.
10. Mr. González, wrap the package

La Giralda es una famosa torre construida por los moros en Sevilla. En lo alto de la torre hay una veleta (weathervane), en forma de mujer, que "gira" (turns) con el viento. De allí (Hence) el nombre—Giralda.

28. THE SUBJUNCTIVE AFTER CERTAIN VERBS

The subjunctive is used in a dependent clause when the verb in the main clause expresses:

1. A *wish:* **desear** (to wish), **querer** (to want), **preferir** (to prefer)

   Quiero que Vd. *trabaje* mañana.
   (main)   (dependent)

   I want you to work (that you work) tomorrow.

2. A *command* or *advice:* **mandar** (to order), **prohibir** (to forbid), **aconsejar** (to advise), **decir** (to tell, in the sense of *to order*)

   Manda que ellos lo *hagan.*
   (main)   (dependent)

   He orders them to do it (that they do it).

3. A *request:* **pedir** (to ask, to request), **rogar** (to request, to beg), **suplicar** (to implore, to beg)

   Me **pide** que le *pague.*
   (main)   (dependent)

   He asks me to pay him (that I pay him).

4. *Emotion:* **esperar** (to hope), **sentir** (to be sorry, to regret), **alegrarse (de)** (to be glad), **temer** (to fear)

   Espero que *compren* la casa.
   (main)   (dependent)

   I hope they buy the house.

5. *Doubt* or *denial:* **dudar** (to doubt), **negar** (to deny)

   Dudo que *vengan* temprano.
   (main)   (dependent)

   I doubt that they will come early.

   Niega que *sea* la verdad.
   (main)   (dependent)

   She denies that it is the truth.

6. A *belief* (when negative or interrogative): **pensar** (to think), **creer** (to believe)

   ¿**Piensa** Vd. que él *sea* sincero?
   (main)   (dependent)

   Do you think he is sincere?

   No creo que él *tenga* el dinero.
   (main)   (dependent)

   I don't believe he has the money.

   but

   Creo que él **tiene** el dinero.
   (main)   (dependent)

   I believe that he has the money.

Note

In each of the above sentences, the subject of the main verb is different from the subject of the dependent verb. If the subjects are the same, **que** is omitted and the infinitive form of the dependent verb is used.

Quiero trabajar mañana.　　　　I want to work tomorrow.

Espera comprar la casa.　　　　He hopes to buy the house.

EJERCICIOS

A. Escoja Vd. la forma correcta del verbo entre paréntesis. Después, traduzca Vd. la frase al inglés.

1. Mandan que yo (voy, vaya).
2. Espero que Vd. (tiene, tenga) mucha suerte.
3. Teme que Tomás no (llegará, llegue) a tiempo.
4. Dudo que él (traerá, traiga) el dinero.
5. ¿Creen Vds. que él (apagará, apague) la luz?
6. Deseo que Vds. (vienen, vengan) mañana.
7. No creo que María (es, sea) tan cruel.
8. ¿Desea Vd. (comprar, compre) una corbata?
9. Prefieren que yo lo (hago, haga).
10. Dudo que él lo (recordará, recuerde).

B. Escriba Vd. la forma correcta de los verbos entre paréntesis.

1. El padre prohibe que su hija (fumar, bailar, casarse, salir).
2. Deseo que Vds. (ir, quedarse, rezar, cenar) conmigo.
3. Siento que ella (estar, caer, parecer, sentirse) enferma.
4. Me alegro de (oír, saber, poseer, averiguar) eso.
5. Dígale que lo (poner, parar, dejar, esconder) aquí.
6. Esperan que su hijo (ir, visitar, consultar, llamar) a un buen médico.
7. No creo que este reloj (costar, valer, durar, adelantar) mucho.
8. Manda que Vds. lo (traer, arreglar, beber, cobrar).
9. Te suplico que (tú) lo (creer, construir, explicar, guardar).
10. Yo prefiero (ir, desayunarse, principiar, acostarse) a las siete.

C. Conteste Vd. en español en frases completas.

1. ¿Aconseja Vd. a sus compañeros que dediquen más tiempo al estudio?
2. ¿Se alegra Vd. de que haga buen (mal) tiempo hoy?
3. ¿Cree Vd. que haya un examen mañana?
4. ¿Espera Vd. graduarse este año?
5. ¿Desea Vd. que sus amigos le respeten?
6. ¿Le prohiben sus padres que Vd. fume?
7. ¿Siente Vd. que hoy no sea día de vacaciones?
8. ¿Teme Vd. que sus padres no le permitan salir de noche?
9. ¿Prefiere Vd. que el profesor (la profesora) no dé exámenes?
10. ¿Quiere Vd. que el maestro (la maestra) explique el subjuntivo otra vez?

D. Traduzca Vd. al español las expresiones en inglés.

1. ¿Cree Vd. que yo *will arrive* allí a tiempo?
2. ¿Piensan Vds. que yo *believe* eso?
3. Queremos que Vds. *come* aquí.
4. Espero que Dolores *will be able* venir.
5. Creemos que ellos *will come* mañana.
6. Pida Vd. al mozo *to serve* la comida.
7. Temo que ella *will die*.
8. Prefiero que los niños *leave* en seguida.
9. Le ruego que *he explain* todo.
10. Niega que nosotros *are telling* la verdad.

E. Traduzca Vd. al español.

1. I doubt that it will rain tomorrow.
2. I do not believe that he is a lawyer.
3. Do you believe that he is poor?
4. I want you to come to my room.
5. He thinks that she is intelligent.
6. Ask him to bring his guitar.
7. I hope to see that movie.
8. I am glad that she is well.
9. We hope that you will believe us.
10. We fear that he is ill.

El Guadalquivir es el río más navegable e importante de España. Pasa por las ciudades andaluzas de Córdoba y Sevilla antes de desembocar (empty) en el Atlántico. Durante la época colonial todo el comercio español con las colonias solía partir de la ciudad de Sevilla y volver a ella, pasando por el Guadalquivir.

29. SEQUENCE OF TENSES (OPTIONAL)

1. The present subjunctive is generally used if the verb in the main clause is in the present indicative, the future, or the command.

Manda (Mandará, Mande Vd.)
<u>(present)   (future)   (command)</u>
que lo *hagan.*
<u>(present subjunctive)</u>

He orders (He will order, Order) them to do it (that they do it).

2. The imperfect subjunctive is generally used if the verb in the main clause is in one of the past tenses or in the conditional.

Mandó (Mandaba, Mandaría) que
<u>(preterite)   (imperfect)   (conditional)</u>
lo *hiciesen.*
<u>(imperfect subjunctive)</u>

He ordered (He was ordering, He would order) them to do it (that they do it).

3. The perfect subjunctive is formed by the present subjunctive of **haber** and the past participle (**haya hablado,** has spoken). The perfect subjunctive is used if the verb in the main clause is in the present tense, and the dependent verb represents an event that *has* taken place.

No creo que *hayan salido.*
<u>(present)   (perfect subjunctive)</u>

I do not believe that they have left.

4. The pluperfect subjunctive is formed by the imperfect subjunctive of **haber** and the past participle (**hubiese** or **hubiera hablado,** had spoken). The pluperfect subjunctive is used if the verb in the main clause is in a past tense and the dependent verb represents an event that *had* taken place previously.

No creía que *hubiesen salido.*
<u>(past)   (pluperfect subjunctive)</u>

I did not believe that they had left.

EJERCICIOS

A. Escoja Vd. la forma correcta del verbo entre paréntesis. Después, traduzca Vd. la frase al inglés.

1. Sentía que Vds. no (puedan, pudiesen, pueden) venir.
2. Quiere que nosotros lo (paguemos, pagaremos, pagáramos).
3. Le dije que (salga, saliera, sale).
4. Pidió al músico que (toque, tocara, toca) una canción española.
5. Se alegró de que Vds. se (diviertan, divirtieron, hubieran divertido).
6. No creíamos que él (mienta, mintiese, miente).
7. Negó que su hermano (hubiese vuelto, vuelva, volvería).
8. Piden al mozo que (sirva, sirviera, servía) la comida.
9. Me rogó que (almuerce, almorzara, almuerzo) con él.
10. Temo que él me (castigue, castigase, castigará).

B. Escriba Vd. la forma correcta de los verbos entre paréntesis.

1. Me aconsejó que (ver, aplaudir, hablar, alabar) a aquel actor.
2. Dudan que él (decir, saber, confesar, descubrir) la verdad.
3. No creía que mi hermano lo (hacer, comprender, escoger, olvidar).
4. Temían que el niño (caer, despedirse, llorar, huir).
5. No quiero (molestar, saludar, obedecer, ayudar) al profesor.
6. Él quería que nosotros (ir, estar, quedarse, aguardar) allí anoche.
7. ¿Cree Vd. que yo (poder, saber, desear, necesitar) hacerlo?
8. Negó que su amigo (haber robado, haber escondido, haber examinado, haber visto) las joyas.
9. El maestro siente mucho que nosotros no (callarse, aprender, escribir, leer) en la clase.
10. Dudo que ellos (haber leído, haber cubierto, haber usado, haber olvidado) sus libros.

C. Traduzca Vd. al español las expresiones en inglés.

1. El policía mandó que *they wait*.
2. El médico dudaba que el paciente *would live*.
3. Se alegró de que nosotros *came* a verle.
4. No creíamos que *they would sell* la casa.
5. Nos dijo *to see* aquella película.
6. ¿Cree Vd. que él nos *will give* la revista?
7. Quiero *to buy* una novela.
8. Dudo que este alumno *does* su trabajo.
9. Mi madre prohibe que yo *eat* manzanas verdes.
10. Quería *them to learn* el español.
11. Sienten que nosotros no *have seen* aquel monumento.
12. Desean que yo *go* a la playa con ellos.
13. Me pidió *to bring* la cesta.
14. Teme que ellos lo *know*.
15. Manda *us to return* a casa.

D. Traduzca Vd. al español.

1. The general ordered his army to attack.
2. We are glad that you have arrived.
3. They doubted that we had waited.
4. She begged him to go to school.
5. Do you think that they will come on time?
6. Does Henry think that she is stupid?
7. She wants to see the house.
8. I am sorry that the doctor cannot see you today.
9. They feared that he would leave.
10. He wanted us to know the truth.

30. THE SUBJUNCTIVE AFTER IMPERSONAL EXPRESSIONS

The subjunctive is used after certain impersonal expressions if the dependent verb has an expressed subject.

es dudoso, it is doubtful	**es imposible,** it is impossible
es importante, it is important	**es necesario** } it is necessary
es lástima, it is a pity	**es preciso**
es posible, it is possible	**es probable,** it is probable

Es dudoso que lo *compre*.	It is doubtful that he will buy it.
Es importante que lo *hagamos*.	It is important for us to do it (that we do it).
Es necesario que Vd. *coma*.	It is necessary for you to eat (that you eat).
but	
Es necesario comer.	It is necessary to eat.

Note

The subjunctive is *not* used after impersonal expressions that express certainty.

es cierto, it is certain
es evidente, it is evident
es verdad, it is true
es claro, it is clear

Es cierto que **estudia** mucho.	It is certain that he studies much.
Es verdad que mañana **es** su cumpleaños.	It is true that tomorrow is his birthday.
but	
No es cierto que *estudie* mucho.	It is not certain that he studies much.

EJERCICIOS

A. Escoja Vd. la forma correcta del verbo entre paréntesis. Después, traduzca Vd. la frase al inglés.

1. Es posible que ella no (quiere, querrá, quiera) ir.
2. Es importante que Vds. (oyen, oigan, oirán) el cuento.
3. Es preciso que nosotros (recibiremos, recibamos, recibimos) la carta.
4. Es dudoso que yo lo (hallo, halla, halle).
5. Es probable que Carmen (está, esté, estará) enferma.
6. Es verdad que él (comprar, compre, comprará) la casa.
7. No es necesario que ellos (salen, salgan, saldrán).
8. Es importante que Vd. lo (hace, hará, haga).
9. Es necesario que Pedro y su amigo lo (ven, vean, vayan).
10. Es imposible (decida, decide, decidir) ahora.

B. Escriba Vd. la forma correcta de los verbos entre paréntesis.

1. Es preciso que ellos (admirar, construir, establecer, terminar) la casa.
2. Es verdad que su papá le (dar, prestar, comprar, devolver) el automóvil la semana que viene.
3. Es necesario (estudiar, trabajar, leer, escribir) para aprender.
4. Es preciso que nosotros lo (llevar, conducir, enviar, acompañar) a la librería.
5. Es claro que el propietario (ganar, deber, gastar, comprender) mucho.
6. ¿Será posible que él me lo (dar, mostrar, entregar, mandar) mañana?
7. Será imposible que ellas (andar, aparecer, caminar, ir) por allí.
8. No es importante que nosotros le (imitar, aconsejar, obedecer, invitar).
9. Es lástima que ella no (poder, pensar, querer, consentir en) asistir al baile.
10. Es probable que él (tener, poseer, comprar, obtener) una buena colección de cuadros.

C. Conteste Vd. en español en frases completas.

1. ¿Es cierto que la luna es de queso verde?
2. ¿Es posible que una persona ciega vea claramente?
3. ¿Es preciso llevar sobretodo en el verano?
4. ¿Es verdad que Vd. tiene un resfriado hoy?
5. ¿Es importante que una persona haga sus tareas?
6. ¿Es necesario comer para vivir?
7. ¿Es verdad que Vd. tiene un hermano menor?
8. ¿Es dudoso que haga buen tiempo mañana?
9. ¿Es posible que Vd. no venga a la escuela mañana?
10. ¿Es probable que Vd. reciba una buena nota en esta clase?

D. Traduzca Vd. al español las expresiones en inglés.

1. Es imposible que yo *visit* a mi abuelo.
2. Es probable que Felipe lo *will want*.
3. Es preciso que el médico *come* inmediatamente.
4. Es evidente que *they do not want* venir.
5. Es cierto que Vds. *do not understand* el problema.
6. Es posible que *we will learn* a nadar.
7. Es necesario que los niños *drink* más leche.
8. Es lástima que su hermano *is suffering* tanto.

9. Es dudoso que él *will remember* la dirección.
10. Es lástima que ella *has* dolor de cabeza.

E. Traduzca Vd. al español.

1. It is true that we are brothers.
2. It is important for you to leave now.
3. It is possible that he will live.
4. It is impossible for him to stay there.
5. It is important for you to be here.
6. It is necessary for the soldiers to obey.
7. It is impossible for him to study with another student.
8. It is important to tell the truth.
9. It is possible that they cannot come.
10. It is probable that she will invite us.

Xochimilco, en las afueras (suburbs) de la Ciudad de México, es famoso por su lago y sus jardines flotantes (floating), donde se ve una gran variedad de flores. Es un lugar favorito de los turistas.

31. THE SUBJUNCTIVE AFTER
CERTAIN CONJUNCTIONS (OPTIONAL)

1. The subjunctive is used after the following conjunctions:

> **antes (de) que,** before
> **a menos que,** unless
> **para que,** in order that, so that
> **con tal que,** provided that
> **en caso de que,** in case
> **sin que,** without

Voy a hacerlo **antes de que** *lleguen.*	I am going to do it before they arrive.
Trajo los cuadros **para que** todos *pudiesen* verlos.	He brought the pictures in order that all could see them.
Salió **sin que** yo le *viera.*	He left without my seeing him.

Note. If the subjects of the main verb and the dependent verb are the same, **que** is omitted and the infinitive is used.

Lo haré **antes de salir.**	I shall do it before leaving.
Trajo los cuadros **para venderlos.**	He brought the pictures in order to sell them.
Salió **sin decir** adiós.	He left without saying goodbye.

2. The subjunctive is used after the following conjunctions only if uncertainty, doubt, anticipation, or indefiniteness is implied. Otherwise, the indicative is used.

> **así que**
> **luego que** } as soon as
> **en cuanto**
> **cuando,** when
> **hasta que,** until

Le hablaré **cuando *vuelva*.**	I shall speak to him when he returns. <small>(whenever that may be)</small>
Comprarán el automóvil **luego que *reciban*** el dinero.	They will buy the automobile as soon as they receive the money. <small>(It is not known when or if they will receive the money.)</small>

but

Le hablé **cuando volvió.**	I spoke to him when he returned. <small>(He did return.)</small>
Compró la bicicleta **luego que** la vio.**	He bought the bicycle as soon as he saw it. <small>(He did see it.)</small>

EJERCICIOS

A. Escoja Vd. la forma correcta del verbo entre paréntesis. Después, traduzca Vd. la frase al inglés.

1. Espere Vd. hasta que yo le (llamo, llama, llame).
2. Saldremos en cuanto (podemos, podremos, podamos).
3. No iría a menos que ellos (fueran, fueron, vayan) también.
4. En caso de que Pedro (viene, vendrá, venga), llámeme.
5. Lo haremos antes de que (salgan, salen, salieran).
6. Vino a vernos luego que (llegue, llegó, llegase).
7. Se quitó el sombrero antes de (entrar, entre, entró).
8. No puedo salir de casa hasta que (vuelvan, vuelven, volverán) mis padres.
9. No irá a menos que (tendrá, tenga, tuviese) un vestido nuevo.
10. Se lo explicó a ellos para que (comprendieran, comprendieron, comprendan).
11. Cuando (entré, entre, entrase) en el cuarto, ella estudiaba.
12. Escríbame a menudo para que (sé, sepa, sea) dónde comunicarme con Vd.
13. Cuando (vuelvo, vuelva, vuelve) del campo, la veré.
14. Tomó el libro sin que nosotros lo (sabemos, sepamos, supiéramos).
15. Le daré el libro con tal que Vd. (prometa, promete, prometerá) devolvérmelo.

B. Traduzca Vd. al español las expresiones en inglés.

1. A menos que ellos *have* mucho dinero, no serán felices.
2. Irá a su casa con tal que Vds. le *invite*.
3. La criada preparó la comida antes que nosotros *went* a la feria.
4. En caso de que *I am* ocupado mañana, venga a verme el sábado.
5. Lo haré *without his helping me*.
6. Cuando *I am* presidente, ayudaré a los pobres.
7. Luego que él me *saw*, comenzó a llorar.
8. No vaya Vd. hasta que yo *return*.
9. El profesor enseña para que los estudiantes *will learn*.
10. Lo recibirán el lunes con tal que nosotros lo *send* hoy.

C. Traduzca Vd. al español.

1. I shall wait until noon in case you come late.
2. They did not want to leave unless we accompanied them.
3. Give this letter to your father as soon as he arrives.
4. We must eat in order to live.
5. He will not buy the automobile until I see it.
6. My father gave me five dollars so that I might buy the shirt.
7. He will attend school unless he is ill.
8. My friends did not visit me in order that I might study for the examinations.
9. The children ate before we left.
10. When you visit Spain, you will find many interesting customs.

Cerca de Madrid se encuentra el Valle de los Caídos (Valley of the Fallen), un monumento enorme construido en memoria de los soldados que murieron en la Guerra Civil española de 1936–39. La iglesia tiene la forma de una cruz, y detrás de ella hay una cruz de 500 pies de alto.

32. THE SUBJUNCTIVE AFTER AN INDEFINITE OR NEGATIVE ANTECEDENT (OPTIONAL)

1. The subjunctive is used after an indefinite antecedent.

Busco **una criada que** *sepa* cocinar bien.	I am looking for a maid that knows how to cook well. (I may never find such a person.)

but

Conozco a **una criada que sabe** cocinar bien.	I know a maid who knows how to cook well. (There is such a person; I know her.)

Note. Since the object **(criada)** is indefinite in the first example, the personal **a** is not used.

2. The subjunctive is used after compounds of **-quiera** and similar indefinite expressions.

---

quienquiera, whoever
(a) dondequiera, wherever
cualquiera, cualquier, whatever
por + *adjective or adverb* + **que** + *subjunctive,* however, no matter how

---

Quienquiera que *diga* eso, tiene razón.	Whoever says that, is right.
Cualquier vestido **que Vd.** *compre* en esa tienda es importado de Francia.	Whatever dress you buy in that store is imported from France.
Por valiente que *sea,* no lo hará.	However brave he may be, he will not do it.

3. The subjunctive is used after a negative antecedent.

No hay nadie que lo *crea.*	There is no one who will believe it.
No hay nada que Vd. *pueda* hacer.	There is nothing that you can do.

EJERCICIOS

A. Escriba Vd. la forma correcta del verbo en vez del infinitivo.

1. Busco una casa que *tener* un jardín grande.
2. Halló un hotel que *tener* cuartos grandes y claros.
3. Quiero comprar una novela que *ser* interesante.
4. Compró un libro que *ser* interesante.
5. Dondequiera que Vds. *ir*, no verán tal cosa.
6. No hay persona que *creer* eso.
7. Quienquiera que *poder* hacerlo, recibirá un premio.
8. Por viejo que *ser*, es muy fuerte.
9. No hay nadie que lo *hacer*.
10. Cualquier ciudad que nosotros *visitar*, hallaremos monumentos interesantes.

B. Traduzca Vd. al español las expresiones en inglés.

1. Tengo una gramática que *has* muchos ejercicios.
2. Quienquiera que *he may be*, no se lo daré.
3. Cualquier hombre que *does* eso, será castigado.
4. Por mucho que nosotros *suffer*, no nos ayudará.
5. ¿Hay alguien que no *admires* su belleza?
6. ¿Hay un museo en Nueva York que *has* cuadros de Velázquez?
7. ¿Existe una persona que no lo *has* visto?
8. Buscaba un hombre que *could* guiarle a la hacienda.
9. Dondequiera que *they may be*, los encontraré.
10. No había nadie que *knew* la respuesta.

C. Traduzca Vd. al español.

1. We are looking for a man who wants to work.
2. He will help me no matter how difficult it is.
3. There is no one who speaks to him.
4. I shall follow you wherever you go.
5. I know a guide who speaks English.
6. Whatever book you read, you will learn much.
7. Whoever says that, is telling a lie.
8. Wherever you find Henry, you will find his cousin.
9. However rich they may be, they will never be happy.
10. He wants to buy a magazine that has many interesting stories.

33. "IF" CLAUSES (OPTIONAL)

The imperfect subjunctive and the pluperfect subjunctive are used in "if" clauses that are contrary to fact. The imperfect subjunctive indicates present time; the pluperfect subjunctive indicates past time. Such clauses may be identified by the word *would* in the result clause.

Si *tuviese* (or *tuviera*) el dinero, **iría** a México.	If I had the money, I would go to Mexico. (But I don't have the money. *present*)
Si *hubiesen* (or *hubieran*) venido, los **habríamos** visto.	If they had come, we would have seen them. (But they had not come. *past*)

but

Si **tengo** el dinero, **iré** a México.	If I have the money, I shall go to Mexico.
Si **vienen,** los **veremos.**	If they come, we will see them.

Note

A. The **-ra** form of the imperfect subjunctive may be used instead of the conditional in the result clause.

    Si tuviese el tiempo, le ***visitara.***   If I had the time, I would visit him.

B. The present subjunctive is never used in "if" clauses.

C. The "if" clause is not necessarily the first clause of the sentence.

    Yo iría a México **si tuviera (or tuviese) el dinero.**   I would go to Mexico if I had the money.

EJERCICIOS

A. Escriba Vd. la forma correcta del verbo en vez del infinitivo.

1. Si él me *dar* un regalo, no lo aceptaría.
2. Si nosotros *estudiar*, saldremos bien en los exámenes.
3. Nosotros le ayudaríamos, si él *ser* pobre.
4. Si *tener* un automóvil, iría al campo.
5. Yo *venir*, si ellos me invitasen.
6. Si Vds. *buscar* el reloj, lo hallarían.
7. Ella habría muerto, si el médico no *llegar* a tiempo.
8. Si *hacer* calor, no saliera.
9. Si nosotros *ganar* bastante dinero, habríamos ido a México.
10. Si ellos *querer* el libro, nosotros se lo daríamos.

B. Traduzca Vd. al español las expresiones en inglés.

1. Si nosotros *went* al campo, nos divertiríamos.
2. Yo leyera aquella novela si *it were* en la biblioteca.
3. Yo *would be able* hacerlo si tuviese la ocasión.
4. Si *we had gone* al cine, habríamos visto una película interesante.
5. Si yo *knew* la respuesta, yo se la diría.
6. Si Vd. desea ir a su casa, *I shall go* también.
7. Si Teresa no *is* cansada, vendrá a la fiesta.
8. Lo haría si *I had* el tiempo.
9. Si nosotros *had prepared* la lección, la hubiéramos sabido.
10. Si fuera importante, lo *he would send.*
11. Si Vds. *study* el español, sabrán hablarlo.
12. Si *I received* una carta de él, la contestaría.
13. Si Vd. lo *want,* se lo daré.
14. Si *they had left* a las ocho, hubieran llegado a las nueve.
15. Si Felipe *had found* el libro, él se lo habría devuelto.
16. Le *we would have helped* si hubiésemos sabido eso.
17. Si Vd. *came,* me alegraría mucho.
18. Si *I were* con él, yo no le permitiría hacerlo.
19. Si hubiese llovido, *she would not have gone out.*
20. Yo comprara la casa si *it were not* tan cara.

C. Traduzca Vd. al español.

1. If I sell the house, they will buy it.
2. If I sold the house, they would buy it.
3. If I had sold the house, they would have bought it.
4. If you were rich, what would you do?
5. We would believe it, if we saw it.
6. If he studied, he would learn much.
7. We would have done it, if we had had the time.
8. If you study Spanish, you will understand it.
9. If I were you, I would see him.
10. We'll go if we have the money.

34. FAMILIAR COMMANDS

REGULAR VERBS

	AFFIRMATIVE		NEGATIVE	
	Singular	*Plural*	*Singular*	*Plural*
tomar, to take	take		don't take	
	toma (tú)	tomad (vosotros)	no tomes (tú)	no toméis (vosotros)
comer, to eat	eat		don't eat	
	come (tú)	comed (vosotros)	no comas (tú)	no comáis (vosotros)
escribir, to write	write		don't write	
	escribe (tú)	escribid (vosotros)	no escribas (tú)	no escribáis (vosotros)

Note

A. The singular form of the familiar affirmative command is the same as the third person singular of the present indicative.

B. The plural form of the familiar affirmative command is formed by changing the final **-r** of the infinitive to **-d**.

C. All the negative forms of the familiar command are expressed by the present subjunctive.

IRREGULAR VERBS

decir, to say:	*di* (tú)	**ser,** to be:	*sé* (tú)
hacer, to do:	*haz* (tú)	**tener,** to have:	*ten* (tú)
ir, to go:	*ve* (tú)	**valer,** to be worth:	*val* (tú)
poner, to put:	*pon* (tú)	**venir,** to come:	*ven* (tú)
salir, to leave:	*sal* (tú)		

Note

Irregular verbs in the familiar commands are irregular in the **tú** form only. The other forms are regular.

decir: *di* (tú), **decid** (vosotros), **no digas** (tú), **no digáis** (vosotros)
hacer: *haz* (tú), **haced** (vosotros), **no hagas** (tú), **no hagáis** (vosotros)

EJERCICIOS

A. Escriba Vd. las formas afirmativa y negativa del imperativo íntimo (familiar) de cada verbo, según el ejemplo.

	AFFIRMATIVE		NEGATIVE	
	tú	*vosotros*	*tú*	*vosotros*
EJEMPLO: hablar	habla	hablad	no hables	no habléis

1. cantar	**3.** recibir	**5.** tener	**7.** ser	**9.** dormir
2. vender	**4.** salir	**6.** dar	**8.** ir	**10.** venir

B. Cambie Vd. la forma del verbo a la forma correspondiente del imperativo íntimo.

1. entre Vd. _____ tú	**6.** ponga Vd. _____ tú
2. miren Vds. _____ vosotros	**7.** salgan Vds. _____ vosotros
3. escriba Vd. _____ tú	**8.** no vaya Vd. no _____ tú
4. aprendan Vds. _____ vosotros	**9.** no tomen Vds. no _____ vosotros
5. haga Vd. _____ tú	**10.** no diga Vd. no _____ tú

C. Cambie Vd. la forma del verbo a la forma correspondiente del imperativo formal.

1. sal (tú) _____ Vd.	**6.** dad (vosotros) _____ Vds.
2. id (vosotros) _____ Vds.	**7.** no traigáis (vosotros) no _____ Vds.
3. no hables (tú) no _____ Vd.	**8.** haz (tú) _____ Vd.
4. promete (tú) _____ Vd.	**9.** ve (tú) _____ Vd.
5. di (tú) _____ Vd.	**10.** tened (vosotros) _____ Vds.

D. Traduzca Vd. al español las expresiones en inglés.

1. *Leave* (tú) de casa en seguida.	**6.** *Go* (tú) allá ahora.
2. *Eat* (tú) la ensalada.	**7.** *Do not be* (tú) tonto.
3. *Do not speak* (vosotros) a Dolores.	**8.** *Put* (tú) el libro aquí.
4. *Read* (vosotros) las revistas.	**9.** *Tell* la verdad a tu madre.
5. *Do not enter* (tú) en la sala.	**10.** *Be* bueno, hijo mío.

35. MASTERY EXERCISES

A. Traduzca Vd. al español las expresiones en inglés.

1. José *was going* a casa.
2. *Put* tú el dinero en el cajón.
3. El pañuelo *fell* al suelo.
4. *Tell* la verdad siempre, mi hijita.
5. *They were living* en Inglaterra.
6. Lo *he put* en el bolsillo.
7. *They had bought* una alfombra.
8. Lo *they have received.*
9. ¿*Do you see* aquel calendario?
10. *She is going* a la oficina.
11. *I saw* a Enrique ayer.
12. *I will visit* a mis parientes.
13. No lo *we have done.*
14. *They were* enemigos.
15. *I waited* hasta las nueve.
16. *Go* Vd. al mercado.
17. El carnicero nos *gave* la carne.
18. Siempre *we will tell* la verdad.
19. *Give me* Vd. la cuchara, por favor.
20. *He brought* una botella de leche.
21. *I know* al compositor.
22. *Let's be* buenos vecinos.
23. *Don't tell* tú tantas mentiras.
24. *She won't be able* salir.
25. *Leave* tú de aquí.
26. *They sat down* en el sofá.
27. No le *I gave* nada.
28. ¿Dónde lo *have you put?*
29. *They were walking* despacio.
30. *Close* Vd. el laboratorio.
31. *I came* tarde.
32. *It is probably* las tres.
33. *He entered* en un monasterio.
34. *We are going to* nadar en el océano.
35. *They probably went* hacia el oeste.
36. *Be careful*, hermanito.
37. *They will come* mañana.
38. Dijo que lo *he would buy.*
39. Lo *he did* con cuidado.
40. *We sold* el pescado.
41. *Come* mañana, hijo mío.
42. *Don't be* tontos, niños.
43. Hace una hora que *he is sleeping.*
44. *Come* vosotros mañana a las tres.
45. *They smell* las flores.
46. *Keep on* Vds. avanzando.
47. *They became* pálidos.
48. *He takes off* la ropa.
49. Le *he led* a la cárcel.
50. *He was born* en Europa.

B. Escriba Vd. los verbos siguientes en el presente, el imperfecto, y el pretérito, en las formas indicadas:

	Present	Imperfect	Preterite
EJEMPLO: yo (hablar)	hablo	hablaba	hablé

1. él (entrar)
2. nosotros (comer)
3. yo (vivir)
4. ella (querer)
5. yo (tener)
6. ellos (salir)
7. yo (decir)
8. Pedro (hacer)
9. él (pensar)
10. ellos (volver)
11. yo (ir)
12. el niño (dormir)
13. Vds. (ver)
14. él (ser)
15. yo (estar)
16. nosotros (saber)
17. yo (poder)
18. los niños (venir)
19. Vds. (traer)
20. Ana (dar)
21. yo (conocer)
22. él (levantarse)
23. nosotros (pedir)
24. él (oír)
25. yo (llegar)

C. Escriba Vd. los verbos siguientes en el futuro y el presente perfecto, en las formas indicadas:

	Future	*Present Perfect*
EJEMPLO: yo (visitar)	visitaré	he visitado

1. él (invitar)
2. yo (vender)
3. nosotros (recibir)
4. ellos (volver)
5. yo (abrir)
6. Pedro (salir)
7. nosotros (ver)

8. yo (decir)
9. Vds. (venir)
10. ¿quién (hacer)?
11. yo (escribir)
12. nosotros (tener)
13. él (caer)
14. yo (poner)

15. nosotros (querer)
16. yo (saber)
17. él (morir)
18. nosotros (ir)
19. yo (traer)
20. Vd. (dar)

D. Escriba Vd. los infinitivos de los verbos siguientes:

1. trajo
2. vimos
3. busqué
4. huyó
5. conozco
6. pierde
7. digo
8. cayendo
9. roto
10. pongo
11. oyen
12. se acuesta
13. empiezo
14. produjo
15. murieron
16. doy
17. siguen
18. era
19. venga
20. pide

E. Escriba Vd. la tercera persona singular (*él*) y la primera persona plural (*nosotros*) del presente de subjuntivo de los verbos siguientes:

	Present Subjunctive	
	3 Singular	*1 Plural*
EJEMPLO: escribir	escriba	escribamos

1. tomar
2. venir
3. ser
4. cerrar
5. decir
6. parecer
7. haber
8. dar
9. poner
10. comer
11. seguir
12. saber
13. ir
14. volver
15. llegar
16. tener
17. estar
18. jugar
19. perder
20. traer
21. contar
22. salir
23. querer
24. ver
25. sentir

F. Escriba Vd. la forma correcta del verbo en letra cursiva.

1. Habían *volver* a casa.
2. Yo *acercarse* a la estatua y la miré.
3. Dudo que ellos lo *tener*.
4. Hace tres horas que *nevar*.
5. Mientras ella *cantar*, el público hablaba.
6. Continúe Vd. *leer*.
7. Anoche mi hermano y yo *ir* al teatro.
8. Hacía mucho tiempo que yo no los *ver*.
9. Mientras yo leía, él *escuchar*.
10. Siguen *venir* de todas partes.
11. Yo no *poder* ir a su oficina la semana que viene.
12. ¿Dónde lo han *poner*?
13. ¿Cuánto tiempo hace que *llover*?
14. ¿Cree Vd. que ellos lo *saber*?
15. Nos ruega que *ir* a su casa.
16. ¿Cuánto tiempo hacía que Vds. le *conocer*?
17. Estoy *vestirse*.
18. Los niños están *dormir*.

19. Ana y Juan *ser* amigos cuando yo los conocía.
20. Ella desea *ir* al cine.
21. Me pide que *volver* mañana.
22. Ellos *divertirse* ayer en la playa.
23. Creen que él *ser* sabio.
24. Él me estaba *pedir* dinero.
25. Prohiben que nosotros *salir* de casa.

G. Traduzca Vd. al español.

1. He went to the store.
2. They left the room.
3. Sit down, please.
4. We can't sleep.
5. I would do it gladly.
6. It rains much in April.
7. I shall come tonight.
8. What did you say?
9. Do not get up.
10. Let us work together.
11. What have you done?
12. Do not bring it.
13. I do not want to stay here.
14. I am looking for a good hotel.
15. We used to live here.

16. They have gone to the country.
17. He didn't study the lesson.
18. We came early.
19. Did you hear a noise?
20. At what time do you go to bed?
21. I am going to the station.
22. I wonder if it is true.
23. Dinner is served at six o'clock.
24. Where are they?
25. What would you do?
26. He is probably tired.
27. I know his parents.
28. It is believed that he is dead.
29. What do you think of her?
30. He has lost the jewels.

Miguel de Cervantes Saavedra (1547-1616) fue el novelista más importante de España y uno de los escritores principales del mundo. Su obra maestra, *Don Quijote de la Mancha,* ha sido traducida a casi todos los idiomas. Es una novela que nos muestra un panorama de la sociedad española del siglo XVI y de la raza humana en general.

Part II—*Grammatical Structures*

1. FORMS AND CONTRACTIONS OF THE ARTICLES; POSSESSION

FORMS OF THE DEFINITE AND INDEFINITE ARTICLES

	SINGULAR		PLURAL	
	Masculine	*Feminine*	*Masculine*	*Feminine*
the	el	la	los	las
a, an; *pl.*, some, a few	un	una	unos	unas

AGREEMENT OF ARTICLES

Articles agree in number and gender with the nouns they modify.

MASCULINE

el muchacho, the boy
los muchachos, the boys
un muchacho, a boy
unos muchachos, some boys

FEMININE

la muchacha, the girl
las muchachas, the girls
una muchacha, a girl
unas muchachas, some girls

Note

El is used instead of **la** before a feminine singular noun that begins with a *stressed* **a** or **ha.**

el agua   the water
el hacha   the ax

but

la alumna   the pupil
las aguas   the waters
las hachas   the axes

101

REPETITION OF ARTICLES

The article is generally repeated before each noun.

Tiene *una* pluma y *un* lápiz.	He has a pen and (a) pencil.
El hombre y *la* mujer son amigos.	The man and (the) woman are friends.

CONTRACTIONS OF THE ARTICLE *EL*

The article **el** contracts as follows:

a + el = al	to the
de + el = del	of (from) the

Va *al* cine.	He goes to the movies.
Habla *del* niño.	He speaks of the child.

The articles do not contract in any other case.

Habla **a las** mujeres.	He speaks to the women.
Recibe cartas **de los** alumnos.	He receives letters from the pupils.

POSSESSION

Possession is expressed in Spanish by **de** or **de** + the article before the possessor. There is no apostrophe *s* in Spanish.

el perro *de* Juan	John's dog (the dog of John)
el perro *del* muchacho	the boy's dog (the dog of the boy)
el perro *de la* muchacha	the girl's dog (the dog of the girl)

EJERCICIOS

A. Cambie Vd. el artículo al plural.

1. el año	_____ años	**6.** una corrección	_____ correcciones
2. un lápiz	_____ lápices	**7.** el águila	_____ águilas
3. la flor	_____ flores	**8.** un libro	_____ libros
4. el alma	_____ almas	**9.** una pluma	_____ plumas
5. un balcón	_____ balcones	**10.** la boca	_____ bocas

B. Cambie Vd. el artículo al singular.

1. unas familias _____ familia
2. los sombreros _____ sombrero
3. unos meses _____ mes
4. las aldeas _____ aldea
5. unos cursos _____ curso

6. las niñas _____ niña
7. las aguas _____ agua
8. las hachas _____ hacha
9. los diablos _____ diablo
10. las almohadas _____ almohada

C. Complete Vd. la frase con la forma correcta: **de, del, de la, de los, o de las.**

1. La esposa _____ médico es maestra.
2. Una _____ muchachas es inglesa.
3. Hablan _____ hombres.
4. Es el sombrero _____ Ana.
5. Son los hijos _____ vecina.

6. Es una carta _____ mi amigo.
7. Fue el mejor dramaturgo _____ época.
8. Estaba en el centro _____ grupo.
9. Lima es la capital _____ peruanos.
10. La sal cayó _____ mesa.

D. Complete Vd. la frase con la forma correcta: **a, al, a la, a los, o a las.**

1. Da el libro _____ alumno.
2. Hablo _____ profesor.
3. ¿Quién enseña la regla _____ estudiantes?
4. El profesor explica la gramática _____ clase.

5. Escribo _____ Tomás.
6. Trae juguetes _____ niñas.
7. El tren llegó _____ día siguiente.
8. Tuve que ir _____ sastrería.
9. El jefe habló _____ trabajadores.
10. Aplaudimos _____ bailarina.

E. Traduzca Vd. al español las expresiones en inglés.

1. Tomo *a pencil and a ruler.*
2. *The boy's father* va a la peluquería.
3. *Some* hombres son cobardes.
4. *The* viaje fue agradable.
5. *The children's maid* es francesa.
6. Es *a* ciudad moderna.
7. *The* árboles son grandes.
8. Abro *the* ventanas.
9. *Some* flores son caras.
10. *The* mujer es bella.
11. Hablo *to the* alumno.
12. *The* agua está caliente.
13. Hoy es el primer día *of the* semana.
14. Hace *a* mes que no le veo.
15. *Some* ciudades son pequeñas.
16. *The men and women* bajan.
17. *Some* familias son numerosas.
18. El tintero está en *the teacher's desk.*
19. Enviamos cartas *to the* escuelas de México.
20. Las puertas *of the* aulas están abiertas.
21. *John's sister* es mi amiga.
22. Este cepillo es *Mary's.*
23. Enero es el primer mes *of the* año.
24. Recibió un regalo *from the* estudiantes.
25. El director habla *to the* clase.

2. USES OF THE DEFINITE ARTICLE

The definite article is generally used before:

1. *Names of languages and other subjects of study* (except after **hablar, en,** or **de**).

El **español** es una lengua importante.	Spanish is an important language.
Estudia *el* **francés.**	He studies French.
Me gusta *la* **historia.**	I like history.

   but

Habla español.	He speaks Spanish.
Escribe **en inglés.**	He writes in English.
Es un profesor **de alemán.**	He is a German teacher.

2. *Parts of the body and articles of clothing.*

Se lava *la* **cara.**	He washes his face.
Se pone *la* **camisa.**	He puts on his shirt.

3. *Titles* (except in direct address).

El **señor** Pardo es alto.	Mr. Pardo is tall.
El **doctor** Pérez está aquí.	Doctor Pérez is here.

   but

Buenos días, **señor** Pardo.	Good morning, Mr. Pardo.

4. *Seasons.*

Hace frío en *el* **invierno.**	It is cold in winter.

5. *Days of the week, to express "on."*

Voy al centro *el* **lunes.**	I am going downtown on Monday.
No vamos a la escuela *los* **sábados.**	We do not go to school on Saturdays.

6. *Nouns in a general or abstract sense.*

    Los libros son útiles.   Books are useful.

    La altura me espanta.   Height frightens me.

7. *Nouns of weight or measure.*

    Cuesta diez centavos *la* libra.   It costs ten cents a pound.

8. *Certain time expressions.*

    el mes próximo   next month

    la semana pasada   last week

9. *The words* **escuela, clase,** *and* **iglesia** *when they follow a preposition.*

    Voy a *la* escuela.   I go to school.

    Está en *la* iglesia.   She is in church.

10. *Certain geographical names.*

    la Argentina
    el Brasil
    el Canadá
    los Estados Unidos
    la Habana
    el Japón
    el Perú
    la América del Norte (or **Norte América**)
    la América del Sur (or **Sud América**)
    la América Central (or **Centro América**)

but

España, Spain	**México,** Mexico	**Europa,** Europe
Francia, France	**Alemania,** Germany	**Asia,** Asia
Inglaterra, England	**Italia,** Italy	**África,** Africa

EJERCICIOS

A. Complete Vd. la frase con la forma correcta del artículo definido, si hace falta (if it is needed).

1. Se pone _____ guantes.
2. _____ Canadá y _____ México están situados en _____ América del Norte.
3. Vino a mi casa _____ año pasado.
4. Estudio _____ historia.
5. _____ señorita Owens es mi profesora de _____ español.
6. Contesta en _____ inglés.
7. Se lava _____ manos.
8. ¿Cómo está Vd., _____ señor Jackson?
9. Habla _____ francés.
10. Vamos a _____ iglesia _____ domingos.
11. _____ señora Harding es hermosa.
12. _____ pan es necesario.
13. _____ primavera y _____ otoño son estaciones populares.
14. Vendremos _____ mes próximo.
15. _____ general Pershing fue americano.
16. Va a la escuela _____ martes.
17. Se quitó _____ zapatos.
18. Iré al circo _____ sábado.
19. Cuesta seis dólares _____ docena.
20. _____ Argentina y _____ Brasil son países de _____ América del Sur.

B. Conteste Vd. en español en frases completas.

1. ¿Sabe Vd. hablar en español e inglés?
2. ¿Va Vd. a la escuela los sábados?
3. ¿Prefiere Vd. visitar la América del Sur o México?
4. ¿Se limpia Vd. los dientes todos los días?
5. ¿Es más barato el oro o la plata?
6. ¿A qué hora abre Vd. los ojos generalmente?
7. ¿Le gusta a Vd. la leche?
8. ¿Lleva Vd. sobretodo en el invierno o en el verano?
9. ¿Cuáles de los países europeos desea Vd. ver?
10. ¿Vio Vd. una película la semana pasada?

C. Traduzca Vd. al español las expresiones en inglés.

1. Me quito *my* zapatos.
2. *Mr.* Hall está enfermo.
3. *Dogs* son animales útiles.
4. Buenos días, *Mrs.* González.
5. *Doctor* Jones es célebre.
6. Se lava *his face.*
7. Visitaré a mi amigo *on Wednesday* o *on Friday.*
8. *Havana* es la capital de Cuba.
9. *England, Italy, Spain, France,* y *Germany* son países de *Europe.*
10. *Next week* celebro mi cumpleaños.
11. Voy *to church on Sundays.*
12. Valen cinco pesos *a dozen.*

13. *Last month* estaba en el campo.
14. Le veo *on Thursdays*.
15. *Summer* y *winter* son mis estaciones favoritas.
16. Vamos a la playa *on Tuesday*.
17. Me gustan *pies*, pero no me gusta *bread*.
18. *Captain* Smith fue un soldado valiente.
19. Paga cinco centavos *a* libra.
20. Escriben los ejercicios en *Spanish*.

D. Traduzca Vd. al español.

1. President López went to Argentina last year.
2. They will arrive from Japan next Thursday.
3. Guatemala is in Central America.
4. She takes off her hat.
5. Children are good.
6. Spring is the season of the flowers.
7. He speaks English.
8. Do you have my Spanish book?
9. I washed my face.
10. Miss Shaw is studying Spanish.

La América Latina produce casi todo el café que se bebe en los Estados Unidos. Las bayas (berries) de café crecen en un árbol, el cafeto. Antes de exportarlas, es necesario limpiar y secarlas.

3. OMISSION OF THE ARTICLES

OMISSION OF THE DEFINITE ARTICLE

The definite article is omitted:

1. *Before a noun in apposition.*

> Lima, **capital** del Perú, es una ciudad interesante.
>
> Lima, the capital of Peru, is an interesting city.

2. *With names of rulers.*

> **Carlos Quinto** fue un rey español.
>
> Charles the Fifth was a Spanish king.

OMISSION OF THE INDEFINITE ARTICLE

The indefinite article is omitted:

1. *Before an unmodified predicate noun expressing nationality, religion, rank, or occupation.*

Soy norteamericano.	I am an American.
¿Es Vd. protestante?	Are you a Protestant?
Es princesa.	She is a princess.
Es dentista.	He is a dentist.

> *but*

> **Es *un* abogado *famoso*.**   He is a famous lawyer.

2. *With certain words.*

cien dólares	a hundred dollars
cierta persona	a certain person
mil habitantes	a thousand inhabitants
otro alumno	another pupil
¡Qué lástima!	What a pity!
tal hijo	such a son

EJERCICIOS

A. Traduzca Vd. cada frase al inglés, y explique Vd. por qué se omite el artículo, escogiendo la letra correcta, (*a*), (*b*), (*c*), o (*d*).

(*a*) = a noun in apposition
(*b*) = a name of a ruler
(*c*) = an unmodified predicate noun
(*d*) = a word that generally omits the indefinite article

1. Es abogado.
2. Tal hombre no existe.
3. Buscan otro camino.
4. Alfonso Trece fue el último rey de España.
5. Hablo de cierto caballero.
6. Es cristiano.
7. Tengo cien pesos.
8. Es norteamericano.
9. María, hermana de mi amigo, es bonita.
10. No soy médico.
11. ¡Qué árbol alto!
12. El vino, producto importante de España, se vende en todas partes.
13. Hay mil estudiantes.
14. Felipe Segundo fue rey de España.
15. Madrid, capital de España, es una ciudad importante.

B. Traduzca Vd. al español las expresiones en inglés.

1. Es *a lawyer* rico.
2. Soy *a soldier*.
3. ¡*What a* muchacha bonita!
4. Este pueblo tiene *a thousand* habitantes.
5. Tengo *a hundred* libros en mi biblioteca.
6. Es *a doctor*.
7. ¿Es Vd. *a tailor?*
8. *George the Sixth* fue rey de Inglaterra.
9. Es *a Catholic*.
10. Es *a teacher* inteligente.
11. La señorita Moreno era *a teacher*.
12. Valparaíso, *the principal port* de Chile, es una ciudad encantadora.
13. No creerá *such a* cuento.
14. Busca *a certain* libro.
15. Es *a Spaniard*.

C. Traduzca Vd. al español.

1. What a pretty tree!
2. I am a lawyer; he is a judge.
3. He is a famous doctor.
4. Have you another pencil?
5. They want to buy a certain book.
6. Mr. White is a baker; Mr. Brown is a butcher.
7. I don't want to have such a friend.
8. A hundred men and a thousand women attended.
9. I am an American; he is a Frenchman.
10. I want to be a soldier.

4. THE NEUTER ARTICLE *LO*

The neuter article **lo** is used (1) before the masculine singular form of an adjective used as a noun, and (2) before a past participle.

lo bueno y **lo malo**	the good and the bad
lo dicho	what has been said

Lo + an adjective (or adverb) + **que** = *how*.

Vd. no sabe *lo difícil que* es.	You don't know how difficult it is.
Me sorprende *lo bien que* juega.	It surprises me how well he plays.

EJERCICIOS

A. Traduzca Vd. al inglés.

1. Lo contrario de "rico" es "pobre."
2. "Lo bueno" y "lo malo" son antónimos.
3. Hice lo mismo que Vd.
4. ¿No ven Vds. lo necesario que es?
5. Vd. sabe lo aplicado que es.
6. ¿Notó Vd. lo mal que habla?
7. Quiero lo mejor.
8. Hay una gran diferencia entre lo dicho y lo hecho.
9. ¿Ha notado Vd. lo bien que toca el piano?
10. Lea Vd. lo escrito.

B. Conteste Vd. en español en frases completas.

1. ¿Distingue Vd. entre lo bueno y lo malo?
2. ¿Cree Vd. que lo caro es siempre preferible a lo barato?
3. ¿Sabe Vd. lo importante que es el estudio del español?
4. ¿Son iguales "lo dicho" y "lo hecho"?
5. ¿Prefiere Vd. comprar lo americano o lo extranjero?
6. ¿Cuál dura más, lo escrito o lo hablado?
7. ¿Ha notado Vd. lo fácil que es esta lección?
8. Como turista, ¿le gustaría más ver lo hermoso o lo feo?
9. ¿Corrige Vd. lo escrito en la pizarra?
10. ¿Qué es lo contrario de "silencio"?

C. Traduzca Vd. al español las expresiones en inglés.

1. No puedo hacer *the impossible*.
2. Haré *the best* que puedo.
3. ¿Sabe Vd. *how* pobre que es?
4. No debemos imitar *the bad*.
5. ¿Ve Vd. *how pleasant* será?
6. Copien Vds. *what has been written*.
7. Pensaba en *how kind* era.
8. Prefiero *the useful* a *the beautiful*.
9. Sé *how strong he is*.
10. Vd. no puede imaginarse *how tired I am*.

D. Traduzca Vd. al español.

1. He admires the good and the noble.
2. They know how intelligent he is.
3. I saw how cruel he was.
4. She prefers the easy to the difficult.
5. We do not know how rich he is.
6. What is said is not always what is done.
7. They would do the same.
8. We understand how important it is.
9. I can only do the possible.
10. Did you notice how sad he was?

Machu Picchu, situado muy alto en los Andes, fue una ciudad antigua, tal vez la capital de los incas antes de la llegada de los españoles. Durante siglos no se sabía que tal ciudad existía. En 1911, un explorador norte-americano, Hiram Bingham, descubrió las ruinas pintorescas de la ciudad. Hoy día muchos turistas visitan el lugar.

5. NOUNS

GENDER OF NOUNS

Nouns ending in **-o** or referring to male beings are generally masculine.

el sombrero, the hat   **el hombre,** the man

Nouns ending in **-a, -d, -ción, -z** or referring to female beings are generally feminine.

la casa, the house   **la voz,** the voice
la verdad, the truth   **la madre,** the mother
la nación, the nation

Exceptions in Gender

1. Feminine nouns ending in **-o**.

   la mano, the hand   **la radio,** the radio

2. Masculine nouns ending in **-a**.

   el tranvía, the streetcar   **el problema,** the problem
   el clima, the climate   **el programa,** the program
   el drama, the drama   **el mapa,** the map
   el idioma, the language   **el poeta,** the poet

PLURAL OF NOUNS

Nouns ending in a vowel add **-s**.

el libro, the book   **los libros,** the books

Nouns ending in a consonant add **-es**.

la flor, the flower   **las flores,** the flowers

Nouns ending in **-z** change **z** to **c** and add **-es**.

el lápiz, the pencil   **los lápices,** the pencils

Nouns ending in -n or -s with an accent mark in the last syllable generally drop the accent mark in the plural.

la lección, the lesson	**las lecciones,** the lessons
el inglés, the Englishman	**los ingleses,** the Englishmen

but

el país, the country	**los países,** the countries

(The accent mark is required in **países** to preserve the stress.)

Nouns of more than one syllable ending in -n with no accent mark in the last syllable generally add an accent mark in the plural.

el crimen, the crime	**los crímenes,** the crimes
la orden, the order	**las órdenes,** the orders

but

el plan, the plan	**los planes,** the plans

Nouns ending in -s where the final syllable is unstressed remain the same in the plural.

el paraguas, the umbrella	**los paraguas,** the umbrellas

but

el mes, the month	**los meses,** the months

The masculine plural form of a noun may refer to both the male and the female members of a group.

los padres	the father and mother, the parents
los hijos	the son and daughter, the children
los niños	the little boy and girl, the children
los reyes	the king and queen, the rulers
los señores Luna	Mr. and Mrs. Luna

NOUNS DESCRIBING MATERIALS OR CONTENTS

Nouns describing the materials or ingredients of which something is made are preceded by **de.**

un anillo *de oro*	a gold ring (a ring of gold)
una corbata *de seda*	a silk tie (a tie of silk)
un pastel *de manzana*	an apple pie (a pie of apple)
un sandwich *de pollo*	a chicken sandwich (a sandwich of chicken)

EJERCICIOS

A. Traduzca Vd. al inglés de dos maneras.

1. los niños
2. los padres
3. los muchachos
4. los hijos
5. los abuelos

6. los reyes
7. los tíos
8. los hermanos
9. los nietos
10. los chicos

B. Escriba Vd. la forma correcta del artículo definido.

1. _____ libertad
2. _____ mano
3. _____ agua
4. _____ problema
5. _____ región

6. _____ hacha
7. _____ idioma
8. _____ ley
9. _____ crimen
10. _____ clima

C. Cambie Vd. al plural los siguientes sustantivos:

1. el amigo
2. el lunes
3. el lápiz
4. el jardín
5. la voz
6. la lección
7. el examen
8. el viaje
9. el mes
10. el francés
11. el país
12. la luz
13. el inglés
14. el ángel
15. la ciudad

D. Cambie Vd. al singular los siguientes sustantivos:

1. las cruces
2. las flores
3. las naciones
4. los profesores
5. las órdenes

6. los problemas
7. los alemanes
8. los jueves
9. las leyes
10. unos días

E. Traduzca Vd. al español.

1. the drama
2. the furniture
3. a silk dress
4. the water
5. the poet
6. an iron box
7. a gold watch
8. the information
9. the voices
10. the map
11. a diamond ring
12. a woolen suit
13. the lights
14. the radio
15. the business
16. a cotton blouse
17. the news
18. the gardens
19. vanilla ice cream
20. the vacation
21. the candy
22. the program
23. apple pie
24. the priest
25. the streetcar
26. chicken salad
27. the examinations
28. the angel
29. the umbrella
30. tomato soup
31. the parents
32. the children
33. Mr. and Mrs. Pereda
34. the brother and sister
35. the king and queen

6. THE PERSONAL *A*

The preposition **a** is required before the direct object of a verb if the direct object is:

1. *A definite person or persons.*

    Invita *a su amigo.*   He invites his friend.

2. *A domestic animal (pet, etc.).*

    Admira *al perro.*   He admires the dog.

3. *A geographic name* (unless preceded by the definite article).

    Quiere visitar *a México.*   He wants to visit Mexico.

        but

    Quiere visitar **la Argentina.**   He wants to visit Argentina.

4. *A pronoun referring to a person* (**nadie, alguien,** etc.).

    No veo *a nadie.*   I don't see anyone.

Note

A. The personal **a** is not translated into English.

B. The personal **a** is not used with the verb **tener.**

    Tengo un amigo.   I have a friend.
    Tiene un caballo.   He has a horse.

EJERCICIOS

A. Escriba Vd. correctamente las frases siguientes, empleando la preposición **a** si es necesario:

1. Ayuda (-, a) Ana.
2. El médico curó (el, al) enfermo.
3. Visitaré (-, a) México el año que viene.
4. No comprendo (-, a) la lección.
5. Tiene (-, a) muchos primos.
6. No encontraron (-, a) sus amigos.
7. Aguardaban (el, al) tren.
8. No agradeció (-, a) su hermana.
9. Juanito cubrió (-, a) la cabeza.
10. Tengo (-, a) dos perritos.
11. Me escribió (-, a) una carta.

12. No vi (-, a) mi amigo ayer.
13. Busca (-, a) su gato.
14. ¿Visitó Vd. (-, a) la Argentina el año pasado?
15. ¿Conoce Vd. (-, a) aquel hombre?

   B. Conteste Vd. en español en frases completas.

1. ¿Piensa Vd. ver a Madrid algún día?
2. ¿Acompaña Vd. a sus amigos a menudo?
3. ¿Quién fundó a Lima?   [Pizarro]
4. ¿Besa Vd. a su mamá al salir de casa?
5. ¿Ama Vd. a su perrito?
6. ¿Le permitirán sus padres visitar a España este verano?
7. Andando a la escuela, ¿ve Vd. a alguien que conoce?
8. ¿Espera Vd. visitar a sus parientes durante la Navidad?
9. ¿Saluda Vd. a sus amigos todos los días?
10. ¿Contribuye Vd. para ayudar a los pobres?

   C. Traduzca Vd. al español las expresiones en inglés.

1. Admiro *Henry*.
2. Quiere ver *the teacher*.
3. No veo *anyone*.
4. Llama *the horse*.
5. ¿Ha visitado Vd. *Buenos Aires?*
6. Tengo *a sister*.
7. El maestro enseña *the pupils*.
8. Leo *a magazine*.
9. Contesta *the man*.
10. Visitó *Peru*.
11. El público aplaudió *the actor*.
12. Ayer celebré *my birthday*.
13. Ella despertó *her son*.
14. Honraron *the heroes*.
15. El niño imita *his father*.

   D. Traduzca Vd. al español.

1. He understands the exercises because he understands the teacher.
2. I visited Spain last year.
3. Henry is helping his mother.
4. The teacher asked Arthur if the lesson was easy.
5. I do not see my friends in the garden.
6. Are you looking for someone?
7. I do not know anyone in the class.
8. Have you a brother?
9. We visited England last month.
10. The children love their parents.

7. POSITION AND AGREEMENT OF ADJECTIVES

FORMS OF ADJECTIVES

Adjectives whose masculine singular ends in -o and adjectives of nationality have four forms. Other adjectives have two forms.

| | SINGULAR | | PLURAL | |
	Masculine	*Feminine*	*Masculine*	*Feminine*
rich:	rico	rica	ricos	ricas
Spanish:	español	española	españoles	españolas
but				
large:	grande	grande	grandes	grandes
easy:	fácil	fácil	fáciles	fáciles

Adjectives ending in -z change z to c in the plural.

feliz, felices   happy

A few adjectives drop their accent in the plural, while a few others add an accent in the plural.

cortés, corteses   courteous, polite
joven, jóvenes   young

Adjectives of nationality that have an accent mark on the last syllable, drop the accent mark in the feminine singular and in both plural forms.

francés, francesa, franceses, francesas   French
inglés, inglesa, ingleses, inglesas   English
alemán, alemana, alemanes, alemanas   German

POSITION OF ADJECTIVES

Descriptive adjectives generally follow the nouns they modify.

un hombre *alto*   a tall man
una casa *grande*   a large house

Adjectives of number or quantity generally precede the nouns they modify.

pocos hombres   few men
todos los niños   every child

Common adjectives of quantity are:

mucho (-a), much	**muchos (-as),** many
poco (-a), little	**pocos (-as),** few
todo (-a), all	**todos los (todas las),** every
cada, each, every	**varios (-as),** several
	algunos (-as), some

AGREEMENT OF ADJECTIVES

Adjectives agree in number and gender with the nouns they modify.

Tiene **libros** *interesantes*.   He has interesting books.

Ana es *perezosa*.   Ann is lazy.

Note

A. An adjective modifying two or more masculine nouns is in the masculine plural.

Alberto y Juan son *perezosos*.   Albert and John are lazy.

B. An adjective modifying two or more feminine nouns is in the feminine plural.

María y Ana son *bonitas*.   Mary and Anne are pretty.

C. An adjective modifying two or more nouns of different gender is in the masculine plural.

Alberto y Ana son *ricos*.   Albert and Anne are wealthy.

EJERCICIOS

A. Escriba Vd. la forma correcta de los adjetivos entre paréntesis en vez del adjetivo en letra cursiva.

1. Son lecciones *difíciles*.	(interesante, breve, corto)
2. Sevilla es una ciudad *pintoresca*.	(español, alegre, bello)
3. Tengo cuatro trajes *oscuros*.	(pardo, claro, azul)
4. Vive en una casa *blanca*.	(humilde, modesto, grande)
5. Son estudiantes *aplicados*.	(cortés, necio, perezoso)
6. Veo a las mujeres *altas*.	(alemán, simpático, amable)
7. Mi hermana es una muchacha *sincera*.	(hermoso, débil, modesto)
8. Compró dos sombreros *bonitos*.	(gris, barato, amarillo)
9. Es una caja *ancha*.	(grande, cuadrado, verde)
10. Tienen *cinco* plumas.	(alguno, poco, mucho)

B. Cambie Vd. cada expresión a la forma femenina.

1. algunos profesores ingleses ...... profesoras ......
2. un hombre leal ...... mujer ......
3. un padre bueno ...... madre ......
4. el marido cortés ...... esposa ......
5. los alumnos jóvenes ...... alumnas ......
6. el abuelo cariñoso ...... abuela ......
7. los bailarines andaluces ...... bailarinas ......
8. el cocinero agradable ...... cocinera ......
9. el esclavo infeliz ...... esclava ......
10. el rey portugués ...... reina ......

C. Cambie Vd. cada expresión a la forma masculina.

1. cada muchacha inglesa ...... muchacho ......
2. todas las hijas .... hijos
3. algunas mujeres españolas ...... hombres ......
4. varias niñas hermosas ...... niños ......
5. la vaca gorda ...... toro ......
6. una poetisa famosa ...... poeta ......
7. las princesas inglesas ...... príncipes ......
8. la cordera flaca ...... cordero ......
9. una gallina asada ...... gallo ......
10. la burra trabajadora ...... burro ......

D. Traduzca Vd. al español las expresiones en inglés.

1. Elena es *a polite girl*.
2. Isabel es *Spanish*.
3. Dé Vd. un libro a *each* alumno.
4. Estos hombres son *English*.
5. Son *weak children*.
6. Carlos y Alberto son *French*.
7. Tiene *little* inteligencia.
8. Son *courteous boys*.
9. Berlín es *a German city*.
10. Viven en *a yellow house*.
11. Luisa y Ana son *tall*.
12. Hay *seven days* en una semana.
13. Hay *many difficult exercises* en este libro.
14. Sabe *the easy words*.
15. Mañana será *another day*.
16. Voy al cine *every Saturday*.
17. Carlos y yo somos *young*.
18. Hay *a small door* en *each room*.
19. Nos visitan *every week*.
20. Carlota y su hermano son muy *lazy*.

E. Traduzca Vd. al español.

1. every city
2. the English language
3. green eyes
4. every port
5. few persons
6. an intelligent boy
7. each day
8. the easy lessons
9. five large windows
10. several weeks

8. ADVERBS

1. Adverbs are regularly formed from adjectives by adding **-mente** to the feminine singular form of the adjective.

ADJECTIVE	ADVERB
cariñoso, -a, affectionate	**cariñosamente,** affectionately
inteligente, intelligent	**inteligentemente,** intelligently
rápido, -a, rapid	**rápidamente,** rapidly
cortés, polite, courteous	**cortésmente,** politely, courteously
fácil, easy	**fácilmente,** easily

Note. Adjectives that bear a written accent mark keep the accent mark when changed to adverbs.

2. When two or more adverbs ending in **-mente** occur in a series, **-mente** is used only with the last of the series.

Juan escribe **rápida** y *correctamente.*   John writes rapidly and correctly.

3. Some adverbs have special forms.

aprisa, quickly	**despacio,** slowly
bien, well	**mal,** badly

4. Many adverbs are formed by **con** + a noun.

> **con alegría,** happily = **alegremente**
> **con atención,** attentively = **atentamente**
> **con cariño,** affectionately = **cariñosamente**
> **con cortesía,** courteously = **cortésmente**
> **con cuidado,** carefully = **cuidadosamente**
> **con frecuencia,** frequently = **frecuentemente**
> **con (mucho) gusto,** gladly = **gustosamente**
> **con inteligencia,** intelligently = **inteligentemente**
> **con paciencia,** patiently = **pacientemente**
> **con tristeza,** sadly = **tristemente**

EJERCICIOS

A. Forme Vd. adverbios de los siguientes adjetivos, añadiendo **-mente:**

1. bondadoso	**3.** cierto	**5.** hábil	**7.** perfecto	**9.** terrible
2. científico	**4.** frecuente	**6.** lento	**8.** probable	**10.** típico

B. Forme Vd. expresiones sinónimas de los adverbios siguientes:

EJEMPLO: cuidadosamente—*con cuidado*

1. cariñosamente
2. frecuentemente
3. tristemente
4. fácilmente
5. cortésmente

6. bondadosamente
7. inteligentemente
8. pacientemente
9. alegremente
10. inocentemente

C. Traduzca Vd. al español las expresiones en inglés.

1. El piloto se acercaba *slowly* al aeropuerto.
2. La secretaria copiará la lista *carefully*.
3. Soltó *quickly* el vaso de agua caliente.
4. Adondequiera que él vaya, le tratarán *badly*.
5. Mi madre sabe cocinar *well*.
6. Habló a su cuñado *politely and patiently*.
7. *Frequently* tomaban la merienda en algún café.
8. El maestro explicó la gramática *clearly and correctly*.
9. El peluquero dijo que me cortaría el pelo *gladly*.
10. *Generally* compraba carne en un supermercado.

Francisco Pizarro (1475-1541) fue un conquistador atrevido (daring) que ganó para España el territorio del Perú. Con menos de 200 soldados venció al gran ejército de los incas, capturando y matando al rey, Atahualpa. Pizarro fue un hombre muy cruel, no sólo con los incas sino también con los españoles. Fue matado por sus propios soldados.

9. POSSESSIVE ADJECTIVES

	SINGULAR	PLURAL
my	*mi* libro	*mis* libros
your (*fam.*)	*tu* hermano	*tus* hermanos
your, his, her, its, their	*su* casa	*sus* casas
our	*nuestro* profesor	*nuestros* profesores
	nuestra profesora	*nuestras* profesoras
your (*fam. pl.*)	*vuestro* hijo	*vuestros* hijos
	vuestra hija	*vuestras* hijas

Note

Possessive adjectives agree in gender and number with the person or thing possessed, *not* with the possessor.

nuestra abuela	our grandmother
mis libros	my books
sus lecciones	his (her, their, your) lessons

1. The definite article often replaces the possessive adjective when referring to parts of the body and articles of clothing, especially when used with a reflexive verb.

Me lavo *la* cara.	I wash my face.
Se quita *el* sombrero.	He takes off his hat.

2. Since **su** and **sus** have several meanings, the intended meaning may be clarified by replacing **su** or **sus** with the definite article and by adding **de él, de ella, de Vd. (Vds.),** or **de ellos (ellas)** after the noun.

el libro *de él*	his book
la casa *de ellos*	their house

EJERCICIOS

A. Complete Vd. cada frase con la forma correcta del adjetivo entre paréntesis.

1. (Su, Sus) padres son buenos.
2. Carlota no ve a (nuestro, -a, -os, -as) perro.
3. ¿Dónde está (su, sus) lápiz?
4. (Nuestro, -a, -os, -as) profesores son simpáticos.
5. No tengo (mi, mis) llaves.

6. Estoy en (mi, mis) cuarto.
7. (Vuestro, -a, -os, -as) hijas son muy bonitas.
8. ¿Has comprado (tu, tus) libros?
9. (Su, Sus) ventanas están sucias.
10. (Nuestro, -a, -os, -as) escuela es grande.

B. Cambie Vd. cada frase al plural.

1. Nuestro amigo es mexicano.
2. Tu hermana es bonita.
3. Mi lección es fácil.
4. Su casa es muy pequeña.
5. Vuestro tío es bueno.

6. Mi brazo es fuerte.
7. Nuestra alfombra costó mucho.
8. Su hijo es aplicado.
9. Mi bolsillo está vacío.
10. Nuestro compañero averiguó la verdad.

C. Cambie Vd. cada frase al singular.

1. Sus hermanas son simpáticas.
2. ¿Tienen Vds. sus libros?
3. Tus compañeros son muy inteligentes.
4. ¿Son españoles vuestros vecinos?
5. Mis profesores son buenos.

6. No aceptaron mis consejos.
7. Sus decisiones son sabias.
8. Tus corbatas no son nuevas.
9. Nuestros diamantes son preciosos.
10. Nuestros discos están rotos.

D. Conteste Vd. en español en frases completas.

1. ¿Es grande su escuela?
2. ¿Tiene Vd. mis llaves?
3. ¿Vive Vd. cerca de sus amigos?
4. ¿Desea Vd. comprar mi automóvil?
5. ¿Se lava Vd. las manos todos los días?
6. En la clase, ¿levanta Vd. la mano antes de hablar?
7. ¿Besa Vd. a su mamá al volver a casa?
8. ¿Me ha devuelto Vd. mis libros?
9. ¿Debe Vd. respetar a sus padres?
10. ¿Sabe su mamá cocinar bien?

E. Traduzca Vd. al español las expresiones en inglés.

1. *Our* ciudad es grande.
2. *Your* sillas no son cómodas.
3. No se lava *his ears.*
4. *My* hermanos están en el ejército.
5. *Our* cuartos son grandes.
6. *Your* puerta está abierta.
7. *Their* padre es abogado.
8. *Our* jardín es pequeño.
9. *Her* amigas son bonitas.
10. Se pone *his* sombrero.
11. ¿Tienes *your* libros?
12. *Her sister* y *his sister* son maestras.
13. *His* padres son bondadosos.
14. *Our* primos vienen mañana.
15. Cada país tiene *its* costumbres.

10. POSSESSIVE PRONOUNS

	SINGULAR	PLURAL
mine	el mío la mía	los míos las mías
yours (*fam.*)	el tuyo la tuya	los tuyos las tuyas
his, hers, yours, theirs	el suyo la suya	los suyos las suyas
ours	el nuestro la nuestra	los nuestros las nuestras
yours (*fam. pl.*)	el vuestro la vuestra	los vuestros las vuestras

Note

Possessive pronouns agree in gender and number with the nouns they replace, *not* with the possessor.

mis amigos y *los suyos*   my friends and his (yours, hers, theirs)

su casa y *la nuestra*   his house and ours

1. The article of the possessive pronoun is generally omitted after the verb **ser** and in such expressions as *a friend of mine, a cousin of ours,* etc.

Esta pluma es **mía.**   This pen is mine.

Juan es **un amigo suyo.**   John is a friend of his (yours, hers, theirs).

Note. In **un amigo suyo,** the word **suyo** is really an adjective, since it is used with the noun **amigo.**

2. Since **el suyo, la suya,** etc., have several meanings, the intended meaning may be clarified by using instead the definite article followed by **de él, de ella, de Vd. (Vds.),** or **de ellos (ellas).**

mi casa y *la de él*	my house and his
nuestro cuarto y *el de ellos*	our room and theirs

EJERCICIOS

A. Complete Vd. cada frase, escogiendo la forma correcta del pronombre posesivo.

1. Su armario es más grande que (el mío, la mía, las mías).
2. Mi bicicleta es vieja. (El suyo, La suya, Las suyas) es nueva.
3. Su escuela es más pequeña que (el nuestro, la nuestra, los nuestros).
4. Nuestros cuartos son más claros que (la suya, los suyos, las suyas).
5. Estos libros son (mío, míos, mías).
6. Nuestra casa es tan bonita como (el de Vd., la de Vd., los de Vd.)
7. Mi familia es más pobre que (el suyo, la suya, los suyos).
8. Juan es un vecino (nuestro, nuestra, nuestras).
9. Mi reloj es más caro que (el tuyo, la tuya, las tuyas).
10. Compre Vd. sus billetes y yo compraré (la mía, los míos, las mías).

B. Cambie Vd. cada frase, empleando pronombres posesivos en lugar de las expresiones en letra cursiva.

EJEMPLO: Tiene *mi pluma, su lápiz, nuestras revistas, tu dinero.*
Tiene *la mía, el suyo, las nuestras, el tuyo.*

1. Hay muchas rosas en *mi jardín, su cuarto, nuestro patio, tu cesta.*
2. ¿Dónde están *sus libros, tus discos, mis anteojos, sus joyas?*
3. Pagó a *nuestra criada, su cocinera, nuestros compañeros, sus dependientes.*
4. *Tu perro, Mi maleta, Su mesa, Nuestra nación* es grande.
5. No tengo *tu corbata, sus papeles, mi paquete, su retrato.*
6. *Nuestra profesora, Mi sobrino, Tu caballo, Nuestro alcalde* es joven.
7. ¿Tiene Vd. *mi revista, mi baúl, su billete, mis camisas?*
8. Hemos vendido *nuestra casa, nuestros diamantes, nuestro coche, nuestras cosas.*
9. Vive cerca de *su casa, sus suegros, nuestra iglesia, su fábrica.*
10. *Mi abuela, Tu nieto, Su papá, Nuestro presidente* no vive en California.

C. Traduzca Vd. al español las expresiones en inglés.

1. Busque Vd. sus libros y yo buscaré *mine.*
2. Habla de mi profesor y *of yours.*
3. Nuestra familia es más grande que *his.*
4. Sus hermanas y *mine* son amigas.
5. Mis guantes son más caros que *hers.*
6. Mi tía y *hers* son maestras.
7. Halló su pluma, pero yo no hallé *mine.*
8. Son amigos *of his;* no son amigos *of mine.*

9. Mi hermano es médico; *hers* es abogado; *his* es ingeniero.
10. Invitaré a mi prima y a *his*.
11. Quiero tinta negra; *yours* es verde y *his* es roja.
12. Nuestro ejército es más poderoso que *theirs*.
13. Tomás es *a cousin of mine*.
14. Sus trenes son más cómodos que *ours*.
15. Perdió su pelota y *mine*.
16. Compramos nuestros zapatos donde ella compró *hers*.
17. Su escuela es más grande que *theirs*.
18. Estos libros son *his*.
19. Nuestras tropas son más valientes que *theirs*.
20. Yo estudio mis lecciones. ¿Estudia Vd. *yours?*

D. Traduzca Vd. al español.

1. our neighbor and his
2. your children and ours
3. an aunt of theirs
4. his watch and mine
5. your dog and theirs
6. their sisters and mine
7. my ideas and his
8. a brother of hers
9. her picture and ours
10. my uncle and yours
11. their story and yours
12. our school and theirs
13. her pen and mine
14. my rooms and yours
15. his house and ours
16. my family and yours
17. our cousins and theirs
18. your books and mine
19. my wife and his
20. his sisters and yours

Hernán Cortés (1485-1547) fue tal vez el más grande de los conquistadores españoles. En 1519 llegó a la costa de México con menos de 500 soldados, y avanzó hacia la capital de los aztecas, Tenochtitlán (hoy la Ciudad de México). Hizo prisionero al emperador azteca, Moctezuma. Después de luchas sangrientas (bloody) que duraron dos años, Cortés logró vencer a los aztecas. En 1521 tomó posesión de la nueva colonia en nombre del rey Carlos V, y le dio el nombre de Nueva España.

11. DEMONSTRATIVE ADJECTIVES

	Masculine	*Feminine*
this these	**este** cuarto **estos** cuartos	**esta** tienda **estas** tiendas
that (near you) those (near you)	**ese** cuarto **esos** cuartos	**esa** tienda **esas** tiendas
that (at a distance) those (at a distance)	**aquel** cuarto **aquellos** cuartos	**aquella** tienda **aquellas** tiendas

EJERCICIOS

A. Complete Vd. cada frase, escogiendo la forma correcta del adjetivo demostrativo.

1. *This* caballo es hermoso.   (Este, Ese)
2. *Those* lápices escriben bien.   (Estos, Esos)
3. *Those* casas son pequeñas.   (Aquellas, Estas)
4. *That* libro es una gramática española.   (Este, Ese)
5. *This* tienda es de mi tío.   (Este, Esta)
6. *Those* (over there) estudiantes son perezosos.   (Aquellos, Esos)
7. *This* lección es fácil.   (Este, Esta)
8. *These* calles son estrechas.   (Estos, Estas)
9. *Those* soldados son valientes.   (Estos, Esos)
10. *That* (yonder) cuadro es bonito.   (Ese, Aquel)

B. Cambie Vd. las frases del singular al plural o viceversa.

1. Este sombrero es bonito.   _____ son bonitos.
2. Aquellos libros son interesantes.   _____ es interesante.
3. Esos trajes son baratos.   _____ es barato.
4. Aquel hombre es cortés.   _____ son corteses.
5. Esas mujeres son inglesas.   _____ es inglesa.
6. Estos lápices son míos.   _____ es mío.
7. Ese niño es español.   _____ son españoles.
8. Aquellas flores son raras.   _____ es rara.
9. Este árbol es grande.   _____ son grandes.
10. Esta casa es hermosa.   _____ son hermosas.

C. Traduzca Vd. al español las palabras en inglés.

1. Compré *that* cuaderno.
2. Prefiero *this* silla.
3. ¿Ve Vd. *that* buque a lo lejos?

4. Quiero *that* lámpara cerca de Vd.
5. *These* sombreros son más caros.
6. *That* hombre que está sentado allí es famoso.
7. No vive en *that* calle.
8. *Those* exámenes son difíciles.
9. ¿Cuándo se abren *those* tiendas?
10. *This* lápiz no escribe bien.
11. *This* monumento es antiguo.
12. *Those* frutas son amargas.
13. *This* bebida es excelente.
14. *That* cantidad no es bastante.
15. No puedo encender *these* fósforos.

D. Traduzca Vd. al español.

1. those gloves (near you)
2. that watch
3. those girls (near you)
4. this water
5. that man (near you)
6. these books
7. this map
8. that week

9. these soldiers
10. those mountains (at a distance)
11. this trip
12. that country (far away)
13. this year
14. these rivers
15. those rooms

La Piedra del Sol es un ejemplo admirable del arte antigua de los aztecas de México. Es de forma circular y pesa 57.000 libras. En el centro se ve la figura del Dios del Sol. Se ven también otras figuras que representan los días de la semana, los elementos, etc. Los aztecas la emplearon como calendario.

12. DEMONSTRATIVE PRONOUNS

	Masculine	*Feminine*	*Neuter*
this [one] these	éste éstos	ésta éstas	esto
that [one] (near you) those (near you)	ése ésos	ésa ésas	eso
that [one] (at a distance) those (at a distance)	aquél aquéllos	aquélla aquéllas	aquello

Note. Demonstrative pronouns, with the exception of the neuter forms, are distinguished from the demonstrative adjectives by a written accent mark on the first **e**.

1. Demonstrative pronouns must agree in number and gender with the nouns they replace.

este hombre y *aquél*	this man and that one
esos alumnos y *éstos*	those pupils and these

2. The neuter forms are used when referring to a statement, an idea, or something vague, indefinite, or not mentioned. They are used only in the singular and do not bear an accent mark.

No me gusta *esto*.	I don't like this.
Eso es importante.	That is important.

EJERCICIOS

A. Complete Vd. cada frase, escogiendo la forma correcta del pronombre entre paréntesis.

1. No comprendo *this*.   (esto, éste, eso)
2. Aquellos ejercicios son más fáciles que *these*.   (ésos, éstos, estos)
3. Esta mujer es joven; *that one* es vieja.   (aquélla, esa, ésta)
4. ¿Escribió Vd. *that?*   (aquél, ése, aquello)
5. Esa clase es más grande que *this one*.   (está, ésta, esa)
6. Estos zapatos son más caros que *those*.   (aquéllos, éstos, aquello)
7. ¿Qué silla prefiere Vd., ésta o *that one?*   (aquél, esa, ésa)
8. Este alumno es aplicado; *that one* (*over there*) es perezoso.   (aquello, aquél, ése)
9. *That* es difícil.   (Ése, Aquél, Eso)
10. ¿Quién necesita *this?*   (esto, eso, aquello)

B. Cambie Vd. cada frase, empleando un pronombre demostrativo en vez de la expresión en letra cursiva.

EJEMPLO: Va a *este mercado.*

Va a _éste._

1. Prefiero *esa corbata.*   Prefiero _____.
2. Quiero ver *aquellos zapatos.*   Quiero ver _____.
3. *Esos muebles* son viejos.   _____ son viejos.
4. *Aquella ciudad* es famosa.   _____ es famosa.
5. No leo *aquel periódico.*   No leo _____.
6. *Esta tinta* es verde.   _____ es verde.
7. No hallamos *aquel libro.*   No hallamos _____.
8. *Este reloj* es de oro.   _____ es de oro.
9. *Estos pantalones* son cortos.   _____ son cortos.
10. *Estas mujeres* son habladoras.   _____ son habladoras.
11. *Ese aduanero* examinó mis maletas.   _____ examinó mis maletas.
12. *Aquellas águilas* vuelan muy alto.   _____ vuelan muy alto.
13. ¿Son dulces *estas cerezas?*   ¿Son dulces _____?
14. *Esas sillas* parecen cómodas.   _____ parecen cómodas.
15. *Aquella bandera* es de mi patria.   _____ es de mi patria.

C. Traduzca Vd. al español las expresiones en inglés.

1. No creo *this.*
2. Esa iglesia fue construida antes que *this one.*
3. Se habla español en estos países y en *those.*
4. Estas ventanas son más grandes que *those.*
5. *That* es imposible.
6. Este hombre y *that one* que está sentado allí son primos.
7. Ese perro es más feroz que *this one.*
8. Estos árboles son manzanos; *those* a lo lejos son perales.
9. Esos cuadros y *these* fueron pintados por ese artista.
10. Esta pluma escribe mejor que *that one.*

D. Traduzca Vd. al español.

1. these roses and those
2. that library and this one
3. those cities and these
4. this store and that one
5. I do not understand this.
6. these universities and those
7. those towns and these
8. When did you hear that?
9. that garden and this one
10. this automobile and that one

13. COMPARISON OF ADJECTIVES

tall:	alto(-a, -os, -as)
taller:	más alto(-a, -os, -as)
(the) tallest:	el . . . más alto, la . . . más alta
	los . . . más altos, las . . . más altas
popular:	popular (populares)
more popular:	más popular (populares)
(the) most popular:	el . . . más popular, la . . . más popular
	los . . . más populares, las . . . más populares
interesting:	interesante (interesantes)
less interesting:	menos interesante (interesantes)
(the) least interesting:	el . . . menos interesante, la . . . menos interesante
	los . . . menos interesantes, las . . . menos interesantes

Note

A noun modified by the superlative form of the adjective follows the definite article and precedes **más** or **menos**.

el *hombre* **más popular**	the most popular man
la *revista* **menos interesante**	the least interesting magazine

1. A possessive adjective may replace the article in the superlative.

su amigo **más alto**	his tallest friend

2. After a superlative, *in* is translated by **de**.

Es el alumno más inteligente *de* la clase.	He is the most intelligent pupil in the class.

TRANSLATION OF *THAN*

Than is generally translated by **que**.

Juan es más alto *que* Enrique.   John is taller than Henry.

Than is translated by **de** before a number, except when the sentence is negative.

Gastó más *de* diez dólares.   He spent more than ten dollars.

Cuesta menos *de* treinta centavos.   It costs less than thirty cents.

    but

No gastó más **que** diez dólares.   He did not spend more than ten dollars.

   (He spent only ten dollars.)

ADJECTIVES COMPARED IRREGULARLY

good:	**bueno (-a, -os, -as)**
better:	**mejor (mejores)**
best:	**el mejor, la mejor**
	los mejores, las mejores
bad:	**malo (-a, -os, -as)**
worse:	**peor (peores)**
worst:	**el peor, la peor**
	los peores, las peores
large (great):	**grande (-s)**
greater, older:	**mayor (mayores)**
greatest, oldest:	**el mayor, la mayor**
	los mayores, las mayores
small:	**pequeño (-a, -os, -as)**
lesser, younger:	**menor (menores)**
least, youngest:	**el menor, la menor**
	los menores, las menores

Note

A. **Mejor** and **peor** generally precede the nouns they modify.

el *mejor* libro | the best book
la *peor* clase | the worst class

B. **Mayor** and **menor** generally follow the nouns they modify.

el hijo *mayor* | the oldest son
mi hermana *menor* | my youngest sister

EJERCICIOS

A. Complete Vd. cada frase, empleando el adjetivo entre paréntesis en la forma comparativa.

EJEMPLO: (hermoso) Ana es ___*más hermosa que*___ Conchita.

1. (barato) Aquellas corbatas son ------ éstas.
2. (bonito) Estos árboles son ------ ésos.
3. (alto) La hija del señor Molina es ------ Vd.
4. (grande) Su escuela es ------ la nuestra.
5. (azul) Sus ojos son ------ el cielo.
6. (caliente) El café está ------ la leche.
7. (guapo) Lola no es ------ Carlota.
8. (largo) Mi discurso es ------ el del señor González.
9. (natural) Su voz parece hoy ------ ayer.
10. (estrecho) Esta calle es ------ aquélla.

B. Complete Vd. cada frase según los ejemplos, empleando el adjetivo entre paréntesis en la forma superlativa.

EJEMPLOS: (muchacha) (bonito) Elena es ___*la muchacha más bonita*___ de la clase.
(popular) Mi maestro es ___*el más popular*___ de la escuela.

1. (alumno) (inteligente) Arturo y Carlos son ------ de la escuela.
2. (muchacha) (hermoso) Rose es ------ de la clase.
3. (difícil) Este problema es ------ del libro.
4. (hija) (mayor) Ella es ------ de la familia.
5. (aplicado) Ana y Juana son ------ de las hermanas.
6. (estudiante) (mejor) Jorge es ------ de todos mis amigos.
7. (peor) Este libro es ------ de todos.
8. (grande) Este árbol es ------ del jardín.
9. (menor) Soy ------ de la familia.
10. (libro) (interesante) Éstos son ------ de la biblioteca.

C. Complete Vd. cada frase, empleando la forma correcta de *than.*

1. Este niño es más débil ------ ése.
2. Hace más calor en el verano ------ en el invierno.
3. Tengo menos ------ veinte dólares.

4. José es más popular _____ Enrique.
5. Gasté más _____ cuatro pesos.
6. Había más _____ cien personas.
7. Esta puerta es más fuerte _____ ésa.
8. Menos _____ treinta alumnos asistieron a la clase.
9. No compré más _____ dos camisas.
10. Comió más _____ seis manzanas.

D. Conteste Vd. en español en frases completas.

1. ¿Es Vd. más alto(-a) que sus compañeros?
2. ¿Quién es el (la) más inteligente de la clase de español?
3. ¿Es Vd. mayor que su hermano(-a)?
4. ¿Quién es el menor de su familia?
5. ¿Cómo se llama su mejor amigo(-a)?
6. ¿Tiene Vd. más de cincuenta dólares en el banco?
7. ¿Cuál es el estado más grande de los Estados Unidos?
8. ¿Es Vd. más aplicado(-a) que los otros alumnos?
9. ¿Cuál es la peor estación del año?
10. ¿Quién es el muchacho (la muchacha) más popular de la escuela?

E. Traduzca Vd. al español las expresiones en inglés.

1. Eso no tiene *the least* importancia.
2. Buenos Aires es *the largest city in* la Argentina.
3. Paquita es *older than* su prima.
4. Son *the highest mountains in the* continente.
5. Su traje es *cheaper than* el mío.
6. Estas niñas son *lazier than* aquéllas.
7. Mis amigos son *more faithful than* los suyos.
8. Esta revista es *less interesting than* aquélla.
9. Esta novela es *more famous than* ésa.
10. Nuestros soldados son *the bravest in the* mundo.
11. Escribió *more than* mil artículos.
12. Esta camisa es *better than* aquélla.
13. Es *the richest in* la clase.
14. Washington, D.C., es la *greatest* capital del mundo.
15. Llegó en *less than* cuatro horas.
16. Estas canciones son *worse than* aquéllas.
17. Esos cuartos son *less expensive than* éstos.
18. Son *the most studious in* la escuela.
19. Ésa fue *the best* representación.
20. Paco es *the youngest in the* club.

F. Traduzca Vd. al español.

1. Winter is the worst season in the year.
2. Our house is better than his.
3. Uruguay is not the smallest country in South America.
4. Arthur is the youngest son.
5. He is more popular than his friend.
6. His brother is older than you.
7. Her cousin is younger than Rose.
8. Those lessons are less difficult.
9. Joseph is my best friend.
10. February is the shortest month in the year.

14. EXPRESSIONS OF EQUALITY

Tan + adjective (or adverb) + **como** = as . . . as.

Es *tan fuerte como* Vd.	He is as strong as you.
Baila *tan bien como* su hermano.	He dances as well as his brother.

Tanto, -a (tantos, -as) + noun + **como** = as much (as many) . . . as.

Tengo *tanto dinero como* Vd.	I have as much money as you.
Lee *tantos libros como* su amigo.	He reads as many books as his friend.

Tanto, -a (tantos, -as) + **como** = as much (as many) as.

¿Cuántas manzanas comió? Comió *tantas como* Juan.	How many apples did he eat? He ate as many as John.
No hace *tanto como* yo.	He doesn't do as much as I.

EJERCICIOS

A. Complete Vd. cada frase, empleando **tan . . . como** con la forma correcta del adjetivo entre paréntesis.

1. (nuevo)   Mis trajes son _____ los suyos.
2. (pobre)   Soy _____ Vd.
3. (pequeño)   Esta niña es _____ ésa.
4. (fácil)   Estas lecciones son _____ aquéllas.
5. (perezoso)   Es _____ su hermano.
6. (ancho)   Estas cajas son _____ ésas.
7. (joven)   Sus padres son _____ los míos.
8. (cansado)   Estamos _____ ellos.
9. (alto)   Esas alumnas son _____ éstas.
10. (diligente)   Pedro no es _____ su amigo.

B. Complete Vd. cada frase, empleando **tanto(-a, -os, -as) . . . como**.

1. No usé _____ tinta _____ Vd.
2. Compró _____ pescado _____ carne.
3. Abril tiene _____ días _____ junio.
4. Tiene _____ cuartos _____ nosotros.
5. Necesita _____ madera _____ hierro.
6. Trajo _____ flores _____ ellos.
7. Perdí _____ dinero _____ mi padre.
8. Hay _____ alumnas _____ alumnos.
9. Tengo _____ amigos _____ Vds.
10. Había _____ mujeres _____ hombres.

C. Conteste Vd. en español en frases completas.

1. ¿Es tan profundo el río como el océano?
2. ¿Va Vd. al teatro tan frecuentemente como sus padres?
3. ¿Tiene nuestra bandera tantas estrellas como el cielo?
4. ¿Es Vd. tan fuerte como su papá?
5. ¿Gasta Vd. tanto como sus amigos?
6. ¿Es Vd. tan inteligente como sus compañeros?
7. ¿Son tan blandas las piedras como las almohadas?
8. ¿Tiene Chicago tantos habitantes como Nueva York?
9. ¿Hace tanto frío en septiembre como en enero?
10. ¿Sabe Vd. tantas palabras como el maestro?

D. Traduzca Vd. al español las expresiones en inglés.

1. Vicente sabe *as much as* Ramón.
2. Leyó *as many books as* yo.
3. Su casa es *as large as* la mía.
4. Compro *as much milk as* Vd.
5. Ese camino es *as short as* éste.
6. Trajimos *as many flowers as* ellas.
7. Estas calles son *as long as* ésas.
8. Gana *as much money as* el presidente.
9. Ana recibió tres cartas y yo, recibí *as many as* ella.
10. María es *as tall as* su amiga.

E. Traduzca Vd. al español.

1. This novel is as interesting as that one.
2. He has as many sisters as brothers.
3. His parents are as rich as mine.
4. They did not buy as much meat as we.
5. Those exercises are as difficult as these.
6. I ate as much as you.
7. He spends as much time in the country as in the city.
8. We ate as soon as he came.
9. January has as many days as March.
10. He knows as much as I.

15. THE ABSOLUTE SUPERLATIVE (OPTIONAL)

1. The absolute superlative (no comparison involved) is formed by using **muy** before an adjective or adverb, or by attaching **-ísimo (-a, -os, -as)** to it. If a word ends in a consonant, **-ísimo** is attached directly to it. If a word ends in a vowel, the vowel is dropped before adding **-ísimo**. The ending **-ísimo** is translated by *very* or *extremely*.

un libro **muy popular**
or
un libro **popularísimo** } a very popular book

una casa **muy grande**
or
una casa **grandísima** } an extremely large house

2. *Very much* is expressed in Spanish by **muchísimo** and never by "muy mucho."

Juan quiere *muchísimo* a su novia.   John loves his sweetheart very much.

3. Adjectives ending in **-co, -go,** or **-z** change **c** to **qu, g** to **gu,** and **z** to **c** before adding **-ísimo.**

muy rico or **riquísimo**   very rich
muy largo or **larguísimo**   very long
muy feliz or **felicísimo**   very happy

EJERCICIOS

A. Complete Vd. cada frase, empleando el adjetivo entre paréntesis en la forma **-ísimo(-a, -os, -as).**

EJEMPLO: (triste) María está ___*tristísima.*___

1. (grande)   Son edificios _____.
2. (inteligente)   Es una alumna _____.
3. (breve)   Es un ejercicio _____.
4. (pobre)   Luisa es una muchacha _____.
5. (cruel)   Es un hombre _____.
6. (hermoso)   Es una mujer _____.
7. (poco)   El niño comió _____.
8. (largo)   Estas avenidas son _____.
9. (mucho)   Estudia _____.
10. (rico)   Mi tío es un hombre _____.

B. En cada frase, exprese Vd. de otra manera la expresión en letra cursiva.

1. Este hombre es *muy alto*.
2. Esas mujeres son *muy ricas*.
3. Es una novela *muy importante*.
4. Los perros son *muy feroces*.
5. La tiza es *muy blanca*.

6. Felipe está *muy triste*.
7. Estas calles son *muy anchas*.
8. La lección es *muy interesante*.
9. Estos alumnos son *muy inteligentes*.
10. Es una familia *muy feliz*.

C. Traduzca Vd. al español las expresiones en inglés, empleando la forma -ísimo(-a, -os, -as).

1. Su casa es *very small*.
2. Este hombre está *very sick*.
3. Los edificios de Nueva York son *extremely tall*.
4. Lee *very much*.
5. Tiene *very many* amigos.
6. Juan está *extremely tired*.
7. Mi abuelo es *very old*.
8. Estas máquinas son *very expensive*.
9. Elena es una muchacha *very pretty*.
10. Las manzanas son *very sweet*.

Acapulco es un lugar de recreo (vacation spot) en la costa occidental de México. Es famoso por sus playas anchas y sus hoteles lujosos (luxurious). Cada año miles de turistas se escapan (escape) del frío del invierno para pasar las vacaciones aquí.

16. SHORTENING OF ADJECTIVES

The following adjectives drop the final -o *before* a masculine singular noun:

Adjective	*Shortened Form Before a Masculine Singular Noun*
uno, a, an, one	*un* centavo, a (one) cent
bueno, good	un *buen* hotel, a good hotel
malo, bad	un *mal* niño, a bad child
primero, first	el *primer* mes, the first month
tercero, third	el *tercer* día, the third day
alguno, some	*algún* muchacho, some boy
ninguno, no	*ningún* hombre, no man

but

un hotel **bueno**
un niño **malo**
el mes **primero**

Santo becomes **San** before a masculine name of a saint, unless the name begins with **To-** or **Do-**.

San Juan	Saint John
San Pedro	Saint Peter

but

Santo Tomás	Saint Thomas
Santo Domingo	Saint Dominic
Santa Bárbara	Saint Barbara

Grande becomes **gran** before a singular noun of either gender and means *great*. When **grande** follows the noun, it means *large* or *big*.

un *gran* héroe	a great hero
una *gran* heroína	a great heroine

but

un **edificio grande**	a large building

Ciento becomes **cien** before a plural noun of either gender and before the numbers **mil** (*thousand*) and **millones** (*millions*). In combination with any other number, it remains **ciento**.

cien libros	one (a) hundred books
cien sillas	one (a) hundred chairs
cien mil soldados	one hundred thousand soldiers

but

ciento veinte sillas	one hundred twenty chairs

EJERCICIOS

A. Complete Vd. cada frase, empleando la forma correcta del adjetivo entre paréntesis.

1. (tercero)   Vino el _____ día.
2. (primero)   Es la _____ vez que lo veo.
3. (ciento)   Había _____ alumnos y _____ treinta alumnas.
4. (ninguno)   No vimos a _____ soldado.
5. (malo)   No es una _____ película.
6. (alguno)   Lo haré _____ día.
7. (grande)   Vive en una casa _____.
8. (bueno)   Es un _____ muchacho.
9. (Santo)   _____ José es la capital de Costa Rica.
10. (grande)   Wáshington fue un _____ hombre.

B. Complete Vd. cada frase, empleando la forma correcta de uno de los adjetivos siguientes: **uno, bueno, malo, primero, tercero, ninguno, Santo, grande, ciento.**

1. Enero es el _____ mes del año.
2. Martes es el _____ día de la semana.
3. Un niño que no obedece a sus padres es un _____ niño.
4. Noventa dólares y diez dólares son _____ dólares.
5. _____ Domingo es un país.
6. Lo contrario de un mal muchacho es un _____ muchacho.
7. Siete y _____ son ocho.
8. _____ Francisco es una ciudad en los Estados Unidos.
9. No tengo _____ dinero.
10. El Cid fue un _____ héroe español.

C. Conteste Vd. en español en frases completas.

1. ¿Cuál es el primer mes del año? ¿El tercero?
2. ¿Qué lengua se habla en Santo Domingo?
3. ¿Cuántos son sesenta dólares y cuarenta dólares?
4. ¿Cuál de éstos fue un gran héroe de la América del Sur: Bolívar o el Cid?
5. ¿Es Vd. un(-a) buen(-a) muchacho(-a)?
6. ¿Tiene Vd. algún dinero? (Conteste Vd. en sentido negativo.)
7. ¿Cuál es la ciudad más grande de los Estados Unidos?
8. ¿Asiste Vd. a una escuela grande?

9. ¿Cuántos son ochenta y sesenta?
10. ¿En qué estado está San Francisco?

D. Traduzca Vd. al español las expresiones en inglés.

1. Alfonso es un *bad* muchacho.
2. María es una *good* niña.
3. Nueva York es una *great* ciudad.
4. Río de Janeiro es una ciudad *large*.
5. Marzo es el *third* mes del año.
6. Se habla español en *Saint* José y *Saint* Domingo.
7. *Some* alumnos son perezosos.
8. La ciudad tiene una población de *100,000*.
9. Gastó más de *one hundred fifty* dólares.
10. *A hundred* mujeres fueron a la feria.

E. Traduzca Vd. al español.

1. It is a good hotel.
2. I bought one pair of shoes.
3. Take the third seat.
4. No man is perfect.
5. It is the first road to the right.
6. I shall return some day.
7. He earned one hundred thousand dollars.
8. Saint Mary and Saint Thomas are famous saints.
9. Many American cities bear the name of some saint.
10. Napoleon was a great man; he was not a big man.

17. PERSONAL PRONOUNS AFTER PREPOSITIONS

sin *mí*	without *me*
de *ti*	from *you* (*fam.*)
para *Vd.*	for *you*
con *él*	with *him*, *it* (*m.*)
delante de *ella*	in front of *her*, *it* (*f.*)
para *sí*	for *himself* (*herself, yourself, themselves*)
detrás de *nosotros* (-*as*)	behind *us*
después de *vosotros* (-*as*)	after *you* (*fam. pl.*)
antes de *Vds.*	before *you*
cerca de *ellos*	near *them* (*m.*)
lejos de *ellas*	far from *them* (*f.*)

Note. With the exception of **mí, ti,** and **sí,** these pronouns are identical with the subject pronouns.

The preposition **con** combines with **mí, ti,** and **sí** to form **conmigo, contigo,** and **consigo.** These three forms do not change in gender or number.

conmigo	with me
contigo	with you (*fam.*)
consigo	with him(self), her(self), you(rself), them(selves)

EJERCICIOS

A. Complete Vd. cada frase, escogiendo la expresión entre paréntesis que traduzca correctamente la expresión en inglés.

1. Está cerca de *me.*   (yo, mi, mí)
2. Traje un regalo para *them.*   (su, ellos, sus)
3. Fue sin *us.*   (nuestros, nuestro, nosotros)
4. No hablo de *him.*   (él, ello, su)
5. Estaba delante de *you.*   (Vd., su, tu)
6. Vive *with me.*   (con mi, con mí, conmigo)
7. Iré *with you.*   (con tú, contigo, con ti)
8. Está sentado entre *him and her.*   (el suyo y la suya, su y su, él y ella)
9. Viene con *you.*   (vosotros, vuestros, tuyo)
10. Lleva dos maletas *with her.*   (con la suya, consigo, con suya)

B. Cambie Vd. a pronombres las expresiones en letra cursiva.

EJEMPLO: Sale con *María*.

Sale con *ella.*

1. Es para *los niños*.
2. Llegó después de *Elena*.
3. Quiero ir con *Juan*.
4. Entraron en *el cuarto*.
5. Vive con *su madre*.
6. El director camina con *el profesor*.
7. Sale de *la casa*.
8. Regresó antes de *Alberto y Pedro*.
9. Habla *del presidente*.
10. ¿Quiere Vd. jugar con *Luisa y su hermana?*

C. Conteste Vd. en español en frases completas, empleando pronombres en vez de las expresiones en letra cursiva.

EJEMPLO: ¿Compra Vd. regalos para *su mamá?*
Sí, compro regalos para *ella.*

1. ¿Tiene Vd. un calendario cerca de *su escritorio?*
2. ¿Habla Vd. mucho con *sus amigos?*
3. ¿Hay un campo detrás de *la escuela?*
4. ¿Distingue Vd. entre *lo bueno y lo malo?*
5. ¿Vuelve Vd. a casa antes de *la puesta del sol?*
6. ¿Le gusta a Vd. nadar en *el lago?*
7. ¿Vive Vd. lejos de *la estación del ómnibus?*
8. ¿Se aleja Vd. de *los malos amigos?*
9. ¿Tiene Vd. mucho dinero en *el banco?*
10. ¿Corta Vd. la carne con *el cuchillo?*

D. Traduzca Vd. al español las expresiones en inglés.

1. Es para *me*.
2. Había una disputa entre *him* y *her*.
3. No vayan Vds. sin *them*.
4. Está delante de *us*.
5. Trae un paquete *with her* (with herself).
6. Viven lejos de *you*.
7. Quiero hablar *with you* (fam. sing.).
8. Viene hacia *us*.
9. Recibí una carta de *him*.
10. ¿Viene Vd. *with me* o *with him?*

E. Traduzca Vd. al español.

1. They live near you (fam. sing.).
2. She is running towards us.
3. What do you know about them?
4. They are not far from me.
5. He will not go without her.
6. They are seated behind them.
7. What were you doing with him?
8. I brought a box of candy with me.
9. The gift is for him.
10. They are going with you.

18. SINGLE OBJECT PRONOUNS

DIRECT OBJECT PRONOUNS

Ana no *me* visita.	Ann does not visit *me*.
Ana no *te* visita.	Ann does not visit *you (fam.)*.
Ana no *le* visita.	Ann does not visit *him, you (m.)*.
Ana no *lo* visita.	Ann does not visit *him, it (m.)*.
Ana no *la* visita.	Ann does not visit *her, it, you (f.)*.
Ana no *nos* visita.	Ann does not visit *us*.
Ana no *os* visita.	Ann does not visit *you (fam. pl.)*.
Ana no *los* visita.	Ann does not visit *them, you (m. pl.)*.
Ana no *las* visita.	Ann does not visit *them, you (f. pl.)*.

Note

Either **le** or **lo** may be used to translate *him*. The plural of **le** or **lo** is **los**.

No *le* visito.	I do not visit him (you).
No *los* visito.	I do not visit them (you).

INDIRECT OBJECT PRONOUNS

Ana no *me* habla.	Ann does not speak *to me*.
Ana no *te* habla.	Ann does not speak *to you (fam.)*.
Ana no *le* habla.	Ann does not speak *to him, to her, to you*.
Ana no *nos* habla.	Ann does not speak *to us*.
Ana no *os* habla.	Ann does not speak *to you (fam. pl.)*.
Ana no *les* habla.	Ann does not speak *to them, to you (pl.)*.

Since **le** and **les** have several meanings, the intended meaning may be clarified by adding **a él, a ella, a Vd., a ellos (-as)**, or **a Vds.** after the verb.

Ana **le** habla *a él*.	Ann speaks to him.

Note

The preposition **a** before a noun object does not always indicate an indirect object. The noun may be a direct object with the personal **a**. (See Grammar Lesson 6.)

Veo *a* María.	(direct object)	*La* veo.
Hablo *a* María.	(indirect object)	*Le* hablo (a ella).

POSITION OF OBJECT PRONOUNS

Object pronouns generally precede the verb.

Pedro no *la* ve.	Peter doesn't see her.
Carmen *les* escribe.	Carmen writes to them.

Exceptions

1. Affirmative command.

Tóme*lo* Vd. (affirmative)	Take it.

    but

<u>**No lo tome** Vd.</u> (negative)	Don't take it.

2. Infinitive.

Voy a **tomar*lo*.** *or* ***Lo*** voy a tomar.	I am going to take it.

3. Present participle.

Dolores está **tomándo*lo*.** *or* Dolores ***lo*** está tomando.	Dolores is taking it.

Note

A. Object pronouns follow and are attached to the affirmative command (but precede the negative command).

B. Object pronouns may either follow the infinitive and present participle or precede the "conjugated" verb.

C. When an object pronoun is attached to the affirmative command or the present participle, a written accent mark is generally required on the vowel that is stressed.

EJERCICIOS

A. Complete Vd. la traducción al inglés.

1. Lo tengo. — I have _____.
2. No le comprendo. — I do not understand _____.
3. Carmen los invita. — Carmen invites _____.
4. No puedo verlo. — I can't see _____.
5. No nos responde. — He does not answer _____.
6. Le visita. — He visits _____.
7. No le conozco a Vd. — I do not know _____.
8. Ayúdele Vd. — Help _____.
9. Le escribe a ella. — He writes _____.
10. No les dé Vd. el dinero. — Do not give _____ the money.

B. Cambie Vd. cada frase a la forma negativa.

1. Escríbanles Vds.
2. Escúchenle Vds.
3. Ayúdenos Vd.
4. Los he comprado.
5. Tómelo Vd.
6. Léalo Vd.
7. Invítenle Vds.
8. Búsquelas Vd.
9. Visítenla Vds.
10. Cómprelo Vd.

C. Cambie Vd. cada frase a la forma afirmativa.

1. No me diga Vd.
2. No lo coma Vd.
3. No le pregunte Vd.
4. No los tomen Vds.
5. No lo haga Vd.
6. No le escriban Vds.
7. No la enseñe Vd.
8. No les hable Vd.
9. No lo den Vds.
10. No lo abran Vds.

D. Cambie Vd. cada frase, empleando pronombres en lugar de las expresiones en letra cursiva.

EJEMPLO: Grita *a su hermano, a nosotros, a Juan y Pedro.*
Le grita, *Nos* grita, *Les* grita.

1. Deseo vender *la hacienda, los instrumentos, las joyas.*
2. Hablo *a María, a los viajeros, al zapatero.*
3. No abran Vds. *los cuadernos, el despacho, las maletas.*
4. ¿Conoce Vd. *a la niña, al panadero, a nuestro presidente?*
5. No visitaré *a mis amigos, a Pablo, a la señora.*
6. Él no habló *al profesor, a los vendedores, a nosotros.*
7. Espere Vd. *a Ana y Dolores, a Ramón y Roberto, al amo.*
8. Está escuchando *al escritor, el tocadiscos, las voces.*
9. Explicará el caso *a sus padres, a Vd., a la bailarina.*
10. Deben respetar *a las mujeres, al capitán, a la dama.*

E. Conteste Vd. en español, empleando pronombres en lugar de los sustantivos.

1. ¿Desea Vd. vender su reloj?
2. ¿Ve Vd. a sus amigos todos los días?
3. ¿Tiene Vd. las maletas?
4. ¿Ayuda Vd. a su madre?
5. ¿Escribe Vd. a sus primos?

6. ¿Habla Vd. a su enemigo?
7. ¿Comprende Vd. la lección?
8. ¿Conoce Vd. a la señora Gómez?
9. ¿Invitó Vd. a Pablo y a Rosa?
10. ¿Aprende Vd. el español?

F. Escriba Vd. las frases siguientes, colocando en la posición correcta la traducción de las expresiones entre paréntesis:

1. El profesor explica (*it*).
2. Pedro siempre ayuda (*me*).
3. Vds. se levantaron; por eso, yo pude ver (*you*).
4. Traiga Vd. (*them*).
5. Vendió el caballo (*to us*).
6. Ana admira (*her*).
7. El maestro está leyendo un cuento (*to them*).
8. Si vas al teatro, veré (*you*).
9. Tomen Vds. (*it*).
10. Si no sale esta noche, vendré a visitar (*him*).
11. No ha escrito (*to me*).
12. ¿Oye Vd. (*us*)?
13. No preste Vd. el dinero (*to her*).
14. Estoy hablando (*to you*); ¿por qué no me contesta Vd.?
15. No habla (*to him*).

G. Traduzca Vd. al español.

1. Write to me, señorita.
2. I do not understand her.
3. Will you (tú) invite me?
4. We sent the money to them.
5. I will not lend her the newspaper.

6. Speak to them, sir; do not speak to her.
7. Do you want to sell them (*f.*)?
8. Tell her the truth, gentlemen.
9. Why are you (*pl.*) looking at it (*f.*)?
10. You were waiting for us.

19. DOUBLE OBJECT PRONOUNS

When a verb has two object pronouns, the indirect object (usually the object
pronoun referring to the person) precedes the direct object pronoun (usually
the object pronoun referring to a thing).

Juan *me lo* (*la*) da.	John gives *it to me*.
Juan *me los* (*las*) da.	John gives *them to me*.
Juan *te lo* (*la*) da.	John gives *it to you* (*fam.*).
Juan *te los* (*las*) da.	John gives *them to you* (*fam.*).
Juan *se lo* (*la*) da.	John gives *it to him* (*her, you, them*).
Juan *se los* (*las*) da.	John gives *them to him* (*her, you, them*).
Juan *nos lo* (*la*) da.	John gives *it to us*.
Juan *nos los* (*las*) da.	John gives *them to us*.
Juan *os lo* (*la*) da.	John gives *it to you* (*fam. pl.*).
Juan *os los* (*las*) da.	John gives *them to you* (*fam. pl.*).

Since **se** has several meanings, the intended meaning may be clarified by
adding **a él, a ella, a Vd., a ellos (-as),** or **a Vds.** after the verb.

Juan se lo da *a ella.*   John gives it to her.

Note

A. **Se** replaces **le** or **les** before **lo, la, los, las.**

Juan **le** da el libro.   John gives the book to him.
Juan **se lo** da.   John gives it to him.

B. When two object pronouns are used, the direct object pronoun is usually
lo, la, los, las.

POSITION OF DOUBLE OBJECT PRONOUNS

Double object pronouns, like single object pronouns, generally precede the
verb.

Juan no *se lo* vende.   John does not sell it to him.

Exceptions

1. Affirmative command.

Vénda*selo* Vd.   Sell it to him.
(affirmative)

but

No se lo venda Vd.   Don't sell it to him.

(negative)

2. Infinitive.

Voy a **vendér***selo*. ⎤

    or   ⎬   I am going to sell it to him.

Se lo voy a vender. ⎦

3. Present participle.

Alberto está **vendiéndo***selo*. ⎤

    or   ⎬   Albert is selling it to him.

Alberto *se lo* está vendiendo. ⎦

Note

A. Double object pronouns follow and are attached to the affirmative command (but precede the negative command).

B. Object pronouns may either follow the infinitive and present participle or precede the "conjugated" verb.

C. When two object pronouns are attached to the verb, a written accent mark is required on the vowel that is stressed.

EJERCICIOS

A. Complete Vd. la traducción al inglés.

1.	El niño me los trae.	The child brings _____.
2.	No quiere vendérselos.	He does not wish to sell _____.
3.	Escríbaselo Vd.	Write _____.
4.	Nos lo explica.	He explains _____.
5.	Tráigamela Vd.	Bring _____.
6.	Estoy explicándoselo a Vd.	I am explaining _____.
7.	No se lo diga Vd.	Do not tell _____.
8.	Voy a enviárselos.	I am going to send _____.
9.	Démelo Vd.	Give _____.
10.	¿Desea Vd. mostrárnosla?	Do you wish to show _____?
11.	Alberto se las presenta.	Albert presents _____.
12.	Se lo estoy leyendo.	I am reading _____.
13.	No te la he escrito.	I have not written _____.
14.	Os los dio.	He gave _____.
15.	Se la entregaremos.	We will deliver _____.

B. Escoja Vd. la frase que traduzca correctamente lo inglés.

1. He sells it to them.

  a. Se lo vende.
  b. Se los vende.
  c. Véndaselo.

2. Bring them to me.

  a. Me los trae.
  b. Tráigamelos Vd.
  c. Tráigamelo Vd.

3. I want to show it to you.

  a. Quiero mostrárselo.
  b. Quiere mostrárselo.
  c. Quiero mostrárselos.

4. Do not lend it to her.

  a. No la preste Vd.
  b. No se lo preste Vd.
  c. No se la presta.

5. The teacher is reading it to us.

  a. El profesor está leyéndonoslo.
  b. El profesor está leyéndonoslos.
  c. El profesor está leyéndomelo.

C. Cambie Vd. las frases siguientes a la forma afirmativa o negativa:

1. Ofrézcansela Vds.
2. No nos lo diga Vd.
3. No se la den Vds.
4. Regáleselo Vd.
5. Mándenmela Vds.

6. No me los envíe Vd.
7. No se las preste Vd.
8. Confiésemela Vd.
9. Descríbaselas Vd.
10. No se los lea Vd.

D. Conteste Vd. en español en frases completas, empleando pronombres en lugar de las expresiones en letra cursiva.

1. ¿Expresa Vd. claramente *sus pensamientos a sus amigos?*
2. ¿Debe Vd. *dinero al profesor?*
3. ¿Muestra Vd. *cortesía a los ancianos?*
4. ¿Da Vd. *un beso a su mamá* al salir de casa?
5. ¿Paga Vd. *impuestos al gobierno?*
6. ¿Presta Vd. *ayuda a sus amigos?*
7. ¿Da Vd. *limosna a los pordioseros?*
8. ¿Es verdad que el maestro les da a Vds. *muchas pruebas?*
9. ¿Da Vd. *huesos a su perrito?*
10. ¿Sabe Vd. explicar *esta lección a la clase?*

E. Escriba Vd. las frases siguientes, empleando pronombres en lugar de las expresiones en letra cursiva:

EJEMPLO: Vendió *la casa a Juan.*

_Se la_ vendió.

1. Ha enviado *los paquetes a Ana.*
2. Nos enseña *el cuaderno.*
3. El profesor está explicando *el ejercicio al alumno.*
4. Al dar *el periódico a Manuel*, se sentó.
5. Me vendió *el automóvil.*
6. Prometí *el libro a mi prima.*
7. Les explica *las lecciones.*

8. Venda Vd. *la casa a su tío.*
9. Debe escribir *las cartas a sus amigos.*
10. Le prestó *el lápiz.*

F. Escriba Vd. las frases siguientes, colocando en la posición correcta la traducción de las expresiones entre paréntesis:

1. Felipe lee (*it to me*).
2. No escriban Vds. (*it to him*).
3. Dé Vd. (*them to me*).
4. Ha enseñado (*them to her*).
5. No venda Vd. (*them to us*).
6. Estoy trayendo (*them to you* [*fam. sing.*]).
7. Escribe (*it to him*).
8. Traeremos (*them to them*).
9. Estamos enviando (*it to her*).
10. Léalos Vd. (*to her*).
11. ¿Mandaron Vds. (*it to them*)?
12. Voy a mostrar (*it to you* [*pl.*]*).
13. Explicaremos (*them to you**).
14. Presten Vds. (*them to him*).
15. Prometieron dar (*it to us*).

G. Traduzca Vd. al español.

1. I want to explain it (*f.*) to you.
2. Do not bring them (*f.*) to him.
3. Sell them (*m.*) to me.
4. We can't tell it (*m.*) to her.
5. They have given them (*f.*) to us.
6. He promised it (*m.*) to me.
7. We shall not send them (*m.*) to you.
8. I am bringing it (*m.*) to you (*fam. sing.*).
9. They must explain them (*m.*) to you.
10. Give it (*m.*) to them.

---

* In these exercises, *you* as object pronoun is to be translated by a polite form of the direct or indirect object pronoun (**le, la, los, les,** or **se**), unless otherwise indicated.

20. INTERROGATIVE WORDS

¿**qué?**, what?	¿**cuándo?**, when?
¿**quién, -es?**, who?	¿**cuánto, -a?**, how much?
¿**a quién, -es?**, whom? to whom?	¿**cuántos, -as?**, how many?
¿**de quién, -es?**, whose? of whom?	¿**cómo?**, how?
¿**con quién, -es?**, with whom?	¿**por qué?**, why?
¿**cuál, -es?**, which? which one(s)?	¿**dónde?**, where?

Note

A. All interrogative words have a written accent mark.

B. **Qué** is used instead of **cuál** to translate *which* before a noun.

    ¿*Qué* vestido prefiere Vd.?   Which dress do you prefer?

C. **Cuál** is used instead of **qué** to translate *what* before the verb **ser** (*to be*), except when asking for a definition of a word.

    ¿*Cuál* es la capital de México?   What is the capital of Mexico?

    ¿*Cuáles* son los productos   What are the important products
      importantes de Cuba?   of Cuba?

      but

    ¿Qué es la astronomía?   What is astronomy?

D. ¿**De quién, -es?** (*whose?*) is used as follows:

    ¿*De quién* es el sombrero?   Whose hat is it?
    Of   whom   is   the   hat

    ¿*De quiénes* son estos libros?   Whose books are these?
    Of   whom   are   these   books

E. **A dónde** is used instead of **dónde** to indicate motion to a place (*to where*).

    ¿*A dónde* va Vd.?   Where are you going?

EJERCICIOS

A. Complete Vd. la traducción al español, escogiendo la expresión interrogativa correcta.

1. Whom are you visiting?   ¿(Quién, A quién) visita Vd.?
2. What did you buy?   ¿(Qué, Cuál) compró Vd.?
3. Where are you running?   ¿(Dónde, A dónde) corre Vd.?

4. Who are these men?   ¿(Quién, Quiénes) son estos hombres?
5. Whose pen is this?   ¿(De quién, A quién) es esta pluma?
6. Which hat do you prefer?   ¿(Cuál, Qué) sombrero prefiere Vd.?
7. What is the capital of Peru? ¿(Cuál, Qué) es la capital del Perú?
8. What is geometry?   ¿(Cuál, Qué) es la geometría?
9. Which one of the books do you want? ¿(Cuál, Qué) de los libros desea Vd.?
10. With whom do you play?   ¿Con (quién, a quién) juega Vd.?

B. Traduzca Vd. al español las expresiones en inglés.

1. ¿*Who* es Vd.?
2. ¿*Which* son los más cómodos?
3. ¿*What* lee Vd.?
4. ¿*Whom* ve Vd.?
5. ¿*With whom* jugaban Vds.?
6. ¿*What* es la capital del Brasil?
7. ¿*Whose* es este sombrero?
8. ¿*How* está su padre?
9. ¿*Which* traje prefiere Vd.?
10. ¿*Why* lloran Vds.?

11. ¿*Which one* es el mejor?
12. ¿*Who* son esos muchachos?
13. ¿*Where* vive su familia?
14. ¿*How many* mujeres asistieron?
15. ¿*Which ones* son sus hermanas?
16. ¿*How many* libros tiene Vd.?
17. ¿*Where* va Vd.?
18. ¿*Which* de los caballos es árabe?
19. ¿*How much* cuesta?
20. ¿*When* llega el tren?

C. Forme Vd. preguntas, empleando expresiones interrogativas en lugar de las palabras en letra cursiva.

EJEMPLO: Leen *el libro.*
¿*Qué* leen?

1. Estudia *la lección.*   ¿------ estudia?
2. *Jorge* está ausente.   ¿------ está ausente?
3. Es el libro *del profesor.*   ¿------ es el libro?
4. Hablan *de la señorita Brown.* ¿------ hablan?
5. Prefiere *los zapatos negros.* ¿------ prefiere?
6. *Los soldados* vienen.   ¿------ vienen?
7. Irán *mañana.*   ¿------ irán?
8. Va *a la playa.*   ¿------ va?
9. Recibió *una carta.*   ¿------ recibió?
10. Tiene *dos* hijos.   ¿------ hijos tiene?
11. No vino *porque estaba enfermo.* ¿------ no vino?
12. Perdió *un peso.*   ¿------ perdió?
13. Trabaja con *su padre.*   ¿Con ------ trabaja?
14. Está *en casa.*   ¿------ está?
15. *Madrid* es la capital de España. ¿------ es la capital de España?

D. Traduzca Vd. al español.

1. Whose is this ball?
2. Who is going to the movies?
3. What did you say?
4. Whom are you calling?
5. Which one of these books is yours?
6. With whom is he speaking?
7. Where is it?
8. How many pupils are there in the class?
9. How do you do that?
10. When are they leaving?
11. How much is it worth?
12. Why are they shouting?
13. To whom were you speaking?
14. What is a charro?
15. Which hotel do you prefer?

21. RELATIVE PRONOUNS AND ADJECTIVES

que, who, whom, which, that

El hombre *que* entró es mi vecino.	The man who entered is my neighbor.
El muchacho *que* Vd. vio es mi primo.	The boy whom you saw is my cousin.
La casa en *que* vivo es pequeña.	The house in which I live is small.

Note. The relative pronoun may sometimes be omitted in English, but it is never omitted in Spanish.

Las novelas *que* escribe son interesantes.	The novels (that, which) he writes are interesting.
La persona *que* admiro es mi tío Felipe.	The person (that, whom) I admire is my uncle Philip.

quien, -es, whom (after a preposition)

La mujer *con quien* trabajo es española.	The woman with whom I work is Spanish.
Las mujeres *de quienes* hablo son españolas.	The women of whom I am speaking are Spanish.

lo que, what (that which)

No comprendo *lo que* dice.	I do not understand what he says.

cuyo, -a, -os, -as, whose (never used as an interrogative)

El alumno *cuya* pluma se perdió ayer está ausente.	The pupil whose pen was lost yesterday is absent.

Note. **Cuyo** agrees in gender and number with the thing possessed, *not* with the possessor.

EJERCICIOS

A. Complete Vd. cada frase, escogiendo la palabra correcta entre paréntesis.

1. Ésta es la casa en (que, cual) vivo.
2. No me dijo (que, lo que) hizo.
3. Las personas (cuyas, que) hablan demasiado no son inteligentes.

4. Los soldados de (cuales, quienes) hablamos son americanos.
5. Esta casa es bonita, pero las casas (que, a quienes) vimos ayer eran más bonitas.
6. El hombre (que, quien) está sentado allí es el presidente.
7. Allí está la mujer (de quien, cuyo) hijo murió el año pasado.
8. La novela (que, de quien) leo es muy interesante.
9. La mujer de (que, quien) hablo estaba aquí.
10. El espejo (que, cual) cayó es suyo.

B. Emplee Vd. una de las expresiones siguientes para traducir lo inglés: **qué, que, quién, quien, a quién, de quién, lo que, cuyo, cuál.**

1. ¿*What* hace Vd. esta noche?
2. No sé *what* haré.
3. El hombre *who* habló es un abogado famoso.
4. Pedro es el niño *whose* tío es profesor.
5. ¿*Who* habla?
6. ¿*Whose* es esta pelota?
7. La mujer con *whom* trabajo es muy bonita.
8. ¿*Whom* vio Vd. anoche?
9. El reloj *which* compré es de oro.
10. ¿*Which* prefiere Vd., éste o ése?

C. Traduzca Vd. al español las expresiones en inglés.

1. No leí el libro *that* recibí de mi tío.
2. La casa en *which* vivo es pequeña.
3. El hombre *whom* vimos ayer está aquí ahora.
4. Éste es el muchacho *whose* hermanas son tan bellas.
5. ¿Ha comprado Vd. *what* le dije?
6. Los hombres *who* son ricos no son siempre felices.
7. Es una pequeña aldea *whose* nombre he olvidado.
8. Mi pluma escribe bien, pero la pluma *that* Vd. me regaló escribe mejor.
9. El alumno *who* no lo sabe es tonto.
10. Tomás y Enrique son los muchachos con *whom* juego.
11. ¿Conoce Vd. al hombre *whose* casa compré?
12. Me dijo *what* quería.
13. Muéstreles los vestidos *that* Vd. compró.
14. La mujer con *whom* hablé es profesora.
15. El soldado *who* está entre los dos generales es el capitán Moreno.

D. Traduzca Vd. al español.

1. The child who is laughing is my cousin.
2. He did not understand what he read.
3. Mr. Hernández is the man whose daughter I met last month.
4. These are the soldiers whom we admire so much.
5. The Spanish novel I was reading was very interesting.
6. I know the men of whom you were speaking.
7. The picture of which I spoke to you is here.
8. We do not believe what he says.
9. Do you know the lawyers to whom I was speaking?
10. What you need is a large room.

22. NEGATIVE WORDS

nadie, no one, nobody, not . . . anyone, not . . . anybody
nada, nothing, not . . . anything
nunca, never, not . . . ever
jamás, never, not . . . ever, ever
ninguno, -a, -os, -as, no, none, not . . . any
tampoco, neither, not . . . either
ni . . . ni, neither . . . nor, not . . . either . . . or

Note

A. All negative sentences have a negative word preceding the verb. Unlike English, a sentence in Spanish may have two negative words. In such cases, **no** must precede the verb, and the other negative word must follow it.

Nadie vino.
   or
No vino *nadie.*
               No one (Nobody) came.

Nada sospecha.
   or
No sospecha *nada.*
               He suspects nothing.
               (*Or* He doesn't suspect anything.)

B. When **nadie** is the object of the verb, it is preceded by the personal **a**.

A nadie vimos.
   or
No vimos *a nadie.*
               We saw no one.
               (*Or* We didn't see anyone.)

C. **Jamás** in an affirmative question means *ever*.

¿Ha estado Vd. *jamás* en San   Have you ever been in San Fran-
   Francisco?   cisco?

D. **Ninguno** drops its **-o** when coming immediately before a masculine singular noun.

Ningún hombre es perfecto.   No man is perfect.

   but

Ninguna mujer es perfecta.   No woman is perfect.

E. Negatives are used after such expressions as **más que** (*more than*), **mejor que** (*better than*), **peor que** (*worse than*), **sin** (*without*), to express an affirmative idea.

más que nunca	more than ever
mejor que nadie	better than anyone
sin hacer nada	without doing anything

IDIOMATIC NEGATIVE EXPRESSIONS

ni yo tampoco	nor I either
Ya no vive aquí.	He no longer lives here.
No me cobró **más que** un dólar.	He charged me only a dollar.
de ninguna manera⎤ **de ningún modo**⎦	by no means
ni siquiera	not even

EJERCICIOS

A. Complete Vd. las frases en español.

1. I can't go either.
2. No one left.
3. He doesn't know anything.
4. He would never sell it.
5. They never speak to us.
6. He doesn't ever visit his brother.
7. Have you ever traveled to Europe?
8. None of them returned.
9. I don't need either shirts or ties.
10. Nor I either.
11. By no means.
12. He left without saying anything.
13. They no longer work here.
14. His pronunciation is worse than ever.
15. It is worth only fifty cents.

No puedo ir _____.
_____ salió.
No sabe _____.
_____ lo vendería.
_____ nos hablan.
_____ visita a su hermano.
¿Ha viajado Vd. _____ a Europa?
_____ de ellos volvió.
No necesito _____ camisas _____ corbatas.
_____ tampoco.
De _____ manera.
Salió sin decir _____.
_____ trabajan aquí.
Su pronunciación es peor que _____.
No vale _____ cincuenta centavos.

B. Cambie Vd. cada frase según los ejemplos, empleando la otra forma negativa.

EJEMPLOS: No tengo nada.   Nunca trabaja.
Nada tengo.   *No trabaja nunca.*

1. No le hablaré nunca.
2. Jamás lo habría creído.
3. A nadie conocimos.
4. Nada quiero.
5. Ninguno de sus amigos vino.

6. No nos ayudó tampoco.
7. No tiene ningunos enemigos.
8. Nadie le escuchó.
9. No compré ni pan ni leche.
10. No dije nada.

C. Conteste Vd. en español en sentido negativo, empleando una de las expresiones siguientes: **nadie, nada, nunca, ninguno, ni . . . ni, tampoco.**

1. ¿Cuándo estuvo Vd. en España?
2. ¿Qué hacen Vds. hoy?
3. ¿Aprende Vd. el latín o el francés?
4. ¿Ha viajado Vd. jamás a Guatemala?
5. ¿Va Vd. al museo o a la biblioteca?
6. ¿Tiene su amigo algunos libros interesantes?
7. ¿Qué tiene Vd. en la mano?
8. ¿Cuándo van sus amigos a Sudamérica? ¿Va Vd. también?
9. ¿Tiene Vd. algún problema?
10. ¿A quién visitó Vd. ayer?

D. Escriba Vd. las frases siguientes en sentido negativo:

1. Tiene algunos amigos.
2. Vienen a mi casa o a su casa.
3. Alguien duerme.
4. Siempre trabajan.
5. Tome Vd. algo.
6. Se atreve a hacer todo.
7. Posee una bicicleta.
8. Se esconderán en algún sitio.
9. Ella vendía agujas y alfileres.
10. El cartero nos dio algunas cartas.

E. Traduzca Vd. al español las expresiones en inglés.

1. *Nobody* está aquí.
2. No vemos *anything*.
3. No jugó con nosotros *either*.
4. *No* persona inteligente diría eso.
5. *Nothing* le gusta.
6. *Neither* Juana *nor* su prima lo sabe.
7. No veo *anyone*.
8. ¿Ha visto Vd. *ever* tal pájaro?
9. *None* de los paquetes llegó.
10. *He never* escribe a sus parientes.
11. ¿Lo haría Vd.? *By no means*.
12. No le creen *either*.
13. Ahora está ausente *more than ever*.
14. Salió *without saying anything*.
15. Cantó *better than anyone*.
16. *I saw only* dos aviones.
   (Do not use **sólo** or **solamente**.)
17. *Nothing* me dijo.
18. Él no lo hizo; *nor I either*.
19. Enrique *no longer* viene a vernos.
20. No tiene *either* lápiz *or* pluma.

23. CARDINAL NUMBERS

0–10

0	cero	6	seis
1	uno (-a)	7	siete
2	dos	8	ocho
3	tres	9	nueve
4	cuatro	10	diez
5	cinco		

11–19

11	once	16	diez y seis
12	doce	17	diez y siete
13	trece	18	diez y ocho
14	catorce	19	diez y nueve
15	quince		

20–99

20	veinte	60	sesenta
21	veinte y uno	70	setenta
22	veinte y dos	80	ochenta
30	treinta	90	noventa
40	cuarenta	99	noventa y nueve
50	cincuenta		

100–900

100	ciento (cien)	600	seiscientos, -as
200	doscientos, -as	700	*setecientos,* -as
300	trescientos, -as	800	ochocientos, -as
400	cuatrocientos, -as	900	*novecientos,* -as
500	*quinientos,* -as		

1,000–100,000,000

1,000	mil	1,000,000	un millón (de)
2,000	dos mil	2,000,000	dos millones (de)
100,000	cien mil	100,000,000	cien millones (de)

Note

A. **Y** is used only in compound numbers from 16 to 99.

> 35   **treinta *y* cinco**
> 142   ciento **cuarenta *y* dos**

> > *but*

> 115   ciento **quince**

B. Cardinal numbers are invariable, except **uno** and combinations of **ciento** (the hundreds).

cuatro docenas	four dozen
setenta profesores	seventy teachers

> *but*

un muchacho	one boy
una muchacha	one girl
treinta y un muchachos	thirty-one boys
treinta y una muchachas	thirty-one girls
trescientos coches	three hundred cars
quinientas páginas	five hundred pages

C. **Ciento** is shortened to **cien** before a noun of either gender, and before **mil** and **millones.**

cien soldados	one hundred soldiers
cien mil	one hundred thousand
cien millones	one hundred million

> *but*

ciento cinco	one hundred five

D. **Un** is not used with **ciento** and **mil,** but **un** must be used with **millón,** which requires **de** when a noun follows.

ciento veinte	a hundred twenty
mil asientos	a thousand seats

> *but*

un* millón *de habitantes	a million inhabitants

ARITHMETIC EXPRESSIONS

y, plus (+)   **por,** (multiplied) by, "times" (×)
menos, minus (−)   **son,** equal(s) (=)

EJERCICIOS

A. Escriba Vd. en inglés los números siguientes:

1. seis
2. catorce
3. veinte y dos
4. ciento doce
5. quinientos noventa
6. cuarenta y ocho
7. doscientos veinte
8. ochenta y uno
9. trescientos setenta
10. sesenta y nueve

11. setecientos treinta y ocho
12. noventa y seis
13. cien mil
14. veinte y siete
15. treinta y cinco
16. diez mil
17. setenta y cuatro
18. cuatrocientos trece
19. cincuenta y siete
20. diez y nueve

B. Escriba Vd. en español los números siguientes:

5	33	97	658	1,000,000
7	44	110	765	3,000,000
12	52	209	882	
15	61	321	973	
18	78	436	5,746	
27	86	547	100,000	

C. Conteste Vd. en español en frases completas.

1. ¿Cuántos zapatos hay en un par de zapatos?
2. ¿Cuántas personas hay en un equipo de béisbol?
3. ¿Cuántas letras hay en el alfabeto inglés?
4. ¿Cuántos centavos hay en un dólar?
5. ¿Cuántos estados hay en los Estados Unidos?
6. ¿Cuántos días hay en un año?
7. ¿Cuántos días hay en el mes de marzo?
8. ¿Cuántos días hay en el mes de febrero?
9. ¿Cuántas preguntas hay en este ejercicio?
10. ¿En qué lección está este ejercicio?
11. ¿Cuántos años hay en un siglo?
12. ¿Cuántos dedos tiene Vd. en cada mano?
13. ¿Cuántas naranjas hay en una docena?
14. ¿Cuántas horas hay en un día?
15. ¿Cuántas estaciones hay en un año?

D. Complete Vd. las frases siguientes:

1. Cuatro y nueve son _____.
2. Veinte menos catorce son _____.
3. Cuatro por ocho son _____.

4. Treinta menos cinco son _____.
5. Cincuenta menos _____ son dos.
6. Nueve por siete son _____.
7. Cuarenta y treinta son _____.
8. Setenta y cinco menos _____ son diez.
9. Cuarenta por dos son _____.
10. Setenta menos sesenta son _____.
11. _____ menos treinta son cincuenta.
12. Ciento menos uno son _____.
13. Noventa y trece son _____.
14. Doce por doce son _____.
15. Cuatrocientos y trescientos son _____.
16. Novecientos menos _____ son cuatrocientos.
17. _____ cajas y doscientas cajas son ochocientas cajas.
18. Quinientos por dos son _____.
19. Dos mil y tres mil son _____.
20. Cincuenta mil por dos son _____.
21. Setecientos y _____ son mil seiscientos.
22. Ochocientos mil y doscientos mil son _____.
23. _____ mil menos seis mil son catorce mil.
24. Treinta docenas y _____ docenas son ciento treinta docenas.
25. Setenta pesos y cincuenta pesos son _____ pesos.
26. Un millón de habitantes y un millón de habitantes son _____ habitantes.
27. Ochenta libras y once libras son _____ libras.
28. Nueve por seis son _____.
29. Siete hombres y catorce hombres son _____ hombres.
30. Mil dólares por mil dólares son _____ dólares.

E. Traduzca Vd. al español.

1. one thousand dollars
2. five hundred tickets
3. a hundred students
4. page seventy-nine
5. eighty-one women
6. five million inhabitants
7. ninety-two days
8. one million soldiers
9. one week
10. one hundred thirty pounds
11. seven hundred pages
12. one dollar
13. one hundred nine men
14. one hundred pesos
15. forty-one horses

24. ORDINAL NUMBERS

1st **primero, -a (primer)**	6th **sexto, -a**
2nd **segundo, -a**	7th **séptimo, -a**
3rd **tercero, -a (tercer)**	8th **octavo, -a**
4th **cuarto, -a**	9th **noveno, -a**
5th **quinto, -a**	10th **décimo, -a**

Note

A. **Primero** and **tercero** drop their **-o** before a masculine singular noun.

    el *primer* hombre   the first man
    el *tercer* mes   the third month

      but

    la **primera** semana   the first week
    el libro **tercero**   the third book

B. Ordinal numbers are used through *tenth;* cardinal numbers are used above *tenth* and generally follow the noun.

    la *sexta* lección   the sixth lesson
    Felipe *Segundo*   Philip the Second

      but

    la lección **catorce**   the fourteenth lesson
    Alfonso **Doce**   Alphonse the Twelfth

EJERCICIOS

A. Escoja Vd. la traducción correcta de la expresión en inglés.

1. Preparó la comida por *first* vez.
    (*a*) primera (*b*) primer (*c*) una
2. He leído el *first* capítulo.
    (*a*) primero (*b*) primer (*c*) uno
3. Luis *the Fifteenth* fue un rey francés.
    (*a*) Quince (*b*) el Quinto (*c*) Cinco
4. Está sentado en *the fourth* asiento.
    (*a*) cuatro (*b*) cuarto (*c*) el cuarto
5. Celebraron su *ninth* aniversario.
    (*a*) novena (*b*) nueve (*c*) noveno

6. El capítulo *twelfth* es muy importante.
   (*a*) doce   (*b*) docena   (*c*) dos
7. ¿A dónde fue Vd. el *third* día?
   (*a*) tres   (*b*) tercer   (*c*) tercero
8. Felipe *the Second* fue un famoso rey español.
   (*a*) Según   (*b*) Segundo   (*c*) Dos
9. Tengo boletos (tickets) para la *tenth* fila.
   (*a*) diez   (*b*) décima   (*c*) décimo
10. Aquel autor vivió en *the nineteenth century*.
   (*a*) el siglo diez y nueve   (*b*) el diez y nueve siglo   (*c*) el siglo décimo y nueve

B. Conteste Vd. en español en frases completas.

1. ¿Cuál es el primer día de la semana?
2. ¿Cuál es el tercer mes del año?
3. ¿Cuál es el nombre de un famoso rey español?
4. ¿Qué lección estudia Vd. en el libro de español?
5. ¿Qué fila precede a la octava fila?
6. ¿Qué año de español estudia Vd.?
7. ¿En qué fecha comienza el año?
8. ¿Cuál es el décimo mes del año?
9. ¿Cuál es el quinto día de la semana?
10. ¿Qué avenida sigue a la Sexta?

C. Traduzca Vd. al español las expresiones en inglés.

1. *Philip the Third* siguió a Felipe Segundo.
2. Abril es el *fourth* mes del año.
3. Vive en la *Fifth* Avenida.
4. Estudien Vds. la *eighth* lección.
5. Enero es el *first* mes del año.
6. Murió en *the seventeenth century*.
7. Están sentados en la *second* fila.
8. *Henry the Eighth* fue un rey inglés.
9. El último rey de España fue *Alphonso XIII*.
10. Vivimos en *the twentieth century*.

D. Traduzca Vd. al español.

1. Forty-second Street
2. Napoleon the First
3. Philip the Second
4. Charles V
5. the eighth paragraph
6. Seventh Avenue
7. the tenth chapter
8. Louis XIV
9. the fourth lesson
10. the third seat
11. the first man
12. the sixth word
13. the ninth volume
14. the first time
15. the third row

25. DATES

¿Cuál es la fecha de hoy?	What is today's date?
Es el primero de enero.	It is January 1.
Es el dos (tres, cuatro, etc.) de enero.	It is January 2 (3, 4, etc.).
El veinte y cinco de marzo de mil novecientos cincuenta y tres.	March 25, 1953.

Note

A. In dates, cardinal numbers are used instead of ordinal numbers except for *first* (**primero**).

B. The year is expressed in Spanish by thousands and hundreds and not by hundreds, as in English.

    mil novecientos cuarenta y dos   1942

C. Another common way of expressing dates is as follows:

¿A cuántos estamos hoy?	What is today's date?
Estamos a cinco de mayo.	It is May 5.

D. With dates, the English word *on* is not expressed in Spanish.

Se casaron el quince de octubre.	They were married on October 15.

MONTHS OF THE YEAR

enero, January	**mayo,** May	**septiembre,** September
febrero, February	**junio,** June	**octubre,** October
marzo, March	**julio,** July	**noviembre,** November
abril, April	**agosto,** August	**diciembre,** December

Note. The months of the year in Spanish are not capitalized.

EJERCICIOS

A. Traduzca Vd. al inglés.

1. ¿A cuántos estamos hoy? Estamos a primero de octubre.
2. Ayer fue el doce de enero.
3. Mañana será el treinta de abril.
4. el catorce de agosto de mil novecientos cuarenta y siete
5. el trece de julio de mil setecientos setenta y siete
6. el doce de octubre de mil cuatrocientos noventa y dos
7. Es el veinte y uno de septiembre.
8. Nació el quince de enero de mil ochocientos noventa y cuatro.
9. La guerra duró desde el año mil novecientos cuarenta y uno hasta el año mil novecientos cuarenta y seis.
10. Nací en mil novecientos cincuenta y dos.

B. Conteste Vd. en español en frases completas.

1. ¿Cuál es la fecha de hoy?
2. ¿Cuál fue la fecha de ayer?
3. ¿Cuál será la fecha de mañana?
4. ¿Cuándo se celebra el día de la independencia de los Estados Unidos?
5. ¿Cuál es la fecha del descubrimiento de América?
6. ¿Cuándo cae la fiesta de Navidad?
7. ¿Cuándo cae el día de Año Nuevo?
8. ¿Cuándo se celebra el cumpleaños de Jorge Wáshington?
9. ¿Cuándo se celebra el cumpleaños de Abrahán Lincoln?
10. ¿Cuándo nació Vd.?

C. Traduzca Vd. al español las fechas siguientes:

1. October 4, 1936
2. July 14, 1789
3. January 22, 1941
4. August 3, 1914
5. February 13, 1370
6. November 25, 1912
7. September 14, 1953
8. December 31, 1848
9. April 1, 1931
10. October 8, 1212
11. May 2, 1808
12. March 30, 1660
13. April 19, 1898
14. June 18, 1967
15. November 4, 1955

D. Traduzca Vd. al español.

1. What is today's date?
2. It is the third of June, 1956.
3. Cervantes was born in 1547 and died in 1616.
4. Tomorrow will be the first of March.
5. Yesterday was the second of January.
6. He received my letter on February 6, 1955.
7. I paid the bill on December 11, 1954.
8. We lived there from August 5, 1941 until October 1, 1951.
9. The war between Spain and France began in 1808 and ended in 1814.
10. Spain was a very powerful nation from 1516 to 1598.

26. TIME EXPRESSIONS

1. In time expressions, *it is* is expressed by **es** for *one o'clock* and by **son** for *two o'clock* on.

¿Qué hora *es?*	What time is it?
Es la una.	It is one o'clock.
Son las dos (tres, cuatro, etc.).	It is two (three, four, etc.) o'clock.

2. In Spanish, the hour is given first and then the minutes.

Es *la una y cinco.*	It is five after (past) one.
Son *las dos* menos *diez.*	It is ten to (of) two.
Son *las tres y cuarto.*	It is a quarter after three.
Son *las cuatro* y *media.*	It is half past four.

Note

A. *After* or *past* is expressed by **y**; *to* or *of* by **menos**; *a quarter* by **cuarto**; and *half past* by **y media**.

B. After *half past*, minutes are expressed with the following hour minus **(menos)** the minutes.

a las ocho *menos* diez	at 7:50

OTHER TIME EXPRESSIONS

¿a qué hora?	at what time?
a la una	at one o'clock
a las dos (tres, etc.)	at two (three, etc.) o'clock
de la mañana	A.M., in the morning
de la tarde	P.M., in the afternoon
de la noche	P.M., in the evening
en punto	exactly, sharp
a tiempo	on time
a eso de las siete	at about seven o'clock
Es mediodía.	It is noon.
Es medianoche.	It is midnight.

EJERCICIOS

A. Traduzca Vd. al inglés.

1. Son las nueve y cinco.
2. Es la una menos cuarto.
3. Son las diez y media.
4. Son las cuatro en punto.
5. Son las once de la noche.
6. Nunca llega a tiempo.
7. Vino a eso de las seis.
8. Es mediodía.
9. Va a la escuela desde las ocho hasta las tres.
10. Es medianoche.
11. Salió a las dos.
12. Son las siete de la mañana.
13. Era la una cuando ocurrió.
14. ¿A qué hora va Vd. al cine?
15. Pronto serán las diez.

B. Complete Vd. las frases en español.

1. What time is it?   ¿Qué _____ es?
2. It is one o'clock.   Es _____.
3. It is ten minutes after three.   _____ las tres _____.
4. It is a quarter past eight.   Son las ocho _____.
5. It is five minutes to four.   Son las cuatro _____.
6. It is twenty minutes of six.   Son las seis _____.
7. It is half past twelve.   Son las doce _____.
8. It is 8:40 A.M.   Son las _____.
9. It is half past one.   Es la una _____.
10. It is 11:00 P.M.   Son las once _____.
11. It is noon.   Es _____.
12. He left at about three o'clock.   Salió _____.
13. It is exactly 5 o'clock.   Son las cinco _____.
14. It is midnight.   Es _____.
15. It was four o'clock when he arrived.   _____ cuando llegó.

C. Conteste Vd. en español en frases completas.

1. ¿A qué hora se levanta Vd.?
2. ¿A qué hora se desayuna Vd.?
3. ¿Cuándo llega Vd. a la escuela?
4. ¿A qué hora comienzan las clases?
5. ¿A qué hora almuerza Vd.?
6. ¿Cuándo sale Vd. de la escuela?
7. ¿A qué hora cena Vd.?
8. ¿Cuándo estudia Vd. sus lecciones?
9. ¿Cuándo terminan las clases?
10. ¿A qué hora se acuesta Vd.?

D. Escriba Vd. en español.

EJEMPLOS: 1:20 P.M.   la una y veinte de la tarde
             8:40 A.M.   las nueve menos veinte de la mañana

1. 1:15
2. 2:50 P.M.
3. 8:45 P.M.
4. 9:20 A.M.
5. 7:30
6. 6:40
7. 10:55 A.M.
8. 11:18 P.M.
9. 12:05
10. 8:35 A.M.
11. 3:30 P.M.
12. 2:10
13. 1:25
14. 8:15 A.M.
15. 6:20 P.M.

E. Traduzca Vd. al español.

1. It begins at four o'clock in the afternoon.
2. He gets up at eleven in the morning.
3. At what time do you wake up in the morning?
4. It was one o'clock when he came.
5. He came on time.
6. It is 8 P.M.
7. It will soon be nine o'clock.
8. I attend school from half past eight until three.
9. I do not study after 10:45 o'clock.
10. He remained until 2:15 o'clock.

La llama es un animal de los Andes del Perú. Es algo parecido (similar) al camello (camel), y como el camello, la llama puede andar mucho tiempo sin beber agua. Es un animal útil. Los indios lo emplean como bestia de carga (beast of burden), y usan su lana para hacer ropa.

27. THE USE OF PREPOSITIONS BEFORE INFINITIVES

The *only* form of the verb that may follow a preposition is the infinitive.

VERBS REQUIRING THE PREPOSITION *A*
BEFORE AN INFINITIVE

Verbs of *beginning, motion, teaching,* and *learning,* and a few other verbs, require the preposition **a** before a following infinitive.

comenzar (ie) a ⎫	**aprender a,** to learn to
empezar (ie) a ⎬ to begin to	**ayudar a,** to help to
principiar a ⎭	**invitar a,** to invite to
ir a, to go to	**atreverse a,** to dare to
venir a, to come to	**negarse (ie) a,** to refuse to
salir a, to go out to	**volver (ue) a,** to (*verb*) again
apresurarse a, to hurry to, to hasten to	
enseñar a, to teach to	

El niño *empieza a* llorar.	The child begins to cry.
Voy a estudiar.	I am going to study.
No *se atreve a* atacar.	He does not dare to attack.
Se niega a obedecer.	He refuses to obey.
Vuelven a correr.	They run again.

VERBS REQUIRING THE PREPOSITION *DE*
BEFORE AN INFINITIVE

acabar de, to have just	**dejar de,** to stop, to fail to
acordarse (ue) de, to remember to	**olvidarse de,** to forget to
alegrarse de, to be glad to	**tratar de,** to try to
cesar de, to stop, to cease	

Acaba (Acababa) de hablar.	He has just (had just) spoken.
Deja de trabajar.	He stops working (fails to work).
Se olvidaron de traerlo.	They forgot to bring it.
Trata de trabajar.	He tries to work.

VERBS REQUIRING THE PREPOSITION *EN* BEFORE AN INFINITIVE

consentir (ie) en, to consent to	**insistir en,** to insist on
consistir en, to consist of	**tardar en,** to be long in, to delay in

Consiente en venir.	He consents to come.
Tarda en llegar.	He is long in arriving.

OTHER COMMON PREPOSITIONS

al (= a el) + inf., on, upon	**en vez de,** instead of
antes de, before	**sin,** without
después de, after	

al entrar	upon entering
antes de llegar	before arriving

VERBS REQUIRING NO PREPOSITION BEFORE AN INFINITIVE

deber, ought to, must	**oír,** to hear
dejar, to let, to allow	**pensar (ie),** to intend
desear, to desire	**poder (ue),** to be able, can
esperar, to hope, to expect	**querer (ie),** to want
hacer, to make, to have (something done)	**saber,** to know (how)
lograr, to succeed in	**soler (ue),** to be in the habit of
	ver, to see

Debe hacer el trabajo.	He ought to do the work.
No me *dejó* entrar.	He did not let me enter.
Me *hace* reír.	He makes me laugh.
Hizo construir una casa.	He had a house built.
Logró convencerle.	He succeeded in convincing him.
No le *oímos* salir.	We did not hear him leave.
Quiero comprar un traje.	I want to buy a suit.
Suele venir temprano.	He is in the habit of coming early.

¿*Sabe* Vd. **tocar** el piano?   Do you know how to play the piano?

Le *vi* **jugar**.   I saw him playing.

EJERCICIOS

A. Complete Vd. cada frase, empleando una preposición *si es necesario*.

1. Me enseñó _____ nadar.
2. Le ayudan _____ caminar.
3. Cesó _____ llover.
4. Vino _____ visitarnos.
5. ¿No puede Vd. _____ verlo?
6. ¿Quién le invitó _____ entrar?
7. No tardaron _____ llegar.
8. Consintieron _____ ayudarnos.
9. Los vi _____ salir.
10. Hizo _____ decorar el cuarto.

11. Vuelven _____ hacerlo.
12. Se negaron _____ contestarle.
13. Empieza _____ bailar.
14. Logra _____ hacerlo.
15. No se atrevió _____ moverse.
16. Acaba _____ llegar.
17. Suelen _____ pasar por aquí cada día.
18. Se apresuró _____ verlo.
19. Va _____ cantar.
20. La felicidad no consiste _____ tener mucho dinero.

B. Conteste Vd. en español en frases completas.

1. ¿Va Vd. a escribir una carta a su amigo(-a) hoy?
2. ¿Qué desea Vd. hacer esta tarde?
3. ¿Piensa Vd. hacer un viaje el año que viene?
4. ¿Se olvidó Vd. de traer su libro hoy?
5. ¿Qué lengua aprende Vd. a hablar?

6. ¿Sabe Vd. conducir un coche?
7. ¿Piensa Vd. antes de hablar?
8. ¿Trata Vd. de conversar en español con sus amigos?
9. ¿Se alegra Vd. de vivir en los Estados Unidos?
10. ¿Le gusta a Vd. divertirse en vez de trabajar?

C. Traduzca Vd. al español las expresiones en inglés.

1. *We shall try to* venir.
2. *On opening* la puerta, vio al criado.
3. *They had just* hacer el trabajo.
4. *He refused to* vendérselo.
5. *He has just* llegar de Cuba.
6. *It stopped* nevar.
7. *She remembered to* traerlo.
8. *They expect* viajar por España.
9. Si Vd. viene, *don't fail to* traerlo.
10. Le oímos *singing*.

11. *We didn't dare to* contestarle.
12. *It is beginning to* llover.
13. *I ought to* estudiar.
14. *They insist on* pagar la cuenta.
15. Salió *without saying* nada.
16. *He succeeded in* vencer al enemigo.
17. *After reading* el periódico, se acostó.
18. *They did not let me* pasar.
19. El niño *cries again*.
20. Escuche Vd. *instead of speaking*.

D. Traduzca Vd. al español.

1. Upon entering his house, he did not see anyone.
2. He is learning to play the piano.
3. Miss Davis is teaching me to dance.
4. I forgot to bring the toys.
5. The child began to play.

6. They were not long in coming to the party.
7. He left the room without doing anything.
8. When are you going to send the letter?
9. She helped me serve the dinner.
10. Do you know how to swim?

28. *PARA* AND *POR*

USES OF *PARA*

Para is used to indicate: (1) purpose, (2) use, (3) destination, (4) for a time in the future, (5) considering the fact that (in spite of the fact that). **Para** is usually translated *to, in order to, for,* or *by.*

1. Comemos *para* vivir.
   (purpose)

   We eat to (in order to) live.

2. Es una caja *para* dulces.
   (use)

   It is a box for candy (a candy box).

3. Salen *para* México.
   (destination)

   They are leaving for Mexico.

4. Lo necesito *para* mañana a las tres. (future time)

   I need it for (by) tomorrow at three o'clock.

5. *Para* un viejo, es muy fuerte.
   (in spite of being)

   For an old man, he is very strong.

USES OF *POR*

Por is used when *for* means: (1) in exchange for, (2) for a period of time, (3) for the sake of.

1. Pagué cinco dólares *por* la pluma. (exchange)

   I paid five dollars for the pen.

2. Estudió *por* una hora.
   (period of time)

   He studied for an hour.

3. Lo hago *por* Vd.
   (for the sake of)

   I am doing it for you.

Por is used after the verbs **ir** (*to go*), **enviar** (*to send*), **luchar** (*to fight*).

Voy por leche.

I am going for milk.

Envía por el médico.

He sends for the doctor.

Luchan por su patria.

They fight for their country.

Por also means *by* or *through*.

Fue enviado *por* el presidente.	He was sent by the president.
Viajaron *por* avión.	They traveled by plane.
Entró *por* la ventana.	He entered by (through) the window.

ESTAR PARA AND ESTAR POR

Estar para + infinitive means *to be about to*.

Están para salir.	They are about to leave.

Estar por + infinitive means *to be in favor of*.

Están por salir.	They are in favor of leaving.

Note

The word *for* is not translated with the following verbs: **buscar** (*to look for*), **esperar** (*to wait for*), **pedir** (*to ask for*).

Buscan un hotel.	They are looking for a hotel.
Esperé el tren.	I waited for the train.
Pidió un vaso de leche.	She asked for a glass of milk.

EJERCICIOS

A. Complete Vd. cada frase, empleando correctamente la preposición **para** o **por** en el espacio.

1. Sale _____ Inglaterra mañana.
2. Pagué dos pesos _____ un paraguas.
3. Caminaron _____ el bosque.
4. Mi madre preparó la cena _____ el día siguiente.
5. Irá al campo _____ pasar dos semanas allí.
6. Lo cambié _____ un reloj de oro.
7. Es una caja _____ juguetes.
8. _____ un niño, lee muy bien.
9. Va a la escuela _____ tranvía.
10. Aquella novela fue escrita _____ un escritor famoso.

B. Conteste Vd. en español en frases completas.

1. ¿Prefiere Vd. viajar por tren o por avión?
2. ¿A quién visita Vd. para curar un dolor de muelas?
3. ¿Está Vd. por comenzar sus vacaciones ahora mismo?
4. ¿Ha estudiado Vd. la lección para hoy?
5. ¿Tiene Vd. que correr a la escuela para llegar a tiempo?

6. ¿Ha viajado Vd. alguna vez por el Canadá?
7. ¿Para qué es el jabón?
8. ¿Hay un estante para libros en su cuarto?
9. ¿Lucharía Vd. por la justicia?
10. ¿Envía Vd. por el médico cuando tiene fiebre?

C. Traduzca Vd. al español las expresiones en inglés.

1. El soldado fue atacado *by* el enemigo.
2. Respiramos *in order to* vivir.
3. Viajaron *through* Europa.
4. Muchos *are in favor of* ayudar a Tomás.
5. *We are waiting for* un autobús.
6. Salieron *for* La Habana.
7. América fue descubierta *by* Colón.
8. Ella *is looking for* su pluma.
9. Los pasajeros *are about to* subir al tren.
10. Enviaron *for* el médico.

D. Traduzca Vd. al español.

1. It is necessary to study in order to learn.
2. The train is about to leave.
3. We traveled for six months.
4. They will study for the examination.
5. He spoke for an hour.
6. I am looking for my brother.
7. After eating, the man asked for the check.
8. Mary sent for the package.
9. They found an empty candy box.
10. He paid fifty dollars for the suit.

El gaucho es el "cowboy" de las pampas (plains) de la Argentina. Es una figura pintoresca y romántica. Se dice que el gaucho quiere más a su caballo que a su familia. La historia del gaucho está estrechamente (closely) unida a la de su país. En la edad moderna el gaucho va desapareciendo.

29. MASTERY EXERCISES

A. Traduzca Vd. al español las expresiones en inglés. (See Grammar Lessons 1 to 5.)

1. *Peru and Argentina* son dos naciones de *South America.*
2. *The king's army* protegió el palacio.
3. Escribió un resumen del ensayo en *a hundred* palabras.
4. Ella se lavó *her face* con agua y jabón.
5. En el gabinete había *a wooden desk.*
6. *Philip the Second* tenía muchas posesiones en el Nuevo Mundo.
7. *In autumn* las hojas se vuelven pardas.
8. *The boys and girls* asistieron a la reunión.
9. *Mary's brother* no es muy inteligente.
10. Para el almuerzo, generalmente comía *a chicken salad.*
11. *The art of* Velázquez vive todavía.
12. *Mr.* Muñoz es *a Galician.*
13. Las fresas cuestan cincuenta centavos *a box.*
14. Los niños saben distinguir entre *the good* y *the bad.*
15. No podían imaginarse *how high* era la torre.
16. Santiago, *the capital* de Chile, tiene un clima agradable.
17. *Automobiles* son muy comunes hoy día.
18. Sabe hablar *Spanish* porque estudia el vocabulario y la gramática.
19. *On Tuesdays* los trabajadores se reúnen con el dueño.
20. Es *a doctor*, pero no sabe curar *a stomach ache.*

B. Traduzca Vd. al español las expresiones en inglés. (See Grammar Lesson 6.)

1. El director no expulsó *anyone* de la escuela.
2. Todo el mundo alababa *the hero.*
3. Un grupo de cincuenta estados forman *the United States.*
4. Nombraron *George* presidente del club.
5. Dondequiera que vivas, tendrás *neighbors.*
6. Deseo acompañar *someone* al baile.
7. La niña aceptó *the rose* de su primo.
8. El año pasado visitaron *Germany.*
9. Un pescador salvó *the girl.*
10. Una luz eléctrica alumbraba *the street.*

C. Complete Vd. cada frase, escogiendo la palabra correcta entre paréntesis. (See Grammar Lessons 9 to 12.)

1. *That* niño es cubano.   (Eso, Ese)
2. Ningún maestro es tan bueno como *theirs.*   (el suyo, los suyos)
3. Las aventuras del Cid y *Pizarro's* no eran semejantes.   (los Pizarros, las de Pizarro)
4. Las monedas que él halló son *mine.*   (mío, mías)
5. *Her* boda tuvo lugar el domingo pasado.   (Su, Suya)
6. Mi respuesta no fue tan falsa como *his.*   (el suyo, la suya)
7. Los huevos que yo compré son buenos; *those* no están frescos.   (ésos, éstos)
8. ¿Qué sabe Vd. acerca de *this?*   (esto, éste)
9. No puedo aceptar *those* condiciones.   (estas, esas)

10. Esta mujer es simpática; *that one* tiene un carácter des-
    agradable.   (aquélla, eso)
11. Pasó una hora peinándose *her* cabello.   (su, el)
12. *This* cerezo no da buenas frutas.   (Este, Esta)
13. *Their* acento es extranjero.   (Su, Sus)
14. Las industrias de España no son tan importantes como
    ours.   (nuestras, las nuestras)
15. Una hermana *of mine* tiene miedo de los ratones.   (la mía, mía)

D. Traduzca Vd. al español las expresiones en inglés. (See Grammar Lessons 7, 8, 13, 14, 15, 16.)

1. La pimienta es *stronger than* la sal.
2. Hoy día los negocios tienen un *bad* aspecto.
3. La cocinera dividió el pastel *carefully*.
4. El asno es tal vez *the most hard-working animal in the* mundo.
5. El alumno quedó mudo *more than* dos minutos.
6. Por dos días el enfermo no tomó *no* alimento.
7. Para celebrar el día de *Saint* Tomás, asistió a un concierto.
8. El contador no ganaba *as much money as* merecía.
9. El perro sigue a su amo *faithfully*.
10. Su impermeable es *less expensive than* el mío.
11. Cortés fue un *great* conquistador.
12. Francia ya no tiene *as many colonies as* antes.
13. El doctor es un hombre *very rich* [one word].
14. El algodón no es *as strong as* el rayón.
15. Las uvas de este año son *better than* las del año pasado.

E. Escriba Vd. las frases siguientes, empleando pronombres en lugar de las expresiones en letra cursiva: (See Grammar Lessons 17, 18, 19.)

1. Indique Vd. *a los viajeros el camino correcto*.
2. La bomba atómica es un gran peligro para *el mundo*.
3. Entró en el comedor y se sentó al lado de *las señoras*.
4. Dentro de *la maleta* vio una espada de acero fino.
5. El ladrón confesó *sus crímenes al juez*.
6. La actriz demostró *al público su talento*.
7. Se puso la gorra, y salió entre *los dos policías*.
8. No pudo expresar *su gran amor a la señorita*.
9. El peluquero estaba cortando *el pelo a la niña*.
10. No preste Vd. *la pintura a Pablo*.

F. Escoja Vd. la expresión entre paréntesis que traduzca correctamente la expresión en inglés.

1. Soy *as* alta *as* Vd.   (tan . . . como, tanto . . . como,
                                        tanta . . . como)
2. No *you* conozco.   (ti, Vd., le)
3. Mi hermano es más religioso que *yours*.   (su, el suyo, Vds.)
4. *It is* las cinco.   (Es, Son, Está)
5. No comen *as many* legumbres como nosotros.   (muchas, tan, tantas)
6. Lolita es la niña más hermosa *in* la familia.   (en, de, por)
7. Ganó más *than* mil pesos.   (que, de, como)
8. Sancho fue un *good* escudero.   (bien, buen, bueno)
9. Había *one hundred* pupitres en la sala.   (cien, ciento, cientos)

10. Tiene *twenty-one* años. (veinte y uno, veinte y un, veinte y una)
11. El profesor *to her* enseña la historia. (le, la, se)
12. Está sentado detrás de *her*. (la, ella, su)
13. Este sarape es más barato que *hers*. (el suyo, la suya, sus)
14. Jaime *them to him* envía. (se los, los se, le los)
15. Se puso *his* suéter. (su, el suyo, el)
16. Le visitó *every* meses. (todos los, todas las, cada)
17. Es el *first* de noviembre. (uno, primero, primer)
18. Voy a *give it to them*. (dárselo, dárselos, se los dar)
19. No *them* veo. (los, se, ellos)
20. Mi voluntad es más fuerte que *theirs*. (el suyo, la suya, las suyas)
21. *There are* dos mapas en la clase. (Son, Están, Hay)
22. *Saint* Tomás fue un gran escritor. (San, Santo, Santa)
23. Si Vd. ve una corbata bonita, *buy it*. (cómprelo, cómprela, la compra)
24. No quiere *to work*. (trabajar, trabaje, a trabajar)
25. Estudia *for* un examen. (por, para que, para)
26. Antes de *eating*, me lavo las manos y la cara. (comer, comido, comiendo)
27. Antonio *has just* entrar. (acaba de, acababa de, ha acabado de)
28. Venga Vd. con *us*. (nos, nosotros, él y yo)
29. *Those* hombres insisten en eso. (Aquéllos, Esos, Los)
30. *These* mesas están sucias. (Estas, Esas, Aquellas)
31. ¿Recibió Vd. la carta *that* envié? (ese, aquél, que)
32. No creo *that*. (esto, ése, eso)
33. Es *a doctor*. (un médico, un doctor, médico)
34. ¿*Whose* es esta huerta? (A quién, De quién, Cuya)
35. *Upon* entrar en el cuarto, vi a la criada. (En, Sobre, Al)
36. Van a la iglesia *on* domingos. (en, el, los)
37. *Our* placeres son sencillos. (Nosotros, Nuestros, Nos)
38. No me gusta *either*. (ni, también, tampoco)
39. ¿*Which* de los niños es americano? (Qué, Cuál, Cuáles)
40. Robaron *what* pudieron hallar. (qué, cuál, lo que)
41. La mujer *who* entró es puertorriqueña. (que, a quien, quién)
42. Es el *third* de diciembre. (tres, tercero, tercer)
43. *Bring them* Vd. mañana. (Los traiga, Tráigalos, Los traen)
44. Estudia *with me*. (conmigo, con me, con mí)
45. Es un amigo *of mine*. (mío, de mío, mí)
46. ¿Tiene Vd. *my* gafas? (mi, mí, mis)
47. *No one* quería al dictador. (Ningún, Nadie, Nada)
48. Los hombres con *whom* hablaba son periodistas. (que, quien, quienes)
49. *None* de los huéspedes pudo dormir. (Ninguno, No, Nada)
50. Mi casa está cerca de *his*. (el de ella, la de él, el de él)

G. Traduzca Vd. al español las expresiones en inglés.

1. *Mr.* Gómez tiene dolor de cabeza.
2. Los claveles son *pretty*.
3. *This* ejercicio es inútil.
4. No aguardé *anyone*.
5. *Charles the Fifth* fue un emperador español.
6. Van *to school*.
7. María *him* visita todos los días.
8. El hierro es más pesado *than* la madera.
9. ¿Ha visto Vd. *ever* tal espectáculo?
10. Sus brazos son más largos que *mine*.
11. Tomás fue el *first* hermano que se casó.
12. Aquella camisa está más limpia que *this one*.

13. Fabricaron *green blouses* allí.
14. Los perros entienden *very much.*
15. La guerra terminó en *1945.*
16. Necesito *one hundred twenty* dólares.
17. Le presentaron *a gold watch.*
18. Cuesta cuarenta centavos *a dozen.*
19. No dijo *anything.*
20. Se graduó *on Wednesday.*
21. *Frequently* visitaban el Gran Cañón.
22. Salió sin *saying* nada.
23. Imita *his neighbors.*
24. *Dogs* son animales útiles.
25. ¿Quién tiene *the teacher's book?*
26. Pagó dos pesos *for* una libra de dulces.
27. *I know how to* mejorarlo.
28. Vino a *see us* ayer.
29. Pidió *chocolate ice cream.*
30. *It to them* dimos.
31. Casi siempre anda *slowly.*
32. Juan es *older than* yo.
33. Granada y Valencia son ciudades *Spanish.*

34. No puedo hacer *the impossible.*
35. Voy a Alemania *next week.*
36. Comió el emparedado *rapidly.*
37. *Don't buy it* Vd.
38. *After reading* el próximo capítulo, se acostó.
39. Este vestido es más bonito que *that one.*
40. Juana es la muchacha *whose* retrato Vd. vio.
41. Está *showing them to him.*
42. María no va a la fiesta; *nor I either.*
43. Los castellanos vencieron a los moros en *1492.*
44. ¿*What* es la capital de Cuba?
45. *No* hombre es perfecto.
46. Este templo costó *a million dollars.*
47. *He is going to see* a sus amigos.
48. Los soldados fueron heridos *by* las fuerzas enemigas.
49. Ella *no longer* vive aquí.
50. ¿*Where* va Vd. el viernes?

A Rodrigo Díaz de Vivar, que vivió en el siglo XI, se le considera el héroe nacional de España. Fue una de las figuras principales en las guerras contra los moros. Éstos, que le tenían miedo, le llamaron "El Cid" (Señor). Los españoles le llamaron "El Cid Campeador" ("Champion") porque casi siempre fue victorioso en las batallas.

Part III—*Idioms*

1. IDIOMS WITH *DAR*

dar a, to face

Mi ventana *da a* la avenida.　　My window faces the avenue.

dar con alguien (or **algo**), to meet, to come upon, to find someone (or something)

Di con mi amigo en la calle.　　I met my friend on the street.

dar cuerda (al reloj), to wind (the watch)

Todos los días *doy cuerda a mi reloj*.　　Every day I wind my watch.

dar de comer a, to feed

Dan de comer a los caballos.　　They feed the horses.

dar la hora (las siete), to strike the hour (seven)

El reloj *dio las siete*.　　The clock struck seven.

dar la mano a alguien, to shake hands with someone

Le *dio la mano*.　　He shook hands with him.

darse la mano, to shake hands (with each other)

Los amigos *se dan la mano*.　　The friends shake hands.

dar las gracias a, to thank

Dio las gracias al hombre por su bondad.　　He thanked the man for his kindness.

dar los buenos días (las buenas noches) a alguien, to say good morning (good night) to someone

Da los buenos días a su amigo.　　He says good morning to his friend.

dar un paseo, to take a walk or a ride

Da un paseo por el parque.　　He takes a walk (a ride) through the park.

dar un paseo en automóvil (a caballo), to take an automobile ride (to go horseback riding)

Dan un paseo en automóvil.　　They take an automobile ride.

EJERCICIOS

A. Complete Vd. cada frase correctamente con una de las expresiones siguientes:

a   en coche
buenos días   la hora
con   la mano
cuerda   las gracias
de comer   un paseo

1. A las nueve en punto, el reloj dio _____.
2. Mi madre me dará _____ una tortilla y un panecillo.
3. Al entrar, el cura dio los _____ a la gente.
4. La ventana de mi dormitorio da _____ la calle.
5. El senador va a dar un paseo _____ por el parque.
6. Al verse, se dieron _____.
7. Se olvidó de dar _____ a su reloj.
8. El chófer aceptó la propina, y dio _____ al pasajero.
9. En la tienda dio _____ el caballero que buscaba.
10. Por las tardes dan _____ de media hora.

B. Conteste Vd. en español en frases completas.

1. ¿Da Vd. un paseo por la mañana?
2. ¿Le gusta a Vd. un cuarto que da a la calle?
3. ¿Da Vd. de comer a los pájaros?
4. Si Vd. da con su amigo(-a) en la calle, ¿se dan Vds. la mano?
5. ¿Da Vd. las gracias a las personas que le ayudan?
6. ¿Da Vd. cuerda a su reloj todos los días?
7. ¿Da Vd. las buenas noches a su familia antes de acostarse?
8. ¿Prefiere Vd. dar un paseo en automóvil o a caballo?
9. Al despedirse de un amigo, ¿le da Vd. la mano?
10. ¿Qué hora da el reloj cuando Vd. se despierta?

C. Traduzca Vd. al español las palabras en inglés, empleando una expresión con el verbo **dar**.

1. La catedral *faces* un palacio magnífico.
2. El cocinero *feeds* al gato.
3. Por fin *we found* la entrada.
4. Por la noche ella *goes horseback riding*.
5. *They shook hands* y salieron.
6. *I took an automobile ride* ayer.
7. El reloj *struck* las once.
8. Antes de salir, *he said good night*.
9. *He didn't wind* a su reloj, y el reloj se paró.
10. Jaime no quiere *to shake hands with* Luis.

D. Traduzca Vd. al español.

1. Do you want to take a walk?
2. He shook hands with me.
3. The clock struck one.
4. My room faces the park.
5. She is feeding her child.
6. Upon meeting, they shook hands.
7. Every day he says "good morning" to me.
8. In the street I found a gold ring.
9. Don't forget to wind your watch.
10. I often take an automobile ride in the afternoon.

2. THE VERB *GUSTAR*

Me gusta el libro. _{to me　　is} _{pleasing}	I like the book.
Me gustan los libros. _{to me　　are} _{pleasing}	I like books.
Le gusta la flor. _{to you　　is} _{to him pleasing} _{to her}	{ You like the flower. { He (She) likes the flower.
Le gustan las flores. _{to you　　are} _{to him pleasing} _{to her}	{ You like (the) flowers. { He (She) likes (the) flowers.
Nos gusta la novela. _{to us　　is} _{pleasing}	We like the novel.
Nos gustan las novelas. _{to us　　are} _{pleasing}	We like novels.
Les gusta cantar. _{to you　　is} _{to them pleasing}	You (*pl.*) (They) like to sing.
A María no le gusta el cuarto. _{to　　Mary　　(to her) is not} _{pleasing}	Mary doesn't like the room.
A los niños les gusta la escuela. _{to the children (to them) is} _{pleasing}	The children like the school.

Note

A. The verb **gustar** (*to be pleasing*) is used to express the English verb *to like.* "I like the book" must be rendered in Spanish by "The book is pleasing to me"; "He likes books" by "The books are pleasing to him."

B. The verb **gustar** usually occurs only in the third person singular or the third person plural.

C. The thing *liked* is the object in English, but becomes the subject in Spanish. Since the verb must agree with the subject, **gustar** must be singular if the Spanish subject is singular; if the subject is plural, **gustar** must be plural.

D. The subject usually follows the verb **gustar.**

E. The indirect object pronouns **(me, te, le, nos, os, les)** must always be used with the verb **gustar,** even if the object nouns are expressed.

EJERCICIOS

A. Escoja Vd. la frase en español que traduzca correctamente lo inglés.

1. I like the watch.
  a. Me gusta el reloj.
  b. Yo gustan el reloj.
2. We like coffee.
  a. Nos gustan el café.
  b.. Nos gusta el café.
3. I like comedies.
  a. Me gusta las comedias.
  b. Me gustan las comedias.
4. Do you like the room?
  a. ¿Le gusta el cuarto?
  b. ¿Gusta Vd. el cuarto?
5. Tom liked the shirt.
  a. A Tomás le gustó la camisa.
  b. Tomás gustó la camisa.

6. Would you like to see it?
  a. ¿Le gustaría verlo?
  b. ¿Gustaría Vd. verlo?
7. She does not like tea.
  a. No le gusta el té.
  b. No la gusta el té.
8. They liked the picture.
  a. Les gustó el cuadro.
  b. Les gustaron el cuadro.
9. He likes to dance.
  a. Él gusta a bailar.
  b. Le gusta bailar.
10. Boys like sports.
  a. Los muchachos gustan los deportes.
  b. A los muchachos les gustan los deportes.

B. Conteste Vd. en español en frases completas.

1. ¿Le gustan a Vd. las naranjas?
2. ¿Le gusta a Vd. jugar al fútbol?
3. ¿Les gustan a los alumnos las vacaciones?
4. ¿Le gustaría a Vd. viajar a México?
5. ¿Le gusta a Vd. obtener buenas notas?
6. ¿Le gustaría a Vd. vivir en un país extranjero?
7. ¿Le gustan a Vd. las corridas de toros?
8. ¿Cómo le gusta a Vd. pasar las vacaciones?
9. ¿Le gustaría a Vd. vivir bajo una dictadura?
10. ¿Qué le gusta a Vd. comer más?

C. Traduzca Vd. al español las palabras en inglés.

1. *We like* la música.
2. *They like* el invierno.
3. *I like it* muchísimo.
4. *He likes* jugar a la pelota.
5. *¿Do you like* nadar en el lago?
6. *Philip likes* las vacaciones.
7. *I would like* verlo.
8. *Julia doesn't like* este libro.
9. *¿Do you like* los perros?
10. *The men liked* el hotel.
11. *She likes* los vestidos bonitos.
12. *We liked* mucho la película.
13. *¿Did you like* la comedia?
14. *She liked* las rosas.
15. *Children like* los cuentos.
16. *We like* los caballos.
17. *He likes* los melocotones.
18. *Helen likes* los dulces.
19. *I like* la leche.
20. *They do not like* los pájaros.

D. Traduzca Vd. al español.

1. I do not like vegetables.
2. Do you like coffee?
3. She likes tea.
4. They like to read Spanish stories.
5. You will like it very much.
6. Women like pretty things.
7. The boy liked the trip.
8. They do not like the hotel.
9. I like books.
10. Do you like potatoes?

3. IDIOMS WITH *HABER*

hay, there is, there are
había⎤
hubo⎦ there was, there were
habrá, there will be
habría, there would be
ha habido, there has (have) been

> *Había* muchos clientes en la tienda.   There were many customers in the store.

haber lodo (luna, sol, neblina, polvo), to be muddy (moonlight, sunny, foggy, dusty)

> *Hay (mucho) lodo* hoy.   It is (very) muddy today.
> *Había neblina* anoche.   It was foggy last night.

haber de + infinitive, to be to, to be supposed to

> *Han de venir* mañana.   They are to come tomorrow. (They're supposed to come tomorrow.)

hay que + infinitive, one must

> *Hay que tener* paciencia.   One must have patience.

hay + noun + **que** + infinitive, there is (there are) + noun + verb

> *Hay trabajo que hacer.*   There is work to do.

No hay de qué. Don't mention it. (You're welcome.)

Note

A. **Hay** is a special form used in the present tense.

B. The third person singular form is used to translate the singular forms "there *is*," "there *was*," etc., and the plural forms "there *are*," "there *were*," etc.

EJERCICIOS

A. Complete Vd. cada frase con una de las expresiones siguientes:

había	hay luna
ha de	hay neblina
han de	había polvo
no hay de qué	hay que
hay lodo	hay . . . que

1. Jaime _____ venir al anochecer.
2. Cuando alguien me dice "muchas gracias," yo siempre contesto "_____."
3. _____ callarse para oír.
4. No me gusta dar un paseo después de la lluvia, cuando _____ en las calles.
5. _____ una caja de dulces en la mesa.
6. En una noche clara _____.
7. _____ en el aire ayer.
8. Hoy _____; no se ve el sol.
9. En el campo _____ muchas cosas interesantes _____ ver.
10. Ellos _____ estar allí a las once.

B. Conteste Vd. en español en frases completas.

1. ¿Cuántos alumnos hay en esta escuela?
2. ¿Hace buen tiempo cuando hay neblina?
3. ¿Hay que llamar a un carpintero para cortar la hierba?
4. ¿Cuándo dice Vd. "no hay de qué"?
5. ¿A qué hora ha Vd. de estar en la escuela?
6. ¿Hay sol hoy?
7. Cuando llueve, ¿hay lodo o hay polvo en las calles?
8. ¿Hay mucho que ver en un museo?
9. ¿Cuántas semanas hay en un año?
10. ¿Hay luna a mediodía?

C. Traduzca Vd. al español las palabras en inglés.

1. *There will be* mucha gente en la tienda.
2. *There are* millones de soldados en el ejército.
3. *There were* tres sillas en la sala.
4. *There have been* muchos cambios.
5. *You're welcome*, Isabel.
6. Me gusta la noche cuando *there is moonlight*.
7. *One must* observar bien para aprender.
8. *I am to* llegar a las doce.
9. ¿*Is there* baile esta noche?
10. *It was very dusty* ayer.

D. Traduzca Vd. al español.

1. He is to be there this afternoon.
2. In the battle there were many soldiers.
3. The capital is beautiful; one must admire it.
4. In the museum there are many things to see.

5. After the rain it is muddy.
6. There is much to do now.
7. It is dusty today.
8. The man answered, "Don't mention it."
9. There was an employee in the store.
10. It is sunny today.

El Castillo del Morro es una fortaleza (fortress) construida por los españoles en el puerto de La Habana para proteger la ciudad contra los ataques (attacks) de los piratas. Hay fortalezas semejantes, también llamadas "Castillo del Morro," en los puertos de Santiago de Cuba y San Juan de Puerto Rico.

4. IDIOMS WITH *HACER*

Weather Expressions:

¿Qué tiempo hace?	How is the weather?
Hace buen (mal) tiempo.	{ It is good (bad) weather. { The weather is fine (bad).
Hace (mucho) calor.	It is (very) warm.
Hacía frío.	It was cold.
Hará viento (fresco, sol).	It will be windy (cool, sunny).

hacer el favor de + infinitive, please

Haga Vd. *el favor de pasar* la sal.   Please pass the salt.

hacer de + noun of occupation, to act as

Hace de presidente.   He acts as president.

hacer el baúl (la maleta), to pack one's trunk (suitcase)

Hizo la maleta en seguida.   He packed his suitcase at once.

hacerle falta, to need, to be lacking to someone

Le hace falta un cuaderno.
to you   is lacking
to him
to her

{ You need a notebook.
{ He (She) needs a notebook.

Le hacen falta dos cuadernos.
to you   are lacking
to him
to her

{ You need two notebooks.
{ He (She) needs two notebooks.

A Juan y María les hace falta un
to   John and Mary (to them) is   lacking
cuaderno.

John and Mary need a notebook.

Note

A. The expression **hacerle falta** (*to be lacking to someone*) is used to express the English verb *to need.* "I need a notebook" is rendered by "A notebook is lacking to me"; "He needs two pencils" by "Two pencils are lacking to him."

B. Like **gustar,** the expression **hacerle falta** usually occurs only in the third person singular or third person plural.

C. Since the object *needed* in English becomes the subject in Spanish, the form of **hacer** must agree with it. Thus, if the thing needed is singular, use the third person singular of **hacer;** if it is plural, use the plural form.

D. The subject (the thing needed) usually follows **hacerle falta.**

E. The indirect object pronouns **(me, te, le, nos, os, les)** must be used with **hacerle falta,** even if the object nouns are expressed.

hace + time expression + preterite, ago

Le hablé *hace una semana.*	I spoke to him a week ago.

hacer una pregunta, to ask a question

El alumno *hizo una pregunta* al profesor.	The pupil asked the teacher a question.

hacer un viaje, to take a trip

Hace un viaje a México.	He takes a trip to Mexico.

hacer una visita, to pay a visit

Hice una visita a mi tío.	I paid a visit to my uncle.

hacerse, to become (through one's own efforts)

Se hizo famoso.	He became famous.

hacerse tarde, to be getting late

Se hace tarde.	It is getting late.

EJERCICIOS

A. Complete Vd. cada frase con una de las palabras o expresiones siguientes: (Cada expresión debe usarse solamente una vez.)

de	tiempo
el favor	un viaje
falta	una pregunta
mucho frío	una semana
tarde	una visita

1. En el invierno hace _____.
2. Haga Vd. _____ de callarse.
3. Él me hizo _____, y yo la contesté.
4. En la primavera harán _____ a Alemania.

5. Luis hacía _____ abogado.
6. ¿Qué _____ hace hoy?
7. Me hace _____ un tenedor.
8. Debo volver a casa porque se hace _____.
9. Le vi hace _____.
10. Sus conocidos le hicieron _____ el domingo.

B. Conteste Vd. en español en frases completas.

1. ¿Qué tiempo hace hoy?
2. ¿Le hace falta a Vd. dinero de vez en cuando?
3. ¿Hace mucho frío en el verano?
4. ¿Desea Vd. hacerse rico(-a) algún día?
5. ¿Qué tiempo hace en el otoño?
6. ¿Ha hecho Vd. un viaje a México?
7. ¿En qué estación hace mucho sol?
8. ¿Hace Vd. muchas preguntas al maestro?
9. ¿Hace Vd. su maleta antes o después de un viaje?
10. ¿Qué tiempo hace en el invierno?

C. En cada frase, emplee Vd. un sinónimo de la expresión en letra cursiva.

1. *Viajaron* por Europa.
2. *Visita* a sus padres.
3. *Abra Vd.* la puerta, *por favor.*
4. *Necesito* un paraguas.
5. *Hay sol* hoy.

D. Traduzca Vd. al español las expresiones en inglés.

1. *It was fine weather* la semana pasada.
2. *It is very warm* hoy.
3. *It was windy* en las montañas.
4. *The weather is bad* en el norte.
5. *Please answer* a mi carta.
6. Le vi *a month ago.*
7. *He became* autor.
8. *We need* el dinero.
9. *He paid a visit* a su amigo.
10. *It will be sunny* en el oeste.

E. Traduzca Vd. al español.

1. It is cool here.
2. She needs thirty cents.
3. It is very cold today.
4. How was the weather yesterday?
5. The student acted as teacher.
6. Pack your trunk at once.
7. She needs a pen.
8. The teacher asks many questions.
9. In summer it is warm.
10. He wishes to take a trip to Europe.

5. IDIOMS WITH *TENER*

IDIOMS IN WHICH *TENER* = TO BE

tener . . . años, to be . . . years old

Tiene veinte años.	He is twenty years old.
¿Cuántos años tiene Vd.? ⎫ *¿Qué edad tiene Vd.?* ⎭	How old are you?

tener (mucho) calor, to be (very) warm

Tiene (mucho) calor.	He is (very) warm.

tener (mucho) frío, to be (very) cold

Tengo (mucho) frío.	I am (very) cold.

Note

To be warm and *to be cold* are translated by **hacer calor** and **hacer frío** when referring to the weather, and by **estar caliente** and **estar frío(-a)** when referring to things.

Hace calor (frío).	It is (The weather is) warm (cold).
La sopa está caliente (fría).	The soup is warm (cold).

tener (mucha) hambre, to be (very) hungry

¿Tiene Vd. *(mucha) hambre?*	Are you (very) hungry?

tener (mucha) sed, to be (very) thirsty

Tengo (mucha) sed.	I am (very) thirsty.

tener éxito, to be successful

Siempre *tiene éxito.*	He is always successful.

tener razón, to be right; **no tener razón,** to be wrong

Alfredo *tiene razón.*	Alfred is right.
Pablo *no tiene razón.*	Paul is wrong.

tener sueño, to be sleepy

¿Tiene Vd. *sueño?*	Are you sleepy?

tener cuidado, to be careful

    Tenga Vd. *cuidado.*   Be careful.

tener prisa, to be in a hurry

    El hombre *tiene prisa.*   The man is in a hurry.

tener (mucho) gusto en, to be (very) glad to

    Tengo (mucho) gusto en conocerle.   I am (very) glad to know you.

tener miedo de + infinitive, to be afraid to

tener miedo a + noun, to be afraid of

    Tiene miedo de tocarlo.   She is afraid to touch it.

    Tiene miedo al perro.   She is afraid of the dog.

OTHER IDIOMS WITH *TENER*

tener dolor de cabeza, to have a headache

    Tengo dolor de cabeza.   I have a headache.

tener que + infinitive, to have to, must

    Tengo que estudiar.   I have to (must) study.

tener mucho (poco, algo, etc.) **que hacer,** to have much (little, something, etc.) to do

    Tengo mucho que hacer.   I have much to do.

tener la bondad de + infinitive, please

    Tenga Vd. la bondad de esperar   Please wait a moment.
       un momento.

tener las manos frías (los ojos cansados), to have cold hands (tired eyes)

    Tiene las manos frías (calientes). His hands are cold (warm).

    Tengo los ojos cansados.   My eyes are tired.

¿Qué tiene Vd.? What is the matter with you?

EJERCICIOS

A. Escoja Vd. de la lista *B* la traducción de cada frase de la lista *A*.

A	B
1. ¿Cuántos años tiene Vd.?	*a.* I am very warm.
2. Tiene trece años.	*b.* You were wrong.
3. Tengo mucho calor.	*c.* I have nothing to do.
4. Tienen razón.	*d.* Are you thirsty?
5. Tenían sueño.	*e.* His eyes are tired.
6. Tiene los ojos cansados.	*f.* The woman was cold.
7. Tienen miedo al hombre.	*g.* How old are you?
8. ¿Tienen Vds. sed?	*h.* I am very glad to know you.
9. Tenga Vd. la bondad de salir.	*i.* They are right.
10. Tengo mucho gusto en conocerle.	*j.* He is afraid to enter.
11. Tengan Vds. cuidado.	*k.* Why are you in a hurry?
12. Tengo las manos frías.	*l.* We are very hungry.
13. ¿Por qué tiene Vd. prisa?	*m.* My hands are cold.
14. Tiene miedo de entrar.	*n.* She is thirteen years old.
15. Tenemos mucha hambre.	*o.* They are afraid of the man.
16. ¿Tiene Vd. dolor de cabeza?	*p.* Please leave.
17. La mujer tenía frío.	*q.* They were sleepy.
18. ¿Qué tiene Vd.?	*r.* What's the matter with you?
19. Vds. no tenían razón.	*s.* Have you a headache?
20. No tengo nada que hacer.	*t.* Be careful.

B. En cada frase, emplee Vd. un sinónimo de la expresión en letra cursiva.

1. *Haga Vd. el favor de* alejarse.

2. ¿*Qué edad* tiene aquel actor?

3. *Debo* doblar el papel.

4. *Temo* llegar tarde.

5. Vd. *se equivoca.*

C. Complete Vd. cada frase con la forma correcta de una de las expresiones siguientes:

tener calor	tener miedo
tener frío	tener prisa
tener mucho gusto	tener que
tener hambre	tener sed
tener la bondad	tener sueño

1. En el otoño ellos _____ volver a la escuela.

2. _____; sin embargo, no se acuesta.

3. Bebemos agua cuando _____.

4. Llevaba ropa pesada, y _____.

5. Ella come cuando _____.

6. Estudian porque _____ de salir mal.

7. Se acercaron al fuego porque _____.

8. Andaban lentamente porque no _____.

9. _____ en conocerle, señor.

10. Camarero, _____ de darme una servilleta.

D. Conteste Vd. en español en frases completas.

1. ¿Cuántos años tiene Vd.?
2. ¿Toma Vd. té cuando tiene dolor de cabeza?
3. ¿Tiene Vd. frío hoy?
4. ¿Tiene Vd. que estudiar esta noche para un examen?
5. ¿Tiene Vd. razón siempre?
6. ¿Tiene Vd. hambre por la tarde?
7. ¿Qué bebe Vd. cuando tiene sed?
8. ¿Qué hace Vd. cuando tiene sueño?
9. ¿Tiene Vd. cuidado al cruzar la calle?
10. ¿Tiene Vd. algo que hacer esta tarde?

E. Traduzca Vd. al español las expresiones en inglés.

1. *I must learn it* de memoria.
2. Su marido *is thirty years old.*
3. *She was afraid of* los animales.
4. *He has much to do* hoy.
5. *We shall be very glad to* decorar la sala.
6. Nunca *they are in a hurry.*
7. Isabel y Elena *are very hungry.*
8. *¿What is the matter with* su primo?
9. Los trabajadores *were sleepy.*
10. *He had to* marcharse a las once.

F. Traduzca Vd. al español.

1. My father has a headache.
2. You (*pl.*) are wrong.
3. Do you drink when you are thirsty?
4. I have something to do today.
5. Please read it to the class.
6. The children were sleepy.
7. The boy is right.
8. Be careful, George.
9. He is afraid to enter the house.
10. I am very warm today.

6. MISCELLANEOUS VERBAL IDIOMS—I

acabar de, to have just

    Acaba (Acababa) de entrar.   He has just (had just) entered.

aprovecharse de, to take advantage of (an opportunity)

    Se aprovecha de cada oportunidad.   He takes advantage of each opportunity.

asistir a, to attend

    Asistimos a la escuela.   We attend school.

bajar de, to get off (the train, bus, etc.)

    Baja del tren.   He gets off the train.

burlarse de, to make fun of

    Se burla de la muchacha.   He makes fun of the girl.

cambiar de, to change (seat, train, mind)

    Cambia de asiento con su amigo.   He changes seats with his friend.
    Cambió de opinión.   He changed his mind.

casarse con, to marry

    Se casó con Isabel.   He married Elizabeth.

contar con, to rely on, to count on

    Cuento con mis amigos.   I rely on my friends.

creer que sí (no), to think so (not)

    Creo que sí.   I think so.

cumplir . . . años, to be . . . years old

    Hoy *cumple* quince *años.*   Today he is fifteen years old.

cumplir con (su promesa, su palabra), to fulfill, to keep (one's promise, one's word)

    Es un hombre que siempre *cumple con su palabra.*   He is a man who always keeps his word.

dedicarse a, to devote oneself to

    Se dedica al trabajo.   He devotes himself to the work.

dejar caer, to drop

    Dejó caer los platos.   He dropped the plates.

dejar de + infinitive, to stop, to fail to

    Dejó de comer.   He stopped eating.

    No *deje* Vd. *de hacer*lo.   Don't fail to do it.

despedirse de, to take leave of, to say goodbye to

    En la estación *se despidió de* sus   In the station he said goodbye to
    amigos.   his friends.

echarse a + infinitive, to begin to, to start to

    Se echa a llorar.   He begins to cry.

echar de menos, to miss

    Echa de menos a sus amigos.   He misses his friends.

echar una carta al correo, to mail a letter

    Eché la carta al correo ayer.   I mailed the letter yesterday.

EJERCICIOS

A. Complete Vd. cada frase con una de las expresiones siguientes:

asisto	de tren
bajaron	echo
cuento	que no
cumplió	se casó
dejó	se dedica

1. _____ del tranvía.
2. Ayer _____ cincuenta años.
3. _____ de menos a los amigos de la niñez.
4. _____ a la carrera de enfermera.
5. La taquígrafa _____ caer el sacapuntas.
6. Para aprender, _____ con la ayuda del maestro.
7. Los pasajeros cambiaron _____.
8. ¿Hace frío? Creo _____.
9. No _____ a la escuela los sábados.
10. Luis _____ con Elena.

B. Escoja Vd. de la lista *B* la traducción de cada frase de la lista *A*.

A

1. Creo que sí.
2. Se echó a correr.
3. Siempre cumple con su deber.
4. Aprovechándose de una hora libre, estudió la lección.
5. No deje Vd. de apagar la luz.
6. Echó la carta al correo.
7. Acaba de robarlas.
8. Los carreteros dejaron caer el baúl.
9. Se despidió de todos.
10. Se burla de su tía.

B

a. He has just stolen them.
b. Taking advantage of a free hour, he studied the lesson.
c. I think so.
d. The truckmen dropped the trunk.
e. Don't fail to put out the light.
f. He always does (fulfills) his duty.
g. He makes fun of his aunt.
h. She began to run.
i. He mailed the letter.
j. He took leave of everyone.

C. Conteste Vd. en español en frases completas.

1. ¿Baja Vd. de un autobús con cuidado?
2. ¿Se dedica Vd. al estudio?
3. ¿Se burla Vd. de los locos?
4. ¿Asiste Vd. a la escuela los lunes?
5. ¿Se aprovecha Vd. de cada ocasión?
6. ¿Deja Vd. de hacer sus tareas a menudo?
7. ¿Siempre cumple Vd. con su promesa?
8. ¿Puede Vd. contar con el cariño de su familia?
9. ¿Echa Vd. una carta al correo antes o después de escribirla?
10. Al oír una broma, ¿se echa Vd. a llorar?

D. Traduzca Vd. al español las expresiones en inglés.

1. *I shall not fail to* decorar el árbol.
2. *She mails the letters* por la tarde.
3. No desean *to attend* la universidad.
4. *She changes* opinión a menudo.
5. ¿Pueden Vds. *rely on* aquel dependiente?
6. *She misses* a sus parientes.
7. ¿Es sabio el filósofo? *I think so.*
8. *They have just* volver de Italia.
9. *He will marry* la hija del gobernador.
10. Mañana *she will be* quince años.

E. Traduzca Vd. al español.

1. Is she leaving tonight? I think so.
2. Do not drop the book.
3. In the street he began to run.
4. She attends church on Sundays.
5. He says goodbye to his mother.
6. He never keeps his promise.
7. They take advantage of their opportunities.
8. She devotes herself to helping the poor.
9. He makes fun of his enemies.
10. A beautiful girl got off the train.

7. MISCELLANEOUS VERBAL IDIOMS—II

enamorarse de, to fall in love with

Se enamoró de Dolores. | He fell in love with Dolores.

entrar en, to enter

Entró en el cuarto. | He entered the room.

estar a punto de⎱ to be about to
estar para⎰

Estaban a punto de salir. | They were about to leave.

estar de pie, to be standing

Todos *estaban de pie.* | All were standing.

estar por, to be in favor of

Yo estoy por ir al cine. | I am in favor of going to the movies.

faltarle, to need, to be lacking

Me falta el tiempo para estudiar. | I need the time to study.
to me is lacking

Le faltan los libros necesarios. | You lack (He, She lacks) the necessary books.
to you   are
to him lacking
to her

Note. Like **gustar,** the verb **faltar** is used here only in the third person singular and the third person plural.

gozar de, to enjoy

Goza de buena salud. | He enjoys good health.

jugar a, to play (a game)

Juegan al tenis. | They play tennis.

llegar a ser + noun, to become

    Llegó a ser presidente.   He became president.

llevar a cabo, to carry out

    El capitán *llevó a cabo* las órdenes del general.   The captain carried out the general's orders.

negarse a + infinitive, to refuse to

    Se niega a firmar el cheque.   He refuses to sign the check.

ocuparse de, to busy oneself with, to be concerned with, to attend to

    La criada *se ocupa de* los niños.   The maid attends to the children.

pensar de, to think of (have an opinion about)

    ¿Qué *piensa* Vd. *de* mi nueva bicicleta?   What do you think of my new bicycle?

pensar en, to think of, to think about (direct one's thoughts to)

    Nunca *piensa en* sus amigos.   He never thinks of his friends.

poner la mesa, to set the table

    María *pone la mesa.*   Mary sets the table.

ponerse + article of clothing, to put on

    Se pone el abrigo.   He puts on his coat.

ponerse + adjective, to become (involuntarily)

    Se puso pálido.   He became pale.

ponerse a + infinitive, to begin to

    Se pusieron a correr.   They began to run.

ponerse el sol, to set (referring to the sun)

    ¿A qué hora *se pone el sol?*   At what time does the sun set?

ponerse en camino (en marcha), to start out, to set out

    Se pusieron en camino (en marcha) tarde.   They started out late.

EJERCICIOS

A. Complete Vd. cada frase con una de las expresiones siguientes:

de pie	se negó a
enamora	se ocupa
entró	se pone
goza	se pusieron
llegó	se puso

1. El sol _____ temprano en el invierno.
2. Ellos _____ en camino a mediodía.
3. _____ a ser famoso.
4. _____ de buena fama.
5. La princesa se _____ del soldado.
6. La madre _____ de la casa.
7. El banco _____ prestarme dinero.
8. Ella _____ la blusa azul y salió.
9. _____ en una botica y pidió la medicina.
10. Estoy _____ porque no hay asientos.

B. Escoja Vd. de la lista *B* la traducción de cada frase de la lista *A*.

A

1. Pensaba en los días de su juventud.
2. El lechero estaba a punto de marcharse.
3. Al anochecer, ella puso la mesa.
4. Se puso pálida.
5. Se puso a curar la herida.
6. Logró llevar a cabo sus planes.
7. No sé qué pensar de la situación.
8. Le falta a la chaqueta un botón.
9. El lechero estaba por marcharse.
10. Estaba de pie en la acera, esperando.

B

a. The milkman was in favor of leaving.
b. A button is missing on his jacket.
c. He thought of the days of his youth.
d. She became pale.
e. I don't know what to think of the situation.
f. He began to treat the wound.
g. He succeeded in carrying out his plans.
h. At nightfall, she set the table.
i. The milkman was about to leave.
j. He was standing on the sidewalk, waiting.

C. Conteste Vd. en español en frases completas.

1. ¿Piensa Vd. mucho en los placeres de las vacaciones?
2. ¿Quién pone la mesa en su casa?
3. ¿Juega Vd. al jai-alai?
4. ¿Le falta el dinero para comprar un helado?
5. ¿Goza Vd. de buena salud?
6. ¿Se niega Vd. a hacer actos peligrosos?
7. ¿En dónde entra Vd. para ver objetos de arte?
8. ¿A qué hora se puso el sol ayer?
9. ¿Se ocupa Vd. de los problemas de sus amigos?
10. ¿Se pone Vd. enfermo(-a) cuando come frutas verdes?

D. Traduzca Vd. al español las expresiones en inglés.

1. *They refused to* subir la escalera.
2. La madre *is concerned with* la casa.
3. El ejército *was about to* avanzar.
4. El caballero *fell in love with* la dama.
5. El mozo *didn't set* la mesa.
6. La niña *became* muy contenta.
7. Después de un descanso, los turistas *set out.*
8. No me dice lo que *he thinks of* la nueva ley.
9. Algún día *he will become* gobernador.
10. En seguida, *he began to* comer el pavo asado.

E. Traduzca Vd. al español.

1. I fell in love with the beautiful girl.
2. They play baseball every Saturday.
3. The teacher was standing behind his desk.
4. She entered the school at nine o'clock.
5. He needs patience.
6. The sun will set early today.
7. He put on his coat and hat.
8. After many years, he became a lawyer.
9. They are about to leave.
10. She is thinking of her children.

Mate es un té hecho de la "yerba mate." Se usa mucho en la Argentina y el Paraguay. Se bebe en una calabaza (gourd) por medio de una bombilla (tube).

8. MISCELLANEOUS VERBAL IDIOMS—III

prestar atención, to pay attention

No *presta atención* en la clase.   He does not pay attention in class.

quedarle algo a alguien, to have something left, to remain to someone

Le queda un dólar.
to you remains
to him
to her

You have (He, She has) a dollar left.

Me quedan dos dólares.
to me remain

I have two dollars left.

Note. Like **gustar,** the verb **quedar** is used here only in the third person singular and the third person plural.

querer a, to love

Quiero a mis padres.   I love my parents.

querer decir, to mean

¿Qué *quiere* Vd. *decir?*   What do you mean?

quitarse + article of clothing, to take off

Se quita el sombrero.   He takes off his hat.

reírse de, to laugh at

Se ríe de la muchacha.   He laughs at the girl.

salir bien (mal), to come out well (poorly), to pass (fail)

Salió bien en el examen.   He came out well on (passed) the examination.

salir de, to leave, to go out of

Salgo de la escuela a las tres.   I leave school at three.

salir el sol, to rise (referring to the sun)

El sol sale temprano.   The sun rises early.

servirse de, to use, to make use of

Se sirve de la madera para hacer una mesa.   He uses the wood to make a table.

soñar con, to dream of

    Sueña con su amigo. — He dreams of his friend.

subir a, to get on (the train, bus, etc.)

    Sube al autobús. — He gets on the bus.

subir (bajar) la escalera, to go upstairs (downstairs)

    Sube la escalera. — He goes upstairs.

    Baja la escalera. — He goes downstairs.

tardar en + infinitive, to delay in

    El tren *tardó en llegar.* — The train delayed in arriving.

tocarle a uno, to be one's turn

    Les toca hacerlo. — It is their turn to do it.

Note. The verb **tocar,** when used in the above expression, appears only in the third person singular.

tratar de + infinitive, to try to

    Trata de trabajar. — He tries to work.

volver a + infinitive, to (*verb*) again

    Vuelve a cantar. — He sings again.

EJERCICIOS

A. Complete Vd. cada frase con una de las palabras siguientes:

decir	sirven
presten	soñó
quedan	toca
quiere	trató
salieron	volvió

1. Su novio _____ a decorar el comedor.
2. Bolívar _____ con la libertad.
3. El dependiente _____ de envolver los guantes.
4. Los alumnos se _____ del laboratorio.
5. Sólo me _____ dos libras de azúcar.
6. _____ mucho a su novia.
7. ¡_____ Vds. atención!
8. ¿Qué quiere _____ este párrafo?
9. _____ bien en los negocios.
10. Le _____ a Vd. leer.

B. Escoja Vd. de la lista siguiente un antónimo de cada una de las expresiones en letra cursiva, y escríbalo en la forma correcta:

> quitarse
> salir bien
> salir de
> salir el sol
> subir a

1. *Entraron en* la zapatería.
2. Los pasajeros *bajaron del* autobús.
3. *Salió mal* en el examen.
4. El sol *se pone* a las seis.
5. Ella *se puso* la blusa amarilla.

C. Escoja Vd. de la lista siguiente un sinónimo de cada una de las expresiones en letra cursiva, y escríbalo en la forma correcta:

> prestar atención
> querer a
> querer decir
> reírse de
> servirse del

1. Los alumnos suelen *escuchar con atención*.
2. *Se burla de* Pablo.
3. *Ama a* Rosa.
4. El alumno *usa el* sacapuntas.
5. ¿Qué *significan* estas líneas?

D. Escoja Vd. de la lista *B* la traducción de cada frase de la lista *A*.

A	*B*
1. Se rió del fracaso de su enemigo.	a. The dancer tried to hide in the shadows.
2. Para llegar al vestíbulo, bajaron la escalera.	b. The sailor took off his raincoat.
3. Le quedan unas lágrimas en la mejilla.	c. To get to the vestibule, they went downstairs.
4. Volvió a colgar la chaqueta en el armario.	d. The driver delayed in reaching the inn.
5. El bailarín trató de esconderse en las sombras.	e. She still has some tears on her cheek.
6. Estando fatigados, subieron a un taxi.	f. Being tired, they got into a taxi.
7. El marinero se quitó el impermeable.	g. They got upstairs by climbing the stairs.
8. Subiendo la escalera llegaron arriba.	h. It is your turn to buy the stamps.
9. El cochero tardó en llegar a la fonda.	i. She again hung the jacket in the closet.
10. Le toca a Vd. comprar los sellos.	j. He laughed at his enemy's failure.

E. Conteste Vd. en español en frases completas.

1. ¿Qué quiere decir "amistad"?
2. Para llegar al quinto piso, ¿hay que subir o bajar la escalera?
3. ¿Tarda Vd. en atender a sus deberes?
4. ¿Sueña Vd. con hacerse célebre?
5. ¿A qué hora salió el sol ayer?

6. ¿Trata Vd. de cocinar algunas veces?
7. ¿Se quita Vd. el abrigo al entrar en casa?
8. ¿Sale Vd. de casa después de la cena?
9. ¿De qué se sirve Vd. para cortar la carne?
10. ¿Quiere Vd. a sus parientes?

F. Traduzca Vd. al español las expresiones en inglés.

1. El hombre tuvo que *again* trabajar, porque *he had left* menos de un dólar.
2. Se apresuró a *get on the* tren, pero el tren *delayed in* salir.
3. Dorotea *didn't pay attention*, y *failed* en los exámenes.
4. Para *leave* la casa, es necesario *to descend the stairs*.
5. *He tries to* trabajar bien, y *dreams of* el futuro.
6. Para saber lo que *means* una palabra, *I use the* diccionario.
7. Luisa *loves* sus amigas, y nunca *laughs at* sus faltas.
8. Al entrar, *he took off* los zapatos y *went upstairs*.
9. *It is her turn* preparar el desayuno cuando *the sun rises*.
10. *He passes* en los exámenes porque *he pays attention* en la clase.

G. Traduzca Vd. al español.

1. He studies because he doesn't want to fail (in) the examination.
2. The enemy attacked again at noon.
3. At (En) the station he got on the train.
4. All the pupils passed the test last week.
5. It is my turn to pay the bill.
6. He delayed fifteen minutes in leaving the office.
7. We never laugh at the teacher's jokes.
8. The sun rose at 6 A.M. today.
9. Why don't you (tú) pay attention, Johnny?
10. Yesterday she had only four dollars left.

Lope de Vega (1562-1635) fue el dramaturgo principal de España y una figura prominente de la literatura universal. Escribió centenares (hundreds) de comedias, todas en verso (poetry). Su influencia fue tan grande que se dice que no sólo escribió para el teatro, sino que creó (created) el teatro nacional.

9. IDIOMS WITH *A*

a caballo, on horseback

Los vaqueros montan *a caballo.*   The cowboys ride on horseback.

a casa, home

Va *a casa.*   He goes home.

a causa de, on account of, because of

Llegó tarde *a causa de* la   He arrived late because of the
tempestad.   storm.

a eso de, at about (+ time expression)

Vino *a eso de* las tres.   He came at about three.

a la derecha, to (on, at) the right

Vaya Vd. *a la derecha.*   Go to the right.

a la izquierda, to (on, at) the left

Su cuarto está *a la izquierda.*   His room is on the left.

a menudo, often

Nos visita *a menudo.*   He often visits us.

a pesar de, in spite of

Lo hace *a pesar de* ella.   He does it in spite of her.

a pie, on foot

Van a la ciudad *a pie.*   They go to the city on foot.

a tiempo, on time

Llegan *a tiempo.*   They arrive on time.

al aire libre, in the open air, outdoors

Jugaban *al aire libre.*   They were playing in the open air.

al día siguiente, on the following day

Vino *al día siguiente.*　　　　　He came on the following day.

al fin, finally, at last

Al fin lo vieron.　　　　　Finally they saw it.

al lado de, beside, next to

Está sentado *al lado de* su esposa.　　He is seated beside his wife.

al + infinitive, on, upon

Al ver a su hermano, Alicia empezó a llorar.　　On seeing her brother, Alice began to cry.

EJERCICIOS

A. Complete Vd. cada frase con una de las expresiones siguientes:

a casa	a pesar de
a causa de	al aire libre
a eso de	al día siguiente
a la derecha	al llegar
a menudo	al fin

1. No sabiendo qué dirección tomar, fue _____.
2. _____ abajo, se echó a correr.
3. _____ la lluvia, se puso el impermeable.
4. Los pájaros y las abejas viven _____.
5. _____, a las seis, cesó de nevar.
6. El baile termina _____ las once.
7. No volvió _____ antes de medianoche.
8. Se lava _____, varias veces al día.
9. _____ su enfermedad, pudo subir la escalera.
10. Esperamos dos horas; _____ llegó el autobús.

B. Escoja Vd. de la lista siguiente un sinónimo de cada una de las expresiones en letra cursiva:

a menudo
al aire libre
al día siguiente
al fin
al lado de

1. Sintió la necesidad de dar un paseo *fuera de la casa.*
2. La sastrería está *junto a* la carnicería.
3. *Muchas veces* repiten respuestas incorrectas.
4. *Al día próximo* el suelo estaba cubierto de nieve.
5. *Por fin* llegó el médico con un remedio.

C. Escoja Vd. de la lista siguiente un antónimo de cada una de las expresiones en letra cursiva:

> a caballo
> a la izquierda
> a menudo
> a pesar de
> a tiempo

1. Tiene miedo de ir *a pie*.
2. El piloto *nunca* trata de viajar cuando hay neblina.
3. Mi casa se encuentra *a la derecha* del hospital.
4. *A causa de* su salud, no podía jugar al tenis.
5. Ambos llegaron *tarde* al mercado.

D. Conteste Vd. en español en frases completas.

1. ¿Se siente Vd. triste al ponerse el sol?
2. ¿Habla Vd. con sus amigos a menudo?
3. ¿A qué hora vuelve Vd. a casa?
4. ¿Le gusta a Vd. dar largos paseos a pie?
5. ¿Cómo se llama el alumno a la izquierda de Vd.?
6. ¿Qué edificio hay al lado de su casa?
7. ¿Toma Vd. alimento a causa de o a pesar de tener hambre?
8. ¿Siempre llega Vd. a tiempo a la clase?
9. ¿Prefiere Vd. dar paseos en auto o a caballo?
10. ¿Le gusta a Vd. pasar los días al aire libre?

E. Traduzca Vd. al español las expresiones en inglés.

1. El actor miró *to the right*.
2. Muchos sufren *because of* la guerra.
3. Puso el baúl *beside* la cama.
4. Está sentado *next to* la mujer bella.
5. Está débil *on account of* su enfermedad.
6. *Upon returning home*, dio un beso a su mamá.
7. Subió el monte *in spite of* la dificultad.
8. Viaja a Europa *often*.
9. *At last* pudo establecer un negocio en el pueblo.
10. El juez le examinó *on the following day*.
11. El comedor está *at the left*.
12. Tenemos que ir *on foot*.
13. El barco nunca sale *on time*.
14. Llegamos *at about* las once.
15. Va montado *on horseback*.

F. Traduzca Vd. al español.

1. The actor often arrives at the theater on time.
2. On the following day he left at about three o'clock.
3. We returned home on horseback.
4. Because of his illness, he spent much time outdoors.
5. At last he decided to go there on foot.
6. In spite of the snow, the army advanced on the following day.
7. Upon approaching the corner, we went to the right.
8. During the battle the captain often fought beside the soldiers.
9. At last he reached the building, which was to the left of the park.
10. In spite of the rain, he returned home on foot.

10. IDIOMS WITH *DE*

de buena gana, willingly

    Lo hace *de buena gana.*   He does it willingly.

de mala gana, unwillingly

    Lo hizo *de mala gana.*   He did it unwillingly.

de cuando en cuando, from time to time

    Se escribían *de cuando en cuando.*   They wrote to each other from time to time.

de día, by day, in the daytime

    Trabaja *de día.*   He works by day (in the daytime).

de noche, at night, in the nighttime

    Trabaja *de noche.*   He works at night (in the nighttime).

de esta (esa) manera, in this (that) way

    Hágalo Vd. *de esta (esa) manera.*   Do it in this (that) way.

de este (ese) modo, in this (that) way

    No lo haga Vd. *de este (ese) modo.*   Don't do it in this (that) way.

de la mañana (tarde, noche), in the morning (afternoon, evening); A.M. (P.M.)

    Salió a las tres *de la tarde.*   He left at 3 P.M.

de memoria, by heart

    Aprendió la regla *de memoria.*   He learned the rule by heart.

de moda, in style, in fashion

    Este vestido ya no está *de moda.*   This dress is no longer in style.

de nada, you're welcome, don't mention it

    Respondió:—*De nada.*   He answered, "You're welcome."

de nuevo, again

Lo hace **de nuevo**.   He does it again.

de pronto, suddenly, all of a sudden

De pronto apareció.   Suddenly he appeared.

de repente, suddenly, all of a sudden

Murió **de repente**.   He died suddenly.

EJERCICIOS

A. Escoja Vd. de la lista siguiente un sinónimo de cada una de las expresiones en letra cursiva:

> de esa manera
> de este modo
> de nada
> de nuevo
> de repente

1. Sucedió *de esta manera*.
2. *De pronto* notó un objeto extraño.
3. Ella me contestó: —*No hay de qué*.
4. *Otra vez* llenó el tanque de gasolina.
5. *De ese modo* evitó el peligro.

B. Escoja Vd. de la lista *B* la traducción de cada frase de la lista *A*.

A	B
1. El accidente ocurrió de este modo.	a. The cats go out at night.
2. Los chalecos ya no están de moda.	b. The employee wrapped the toy willingly.
3. De pronto oímos un grito.	c. Vests are no longer in style.
4. El empleado envolvió el juguete de buena gana.	d. The accident occurred in this way.
5. De cuando en cuando le falta dinero.	e. Suddenly we heard a shout.
6. Desapareció de repente.	f. He disappeared suddenly.
7. Los gatos salen de noche.	g. He eats the vegetables unwillingly.
8. A mediodía tenía hambre de nuevo.	h. At noon he was hungry again.
9. Es inútil aprenderlo de memoria.	i. From time to time he needs money.
10. Come las legumbres de mala gana.	j. It's useless to learn it by heart.

C. Conteste Vd. en español en frases completas.

1. En febrero, ¿se pone Vd. el abrigo de mala gana?
2. ¿Están de moda las faldas largas o cortas?
3. ¿Asiste Vd. a la escuela de día o de noche?
4. ¿Sabe Vd. de memoria las reglas de gramática?
5. ¿Hace Vd. sus tareas de buena gana?
6. ¿A qué hora de la mañana tiene Vd. su segunda clase?

7. ¿Qué debe Vd. contestar cuando alguien le dice "Gracias"?
8. ¿Se acuerda Vd. de los días de su niñez de cuando en cuando?
9. ¿Qué baile está de moda hoy día?
10. ¿A qué hora de la noche se acuesta Vd.?

D. Traduzca Vd. al español las expresiones en inglés.

1. *Suddenly* vimos un fuego.
2. Desgraciadamente, cayó enfermo *again*.
3. Muchas gracias. *You're welcome*.
4. Aprendió la poesía *by heart*.
5. Lea Vd. el capítulo *in this way*.
6. La fábrica está abierta *in the daytime*.
7. Luis tomó la medicina *willingly*.
8. Jamás sale *at night*.
9. Los guantes de cuero están *in style*.
10. Comió el huevo *unwillingly*.

E. Traduzca Vd. al español.

1. I paid the bill unwillingly.
2. Mexican dances are in style here.
3. He suddenly decided to get dressed.
4. The maid arrived at 9 A.M.
5. By day his daughter works in a bakery.
6. He learned the eighth lesson by heart.
7. They want to see England again in the spring.
8. The pupil erased the blackboard willingly.
9. From time to time he goes out at night.
10. He studied, and in that way he learned French.

Diego Velázquez (1599-1660) fue el pintor más importante de España. Fue el pintor de cámara (court painter) del rey Felipe IV, e hizo muchos retratos de la familia real. Lo más característico de sus obras es el realismo: "verdad y no pintura" ("truth, not painting"), como él mismo lo expresó. *Las meninas* y *La rendición de Bredá* son dos de sus obras más importantes.

11. IDIOMS WITH *EN*

en casa, at home

    Felipe está *en casa.*   Philip is at home.

en casa de, at the house (home) of

    Pasó la tarde *en casa de* su amiga.   She spent the afternoon at her friend's home.

en cuanto, as soon as

    En cuanto llegó, fuimos a verle.   As soon as he arrived, we went to see him.

en cuanto a, as for, as regards

    En cuanto a su padre, era un abogado famoso.   As for his father, he was a famous lawyer.

en frente de, in front of, opposite

    En frente del edificio hay una estatua.   In front of the building there is a statue.

en lugar de, instead of, in place of

    Fue al cine *en lugar de* estudiar.   He went to the movies instead of studying.

en medio de, in the middle of

    En medio del cuarto había una mesa grande.   In the middle of the room there was a large table.

en punto, exactly, on the dot

    Son las diez *en punto.*   It is exactly ten o'clock.

en seguida, at once, immediately

    Salga Vd. *en seguida.*   Leave at once.

en vano, in vain

    Trabajó *en vano.*   He worked in vain.

en voz alta, aloud, in a loud voice

    Lo anunció *en voz alta.*   He announced it aloud.

en voz baja, in a low voice

> Habla *en voz baja.*   He speaks in a low voice.

EJERCICIOS

A. Complete Vd. cada frase con una de las expresiones siguientes:

en casa	en medio de
en cuanto	en punto
en cuanto a	en seguida
en frente	en vano
en lugar de	en voz baja

1. Consultó el diccionario _____, sin éxito.
2. Vengan Vds. _____.
3. _____ entró el héroe, todos aplaudieron.
4. _____ del palacio, observó un objeto rojo.
5. Se perdió _____ la selva.
6. El avión sale a la una _____.
7. _____ su edad, no se la confiesa a nadie.
8. Quiero oír; no hablen Vds. _____.
9. Pasa demasiado tiempo _____.
10. _____ vender el cuadro, se lo regaló a su novio.

B. Escoja Vd. de la lista siguiente un sinónimo de cada una de las expresiones en letra cursiva:

> en frente de
> en lugar del
> en medio de
> en seguida
> en vano

1. *En vez del* gabán se puso la chaqueta.
2. Trató de atravesar la montaña, pero *sin éxito.*
3. *Delante de* la fábrica había una fuente.
4. *En el centro de* la plaza había un parque.
5. *Inmediatamente* se echó al lago para salvar a la niña.

C. Escoja Vd. de la lista siguiente un antónimo de cada una de las expresiones en letra cursiva:

> en casa
> en frente de
> en medio de
> en seguida
> en voz baja

1. *Más tarde* sirvieron refrescos.
2. El cura estaba *fuera de* la catedral.
3. *Detrás de* la sastrería se sentó para dar de comer a las palomas.
4. En octubre me gusta pasar los días *al aire libre.*
5. Los pasajeros conversaban *en voz alta.*

D. Conteste Vd. en español en frases completas.

1. ¿Habla Vd. en voz alta o baja cuando tiene dolor de garganta?
2. En cuanto a los ceros, ¿recibe Vd. muchos?
3. ¿Da Vd. un beso a sus hermanos(-as) en cuanto Vd. entra en casa?
4. ¿Pasa Vd. mucho tiempo en casa de sus amigos?
5. En esta clase, ¿habla el maestro en vano?
6. ¿Llega el correo a su casa a las nueve en punto?
7. Cuando tiene fiebre, ¿toma Vd. medicina en seguida?
8. ¿Juega Vd. a la pelota en medio del camino?
9. Para hacer té o café, ¿usa Vd. agua fría o caliente?
10. ¿Hay un parque en frente de su casa?

E. Traduzca Vd. al español las palabras en inglés.

1. *Instead of* comprar peras compró uvas.
2. Puedo estar *at Charles' house* a las tres.
3. *As for* su marido, es periodista.
4. Pasa sus horas libres *at home*.
5. Buscó un remedio *at once*.
6. Es la una *exactly*.
7. Su casa está situada *opposite* la nuestra.
8. Habló *aloud*.
9. *As soon as* me vio, me saludó.
10. Hay una estatua *in the middle of* la plaza.

F. Traduzca Vd. al español.

1. Generally she spent the afternoon at home.
2. As soon as he got up he saw his gifts.
3. The explorers looked for gold, but in vain.
4. The guide stopped in the middle of the park.
5. He put on his hat at once, and left the room.
6. The man announced the news in a loud voice.
7. We spent the holiday at the home of my aunt.
8. "Give me the jewels," the thief said in a low voice.
9. The lawyer promised to be here at one o'clock sharp.
10. Opposite the library there is a museum.

12. IDIOMS WITH *POR*

por consiguiente, consequently, therefore

Por consiguiente decidí comprarlo. — Consequently I decided to buy it.

por ejemplo, for example

Por ejemplo, la palabra "rodeo" es de origen español. — For example, the word "rodeo" is of Spanish origin.

por eso, therefore

Por eso, era imposible traerlo. — Therefore, it was impossible to bring it.

por favor, please

Déme Vd. la tinta, *por favor*. — Give me the ink, please.

por fin, finally, at last

Por fin llegó el tren. — Finally the train arrived.

por la mañana (tarde, noche), in the morning (afternoon, evening)

Trabajo *por la mañana* y descanso *por la noche*. — I work in the morning and rest in the evening.

mañana por la mañana, tomorrow morning

Saldrán de la ciudad *mañana por la mañana*. — They shall leave the city tomorrow morning.

ayer por la tarde, yesterday afternoon

Vino *ayer por la tarde*. — He came yesterday afternoon.

por lo general, generally, in general, usually

Por lo general me acuesto a las diez. — I generally go to bed at ten.

por lo menos, at least

Por lo menos vale cinco pesos. — It is worth at least five pesos.

por lo visto, apparently

Por lo visto, Juan está ausente hoy. — Apparently, John is absent today.

por supuesto, of course

    Por supuesto lo haré.   Of course I shall do it.

por todas partes, everywhere

    Había banderas *por todas partes*.   There were flags everywhere.

EJERCICIOS

   A. Escoja Vd. de la lista siguiente un sinónimo de cada una de las expresiones en letra cursiva:

               por eso   por lo general
               por favor   por fin
               por lo visto

1. No le gusta el autobús; *por consiguiente* viajó por ferrocarril.
2. *Finalmente* llegó el plomero.
3. *Generalmente* lleva gabán en febrero.
4. *Parece que* el sobre no tiene la dirección correcta.
5. *Haga Vd. el favor de servirme* un par de huevos.

   B. Conteste Vd. en español en frases completas.

1. ¿Toma Vd. jugo de naranja o de toronja por la mañana?
2. ¿Mira Vd. los programas de televisión por la noche?
3. Por lo general, ¿lleva Vd. paraguas cuando hay sol?
4. ¿Pasó Vd. mucho tiempo al aire libre ayer por la tarde?
5. ¿Se encuentran dulcerías por todas partes en su ciudad?

   C. Traduzca Vd. al español las expresiones en inglés.

1. *Please*, ponga Vd. el tocadiscos en el rincón.
2. No estaba satisfecho; *therefore* se quejó.
3. Ellos irán a misa *tomorrow morning*.
4. Ayer dimos un paseo de tres millas *at least*.
5. *Of course*, las nubes son grises cuando llueve.
6. *In the morning* visitaron el mercado y compraron sarapes.
7. *In the afternoon* el zapatero solía dormir la siesta.
8. Hoy día hay mucha ropa de rayón, *for example*, camisas y calcetines.
9. *Finally*, perdió toda su riqueza.
10. *In the evening* vieron la señal que esperaban.

   D. Traduzca Vd. al español.

1. There were many people everywhere.
2. We will go to the park tomorrow morning.
3. Generally we eat at six o'clock.
4. Please speak more slowly.
5. There are at least twenty chairs in the room.
6. At last they finished the work.
7. I saw him yesterday afternoon.
8. He visited his friend in the evening.
9. Of course what (lo que) he says is true.
10. Therefore it is necessary to do it now.

13. IDIOMS WITH *VEZ*

a veces, at times, occasionally

A veces le gusta fumar un cigarro.   At times he likes to smoke a cigar.

algunas (unas) veces, sometimes

Algunas veces me desayuno en un restaurante.   Sometimes I eat breakfast in a restaurant.

muchas veces, often, many times

Le veo *muchas veces* en la tienda.   I often see him in the store.

raras veces, seldom, rarely

La visitan *raras veces.*   They seldom visit her.

varias veces, several times

Lo repitió *varias veces.*   He repeated it several times.

una vez, once

Pruébelo *una vez.*   Try it once.

dos veces, twice

Lo vio *dos veces.*   He saw it twice.

otra vez, again

Escribió la carta *otra vez.*   He wrote the letter again.

a la vez, at the same time

Todos hablaron *a la vez.*   All spoke at the same time.

en vez de, instead of

Pidió leche *en vez de* café.   He ordered milk instead of coffee.

de vez en cuando, from time to time

Va al campo *de vez en cuando.*   He goes to the country from time to time.

tal vez, perhaps

Tal vez se olvidó de hacerlo.   Perhaps he forgot to do it.

EJERCICIOS

A. De la lista *B*, escoja Vd. la traducción correcta de cada modismo en la lista *A*.

	A		B
1.	dos veces	*a.*	once
2.	muchas veces	*b.*	at the same time
3.	tal vez	*c.*	from time to time
4.	en vez de	*d.*	sometimes
5.	de vez en cuando	*e.*	twice
6.	algunas veces	*f.*	instead of
7.	una vez	*g.*	again
8.	otra vez	*h.*	perhaps
9.	raras veces	*i.*	often
10.	a la vez	*j.*	rarely

B. Escoja Vd. de la lista siguiente un sinónimo de cada una de las expresiones en letra cursiva:

> **de vez en cuando**
> **en vez de**
> **muchas veces**
> **otra vez**
> **tal vez**

1. *De cuando en cuando* el paciente movía los labios.
2. *En lugar de* continuar sus estudios, se dedicó al comercio.
3. *Acaso* las alturas le hagan daño.
4. *A menudo* hacíamos un viaje a un pueblo cercano.
5. Antes de salir, estudió el mapa *de nuevo*.

C. Escoja Vd. la expresión entre paréntesis que complete cada frase correctamente.

1. (Dos veces, A veces) a la semana tuvo que ir a la clínica.
2. (Varias veces, En vez de) sintió un dolor agudo en el hombro.
3. Aunque las tareas generalmente son difíciles, (otra vez, de vez en cuando) puedo hacerlas.
4. Puede estudiar la aritmética y escuchar la conversación (una vez, a la vez).
5. (Algunas veces, En vez de) la vista de las montañas es espléndida.
6. Pasa el tiempo en el juego (a veces, en vez de) la lectura.
7. (Raras veces, Una vez) se ven chaquetas con mangas cortas.
8. (En vez de, De vez en cuando) la señorita echaba una mirada a su novio.
9. (Tal vez, Raras veces) el taxi está esperando en la esquina ahora.
10. (Muchas veces, A la vez) no comprendo la explicación del maestro.

D. Conteste Vd. en español en frases completas.

1. ¿Cuántas veces a la semana va Vd. al cine?
2. ¿Estudia Vd. a menudo o raras veces?
3. ¿Tiene Vd. deseos de comer varias veces al día?
4. ¿Visita Vd. a su tía de vez en cuando?
5. ¿Duerme Vd. la siesta en la clase algunas veces?

6. ¿Cruzó Colón el mar dos veces o más?
7. ¿Puede Vd. hacer varias cosas a la vez?
8. ¿Tiene Vd. exámenes una vez o varias veces al mes?
9. ¿Prefiere Vd. ir a pescar en vez de estudiar?
10. ¿Le gusta a Vd. escuchar la radio a veces?

E. Traduzca Vd. al español las expresiones en inglés.

1. ¡Ojalá se calle ella *again!*
2. Puede conversar y comer un emparedado *at the same time.*
3. *Perhaps* lo puso en el cajón.
4. *Sometimes* lleva abrigo en el otoño.
5. Va al cine *instead of* estudiar.
6. *At times* no puede respirar.
7. El alumno contesta perfectamente *from time to time.*
8. El obispo repitió la oración *twice.*
9. Leyó el artículo *once.*
10. Repita Vd. el proverbio *several times.*

F. Traduzca Vd. al español.

1. He often looked at the beautiful painting.
2. My parents rarely praise me.
3. Instead of pronouncing the word, he wrote it.
4. At times the teacher loses his (la) patience.
5. Philip once visited Peru.
6. Perhaps he received my letter.
7. From time to time we listen to the radio programs.
8. He can play the piano and speak at the same time.
9. Sometimes we went to the park on Sundays.
10. Several times she tried to speak to the president.

14. MISCELLANEOUS IDIOMATIC EXPRESSIONS—I

acerca de, about (concerning)

    ¿Qué sabe Vd. *acerca de* eso?   What do you know about that?

ahora mismo, right now

    Hágalo Vd. *ahora mismo.*   Do it right now.

alrededor de, around

    Estaban sentados *alrededor de* la mesa.   They were seated around the table.

billete de ida y vuelta, round-trip ticket

    Compré un *billete de ida y vuelta.*   I bought a round-trip ticket.

con frecuencia, frequently, often

    La veo *con frecuencia.*   I see her frequently.

con mucho gusto, gladly, with great pleasure

    Lo haré *con mucho gusto.*   I shall do it gladly.

cuanto antes, as soon as possible

    Vuelva Vd. *cuanto antes.*   Come back as soon as possible.

cuanto más . . . tanto más . . . , the more . . . the more . . .

    Cuanto más gana *tanto más* gasta.   The more he earns the more he spends.

dentro de poco, shortly, presently

    Estará aquí *dentro de poco.*   He will be here shortly.

desde luego, at once, of course

    Vaya Vd. a casa *desde luego.*   Go home at once.

    Desde luego Vd. fue invitado.   Of course you were invited.

es decir, that is to say

    Felipe, *es decir* mi vecino, me lo dio.   Philip, that is to say my neighbor, gave it to me.

está bien, all right

> —¡*Está bien!*—respondió Alberto.   "All right!" answered Albert.

esta noche, tonight

> Voy al cine *esta noche.*   I'm going to the movies tonight.

frente a, facing, in front of

> Hay un parque *frente a* mi casa.   There is a park facing my house.

hasta la vista, goodbye, until I see you again

> *Hasta la vista,* Dolores.   Goodbye (Until I see you again), Dolores.

hasta luego, goodbye, see you later

> *Hasta luego,* Jorge.   Goodbye (See you later), George.

hoy día, nowadays

> *Hoy día* los precios son altos.   Nowadays prices are high.

junto a, next to, beside

> Está sentado *junto a* la profesora.   He is seated next to the teacher.

la mayor parte de, most of, the majority of

> *La mayor parte de* la población es alta.   Most of the population is tall.

lo más pronto posible, as soon as possible

> Vinimos *lo más pronto posible.*   We came as soon as possible.

los (las) dos, both

> *Los dos* muchachos son mis primos.   Both boys are my cousins.

EJERCICIOS

A. Complete Vd. cada frase con una de las expresiones siguientes:

acerca de	dentro de poco
alrededor de	está bien
billete de ida y vuelta	hasta la vista
con frecuencia	hoy día
con mucho gusto	la mayor parte de

1. Al separarnos siempre decimos: —_____.
2. _____ tiene dolor de estómago.

3. No querían hablar _____ los accidentes.
4. Ganó _____ su fortuna en los negocios.
5. La familia pasó la noche _____ la chimenea, charlando.
6. Aguardó un rato, y _____ llegó su amigo.
7. Aquel día comió las albóndigas _____.
8. Compró un _____, dijo adiós, y subió al tren.
9. Cuando contestamos correctamente el maestro dice: —_____.
10. _____, la situación es distinta.

B. Escoja Vd. de la lista siguiente un sinónimo de cada una de las expresiones en letra cursiva:

> ahora mismo
> con frecuencia
> cuanto antes
> desde luego
> frente a

1. *Por supuesto* el paño es de la mejor calidad.
2. Paró el coche *en frente de* un hospital.
3. El navegante deseaba llegar al puerto *lo más pronto posible*.
4. *A menudo* vio un relámpago, y oyó el trueno.
5. Vamos a ponerle un telegrama *en este momento*.

C. Escoja Vd. de la lista siguiente un antónimo de cada una de las expresiones en letra cursiva:

> con frecuencia
> con mucho gusto
> desde luego
> frente al
> junto a

1. El campesino pagó el impuesto *de mala gana*.
2. *Detrás del* colegio había un patio grande.
3. Pasó las vacaciones *lejos de* su familia.
4. Estudie Vd. la historia *más tarde*.
5. El lechero *raras veces* mezcla agua con la leche.

D. Escoja Vd. de la lista *B* la traducción de cada modismo de la lista *A*.

A	B
1. ahora mismo	*a.* as soon as possible
2. esta noche	*b.* that is to say
3. desde luego	*c.* both
4. hasta luego	*d.* right now
5. los dos	*e.* about
6. cuanto antes	*f.* the more . . . the more
7. junto a	*g.* goodbye
8. es decir	*h.* of course
9. frente a	*i.* next to
10. cuanto más . . . tanto más	*j.* opposite
	k. tonight

E. Conteste Vd. en español en frases completas.

1. ¿Le gustaría a Vd. hacer un viaje alrededor del mundo?
2. ¿Se apresura Vd. a llegar a la escuela lo más pronto posible por la mañana?
3. Si un amigo le pide ayuda, ¿se la da Vd. cuanto antes?
4. ¿Va Vd. a tomar el almuerzo dentro de poco?
5. ¿Sabe Vd. mucho acerca de la vida hispanoamericana?
6. ¿Cuándo dice Vd. "hasta la vista" a un amigo?
7. ¿Qué lengua habla la mayor parte de la América del Sur?
8. ¿Vive Vd. frente a la escuela?
9. ¿Qué piensa Vd. hacer esta noche?
10. ¿Es difícil hoy día ir de la América del Norte a la América del Sur?

F. Traduzca Vd. al español las expresiones en inglés.

1. Vinieron *at once*.
2. *Both* personajes salieron a la vez.
3. *The more* estudio, *the more* aprendo.
4. Paso *most of* la semana en la oficina.
5. Vamos a hacer el baúl *tonight*.
6. Ella se puso la blusa nueva *gladly*.
7. *See you later*, amigo mío.
8. *Nowadays* las cosas cambian rápidamente.
9. Hablaré con Carlota *as soon as possible*.
10. Llame Vd. al caballero *right now*.
11. Pues, vamos a hablar *about* la política.
12. El alumno borrará la pizarra *shortly*.
13. Están sentados *around the* fuego.
14. "*All right*," contestó la niña.
15. *Facing* mi casa hay una panadería.

G. Traduzca Vd. al español.

1. Tonight the traveler will speak about South America.
2. Goodbye; I'll see you shortly.
3. Nowadays most of the pupils have vacations in the summer.
4. She stopped in front of the theater, beside the door.
5. He promised to buy a round-trip ticket as soon as possible.
6. The more I travel, the more I spend.
7. In the winter they frequently sit around the fire.
8. I must go home right now; goodbye.
9. Of course we gave the waiter a tip, and he accepted it gladly.
10. My mother said, "All right." That is to say, she consented.

15. MISCELLANEOUS IDIOMATIC EXPRESSIONS—II

más tarde, later

    Prometió venir *más tarde.*   She promised to come later.

mucho tiempo, a long time

    Hace *mucho tiempo* que no le veo.   I have not seen him for a long time.

¿no es verdad? or **¿verdad?,** aren't you? isn't he? don't they?, etc.

    Vd. viene con nosotros, *¿no es verdad?*   You are coming with us, aren't you?

no obstante, notwithstanding, in spite of

    Salió de la casa *no obstante* su enfermedad.   He left the house in spite of his illness.

ocho días, a week; **quince días,** two weeks

    ¿Piensa Vd. quedarse *ocho días* o *quince días?*   Do you intend to remain a week or two weeks?

(el año) pasado, (la semana) pasada, last (year, week)

    El año pasado hice un viaje a México.   Last year I took a trip to Mexico.

poco a poco, little by little

    Poco a poco se va lejos.   Little by little one goes far.

que lo pase Vd. bien
que le vaya bien } good luck to you

    Adiós y *¡que lo pase Vd. bien!*   Goodbye and good luck to you!

(el año) que viene, next (year)

    Vamos a Europa *el año que viene.*   We are going to Europe next year.

sin duda, no doubt, without doubt

    Sin duda llegará tarde.   No doubt he will arrive late.

sin embargo, however, nevertheless

    Sin embargo, es verdad.   However, it is true.

sobre todo, especially, above all

Me gusta nadar, *sobre todo* en una piscina.	I like to swim, especially in a swimming pool.

todavía no, not yet

¿Ha venido? *Todavía no.*	Has he come? Not yet.

todo el mundo, everybody, everyone

Todo el mundo aplaudió.	Everybody applauded.

todos los (todas las), every

Trabaja *todos los* días.	He works every day.

un poco de, a little (of)

Déme Vd. *un poco de* agua, por favor.	Give me a little water, please.

unos(-as) cuantos(-as), a few, several

Unos cuantos trabajadores escucharon la conferencia.	A few workers listened to the speech.

¡Ya lo creo!, Yes, indeed! I should say so!

—¿Está Vd. listo?—*¡Ya lo creo!*	"Are you ready?" "Yes, indeed!"

ya no, no longer

Ya no recuerda el incidente.	He no longer remembers the incident.

EJERCICIOS

A. Complete Vd. cada frase con una de las expresiones siguientes:

la semana que viene	sobre todo
mucho tiempo	todavía no
no es verdad	todos los
ocho días	un poco de
que lo pase Vd. bien	ya lo creo

1. _____ recuerdos de la vieja son tristes.
2. ¿Es linda su novia? —¡_____!
3. Pasó solamente _____ en la República Argentina.
4. Se cortó el dedo y perdió _____ sangre.
5. Al partir me dijo: —_____.
6. Las rocas durarán _____.

7. Me gustan los idiomas extranjeros, _____ el castellano.
8. ¿Ha cesado de nevar? _____.
9. El circo llegará a nuestro pueblo _____.
10. El paciente tiene un catarro, ¿_____?

B. Escoja Vd. de la lista siguiente un sinónimo de cada una de las expresiones en letra cursiva:

> que lo pase Vd. bien
> quince días
> sin duda
> sobre todo
> unos cuantos

1. *Seguramente* el maestro me dará buenos consejos.
2. Pasó solamente *dos semanas* en el campo.
3. Adiós; *que le vaya bien.*
4. *Varios* soldados tomaron parte en el combate.
5. Me interesan los espectáculos, *especialmente* la corrida de toros.

C. Escoja Vd. de la lista siguiente un antónimo de cada una de las expresiones en letra cursiva:

> más tarde
> poco a poco
> todo el mundo
> un poco de
> ya no

1. Su esposo *todavía* se dedica a los deportes.
2. Con el cuchillo cortó *un gran pedazo de* queso.
3. *Rápidamente* el paciente perdió la esperanza.
4. Cuando la dama entró, *nadie* la saludó.
5. *Ahora mismo* van a dividir el pastel.

D. Escoja Vd. la expresión entre paréntesis que complete cada frase correctamente.

1. (Todo el mundo, Todos los) debe evitar lo malo.
2. (Un poco de, Poco a poco) aprendió una lengua extranjera.
3. Es perezoso; (sin duda, sin embargo) estudia con frecuencia.
4. (Un poco de, Unos cuantos) guardias andaban por la calle.
5. (Sin duda, Sobre todo) la lucha durará mucho tiempo.
6. (No obstante, Ya no) su enfermedad, el niño se negó a quedarse en la cama.
7. Durante casi medio mes, eso es, (quince días, ocho días), tenía fiebre.
8. Algo extraordinario ocurrió (el año que viene, el año pasado).
9. Descansé un rato, y (ya lo creo, ya no) estoy cansado.
10. Le encontré (más tarde, la semana que viene), comiendo fresas.

E. Conteste Vd. en español en frases completas.

1. ¿Cuándo dice Vd. a un amigo "que lo pase Vd. bien"?
2. ¿Prefiere Vd. vacaciones de quince días o de dos meses?
3. ¿Debe pagar todo el mundo los impuestos?

4. ¿Todavía no ha leído Vd. el periódico de hoy?
5. ¿Fue Vd. al campo el año pasado?
6. ¿Desea Vd. ser médico, no obstante los muchos años de estudio?
7. Por la mañana, ¿se levanta Vd. más tarde que su mamá?
8. El mundo es redondo, ¿no es verdad?
9. ¿Piensa Vd. visitar un país hispanoamericano el año que viene?
10. ¿Dura mucho tiempo un partido de fútbol?

F. Traduzca Vd. al español las expresiones en inglés.

1. Hace *a long time* que le espero.
2. Tiene mala memoria; *nevertheless*, recuerda aquel día.
3. Pasaron las nubes y *later* salió el sol.
4. *Everyone* se reunió en la oficina.
5. Hay que añadir a la ensalada *a little* vinagre.
6. *A few* personas vieron la tragedia.
7. *Doubtless* Vd. me debe medio dólar.
8. ¿Comprende Vd. el sistema? *Not yet.*
9. *Notwithstanding* su terror, se lanzó sobre el ladrón.
10. *Last year* la familia pasó sus vacaciones en las montañas.
11. Ramón deseaba visitar a Buenos Aires *especially*.
12. Me dio la mano y me dijo: *"Good luck to you!"*
13. ¿Desea Vd. visitar la América Central? *I should say so!*
14. *Every* miércoles el veterano cobraba su pensión.
15. Su nieto *no longer* viene a visitarla.
16. Pasaron *two weeks* viajando por Francia.
17. *Little by little* Luisa logró llenar el saco.
18. Aquel mapa es incorrecto, *isn't it?*
19. Harán las tareas, *won't they?*
20. Roberto llegará *next month*.

G. Traduzca Vd. al español.

1. No doubt they will announce the news later.
2. Last year we had a dog, but we no longer have it.
3. He winds the clock every week; nevertheless, it stopped yesterday.
4. You (*pl.*) study every day, don't you?
5. Do you want a little milk with your coffee? I should say so!
6. Next year I will spend much time in Europe.
7. Everybody celebrates Christmas, especially the children.
8. I'm leaving for (por) two weeks. Good luck to you!
9. Little by little a few brave soldiers approached the city.
10. In spite of her illness, she has not yet called the doctor.

16. MASTERY EXERCISES

A. Traduzca Vd. al inglés las frases siguientes:

1. No le gustaba el vino, y se negó a beberlo.
2. Escribió acerca de los conquistadores que llevaron a cabo la conquista de América.
3. Al dar con el león, el explorador su puso pálido.
4. Se burlaba de las costumbres de los madrileños, sobre todo la siesta.
5. Ella acaba de casarse con su novio.
6. Nunca tengo bastante; es decir, cuanto más tengo, tanto más deseo.
7. Cuando el pintor tenía cuarenta años, ya gozaba de fama.
8. Al levantarse por la mañana, dio cuerda a su reloj.
9. Se aprovechó de sus oportunidades, y llegó a ser rico.
10. La madre se ocupa de dar de comer a la familia.
11. A las tres en punto de la tarde todavía no había vuelto.
12. Aunque hacía viento, salió a echar la carta al correo.
13. Muchas veces Colón soñó con el descubrimiento de una ruta diferente.
14. Los dos célebres autores se dieron la mano.
15. En cuanto a Isabel, es diligente y aprende de memoria las lecciones.
16. Se echó a volver a casa a pie, con paso rápido.
17. Me quedan solamente diez dólares y me toca pagar las entradas.
18. Asiste a la escuela, y generalmente llega allí a eso de las nueve.
19. Se sirven del diccionario para ver lo que quieren decir las palabras.
20. Hoy día las medias largas están de moda.
21. El reloj dio las tres, y dentro de poco los alumnos salieron de la escuela.
22. El comerciante ha de salir esta noche.
23. El agricultor se puso en camino la semana pasada.
24. No deje Vd. de llegar a tiempo.
25. Cuando no está en casa, Dorotea echa de menos su radio.
26. El chico tenía prisa, y en cuanto cobró el dinero, se fue.
27. Por lo general, servían refrescos por la tarde.
28. La mayor parte de los curas se dedican a ayudar a la raza humana.
29. El jueves se enamoró de ella y decidió casarse, pero al día siguiente cambió de opinión.
30. Mientras ponía la mesa, dejó caer dos platos y una cuchara.

B. Escoja Vd. de la lista siguiente un sinónimo de cada una de las expresiones en letra cursiva:

ahora mismo	hacerse
a pesar del	Hasta luego.
con mucho gusto	junto a
de pronto	lo más pronto posible
de vez en cuando	por eso
en lugar de	por supuesto
estaba a punto de	Que le vaya bien.
frente a	seguramente
hace sol	semana
le hace falta	tenga Vd. la bondad de

1. El jefe *de buena gana* le dio permiso para salir.
2. Cada *ocho días*, la clase tiene que escribir al dictado.
3. Estudió para *llegar a ser* periodista.

4. Cuando salí del restaurante, el propietario me dijo: —*Que lo pase Vd. bien.*
5. *De repente* el cantor se calló.
6. Al despedirme de Rosa, le dije: —*Hasta la vista.*
7. *No obstante el* polvo, me gustaría vivir en esa ciudad.
8. Es necesario ir ahí *cuanto antes.*
9. *En vez de* leer rápidamente, el alumno leyó despacio.
10. *Al lado de* la joya había una tarjeta con el precio.
11. *De cuando en cuando* el piloto estudiaba el mapa.
12. *En frente de* la plaza central había un palacio grande.
13. El cocido contiene bastante sal, pero *le falta* pimienta.
14. *Sin duda*, el maestro sabe pronunciar bien las palabras.
15. *Desde luego*, el sol se pone en el oeste.
16. Cuando las nubes pasan, *hay sol.*
17. Cayó poca lluvia; *por consiguiente* la cosecha fue pobre.
18. *Haga Vd. el favor de* pasarme el pan.
19. Ramón, ven acá *en seguida.*
20. El vapor *estaba para* partir.

C. Escoja Vd. de la lista siguiente un antónimo de cada una de las expresiones en letra cursiva:

a causa de	mucho
a la izquierda	rápidamente
bajó del	raras veces
de buena gana	salí mal
de noche	se pondrá
de pie	se puso
entró en	se puso a
hacía calor	tenía calor
hacía mal tiempo	todo el mundo
más tarde	ya no

1. Se apresuró a marcharse cuando *salió* el sol.
2. *Salí bien* en el examen de ayer.
3. Cada persona necesita *un poco de* cariño.
4. *Nadie* comprende las obras de ese artista.
5. El alcalde de la aldea asistió *de mala gana.*
6. En la estación el viajero *subió al* tren.
7. *Se quitará* el sombrero de paja.
8. Estaba *sentada*, esperando la vuelta de su marido.
9. Andando por las calles, el turista *tenía frío.*
10. El aduanero *dejó de* examinar los artículos.
11. *En seguida* se puso serio.
12. Su esposa *todavía* es tan bella como antes.
13. *A la derecha* del anciano estaba su nieto.
14. *Salió de* la casa, llevando el abrigo.
15. *A menudo* tomaba el almuerzo en casa.
16. *Poco a poco* terminó la bebida.
17. Siempre *hacía buen tiempo* en el sur de aquel país.
18. *Hacía frío* en el templo aquel día.
19. *De día* atravesaron el río.
20. *A pesar de* su temor, no se movió.

D. Complete Vd. cada frase con una de las expresiones siguientes: (Cada expresión debe usarse solamente una vez.)

a caballo	que sí
a veces	subieron la escalera
billete de ida y vuelta	tal vez
de esta manera	tengo sueño
dio un paseo	todos los días
en voz alta	trató de
por todas partes	ya lo creo
prestó atención	

1. En la estación compró un _____.
2. Anunciaron _____ el resultado.
3. _____ quebrar una rama del árbol.
4. _____ a lo que dijo el sabio.
5. No sé si esos retratos valen mucho, pero creo _____.
6. _____ corriendo, para salvar a la señora.
7. _____ suelen pasar el día.
8. _____ esas uvas todavía están verdes.
9. _____ y quiero acostarme.
10. _____ de siete u ocho minutos.
11. ¿Es importante el estudio del español? ¡_____!
12. _____ la tierra está muy seca cuando no hay lluvia.
13. Vio acercarse la tropa, unos sesenta hombres, montados _____.
14. Se hallan teléfonos _____.
15. _____ la zapatería se cierra a las cinco.

E. Escoja Vd. la forma correcta de **haber** o **hacer**.

1. El maestro interrumpió el discurso para (haber, hacer) una pregunta.
2. (Hubo, Hizo) un viaje a España porque sabía el idioma.
3. El guía nos dijo que (había, hacía) polvo en la calle.
4. ¿Qué tiempo (hay, hace) en Inglaterra en la primavera?
5. (Hubo, Hizo) una visita al mercado para comprar un regalo.
6. (Hay, Hace) fresco en mi dormitorio.
7. Se sentía sin fuerzas para (haber, hacer) el baúl.
8. (Hay, Hace) que dividir el pastel en partes iguales.
9. Se (había, hacía) tarde, y el niño metió los juguetes en la caja.
10. Detrás del monte (había, hacía) neblina.
11. De noche, cuando (hay, hace) luna, la naturaleza parece tranquila.
12. Durante la ausencia del rey, el ministro (había, hacía) de gobernador.
13. (Había, Hacía) pinturas interesantes en la pared.
14. (Hay, Hace) media hora que el empleado distribuyó los billetes.
15. Aunque (había, hacía) frío estábamos cómodos alrededor del fuego.

F. Traduzca Vd. al español las expresiones en inglés, empleando la forma correcta del verbo **gustar**.

1. *I like* los colores blanco y azul.
2. *Mary and Ann like* la corrida de toros.
3. *The teacher doesn't like* oír un ruido continuo en la clase.
4. *My brother doesn't like* cruzar las calles solo.

5. *We like* el trabajo de aquel carpintero.
6. *He likes* los alimentos típicos de Francia.
7. *You* (fam. sing.) *will like* el nuevo apartamiento.
8. *The children like* las cerezas frescas.
9. *He liked* el clima húmedo de aquel lugar.
10. *We like* escuchar las ideas del filósofo.
11. *They like* la España actual.
12. *She likes* los calcetines de nilón.
13. *I like* el mes de abril.
14. ¿*Would you like* (conditional) visitar la América del Sur?
15. *Arthur likes* los asientos de la primera fila.

G. Conteste Vd. en español en frases completas.

1. ¿Es posible leer y dormir a la vez?
2. ¿Qué hace Vd. cuando tiene hambre? ¿Cuando tiene sed?
3. Por lo general, ¿hay luna de día?
4. ¿Cuándo responde Vd. "de nada"?
5. Al encontrarse con un conocido, ¿le da Vd. los buenos días?
6. ¿Tiene Vd. miedo de viajar sin guía?
7. ¿Come Vd. varias veces al día?
8. Para llegar al piso alto, ¿baja Vd. la escalera?
9. ¿Siempre tiene Vd. razón?
10. ¿Tiene Vd. mucho que hacer en casa?
11. ¿Cuándo cumplió Vd. catorce años?
12. Cuando Vd. pide dinero a su papá, ¿pide Vd. en vano?
13. ¿Hace Vd. preguntas al maestro si no comprende la lección?
14. ¿Contesta Vd. a estas preguntas en voz baja?
15. ¿Juega Vd. al béisbol en el mes de febrero?
16. ¿Se ríe Vd. de los errores de sus compañeros?
17. ¿Le gusta a Vd. dar un paseo en automóvil?
18. Si una persona le habla a Vd. con cortesía, ¿contesta Vd. de ese modo también?
19. ¿Se graduará Vd. el año que viene?
20. ¿Qué se pone Vd. cuando tiene las manos frías?

H. Traduzca Vd. al español las expresiones en inglés.

1. Su sobrino *delayed in* abrir la puerta.
2. Entre risas y lágrimas *he took leave of* sus padres.
3. Estoy seguro de que *you will like* la comedia.
4. El representante *fulfilled* su promesa.
5. *What's the matter with you?* —preguntó la enfermera.
6. *I don't like* seguir los consejos de mis amigos.
7. Después que pasó el huracán, todos se sentaron *in the open air.*
8. *In the middle of the* bosque se encontraron con un lobo.
9. Cuando *the weather is good* estoy de buen humor.
10. Compre Vd. para ella algo precioso; *for example,* un diamante.
11. En agosto *she likes* ir viajando por muchos países.
12. *Again* tropezó con el vendedor de tortillas.
13. *Around* la casa había violetas y otras flores.
14. La reina se quejó de *having a headache.*

15. Cada persona nace sólo *once*.
16. *He relies on* la ayuda de su secretaria.
17. En *two weeks* recibió su pasaporte.
18. Siéntese Vd. en ese sillón, *please*.
19. Al verse libres, *they thanked the* libertador.
20. ¿Qué *do you think of* las novelas de ese escritor?
21. *At last* se atrevió a declarar su amor.
22. *I have to* firmar el acuerdo el miércoles.
23. Por la tarde *they like* pasar una hora agradable jugando al ajedrez.
24. El médico esperaba que el paciente pudiera mover la pierna, *at least*.
25. Comió mucho y *in this way* se puso gordo.
26. *A few* personas se paseaban por la avenida.
27. *There will be* fiesta el martes.
28. Aquella señora *is glad to* dar una limosna al pordiosero.
29. Llamaron *again* al médico.
30. *In the morning*, el director nos habló.
31. *Sometimes* pongo un disco en el tocadiscos.
32. Es menester *to be careful* cuando hay peligro.
33. *The artist likes* crear obras maestras.
34. *He hasn't been successful* como médico.
35. *Apparently*, los deportes no te interesan.

I. Traduzca Vd. al español.

1. Last year my uncle visited the capital twice.
2. I always shake hands with my friends.
3. When I invited her to the movies, she said: "All right."
4. In this lesson there are many exercises to write.
5. The maid packed the lady's trunk unwillingly.
6. Study every day; in that way you'll learn much.
7. I don't like the months of September and October.
8. She was tired; nevertheless, she listened attentively.
9. In the evening the family usually watches (the) television.
10. George is not in favor of inviting Louis to the party.
11. There were many wars in the nineteenth century.
12. Paul and Rose like to play the piano.
13. They announced that there would be a dance on Saturday.
14. Do you know any famous people? I think not.
15. Everyone knows that Robert loves his fiancée.
16. They frequently spent the afternoon in the garden.
17. In Madrid we often visited the Prado Museum.
18. Yesterday afternoon he accompanied his mother to the doctor.
19. In May the pupils think of the summer vacation.
20. We enjoyed ourselves at Thomas' house.
21. His neighbor was hungry and he fed him.
22. She likes to eat oranges and apples.
23. The judge thought [for] a long time.
24. We like the chicken salad in that restaurant.
25. The library is open today, isn't it?

Part IV—*Vocabulary Building*

1. SYNONYMS

GROUP I

Synonyms	*Meanings*
acabar, terminar, concluir (y)	to finish, to end, to conclude
acaso, tal vez	perhaps
acordarse (ue) de, recordar (ue)	to remember
afecto, cariño, amor	affection, love
aguardar, esperar	to wait (for)
alegre, feliz, contento	happy, merry, gay
alumno, estudiante	pupil, student
alzar (c), elevar, levantar	to raise
amo, dueño, propietario	master, owner, boss
andar, caminar	to walk
antiguo, viejo	old, ancient
aplicado, diligente, trabajador	industrious, diligent, hard-working
asustar, espantar	to frighten, to scare
atravesar (ie), cruzar (c)	to cross
aún, todavía	still, yet
bastante, suficiente	enough, sufficient
batalla, combate, lucha	battle, fight, struggle
bello, hermoso	beautiful
bonito, lindo	pretty
broma, chiste	joke
buque, barco, vapor	ship, boat
cabello, pelo	hair
cara, rostro	face
célebre, famoso, ilustre	famous
colocar (qu), poner (g)	to put, to place
comprender, entender (ie)	to understand
conseguir (i, gu), obtener (ie, g)	to get, to obtain
contestar, responder	to answer, to reply
corto, breve	short
cuarto, habitación	room
cura, sacerdote	priest
dejar, permitir	to let, to allow, to permit
delgado, flaco	thin, slender

EJERCICIOS

A. Escoja Vd. el sinónimo de la palabra en letra cursiva.

1. *trabajador:*   feliz, elevar, diligente
2. *broma:*   barco, sacerdote, chiste
3. *alzar:*   cruzar, levantar, caminar
4. *todavía:*   corto, aún, acaso
5. *lucha:*   combate, vapor, amor
6. *bastante:*   suficiente, cabello, batalla
7. *cariño:*   rostro, feliz, afecto
8. *terminar:*   recordar, atravesar, concluir
9. *corto:*   cabello, breve, antiguo
10. *conseguir:*   obtener, esperar, continuar

B. Escoja Vd. de la lista *B* el sinónimo de cada palabra de la lista *A*.

A	B
1. aguardar	a. cara
2. antiguo	b. esperar
3. diligente	c. habitación
4. cuarto	d. acaso
5. barco	e. aplicado
6. acabar	f. buque
7. tal vez	g. viejo
8. rostro	h. cura
9. hermoso	i. terminar
10. sacerdote	j. bello

C. Escoja Vd. de la lista siguiente un sinónimo de cada una de las palabras en letra cursiva, y escríbalo en la forma correcta.

acordarse de   contestar   estudiante
alegre   cruzar   flaco
andar   dueño   pelo
bonito   entender   permitir
célebre   espantar   poner

1. El aduanero no nos *dejó* pasar.
2. José es el *propietario* de la tienda.
3. Las *colocó* en la mesa.
4. *Atraviesa* la calle.
5. El perro *asustó* al niño.
6. No sabía qué *responder*.
7. *Camina* rápidamente.
8. No *recuerdo* su nombre.
9. Ella *comprende* bien la aritmética.
10. Los indios son *delgados*.
11. Llegaron a una *linda* aldea.
12. Tenía el *cabello* rubio.
13. Quedó *contento* con el resultado.
14. Las espadas de Toledo son *famosas*.
15. El *alumno* aprendió el alfabeto.

D. Traduzca Vd. al español *de dos maneras* las palabras siguientes:

1. beautiful
2. master
3. to wait for
4. perhaps
5. pupil
6. happy
7. to understand
8. enough
9. to walk
10. famous
11. to finish
12. thin
13. to answer
14. face
15. to obtain

GROUP II

Synonyms	*Meanings*
demonio, diablo	devil
desear, querer (ie)	to want, to wish
despacio, lentamente	slowly
detenerse (ie, g), pararse	to stop
diferente, distinto	different
echar, arrojar, lanzar (c), tirar	to throw
empezar (ie), principiar, comenzar (ie)	to begin
enfadarse, enojarse	to become angry
enviar (í), mandar	to send
error, falta	error, mistake
esposo, marido	husband
grave, serio	serious
hallar, encontrar (ue)	to find
idioma, lengua	language
igual, semejante	similar, alike
invitar, convidar	to invite
irse, marcharse	to go away
jamás, nunca	never
lugar, sitio	place
maestro, profesor	teacher
miedo, temor	fear
mostrar (ue), enseñar	to show
país, nación	country, nation
pájaro, ave	bird
quedarse, permanecer (zc)	to remain
rogar (ue, gu), suplicar (qu)	to beg, to implore
romper, quebrar (ie)	to break
seguir (i, gu), continuar (ú)	to continue
sólo, solamente	only
sorprender, asombrar	to surprise
suceder, ocurrir	to happen, to occur
sufrir, padecer (zc)	to suffer
tonto, necio	foolish, stupid
volver (ue), regresar	to return

EJERCICIOS

A. Escoja Vd. el sinónimo de la palabra en letra cursiva.

1. *volver:*   lanzar, irse, regresar
2. *demonio:*   diablo, marido, lengua
3. *asombrar:*   padecer, sorprender, regresar
4. *suceder:*   marcharse, ocurrir, convidar
5. *suplicar:*   principiar, mandar, rogar
6. *despacio:*   sólo, lentamente, jamás
7. *marcharse:*   irse, seguir, volver
8. *país:*   ave, idioma, nación
9. *esposo:*   necio, marido, maestro
10. *continuar:*   echar, volver, seguir

B. Escoja Vd. de la lista *B* el sinónimo de cada palabra de la lista *A*.

	A		B
1.	mostrar	a.	padecer
2.	sufrir	b.	quebrar
3.	lugar	c.	temor
4.	tonto	d.	serio
5.	romper	e.	pájaro
6.	grave	f.	necio
7.	diferente	g.	permanecer
8.	ave	h.	distinto
9.	miedo	i.	sitio
10.	quedarse	j.	enseñar

C. Escoja Vd. de la lista siguiente un sinónimo de cada una de las palabras en letra cursiva, y escríbalo en la forma correcta.

arrojar	hallar	pararse
comenzar	el idioma	profesor
convidar	igual	querer
enojarse	jamás	seguir
el error	mandar	sólo

1. Mi padre *se enfadó* conmigo.
2. Para el almuerzo tomó *solamente* queso y pan.
3. ¿Qué *desea* Vd.?
4. Se aprovecha de *las faltas* de los otros.
5. *Nunca* come en un restaurante.
6. *Tiró* el periódico al suelo.
7. *Empezaron* a cultivar la tierra.
8. Su amistad *continúa* como antes.
9. El nuevo *maestro* es de Alemania.
10. *Envió* la carta.
11. *Se detuvo* en el camino.
12. Le *invité* a tomar una copa de vino.
13. Arturo sabe hablar tres *lenguas*.
14. Estos artículos son *semejantes*.
15. No lo *encontró*.

D. Traduzca Vd. al español *de dos maneras* las palabras siguientes:

1. to invite
2. the nation
3. teacher
4. slowly
5. to continue
6. only
7. to go away
8. to return
9. the language
10. husband
11. to want
12. different
13. to throw
14. serious
15. to happen

2. ANTONYMS

GROUP I

abajo, below, downstairs — arriba, above, upstairs

abrir, to open — cerrar (ie), to close

acercarse (qu) (a), to approach — alejarse (de), to move away (from)

acordarse (ue) de, to remember — olvidarse de, to forget

alegre, happy, gay — triste, sad

algo, something — nada, nothing

alguien, someone, somebody — nadie, no one, nobody

alguno, some — ninguno, none

alto, high, tall — bajo, low, short

allí, there — aquí, here

amar, to love — odiar, to hate

amargo, bitter — dulce, sweet

amigo, friend — enemigo, enemy

amo, master — esclavo, slave

amor, love — odio, hate

ancho, wide — estrecho, narrow

anoche, last night — esta noche, tonight

antes (de), before — después (de), after

antiguo, old, ancient — moderno, modern

aparecer (zc), to appear — desaparecer (zc), to disappear

aprisa, quickly — despacio, slowly

ausente, absent — presente, present

bajar, to go down — subir, to go up

barato, cheap — caro, dear, expensive

bien, well — mal, badly, poorly

blanco, white — negro, black

bueno, good — malo, bad

caballero, gentleman — dama, lady

callarse, to keep quiet — hablar, to speak

cerca de, near — lejos de, far from

cielo, heaven, sky — tierra, earth, ground

comprar, to buy — vender, to sell

común, common — raro, rare

con, with

	sin, without
	contra, against

contestar, to answer

preguntar, to ask

corto, short

largo, long

EJERCICIOS

A. Escoja Vd. el antónimo de la palabra en letra cursiva.

1. *amargo:*   bajo, caro, dulce
2. *tierra:*   alto, cielo, abajo
3. *nada:*   algo, alguno, alguien
4. *largo:*   pequeño, ancho, corto
5. *subir:*   aparecer, bajar, odiar
6. *amigo:*   malo, enemigo, bueno
7. *bajo:*   alto, triste, antiguo
8. *anoche:*   esta noche, ayer, antiguo
9. *comprar:*   subir, bajar, vender
10. *alguien:*   nada, nadie, algo

B. Escoja Vd. de la lista *B* el antónimo de cada palabra de la lista *A*.

A	B
1. amo	*a.* dama
2. despacio	*b.* odio
3. caballero	*c.* raro
4. común	*d.* estrecho
5. bien	*e.* ninguno
6. amor	*f.* esclavo
7. ancho	*g.* caro
8. barato	*h.* contra
9. con	*i.* aprisa
10. alguno	*j.* mal

C. Escoja Vd. de la lista siguiente un antónimo de cada una de las palabras en letra cursiva, y escríbalo en la forma correcta.

acercarse a	aquí	cerrar
acordarse de	arriba	desaparecer
alegre	ausente	después
amar	bueno	lejos
antiguo	callarse	negro

1. *Allí* se fabrica mucho hierro.
2. ¿Por qué estás tan *triste?*
3. El chófer vive *cerca* del doctor.
4. *Se olvidó de* atarlo.
5. El público no *habló.*
6. *Se alejaron de* la catedral.
7. El dueño *abrió* la habitación.
8. De pronto *apareció* el guardia.
9. Llevaba un impermeable *blanco.*
10. Tiene un humor *malo.*
11. *Antes* del huracán brilló el sol.
12. El alumno está *presente* frecuentemente.
13. Las botellas están *abajo.*
14. Ella *odia* el mes de febrero.
15. El hotel era *moderno.*

D. Conteste Vd. en sentido negativo, empleando en cada respuesta un antónimo de la palabra en letra cursiva.

EJEMPLOS: ¿Es *pequeña* la casa?   No, la casa es *grande.*
          ¿Siempre *se olvida* Vd. *de*   No, siempre *me acuerdo*
          traer sus libros?   *de* traer mis libros.

1. ¿Es *amargo* el jugo de naranja?
2. ¿*Contesta* Vd. en español?
3. ¿Le gustan a Vd. las modas *antiguas?*
4. ¿Se lava Vd. *sin* jabón?
5. ¿Estuvo Vd. *ausente* el jueves pasado?
6. ¿Son *cortas* las vacaciones?
7. ¿Son *baratas* las legumbres?
8. ¿Es *blanco* el carbón?
9. ¿Tiene Vd. muchos *enemigos?*
10. ¿*Sube* Vd. la escalera para llegar al piso bajo?

GROUP II

dar, to give

debajo (de), under
débil, weak
delante de, in front of
despertarse (ie), to wake up
día, day
difícil, difficult
duro, hard
empezar (ie, c), to begin
encender (ie), to light, to ignite
entrada, entrance
este, east
éxito, success
feliz, happy
fin, end
flaco, thin
frío, cold
fuera, outside
grande, large
guerra, war
hermoso, beautiful
héroe, hero
hombre, man

{ **tomar,** to take
{ **recibir,** to receive

encima (de), on top
fuerte, strong
detrás de, in back of, behind
dormirse (ue, u), to fall asleep
noche, night
fácil, easy
blando, soft
acabar, terminar, to end
apagar (gu), to put out, to extinguish
salida, exit
oeste, west
fracaso, failure
triste, sad
principio, beginning
gordo, fat
caliente, hot
dentro, inside
pequeño, small
paz, peace
feo, ugly
heroína, heroine
mujer, woman

hoy, today

inteligente, intelligent

ir, to go

levantarse, to get up

ligero, light

limpio, clean

lleno, full

llorar, to cry

madre, mother

marido, husband

más, more

{ mañana, tomorrow
{ ayer, yesterday

estúpido, stupid

venir (ie, g), to come

{ sentarse (ie), to sit down
{ acostarse (ue), to go to bed

pesado, heavy

sucio, dirty

vacío, empty

reír (i), to laugh

padre, father

esposa, wife

menos, less

EJERCICIOS

A. Escoja Vd. el antónimo de la palabra en letra cursiva.

1. *blando:*   feliz, duro, pesado
2. *débil:*   triste, ángel, fuerte
3. *levantarse:*   despertarse, sentarse, callarse
4. *delante:*   debajo, detrás, después
5. *empezar:*   acabar, recibir, reír
6. *éxito:*   pasado, entrada, fracaso
7. *limpio:*   vacío, principio, sucio
8. *día:*   ayer, noche, mañana
9. *entrada:*   salida, llegada, fin
10. *madre:*   mujer, heroína, padre

B. Escoja Vd. de la lista *B* el antónimo de cada palabra de la lista *A*.

A	B
1. gordo	*a.* paz
2. guerra	*b.* flaco
3. fin	*c.* feo
4. ir	*d.* fuera
5. ligero	*e.* esposa
6. hermoso	*f.* venir
7. dentro	*g.* hombre
8. mujer	*h.* triste
9. marido	*i.* pesado
10. feliz	*j.* principio

C. Escoja Vd. de la lista siguiente un antónimo de cada una de las palabras en letra cursiva, y escríbalo en la forma correcta.

ayer	encima	llorar
dar	este	mañana
difícil	frío	menos
dormirse	la heroína	pequeño
encender	levantarse	vacío

1. *Tomó* noventa dólares por la obra.
2. Su plato está *lleno*.
3. La oficina era muy *grande*.
4. Hay *más* nieve ahora que había el año pasado.
5. *Se acuesta* temprano.
6. El piloto dice que llegaremos *hoy*.
7. Es *fácil* entrar en el palacio.
8. El lago está ochenta millas al *oeste*.
9. *El héroe* se paseaba por la calle.
10. La mujer *ríe*.
11. *Apagaron* la luz.
12. El niño *se despierta*.
13. Algo extraordinario ocurrió *hoy*.
14. Está *debajo* de la mesa.
15. No me gustan los panecillos *calientes*.

D. Conteste Vd. en sentido negativo, empleando en cada respuesta un antónimo de la palabra en letra cursiva.

EJEMPLO: ¿Se ve el sol durante *la noche?*
No, el sol se ve durante *el día.*

1. ¿Le gusta a Vd. *dar* regalos?
2. ¿Son *calientes* las aguas de los ríos?
3. ¿Son *blandas* las rocas?
4. ¿Está *sucio* el suelo de su casa?
5. ¿Se siente Vd. *fuerte* cuando tiene un resfriado?
6. ¿Están los sótanos *encima de* las casas?
7. ¿Son *estúpidos* sus compañeros de clase?
8. ¿Se pone el sol en el *este?*
9. ¿Es *pequeño* un rascacielos?
10. ¿Lleva Vd. sobretodo *dentro de* la casa?

GROUP III

mayor, older	**menor,** younger
mejor, better	**peor,** worse
mentir (ie, i), to lie	**decir (i, g) la verdad,** to tell the truth
meter, to put (in)	**sacar (qu),** to take out
mismo, same	**diferente,** different
morir (ue, u), to die	**vivir,** to live
mucho(-s), much (many)	**poco(-s),** little (few)

muerte, death
no, no
norte, north
obscuro, dark

perder (ie), to lose

perezoso, lazy
permitir, to permit
pobre, poor
ponerse (g), to put on
posible, possible
prestar, to lend
primero, first
príncipe, prince
recoger (j), to pick up
respuesta, answer
rey, king
rubio, blond
ruido, noise
sabio, wise
salir (g) (de), to leave
siempre, always
tarde, late
valiente, brave
verano, summer
verdad, truth
vicio, vice

viejo, old

vivo, alive

vida, life
sí, yes
sur, south
claro, light
{ hallar, to find
{ ganar, to win
trabajador, aplicado, hard-working
prohibir, to prohibit
rico, rich
quitarse, to take off
imposible, impossible
pedir(i) prestado, to borrow
último, last
princesa, princess
dejar caer, to drop
pregunta, question
reina, queen
moreno, brunette
silencio, silence
tonto, foolish
entrar (en), to enter
nunca, never
temprano, early
cobarde, cowardly
invierno, winter
mentira, lie
virtud, virtue
{ joven, young
{ nuevo, new
muerto, dead

EJERCICIOS

A. Escoja Vd. el antónimo de la palabra en letra cursiva.

1. *último:*   primero, vicio, perezoso
2. *ruido:*   vida, moreno, silencio
3. *tonto:*   temprano, sabio, poco
4. *peor:*   mayor, mejor, menor
5. *ganar:*   prestar, morir, perder

6. *mucho:*   poco, grande, pequeño
7. *muerte:*   virtud, vivo, vida
8. *rubio:*   moreno, rico, nuevo
9. *siempre:* tarde, nunca, temprano
10. *menor:*   más, mejor, mayor

B. Escoja Vd. de la lista *B* el antónimo de cada palabra de la lista *A*.

A	B
1. morir	*a.* invierno
2. respuesta	*b.* diferente
3. obscuro	*c.* vivo
4. valiente	*d.* temprano
5. mismo	*e.* cobarde
6. muerto	*f.* claro
7. perezoso	*g.* vivir
8. viejo	*h.* pregunta
9. tarde	*i.* trabajador
10. verano	*j.* joven

C. Escoja Vd. de la lista siguiente un antónimo de cada una de las palabras en letra cursiva, y escríbalo en la forma correcta.

dejar caer	mentir	posible
entrar en	meter en	prestar
hallar	norte	prohibir
la princesa	nuevo	quitarse
la reina	poco	mentiras

1. *El rey* alabó a Colón.
2. El aduanero *perdió* el tabaco.
3. Aquel tranvía va hacia el *sur*.
4. *Muchos* agricultores son ricos.
5. La botica está llena de medicinas *viejas*.
6. Siempre *dice la verdad*.
7. ¿Quién lo *sacó de* la caja?
8. *Se puso* el suéter.
9. Emplea la boca para decir solamente *la verdad*.
10. Se *permite* fumar.
11. *Recogió* los papeles.
12. Dice que es *imposible* hacerlo.
13. *El príncipe* vivió en la torre.
14. El cocinero *salió de* la cocina.
15. Me *pidió prestados* diez dólares.

D. Conteste Vd. en sentido negativo, empleando en cada respuesta un antónimo de la palabra o expresión en letra cursiva.

EJEMPLO: *¿Se pone* Vd. el sombrero al entrar en casa?
No, *me quito* el sombrero al entrar en casa.

1. ¿Prefiere Vd. ropa *obscura?*
2. *¿Siempre* toma Vd. el desayuno tarde?
3. ¿Es Vd. *mayor* que su padre?
4. ¿Toca Vd. muchos discos *viejos* durante el día?
5. ¿Es Vd. *perezoso(-a)?*
6. ¿Tienen muchos *vicios* sus amigos?
7. ¿Tienen muchos diamantes los *pobres?*
8. ¿Iría Vd. hacia el *norte* para llegar a México?
9. *¿Deja* Vd. *caer* papeles *al* suelo?
10. ¿Le gusta a Vd. el *ruido?*

3. WORDS FREQUENTLY CONFUSED

salir (de), to leave, to go out (of)
    Sale de la casa.   He leaves the house.

dejar, to leave (something behind)
    Dejó el sombrero en la mesa.   He left the hat on the table.

volver, to return, to come back
    Vuelve a la escuela.   He is returning to school.

devolver, to return, to give back
    Devuelve la pluma.   He is returning the pen.

conocer, to know (a person)
    ¿Conoce Vd. a Juan Pérez?   Do you know John Pérez?

saber, to know (a fact), to know how to
    Sabe la respuesta.   He knows the answer.
    No *sé* nadar.   I don't know how to swim.

preguntar, to ask (a question, for information, etc.)
    —¿Qué hora es?—*preguntó* Juan.   "What time is it?" asked John.

pedir, to ask for, to request
    Pide la cuenta.   He asks for the check.

pasar, to spend (time)
    Pasa una semana en el campo.   He spends a week in the country.

gastar, to spend (money)
    Gasta mucho dinero.   He spends a great deal of money.

jugar, to play (a game)
    Juega al tenis.   He plays tennis.

tocar, to play (an instrument)
    Toca la guitarra.   He plays the guitar.

pensar en, to think of (to direct one's thoughts to)
    Piensa en su hermano.   He is thinking of his brother.

pensar de, to think of (to have an opinion about)
    ¿Qué *piensa* Vd. *de* su hermano?   What do you think of his brother?

poder, can (to be able physically)

    No *puede* caminar.   He can't walk.

saber, can (to know how to)

    No *sabe* bailar.   He can't (= doesn't know how to) dance.

haber, to have (followed by past participle)

    Ha escrito la lección.   She has written the lesson.

tener, to have (to possess)

    Tiene un perro.   She has a dog.

ponerse, to become (generally followed by an adjective indicating temporary change)

    Se pone enfermo (triste, pálido, serio).   He becomes sick (sad, pale, serious).

llegar a ser, to become (generally followed by a noun indicating effort toward a goal)

    Llegó a ser médico (abogado).   He became a doctor (lawyer).

tomar, to take

    Tomó la pluma.   He took the pen.

    Tomó el tranvía.   He took the streetcar.

llevar, to take (from one place to another)

    Llevó la carta al correo.   He took the letter to the post office.

    Me *llevó* al cine.   He took me to the movies.

país, country (nation)

    España es un *país*.   Spain is a country.

campo, country (as contrasted with city)

    Voy al *campo* durante las vacaciones.   I'm going to the country during the vacation.

pequeño, little (size)

    Luisa es una niña *pequeña*.   Louise is a little girl.

poco, little (quantity)

    Tengo *poco* dinero.   I have little money.

hora, time (hour of day)
  ¿Qué **hora** es? — What time is it?

vez, time (part of a series)
  Lo hace muchas **veces**. — He does it many times (often).

tiempo, time (duration of time)
  Pasa mucho **tiempo** en casa. — She spends a lot of time at home.

pero, but
  La silla es bonita, **pero** no es cómoda. — The chair is pretty, but it's not comfortable.

sino, but (meaning *but on the contrary*, after a negative clause)
  No es verde, **sino** azul. — It's not green but blue.

EJERCICIOS

A. Escoja Vd. la palabra entre paréntesis que correctamente complete la frase.

1. No tomé té (pero, sino) café.
2. Todos los días (pienso de, pienso en) ti.
3. ¿Dónde (dejó, salió) Vd. la aguja?
4. ¿Cuánto dinero (gastó, pasó) Vd.?
5. ¿(Conoce, Sabe) Vd. al alcalde?
6. Le (pidió, preguntó) cómo estaba.
7. (Juega, Toca) el piano muy bien.
8. (Llegó a ser, Se puso) pálido.
9. En el (campo, país), lejos de la ciudad, estaba contenta.
10. ¿Le gusta a Vd. (jugar, tocar) al ajedrez?
11. Tengo que (llevar, tomar) el libro a la biblioteca.
12. Él me (devolvió, volvió) la botella.
13. Hace mucho (hora, tiempo, vez) que estoy aquí.
14. ¿A quién (ha, tiene) consultado Vd.?
15. Tiene (pequeña, poca) inteligencia.
16. El cura es viejo (pero, sino) muy fuerte.
17. Voy a (gastar, pasar) un mes en un país europeo.
18. (Llegó a ser, Se puso) capitán.
19. ¿Qué (piensas de, piensas en) la nueva maestra?
20. ¿Qué (hora, tiempo) es?

B. Traduzca Vd. al español las expresiones en inglés.

1. *I left* del laboratorio a las ocho.
2. Tengo un gato *little*.
3. ¿Quién *took* el diccionario?
4. *He asked for* una habitación grande.
5. *She returned* en julio.
6. ¿*Do you know* su dirección?
7. *Leave* Vd. el libro sobre el escritorio.
8. Nos va a *to take* al circo.
9. *He has* sus juguetes.
10. ¿A qué *time* llegó Vd. al despacho?
11. *They can* leer en alemán.
12. Estoy enfermo, y *I cannot* montar a caballo.
13. ¿*How many times* se paseó él delante del balcón?
14. Es de un *country* extranjero.
15. No llegará hoy *but* mañana.

C. Traduzca Vd. al español.

1. Return the pencil to Alfred.
2. I often think of my friend Charles.
3. It isn't easy, but difficult.
4. He became a famous actor.
5. Can you play the violin?

6. At what time do they eat lunch?
7. I know his sister Carmen.
8. The child became very ill.
9. I spent nine dollars yesterday.
10. Where did you leave the umbrella?

El acueducto de Segovia es una de las obras más admirables de la arquitectura romana. Fue construido hace 2000 años y siguió llevando agua a los habitantes hasta 1958. Tiene media milla de largo y está sostenido (supported) en 170 arcos (arches). Los romanos construyeron tan bien que en España se usa la expresión "obra de romanos" para describir un trabajo muy difícil.

4. WORD BUILDING

A. Some nouns drop their final vowel and add **-ero** to indicate the person associated with the noun; for example:

la aventura, the adventure   **el aventurero,** the adventurer
la cocina, the kitchen   **el cocinero,** the cook

Replace the dash with the correct Spanish noun.

1. **la carta,** the letter   ____, the letter carrier
2. **la marina,** the navy   ____, the sailor
3. **el mensaje,** the message   ____, the messenger
4. **la obra,** the work   ____, the worker
5. **el tesoro,** the treasure   ____, the treasurer
6. **el viaje,** the trip   ____, the traveler
7. **la guerra,** the war   ____, the warrior
8. **la aduana,** the custom house   ____, the customs inspector
9. **el zapato,** the shoe   ____, the shoemaker
10. **el coche,** the car, coach   ____, the driver, coachman

B. Some nouns ending in **-ero** change to **-ería** to indicate the shop or store in which the person works; for example:

el barbero, the barber   **la barbería,** the barber shop
el librero, the book seller   **la librería,** the book store

Replace the dash with the correct Spanish noun.

1. **el carnicero,** the butcher   ____, the butcher shop
2. **el joyero,** the jeweler   ____, the jewelry shop
3. **el lechero,** the milkman   ____, the dairy
4. **el panadero,** the baker   ____, the bakery shop
5. **el peluquero,** the hairdresser   ____, the beauty parlor
6. **el zapatero,** the shoemaker   ____, the shoe store
7. **el pastelero,** the pastry baker   ____, the pastry shop
8. **el sombrerero,** the hat seller   ____, the hat store
9. **el florero,** the florist   ____, the flower shop
10. **el relojero,** the watchmaker   ____, the watchmaker's shop

C. Some nouns are derived from the past participle of the verb; for example:

resultar, to result	**el resultado,** the result
oír, to hear	**el oído,** the ear
decir, to say	**el dicho,** the saying

Replace the dash with the correct Spanish noun.

1. **emplear,** to employ　　-----, the employee
2. **pescar,** to fish　　-----, the fish
3. **cuidar,** to take care of　　-----, the care
4. **vestir,** to dress　　-----, the dress
5. **hacer,** to do　　-----, the deed
6. **aparecer,** to appear　　-----, the apparition
7. **asar,** to roast　　-----, the roast
8. **cocer,** to cook　　-----, the stew
9. **conocer,** to know　　-----, the acquaintance
10. **contener,** to contain　　-----, the contents

D. Some feminine nouns are formed from past participles by changing the **-o** ending to **-a**; for example:

entrar, to enter	**la entrada,** the entrance
beber, to drink	**la bebida,** the drink
ver, to see	**la vista,** the sight, view

Replace the dash with the correct Spanish noun.

1. **nevar,** to snow　　-----, the snowfall
2. **caer,** to fall　　-----, the fall
3. **comer,** to eat　　-----, the meal
4. **herir,** to wound　　-----, the wound
5. **salir,** to leave　　-----, the exit
6. **llegar,** to arrive　　-----, the arrival
7. **parar,** to stop　　-----, the stop
8. **mirar,** to look at　　-----, the look, glance
9. **volver,** to return　　-----, the return
10. **huir,** to flee　　-----, the flight

E. Some radical changing verbs have a corresponding noun with a radical change; for example:

el almuerzo, the lunch   almorzar, to lunch
la lluvia, the rain   llover, to rain

Replace the dash with the correct Spanish verb.

1. **el encuentro,** the meeting   -----, to meet
2. **el juego,** the game   -----, to play
3. **la nieve,** the snow   -----, to snow
4. **el comienzo,** the beginning   -----, to begin
5. **el cuento,** the story   -----, to relate
6. **el sueño,** the dream   -----, to dream
7. **el vuelo,** the flight   -----, to fly
8. **la prueba,** the proof   -----, to prove
9. **el recuerdo,** the remembrance   -----, to remember
10. **el gobierno,** the government   -----, to govern

F. Some nouns are formed from verbs by dropping the **-ar** ending of the verb and adding **-amiento,** or dropping the **-er** or **-ir** ending of the verb and adding **-imiento**; for example:

casar, to marry   el casamiento, the marriage
establecer, to establish   el establecimiento, the establishment

Replace the dash with the correct Spanish noun.

1. **descubrir,** to discover   -----, the discovery
2. **mover,** to move   -----, the movement
3. **nacer,** to be born   -----, the birth
4. **pensar,** to think   -----, the thought
5. **sentir,** to feel   -----, the feeling
6. **consentir,** to consent   -----, the consent
7. **nombrar,** to name   -----, the naming, nomination
8. **entender,** to understand   -----, the understanding
9. **conocer,** to know   -----, the knowledge
10. **ofrecer,** to offer   -----, the offer

G. Some nouns are derived from verbs by dropping the **-r** of the infinitive and adding **-ador** to the stems of **-ar** verbs, **-edor** to the stems of **-er** verbs, and **-idor** to those of **-ir** verbs; for example:

trabajar, to work	**el trabajador,** the worker
comer, to eat	**el comedor,** the dining room
servir, to serve	**el servidor,** the servant

Replace the dash with the correct Spanish noun.

1. **conquistar,** to conquer _____, the conqueror
2. **gobernar,** to govern _____, the governor
3. **beber,** to drink _____, the drinker
4. **hablar,** to speak _____, the speaker
5. **pensar,** to think _____, the thinker
6. **fundar,** to found _____, the founder
7. **pescar,** to fish _____, the fisherman
8. **vencer,** to conquer _____, the conqueror
9. **descubrir,** to discover _____, the discoverer
10. **explorar,** to explore _____, the explorer

H. Some nouns are formed from adjectives by dropping the final vowel of the adjective and adding **-eza;** for example:

bello, beautiful	**la belleza,** the beauty
limpio, clean	**la limpieza,** the cleanliness

Note. Adjectives ending in **-co** change **c** to **qu** before adding **-eza;** for example:

flaco, thin   **la flaqueza,** the thinness

Replace the dash with the correct Spanish noun.

1. **pobre,** poor _____, the poverty
2. **triste,** sad _____, the sadness
3. **rico,** rich _____, the wealth
4. **franco,** frank _____, the frankness
5. **noble,** noble _____, the nobility
6. **agudo,** sharp _____, the sharpness
7. **puro,** pure _____, the purity
8. **vivo,** lively _____, the liveliness
9. **grande,** great _____, the greatness
10. **ligero,** light _____, the lightness

I. Some English nouns ending in -*ty* are translated into Spanish by changing -*ty* to **-dad**; for example:

> brutality, **la brutalidad**
> capacity, **la capacidad**

Translate the following English nouns into Spanish:

1. cruelty
2. curiosity
3. generosity
4. humanity
5. reality

6. society
7. unity
8. university
9. activity
10. prosperity

J. Some English nouns ending in -*tion* are translated into Spanish by changing -*tion* to **-ción**; for example:

> invention, **la invención**
> section, **la sección**

Translate the following English nouns into Spanish:

1. nation
2. conversation
3. description
4. invitation
5. intention

6. civilization
7. action
8. direction
9. construction
10. operation

K. A number of adjectives are formed from nouns by adding **-oso** (English -*ous*) to the stem of the noun; for example:

> **número,** number   **numeroso,** numerous
> **religión,** religion   **religioso,** religious

Replace the dash with the correct form of the adjective.

1. **furia,** fury   _____, furious
2. **fama,** fame   _____, famous
3. **maravilla,** marvel   _____, marvelous
4. **peligro,** danger   _____, dangerous
5. **precio,** price   _____, precious
6. **delicia,** delight   _____, delightful
7. **poder,** power   _____, powerful
8. **roca,** rock   _____, rocky
9. **silencio,** silence   _____, silent
10. **amor,** love   _____, amorous

5. CLASSIFIED VOCABULARY

GROUP I

La familia, family

el padre, father
la madre, mother

el hijo, son
la hija, daughter

el hermano, brother
la hermana, sister

el primo, cousin
la prima, cousin

mamá, mother
papá, dad

el abuelo, grandfather
la abuela, grandmother

el tío, uncle
la tía, aunt

el sobrino, nephew
la sobrina, niece

los padres, parents
los parientes, relatives

el nieto, grandson
la nieta, granddaughter

La casa, home

la casa particular, private house
el piso, floor, story, apartment
el apartamiento, apartment
la habitación, room, bedroom
la alcoba ⎫ bedroom
el dormitorio ⎭
el comedor, dining room
la cocina, kitchen
la sala, living room
el cuarto de baño, bathroom
la puerta, door

la ventana, window
la escalera, stairs
el armario ⎫ closet
el ropero ⎭
el techo, ceiling, roof
el suelo, floor
la pared, wall
el sótano, cellar
el patio, patio
el jardín, garden
el garaje, garage

Los muebles, furniture

la mesa, table
la silla, chair
la butaca ⎫ armchair
el sillón ⎭
la cama, bed

el espejo, mirror
la cómoda, bureau
el tocador, dresser
la alfombra, carpet
el cuadro, picture

la **lámpara,** lamp
la **cortina,** curtain
el **sofá,** sofa
el **escritorio,** desk

la **estufa,** stove
la **nevera** ⎫
el **refrigerador** ⎭ refrigerator

Los alimentos, foods

el **huevo,** egg
el **queso,** cheese
el **pan,** bread
la **mantequilla,** butter
la **carne,** meat
el **pescado,** fish
la **sopa,** soup
el **arroz,** rice
la **albóndiga,** meat ball
la **papa** ⎫
la **patata** ⎭ potato

el **pollo,** chicken
el **postre,** dessert
la **ensalada,** salad
la **legumbre,** vegetable
el **helado,** ice cream
el **pastel,** pie, cake
la **sal,** salt
la **pimienta,** pepper
el **azúcar,** sugar

Las bebidas, beverages

el **café,** coffee
el **té,** tea
la **leche,** milk
la **crema,** cream
el **jugo (de naranja),** (orange) juice

la **gaseosa,** soda pop
el **agua,** water
el **vino,** wine
el **chocolate,** chocolate
la **cerveza,** beer

EJERCICIOS

A. En cada grupo, escoja Vd. la palabra que no tiene relación con las otras palabras.

1. mesa, sal, cama, silla, alfombra, espejo
2. leche, crema, vino, agua, té, sofá
3. carne, alcoba, sala, cocina, comedor, ventana
4. abuelo, suelo, hijo, hermano, sobrino, primo
5. queso, pan, mantequilla, sótano, azúcar, legumbre
6. tío, ropero, padre, hermana, pariente, prima
7. pared, patio, garaje, sopa, puerta, armario
8. arroz, pollo, pimienta, pastel, huevo, cuadro
9. café, nevera, escritorio, butaca, lámpara, estufa
10. jugo, chocolate, cerveza, gaseosa, patata, vino

B. Indique Vd. si las frases siguientes son *verdad* o *mentira.* Si la frase es mentira, corríjala Vd. cambiando las palabras en letra cursiva.

1. La alfombra cubre *el techo.*
2. El azúcar es *amargo.*
3. La leche es *una bebida.*
4. Dormimos en *una cama.*
5. El hermano de mi madre es *mi tío.*

6. Hay legumbres en *una ensalada.*
7. Hay *tres* paredes en un cuarto.
8. Una abuela tiene *nietos.*
9. Una casa particular tiene *muchos pisos.*
10. Los helados se guardan en *una estufa caliente.*

C. Complete Vd. cada frase, escogiendo la palabra correcta.

1. Si Juana es mi tía, yo soy su (*a*) primo (*b*) sobrino (*c*) hijo.
2. Mi madre prepara la comida en (*a*) el comedor (*b*) el dormitorio (*c*) la cocina.
3. Me lavo la cara en (*a*) el cuarto de baño (*b*) el jardín (*c*) el tocador.
4. Pongo sal y (*a*) postre (*b*) pimienta (*c*) pescado   en la carne.
5. Nos miramos en (*a*) una lámpara (*b*) un espejo (*c*) un sillón.
6. Para llegar al piso alto, subo (*a*) la pared (*b*) la escalera (*c*) el vestíbulo.
7. Generalmente descanso en (*a*) el sillón (*b*) el refrigerador (*c*) el queso.
8. Se entra en una casa por (*a*) la ventana (*b*) el suelo (*c*) la puerta.
9. Guardamos la ropa en (*a*) la alfombra (*b*) la estufa (*c*) la cómoda.
10. En la pared cuelgo (*a*) una cama (*b*) una albóndiga (*c*) un cuadro.

D. Complete Vd. cada frase.

1. Tres cosas que generalmente se toman en el desayuno son _____.
2. Tres parientes que viven en mi casa son _____.
3. Tres muebles que se hallan en la sala son _____.
4. Tres palabras que indican un cuarto de dormir son _____.
5. Tres cosas que me gusta tomar cuando tengo sed son _____.
6. Tres alimentos que no contienen azúcar son _____.
7. Tres parientes míos que no son hijos de mis padres son _____.
8. Tres cosas que forman parte de la cena son _____.
9. Tres muebles que se hallan en la alcoba son _____.
10. Tres muebles en que una persona puede sentarse son _____.

GROUP II

Las frutas, fruits

la **manzana,** apple
la **pera,** pear
la **banana,** banana
la **naranja,** orange
la **piña,** pineapple
el **melón,** melon
la **uva,** grape
la **sandía,** watermelon

la **cereza,** cherry
el **melocotón,** peach
la **fresa,** strawberry
la **nuez,** nut
la **toronja,** grapefruit
la **ciruela,** plum
el **limón,** lemon

El servicio de mesa, tableware

la taza, cup
el vaso, glass
la copa, (wine) glass
el tenedor, fork
la cuchara, spoon

el cuchillo, knife
el plato, plate
la servilleta, napkin
el mantel, tablecloth

El cuerpo, body

la cara, face
la cabeza, head
el pelo ⎫
el cabello ⎭ hair
el ojo, eye
la boca, mouth
la oreja, ear
el oído, (inner) ear
la nariz, nose
el labio, lip
el diente, tooth
la mano, hand
la uña, fingernail

el dedo, finger, toe
el brazo, arm
el pie, foot
la pierna, leg
el cuello, neck
el estómago, stomach
la lengua, tongue
el corazón, heart
el pecho, chest
el hombro, shoulder
la espalda, back
la sangre, blood

La ropa, clothing

el traje, suit
el calcetín, sock
la camisa, shirt
los pantalones, trousers
la corbata, tie
el sombrero, hat
el pañuelo, handkerchief
el abrigo ⎫
el gabán ⎬ overcoat
el sobretodo ⎭
el impermeable, raincoat
la chaqueta, jacket
el vestido, dress

la media, stocking
la blusa, blouse
la falda, skirt
la bolsa, purse
el zapato, shoe
el guante, glove
el cinturón, belt
el suéter, sweater
la gorra, cap
el bolsillo, pocket
prenda de vestir, garment, article
  of clothing

Los colores, colors

negro, black
blanco, white
rojo, red
verde, green

amarillo, yellow
azul, blue
gris, gray
pardo, brown

EJERCICIOS

A. En cada grupo, escoja Vd. la palabra que no tiene relación con las otras palabras.

1. azul, rojo, amarillo, boca, verde, gris
2. cuchillo, tenedor, pardo, taza, cuchara, servilleta
3. zapato, corbata, falda, traje, labio, camisa
4. oreja, corazón, calcetín, nariz, cuello, ojo
5. naranja, manzana, pecho, piña, uva, melón
6. melocotón, hombro, uña, sangre, lengua, estómago
7. toronja, ciruela, banana, pera, fresa, abrigo
8. sobretodo, blusa, blanca, pantalones, media, cinturón
9. oído, cara, nariz, vaso, espalda, pelo
10. impermeable, nuez, suéter, sombrero, gabán, chaqueta

B. Indique Vd. si las frases siguientes son *verdad* o *mentira*. Si la frase es mentira, corríjala Vd. cambiando las palabras en letra cursiva.

1. *La cabeza* es una parte del cuerpo humano.
2. *El pañuelo* es una fruta.
3. *El mantel* sirve para cubrir la mesa.
4. Cortamos la carne con *una cuchara*.
5. Hablamos con *la boca*.
6. La gorra se lleva en *los pies*.
7. Una copa se usa para beber *vino*.
8. Las bananas son *negras*.
9. La sandía y la cereza son *partes del cuerpo*.
10. Las mujeres llevan *vestidos*.

C. Complete Vd. cada frase, escogiendo la palabra correcta.

1. La ciruela es (*a*) azul (*b*) roja (*c*) amarilla.
2. Tenemos cinco (*a*) dedos (*b*) pies (*c*) dientes   en cada mano.
3. Usamos (*a*) las orejas (*b*) las piernas (*c*) los brazos   para andar.
4. Me pongo los guantes en (*a*) los cabellos (*b*) los labios (*c*) las manos.
5. Tomamos el café en (*a*) la espalda (*b*) una taza (*c*) un plato.
6. Para mascar uso (*a*) la nariz (*b*) la bolsa (*c*) los dientes.
7. El niño no se atrevió a abrir (*a*) la boca (*b*) la taza (*c*) la oreja.
8. Se hace vino de (*a*) las uñas (*b*) los limones (*c*) las uvas.
9. Bajo el sobretodo se lleva (*a*) el sombrero (*b*) la chaqueta (*c*) los guantes.
10. Llevo mi dinero en (*a*) el pelo (*b*) los ojos (*c*) el bolsillo.

D. Complete Vd. cada frase.

1. Tres prendas de vestir femeninas son _____.
2. Tres frutas rojas son _____.
3. Tres artículos de metal que se emplean para comer son _____.
4. Tres partes del cuerpo encima del cuello son _____.
5. Tres colores son _____.
6. Tres cosas que una persona puede llevar para protegerse del frío son _____.
7. Tres cosas que se emplean para beber son _____.
8. Tres frutas amarillas son _____.
9. Tres partes del cuerpo que se encuentran en la boca son _____.
10. Tres prendas de vestir masculinas son _____.

GROUP III

Las profesiones, professions

el **abogado,** lawyer
el **médico,** doctor
el **dentista,** dentist
el **ingeniero,** engineer
el (la) **profesor(-a)** ⎫
el (la) **maestro(-a)** ⎬ teacher
el **artista,** artist
el **científico,** scientist

el **escritor,** writer
el **poeta,** poet
el **cura,** priest
el **contador,** accountant
el **periodista,** journalist
la **enfermera,** nurse
el **juez,** judge
el **boticario,** druggist

Los oficios, trades, occupations

el **barbero,** barber
el **peluquero,** hairdresser
el **carnicero,** butcher
el **carpintero,** carpenter
el **comerciante,** merchant
el **criado,** servant
la **criada,** maid
el **dependiente,** clerk (in a store)
el **chófer,** chauffeur
el **empleado,** employee
el **piloto,** pilot

el **agricultor,** farmer
la **modista,** dressmaker
el **mozo,** waiter
el **panadero,** baker
el **pescador,** fisherman
el **plomero,** plumber
el **sastre,** tailor
el **zapatero,** shoemaker
la **secretaria,** secretary
la **taquígrafa,** stenographer
el **vendedor,** seller

Los materiales, materials

el oro, gold
la plata, silver
el hierro, iron
el cobre, copper
la piedra, stone
la madera, wood
el vidrio, glass
el diamante, diamond
el aluminio, aluminum
el nilón, nylon

el acero, steel
el carbón, coal
el paño, cloth
la lana, wool
el algodón, cotton
la seda, silk
el cuero, leather
la piel, fur
el caucho, rubber
el rayón, rayon

Los medios de transporte, means of transportation

el automóvil, automobile
el avión, airplane
el tren, train
el ferrocarril, railroad
el vapor, steamship

el tranvía, streetcar
el autobús, bus
el taxi, taxi
el subterráneo, subway
la bicicleta, bicycle

EJERCICIOS

A. En cada grupo, escoja Vd. la palabra que no tiene relación con las otras palabras.

1. oro, empleado, madera, hierro, piedra, vidrio
2. tren, tranvía, juez, autobús, avión, ferrocarril
3. abogado, cobre, médico, ingeniero, enfermera, cura
4. piloto, algodón, seda, lana, cuero, caucho
5. peluquero, carnicero, piel, sastre, dependiente, panadero
6. taxi, subterráneo, automóvil, tranvía, acero, tren
7. nilón, carbón, diamante, aluminio, plata, criada
8. mozo, poeta, artista, maestro, médico, madera
9. taquígrafa, pescador, vendedor, vapor, secretaria, chófer
10. dentista, periodista, rayón, científico, pintor, escritor

B. Indique Vd. si las frases siguientes son *verdad* o *mentira*. Si la frase es mentira, corríjala Vd. cambiando las palabras en letra cursiva.

1. El hierro es *un metal duro*.
2. *El cura* es un hombre religioso.
3. Podemos ir de los Estados Unidos a Sud América en *tranvía*.
4. *La modista* hace vestidos para las mujeres.
5. Muchas máquinas se fabrican de *lana*.
6. *El médico* vende medicinas en una botica.
7. La mayor parte de nuestras monedas son o de *plata* o de *cobre*.
8. Fui al *plomero* para cortarme el pelo.
9. El taxi es el modo más *barato* de viajar.
10. *El carbón* y *los diamantes* se sacan de la tierra.

C. Complete Vd. cada frase, escogiendo la palabra correcta.

1. Si estamos enfermos llamamos al (*a*) médico (*b*) abogado (*c*) contador.
2. El (*a*) sastre (*b*) zapatero (*c*) carpintero   hace trajes.
3. El (*a*) barbero (*b*) dependiente (*c*) agricultor   cultiva la tierra.
4. Va a la escuela en (*a*) vapor (*b*) bicicleta (*c*) avión.
5. El (*a*) comerciante (*b*) plomero (*c*) criado   compra y vende.
6. Los espejos son de (*a*) vidrio (*b*) madera (*c*) piel.
7. El viajar en (*a*) bicicleta (*b*) autobús (*c*) avión   es caro.
8. El (*a*) sastre (*b*) ingeniero (*c*) contador   construye puentes.
9. Del (*a*) pescador (*b*) carnicero (*c*) panadero   obtenemos alimentos del mar.
10. En el verano prefiero ropa de (*a*) lana (*b*) piel (*c*) algodón.

D. Complete Vd. cada frase.

1. Tres personas que deben escribir mucho en sus oficios son _____.
2. Tres medios de ir al centro son _____.
3. Tres metales son _____.
4. Tres personas que trabajan al aire libre son _____.
5. Tres materiales que se obtienen de los animales son _____.
6. Tres personas que hacen prendas de vestir son _____.
7. Tres paños son _____.
8. Tres personas que se ocupan de cuidar a los enfermos son _____.
9. Tres personas que trabajan en una tienda son _____.
10. Tres personas que trabajan en una oficina son _____.

GROUP IV

La naturaleza, nature

el cielo, sky
la tierra, earth
el sol, sun
la luna, moon
la estrella, star
la montaña ⎫
el monte ⎭ mountain
la colina, hill
el río, river

el mar, sea
el océano, ocean
el lago, lake
la isla, island
el bosque, forest, woods
la selva, jungle
el valle, valley
el paisaje, countryside

Los animales, animals

el caballo, horse
la vaca, cow
el toro, bull
el león, lion
el tigre, tiger

el lobo, wolf
el águila (*f.*), eagle
el pollo, chicken
la gallina, hen
el pavo, turkey

el oso, bear
el burro, donkey
el perro, dog
el gato, cat
el pájaro, bird

el elefante, elephant
el ratón, mouse
la oveja, sheep
el mono, monkey
la llama, llama

Países, habitantes, e idiomas, countries, inhabitants, and languages.

España, Spain	los españoles, Spaniards	el español
los Estados Unidos, the United States	los norteamericanos, Americans	el inglés
Francia, France	los franceses, French	el francés
Italia, Italy	los italianos, Italians	el italiano
Alemania, Germany	los alemanes, Germans	el alemán
Inglaterra, England	los ingleses, English	el inglés
México, Mexico	los mexicanos, Mexicans	el español
la Argentina, Argentina	los argentinos, Argentinians	el español
el Brasil, Brazil	los brasileños, Brazilians	el portugués
Chile, Chile	los chilenos, Chileans	el español
el Canadá, Canada	los canadienses, Canadians	el inglés, el francés
China, China	los chinos, Chinese	el chino
Rusia, Russia	los rusos, Russians	el ruso

Los días de la semana, days of the week

lunes, Monday
martes, Tuesday
miércoles, Wednesday
jueves, Thursday

viernes, Friday
sábado, Saturday
domingo, Sunday

Los meses del año, months of the year

enero, January
febrero, February
marzo, March
abril, April
mayo, May
junio, June

julio, July
agosto, August
septiembre, September
octubre, October
noviembre, November
diciembre, December

Las estaciones del año, seasons of the year

la primavera, spring
el verano, summer

el otoño, autumn, fall
el invierno, winter

El tiempo, time

el segundo, second
el minuto, minute
la hora, hour
el día, day

la semana, week
el mes, month
el año, year
el siglo, century

EJERCICIOS

A. En cada grupo, escoja Vd. la palabra que no tiene relación con las otras palabras.

1. día, semana, vaca, siglo, año, mes
2. toro, selva, gato, perro, oso, águila
3. canal, río, lago, mar, océano, verano
4. colina, paisaje, primavera, bosque, valle, montaña
5. cielo, luna, estrella, tierra, oveja, sol
6. Italia, Rusia, Chile, Rosa, España, Francia
7. viernes, miércoles, sábado, otoño, jueves, lunes
8. invierno, mayo, julio, septiembre, agosto, junio
9. alemán, español, chileno, italiano, norteamericano, domingo
10. octubre, martes, febrero, noviembre, abril, enero

B. Indique Vd. si las frases siguientes son *verdad* o *mentira*. Si la frase es mentira, corríjala cambiando las palabras en letra cursiva.

1. Hace *calor* en el invierno.
2. Hay estrellas en el *suelo*.
3. *Enero* es el primer mes del año.
4. Hay agua en *el mar*.
5. *Viernes* es un día de la semana.
6. *Los pájaros* vuelan.
7. No hay árboles en *un bosque*.
8. El Brasil está en *Asia*.
9. Hay *noventa* segundos en un minuto.
10. El león y el tigre son *animales feroces*.

C. Complete Vd. cada frase, escogiendo la palabra correcta.

1. Inglaterra y Alemania son países de (*a*) Sud América (*b*) Europa (*c*) Asia.
2. La primavera es (*a*) un día (*b*) una estación (*c*) un mes   del año.
3. Hay cien años en (*a*) un mes (*b*) una semana (*c*) un siglo.
4. (*a*) La gallina (*b*) El burro (*c*) La llama   da huevos.
5. El gato coge (*a*) ratones (*b*) lobos (*c*) monos.
6. En México y la Argentina se habla (*a*) chino (*b*) portugués (*c*) español.
7. Marzo y diciembre son (*a*) días de la semana (*b*) meses (*c*) estaciones.
8. Un animal doméstico es el (*a*) elefante (*b*) lobo (*c*) caballo.
9. Los ingleses y los franceses viven en (*a*) Europa (*b*) Asia (*c*) la América del Sur.
10. Hay (*a*) sesenta (*b*) siete (*c*) veinte y cuatro   horas en un día.

D. Complete Vd. cada frase.

1. Tres países sudamericanos, con sus habitantes, son _____.
2. Tres animales que viven en el bosque son _____.
3. Tres formaciones geográficas que contienen agua son _____.
4. Tres animales domésticos que tienen solamente dos patas (legs) son _____.
5. Tres meses que no tienen la letra "r" son _____.
6. Las tres estaciones del año en que no hace mucho frío son _____.
7. Tres países europeos, con sus habitantes, son _____.
8. Tres palabras que indican tierra alta son _____.
9. Tres países que forman parte de la América del Norte son _____.
10. Tres palabras que indican tiempo más largo que un día son _____.

6. MASTERY EXERCISES

A. Escriba Vd. los sustantivos que se forman de los adjetivos siguientes:

EJEMPLO: limpio—limpieza
silencioso—silencio

1. amoroso	**4.** franco	**7.** maravilloso	**10.** peligroso	**13.** rico
2. bello	**5.** furioso	**8.** noble	**11.** precioso	**14.** triste
3. famoso	**6.** grande	**9.** numeroso	**12.** religioso	**15.** vivo

B. Por cada cosa, indique Vd. la tienda y el tendero (storekeeper).

EJEMPLO: barba—barbería—barbero

1. carne	**3.** joya	**5.** libro	**7.** pastel	**9.** sombrero
2. flor	**4.** leche	**6.** pan	**8.** reloj	**10.** zapato

C. Escriba Vd. un sustantivo relacionado con cada verbo, y al lado del sustantivo escriba su significado.

EJEMPLO: oír—el oído, the ear

1. almorzar	**5.** comer	**9.** emplear	**13.** herir	**17.** ofrecer
2. asar	**6.** conquistar	**10.** explorar	**14.** llover	**18.** pescar
3. beber	**7.** contener	**11.** fundar	**15.** mover	**19.** vestir
4. cocer	**8.** cuidar	**12.** gobernar	**16.** nombrar	**20.** viajar

D. Escriba Vd. el verbo relacionado con cada sustantivo, y al lado del verbo escriba su significado.

EJEMPLO: la entrada—entrar, to enter

1. la bebida	**6.** el empleado	**11.** el nacimiento	**16.** el sentimiento
2. el casamiento	**7.** el gobierno	**12.** la nieve	**17.** el sueño
3. el comedor	**8.** la huida	**13.** el pensamiento	**18.** la vista
4. el comienzo	**9.** el juego	**14.** la prueba	**19.** el vuelo
5. el descubrimiento	**10.** la mirada	**15.** el recuerdo	**20.** la vuelta

E. En cada grupo, escoja Vd. las dos palabras del mismo significado.

1. cariño, pájaro, sitio, lugar, lucha
2. tirar, entender, colocar, asustar, echar
3. afecto, amor, marido, amo, cara
4. padecer, suplicar, invitar, rogar, enojarse
5. sufrir, asombrar, mandar, quebrar, enviar
6. levantar, elevar, conseguir, atravesar, suceder
7. suficiente, diligente, diferente, semejante, distinto
8. aguardar, esperar, lanzar, mostrar, enfadar
9. serio, error, temor, miedo, demonio
10. responder, volver, recordar, regresar, acabar
11. delgado, despacio, bello, célebre, hermoso

12. corto, lindo, alegre, necio, feliz
13. hallar, principiar, encontrar, parar, permitir
14. país, habitación, cuarto, dueño, maestro
15. caminar, cruzar, alzar, andar, empezar
16. vapor, broma, breve, chiste, bastante
17. antiguo, sacerdote, viejo, grave, flaco
18. aún, nunca, acaso, solamente, todavía
19. romper, concluir, poner, terminar, espantar
20. pelo, nación, batalla, cabello, falta

F. En cada grupo, escoja Vd. las dos palabras de significado contrario.

1. poco, reina, común, rubio, moreno
2. abrir, callarse, bajar, reír, cerrar
3. odio, hermoso, feo, pequeña, guerra
4. odiar, subir, permitir, amar, hablar
5. esclavo, enemigo, amigo, vicio, héroe
6. bueno, inteligente, limpio, fácil, estúpido
7. con, no, sin, dentro, algo
8. fuera, gordo, negro, blando, flaco
9. encender, mentir, sacar, meter, llorar
10. último, antiguo, fuerte, vacío, lleno
11. cobarde, triste, duro, hermoso, feliz
12. bien, mal, menor, nada, más
13. nadie, muerte, vida, invièrno, fracaso
14. mayor, mejor, peor, menos, ninguno
15. hallar, prestar, prohibir, quitar, perder
16. abajo, antes, detrás, después, debajo
17. débil, alto, bajo, pesado, valiente
18. dulce, rico, nuevo, caro, barato
19. entrada, príncipe, fin, cielo, principio
20. delante, estrecho, arriba, salida, ancho

G. Escoja Vd. la palabra en español que correctamente traduzca la palabra en inglés.

1. new: nueve, nieve, nuevo, nuez
2. short: cortés, cortina, corto, corte
3. room: cuarto, cuadro, cuatro, cuadrado
4. care: ciudad, cuento, cuero, cuidado
5. cry: llevar, llegar, llorar, llover
6. put: matar, merecer, mentir, meter
7. month: menos, mes, mesa, misa
8. but: para, peral, pero, perro
9. go to bed: olvidar, adelantar, acordarse, acostarse
10. cross: atravesar, atreverse, alcanzar, aprovecharse
11. steel: cero, acero, acera, acerca
12. hair: caballo, caballero, cabeza, cabello
13. sky: cielo, suelo, ciego, cierto
14. shoulder: hombro, hombre, hambre, hierro
15. play: juzgar, ganar, jugar, jugo
16. nothing: naranja, nariz, nada, nadie
17. feel: sentarse, servirse, sentirse, asegurar
18. foolish: tonto, tesoro, tanto, todo

19. trip: viento, viaje, viejo, traje
20. dream: dormir, sonar, sonreír, soñar
21. fear: tirar, terminar, tener, temer
22. master: año, amor, amargo, amo
23. expensive: caro, barato, cada, carrera
24. long: grande, lago, ancho, largo
25. occupation: oficina, oficial, oficio, odio
26. clothing: rojo, paño, ropa, rubio
27. clean: linda, limpia, clara, lámpara
28. strong: fuerza, fuera, fuerte, fuego
29. struggle: lluvia, lucha, luego, lugar
30. beautiful: bello, hermano, hierro, heroína
31. summer: verano, verde, vano, invierno
32. century: sillón, sello, sitio, siglo
33. dining room: cocina, comida, sala, comedor
34. extinguish: alabar, pagar, apagar, aguardar
35. lend: preguntar, prestar, presentar, apresurar
36. weak: dedo, desagradable, débil, diablo
37. invite: convidar, contar, conseguir, consultar
38. egg: pan, pastel, huevo, queso
39. apple: manzana, toronja, naranja, fresa
40. coat: calcetín, abrigo, corbata, pañuelo

Felipe II (1527-1598) reinó en España desde
1556 hasta su muerte. Fue muy religioso y creyó
que su deber era proteger la religión católica
contra sus enemigos. Así, empleo la mayor parte
del oro que recibió de las colonias en guerras
constantes contra otros países de Europa. En
1588 envió la Gran Armada Invencible para invadir a Inglaterra. La Armada sufrió una derrota
(defeat) completa. Con aquella derrota comenzó
la decadencia (decline) de España como poder
europeo importante.

Part V—*Hispanic Civilization*

1. LA GEOGRAFÍA DE ESPAÑA

A. Situación:

1. España está situada en el sudoeste de Europa.
2. Ocupa casi toda la Península Ibérica (menos Portugal).

B. Extensión y Población:

1. Su extensión (area) es de unas 200,000 millas cuadradas, o cuatro veces más grande que la del Estado de Nueva York.
2. Tiene más de 37,000,000 (treinta y siete millones) de habitantes.

C. Sierras y Montañas:

   1. Los **Pirineos** (en el nordeste, entre España y Francia).

   2. Los **Cantábricos** (noroeste).

   3. La **Sierra de Guadarrama** (centro).

   4. La **Sierra Morena** (sur).

   5. La **Sierra Nevada** (sur).

D. Ríos:

   1. El **Ebro** (norte).

   2. El **Duero** (norte).

   3. El **Tajo** (centro; el río más largo).

   4. El **Guadiana** (sur).

   5. El **Guadalquivir** (sur; el río más navegable).

E. Industrias y Productos Principales:

1. España es un país agrícola. Sus productos principales son aceitunas (olives), aceite de oliva (olive oil), naranjas, uvas, arroz, almendras (almonds), corcho (cork), y vinos. Los centros principales de la producción de vinos son Málaga y Jerez.

2. Exporta mucho aceite de oliva y vino.

3. Riqueza minera: hierro, mercurio, plomo (lead), y cobre.

F. Regiones:

España está dividida en trece regiones tradicionales.

1. **Galicia** (noroeste; al norte de Portugal).

2. **Asturias** (norte).

3. **Las Provincias Vascongadas** (norte; en los Pirineos).

4. **Navarra** (norte).

5. **Aragón** (nordeste).

6. **Cataluña** (nordeste).

7. **León** (noroeste).

8. **Castilla la Vieja** (centro).

9. **Castilla la Nueva** (centro; al sur de Castilla la Vieja).

10. **Valencia** (este).

11. **Extremadura** (oeste).

12. **Murcia** (sudeste).

13. **Andalucía** (sur).

G. **Idiomas:**

1. El **español** (llamado también el **castellano**) es el idioma principal.

2. El **gallego** es un dialecto hablado en Galicia.

3. El **catalán** es la lengua de Cataluña.

4. El **vascuence** es la lengua de los vascos (Basques), que viven en las Provincias Vascongadas.

H. **Ciudades Importantes:**

1. **Madrid** es la capital y la ciudad más grande (unos 4,000,000 de habitantes).

Lugares de interés:

   a. El **Retiro** es un parque famoso.
   b. La **Puerta del Sol** es la plaza principal de Madrid.
   c. El **Museo del Prado** es un museo de bellas artes.
   d. El **Escorial,** cerca de Madrid, es un enorme monasterio, palacio, y mausoleo (burial place) construido por el rey Felipe II.
   e. El **Valle de los Caídos** (Fallen), cerca de Madrid, es un monumento dedicado a la memoria de los soldados que murieron en la Guerra Civil española (1936–39).

2. **Barcelona,** en Cataluña, es el puerto principal y la ciudad más industrial de España. Tiene unos 2,000,000 de habitantes. Cerca de la ciudad está el famoso monasterio de **Montserrat.**

3. **Sevilla,** en Andalucía, es la ciudad más pintoresca y romántica.

Lugares de interés:

a. La **Catedral de Sevilla** es la catedral más grande de España.
b. La **Giralda,** una torre de la catedral, es un admirable ejemplo de la arquitectura árabe.
c. El **Alcázar** es un famoso palacio moro.

4. **Valencia** es la ciudad principal de la provincia del mismo nombre. Esta región se llama "la huerta de España" y es famosa por las naranjas que produce.

5. **Bilbao,** el "Pittsburgh de España," es famosa por su producción de hierro y acero.

6. **Toledo,** ciudad antigua, es famosa por sus productos de acero y de metales preciosos.

7. **Granada** tiene la famosa **Alhambra,** y también otro palacio moro, el **Generalife.**

8. **Córdoba,** en Andalucía, tiene la famosa **Mezquita** (Mosque), un templo antiguo de la época de los moros.

9. **Burgos,** en Castilla la Vieja, es la ciudad donde nació el Cid, héroe nacional de España. Su tumba (tomb) está en la Catedral de Burgos.

10. **Salamanca** tiene **la Universidad de Salamanca,** la universidad más antigua de España.

I. **Posesiones Ultramarinas** (Overseas):

1. Las **Islas Baleares,** en el Mediterráneo. La más grande de las islas es **Mallorca.**

2. Las **Islas Canarias,** en el Atlántico, cerca de la costa de África.

3. En África: **Ceuta y Melilla,** dos ciudades en la costa de Marruecos (Morocco).

EJERCICIOS

A. En cada grupo, escoja Vd. la palabra que no tiene relación con las otras palabras del grupo.

1. Pirineos, Cantábricos, Sierra de Guadarrama, Sierra Morena, Sierra Nevada, Giralda
2. Ebro, Generalife, Duero, Guadalquivir, Guadiana, Tajo
3. Galicia, Castilla, Cataluña, Andalucía, Asturias, Montserrat
4. catalán, vascuence, castellano, gallego, moreno, español
5. Alcázar, Murcia, Alhambra, Generalife, Mezquita, Giralda

B. Escoja Vd. la palabra o expresión que complete correctamente cada frase.

1. Una región del norte de España es (*a*) Valencia (*b*) Extremadura (*c*) Galicia.
2. En la ciudad de Salamanca se halla (*a*) una torre famosa (*b*) una universidad antigua (*c*) un palacio moro.
3. El famoso templo moro de la ciudad de Córdoba se llama (*a*) la Mezquita (*b*) la Alhambra (*c*) el Generalife.
4. Andalucía es (*a*) una ciudad (*b*) un río (*c*) una región   de España.
5. La famosa torre de Sevilla se llama (*a*) el Escorial (*b*) la Giralda (*c*) el Prado.
6. La catedral más grande de España está situada en la ciudad de (*a*) Sevilla (*b*) Córdoba (*c*) Madrid.
7. Las ciudades de Málaga y de Jerez son famosas por sus (*a*) espadas (*b*) vinos (*c*) naranjas.
8. La famosa plaza de Madrid se llama (*a*) el Escorial (*b*) el Retiro (*c*) la Puerta del Sol.
9. Mallorca es una de (*a*) las Islas Baleares (*b*) las Islas Canarias (*c*) los Cantábricos.
10. La población de España es aproximadamente (*a*) 42,000,000 (*b*) 25,000,000 (*c*) 37,000,000   de habitantes.

C. Complete Vd. cada frase, empleando una de las expresiones siguientes: Francia, Guadalquivir, huerta de España, El Retiro, Galicia, Felipe II, África, Castilla, vascuence, Península Ibérica, "Pittsburgh de España," Barcelona, Granada, Tajo, Burgos.

1. Valencia se llama la _____.
2. Los gallegos son los habitantes de _____.
3. En _____, hay dos ciudades españolas en la costa de Marruecos.
4. Los vascos hablan _____ además del español.
5. Los Pirineos separan a España de _____.
6. _____ es un puerto grande de España.
7. _____ es un parque famoso en Madrid.
8. El río más grande de España es el _____.
9. La región central de España se llama _____.
10. El río más navegable de España es el _____.
11. El Escorial es un palacio, monasterio, y mausoleo construido por _____.
12. España ocupa la mayor parte de la _____.
13. El Cid nació en _____.
14. La Alhambra es un palacio moro en _____.
15. Bilbao se llama el _____.

D. En inglés, identifique Vd. cada uno de los siguientes:

1. el Generalife
2. el Escorial
3. el Prado
4. Asturias
5. las Islas Canarias

6. Montserrat
7. Toledo
8. el Alcázar de Sevilla
9. el vascuence
10. el Valle de los Caídos

2. LA HISTORIA DE ESPAÑA

A. Primitivos (Earliest) **Habitantes:**

1. Los **iberos.** Fueron los primeros habitantes de España.

2. Los **celtas** (Celts). De la unión de iberos y celtas se formó la raza **celtíbera** (Celtiberian), precursor (forerunner) de los españoles de hoy.

3. Los **fenicios** (Phoenicians). Fueron una nación de marineros. Fundaron la ciudad de Cádiz.

4. Los **griegos.** Fundaron colonias en la costa oriental (eastern) de España.

5. Los **cartagineses** (Carthaginians). Fueron una nación guerrera (warlike). Vencieron a los celtíberos en la **batalla de Sagunto.**

6. Los **romanos** (Romans).

   a. Vencieron a las otras naciones, y reinaron en España durante seis siglos.
   b. Influencia romana: Dieron a España la religión cristiana, las leyes romanas, y su lengua (el castellano se deriva del latín).
   c. Construyeron acueductos, puentes, y muchos caminos. Todavía existen hoy día el **acueducto de Segovia** y el **puente de Alcántara.**

7. Los **visigodos** (Visigoths). Vencieron a los romanos y reinaron hasta la invasión de los moros.

8. Los **moros.**

   a. Invadieron a España y vencieron a los visigodos en 711. Se quedaron en España ocho siglos, y dominaron el país durante gran parte del tiempo.
   b. Influencia morisca (Moorish).

      (1) Introdujeron la **noria** (waterwheel) para regar (irrigate) los campos.
      (2) Introdujeron las ciencias (matemáticas, medicina, astronomía, filosofía, etc.).
      (3) Construyeron palacios (como la Alhambra), alcázares (fortresses), y mezquitas (mosques).
      (4) Introdujeron nuevas palabras en el idioma español, sobre todo palabras que comienzan con **al-** (algodón, alcalde, álgebra, etc.).

B. Reconquista de España:

1. **Pelayo** venció a los moros en la **batalla de Covadonga** en 718.

2. **El Cid** (Rodrigo Díaz de Vivar), el héroe nacional de España, capturó la ciudad de Valencia de los moros en 1094.

3. En 1492, después de más de siete siglos de lucha, los españoles bajo **Fernando** e **Isabel** (los **Reyes Católicos**) finalmente vencieron a los últimos moros, en Granada. Así terminó la Reconquista.

C. España un País Poderoso (1516–1598):

1. **Carlos V** fue el más poderoso de los reyes de España.

2. **Felipe II** fue hijo de Carlos V. Durante su época, España tomó parte en muchas guerras. Venció a los turcos en la **batalla de Lepanto** (1571). Su "Armada Invencible" fue vencida por Inglaterra en 1588.

D. Decadencia de España (Siglo 18):

La decadencia se debía a (was due to) muchas guerras, muchos impuestos, reyes débiles, y la expulsión de los judíos y los moros, que formaban la mayor parte de los científicos y comerciantes de España.

E. Los Siglos 19 y 20:

1. **Guerra de la Independencia** (1808–1814).

   a. Rebelión contra los franceses (Napoleón) el 2 de mayo de 1808. Esta fecha llegó a ser la fiesta nacional del país.
   b. Las fuerzas francesas fueron expulsadas en 1814.

2. **Guerras Carlistas** (1833–39; 1872–76). Largas guerras civiles en las cuales Carlos, hermano de Fernando VII, trató de quitar el trono del país a (from) Isabel, hija de Fernando VII.

3. **Guerra con los Estados Unidos** (1898). España fue vencida por los Estados Unidos, y perdió a Cuba, Guam, Puerto Rico, y las Islas Filipinas.

4. **Las Dos Repúblicas.**

   a. La primera república fue establecida en 1873; duró solamente un año.
   b. **Alfonso XII** estableció otra vez la monarquía. Su hijo, **Alfonso XIII,** fue rey de España hasta 1931. Durante su reinado, estableció una dictadura bajo **Primo de Rivera.**
   c. La segunda república fue establecida el 14 de abril de 1931.

5. La **Guerra Civil** (1936–39). El general **Francisco Franco** venció a las fuerzas de la república y estableció una dictadura.
6. Franco rigió (ruled) el país hasta su muerte en 1975. El gobierno actual es una monarquía constitucional.

EJERCICIOS

A. De la lista *B* escoja Vd. una palabra o expresión que tenga relación con cada expresión de la lista *A*.

	A		*B*
1.	Pelayo	*a.*	el Cid
2.	los Reyes Católicos	*b.*	Napoleón
3.	Rodrigo Díaz de Vivar	*c.*	rey de España hasta 1931
4.	Felipe II	*d.*	los Estados Unidos
5.	Dos de Mayo	*e.*	Fernando e Isabel
6.	Alfonso XIII	*f.*	Armada Invencible
7.	guerra que ocurrió al fin del siglo 19	*g.*	monumento romano
8.	puente de Alcántara	*h.*	April 14, 1931
9.	la segunda república	*i.*	dictador español
10.	Francisco Franco	*j.*	principió la Reconquista

B. Escoja Vd. la palabra o expresión que complete correctamente cada frase.

1. Los primeros habitantes de España fueron los (*a*) iberos (*b*) celtas (*c*) romanos.
2. La segunda república española se estableció en el año (*a*) 718 (*b*) 1931 (*c*) 1808.
3. El acueducto de Segovia fue construido por los (*a*) fenicios (*b*) romanos (*c*) moros.
4. Muchas palabras españolas que principian con "al-" son de origen (*a*) romano (*b*) árabe (*c*) ibero.
5. Las guerras entre los moros y los españoles se llaman (*a*) las Guerras Civiles (*b*) las Guerras Carlistas (*c*) la Reconquista.
6. España perdió a Cuba, Puerto Rico, y las Filipinas en (*a*) la guerra civil (*b*) la guerra con los Estados Unidos (*c*) la guerra de la independencia.
7. Pelayo venció a los moros en la batalla de (*a*) Covadonga (*b*) Lepanto (*c*) Sagunto.
8. Los visigodos vencieron a los (*a*) moros (*b*) romanos (*c*) fenicios.
9. El dictador de España bajo Alfonso XIII fue (*a*) Francisco Franco (*b*) Primo de Rivera (*c*) Pelayo.
10. El hijo de Carlos V fue (*a*) Fernando VII (*b*) Felipe II (*c*) Alfonso XIII.

C. Complete Vd. cada frase con una de las expresiones siguientes: los Reyes Católicos, Cádiz, las Guerras Carlistas, diez y ocho, Sagunto, latín, el dos de mayo, la noria, el Cid, Lepanto.

1. El español se deriva del _____.
2. El día de la independencia española se celebra _____.
3. Los cartagineses vencieron a los celtíberos en la batalla de _____.
4. La Reconquista fue terminada por _____.
5. Los moros introdujeron _____ en España.
6. España sufrió una decadencia completa en el siglo _____.
7. Los fenicios fundaron la ciudad de _____.
8. Los españoles vencieron a los turcos en la batalla de _____.
9. El héroe nacional de España es _____.
10. Las guerras entre la reina Isabel y Carlos se llaman _____.

3. LA LITERATURA ESPAÑOLA

A. Antes del Siglo de Oro:

1. *Poema del Cid.* Poema épico, de autor anónimo (anonymous). Celebra la vida y las hazañas (heroic deeds) del Cid. Fue escrito en el siglo 12, y es la primera obra importante de la literatura española.

2. **Alfonso X, El Sabio** (siglo 13). Compiló una colección de leyes y costumbres, *Las siete partidas.* También escribió varias obras de poesía.

3. **Jorge Manrique** (siglo 15). Autor de las *Coplas,* una bella poesía escrita en memoria de la muerte de su padre. Esta poesía fue traducida al inglés por el poeta norteamericano Henry Wadsworth Longfellow.

4. Antonio de **Nebrija.** Autor del primer libro de gramática española, escrito en 1492.

B. El Siglo de Oro (1535–1680):

1. **La Novela Picaresca.**

    a. Las aventuras de un **pícaro,** una persona que trata de vivir sin trabajar. Es una sátira de la vida y la sociedad de la época.

    b. La primera y la más famosa de las novelas picarescas es *Lazarillo de Tormes,* escrita en el siglo 16.

2. Miguel de **Cervantes** (1547–1616) fue el novelista principal de España.

    a. Autor de *Don Quijote de la Mancha,* que se considera tal vez la mejor novela del mundo. Los personajes principales son don Quijote y Sancho Panza, su escudero y criado.

    b. También escribió una colección de cuentos, las *Novelas ejemplares.*

3. **Lope de Vega** fue el dramaturgo más importante del Siglo de Oro. Escribió centenares (hundreds) de obras de teatro. Se le considera el padre del teatro español.

4. **Tirso de Molina.** Creó el personaje de don Juan en su obra *El burlador de Sevilla.*

5. **Calderón** fue el último de los grandes dramaturgos del Siglo de Oro. Fue autor de *La vida es sueño.* Con su muerte, en 1681, se considera terminado el Siglo de Oro.

C. Los Siglos 19 y 20:

1. José **Zorrilla.** Escribió obras de teatro inspiradas en (inspired by) las leyendas de España. Su obra principal, *Don Juan Tenorio*, se representa (is performed) en los teatros de todo el mundo hispánico el 2 de noviembre, el Día de los Difuntos (All Souls' Day).

2. **Pérez Galdós** fue el novelista principal de los siglos 19 y 20. Fue gran enemigo de la intolerancia religiosa. Una de sus mejores novelas, *Doña Perfecta*, ataca el fanatismo (fanaticism).

3. **Palacio Valdés** fue un novelista muy popular. Entre sus obras debe mencionarse *José*.

4. Vicente **Blasco Ibáñez** escribió novelas sobre la vida de los campesinos de Valencia. Su obra principal es *La barraca*. También escribió *Los cuatro jinetes del Apocalipsis* (The Four Horsemen of the Apocalypse), sobre la primera Guerra Mundial, y *Sangre y arena* (Blood and Sand), sobre la corrida de toros.

5. La **"Generación del '98."** La guerra contra los Estados Unidos, en 1898, resultó un desastre (disaster) para España. Como resultado de la guerra, muchos escritores y filósofos se dedicaron a examinar y modernizar (modernize) la cultura del país. Estos escritores se conocen hoy con el título de la "Generación del '98."

6. Algunos escritores de la "Generación del '98":

   a. Miguel de **Unamuno,** filósofo y ensayista (essayist).
   b. **Azorín,** novelista y ensayista.
   c. **Pío Baroja,** novelista.
   d. Jacinto **Benavente,** dramaturgo; ganó el Premio Nobel de Literatura en 1922.
   e. Antonio **Machado,** poeta.
   f. Ramón **Menéndez Pidal,** erudito (scholar) famoso.

7. Otros Autores Modernos:

   a. José **Ortega y Gasset,** filósofo y ensayista; autor de *La rebelión de las masas*.
   b. Juan Ramón **Jiménez,** poeta. También escribió en prosa *Platero y yo*. Ganó el Premio Nobel de Literatura en 1956.
   c. Gregorio **Martínez Sierra,** dramaturgo. Escribió *Canción de cuna* (Cradle Song).
   d. Federico **García Lorca,** poeta y dramaturgo. Escribió *Bodas de sangre* y *La casa de Bernarda Alba*.

EJERCICIOS

A. Identifique Vd. cada escritor como *novelista, dramaturgo, poeta,* o *ensayista.*

1.	Cervantes	6.	Lope de Vega
2.	Benavente	7.	Martínez Sierra
3.	Ortega y Gasset	8.	Unamuno
4.	Pío Baroja	9.	Calderón
5.	Antonio Machado	10.	Juan Ramón Jiménez

B. De la lista *B* escoja Vd. el título de una obra de cada autor de la lista *A*.

A		*B*	
1.	García Lorca	*a.*	*Don Quijote de la Mancha*
2.	Blasco Ibáñez	*b.*	*El burlador de Sevilla*
3.	Tirso de Molina	*c.*	*Bodas de sangre*
4.	Alfonso X	*d.*	*Doña Perfecta*
5.	Cervantes	*e.*	*Sangre y arena*
6.	José Zorrilla	*f.*	*La vida es sueño*
7.	Jorge Manrique	*g.*	*Las siete partidas*
8.	Calderón	*h.*	*Don Juan Tenorio*
9.	Antonio de Nebrija	*i.*	gramática de la lengua castellana
10.	Pérez Galdós	*j.*	*Coplas*

C. Complete Vd. las frases siguientes:

1. El escudero de don Quijote se llamaba _____.
2. La novela *José* fue escrita por _____.
3. Un dramaturgo que ganó el Premio Nobel fue _____.
4. La más famosa de las novelas picarescas es _____.
5. El fundador del drama nacional español fue _____.
6. La primera obra importante de la literatura española fue un poema épico, _____.
7. El último de los grandes escritores del Siglo de Oro fue _____.
8. _____ fue un rey español que compiló una colección de leyes.
9. _____ creó el personaje de don Juan.
10. Un drama que se representa el Día de los Difuntos en todos los países hispánicos es _____.

4. ARTE, MÚSICA, Y CIENCIAS

A. Pintores:

1. **El Greco** (Doménico Theotocópuli). Pintor de origen griego que vivió en Toledo en el siglo 16.

   a. Sus obras tienen un profundo tono religioso.
   b. Su obra maestra es *El entierro* (burial) *del conde de Orgaz.*

2. Diego **Velázquez.** Se le considera el más importante de los pintores españoles.

   a. Fue pintor de cámara (court painter) del rey Felipe IV, y pintó muchos retratos de la familia real.
   b. Su obra maestra es *Las meninas.* También pintó *La rendición de Bredá,* llamada también *Las lanzas.*

3. Francisco **Goya** fue el pintor español más importante de los siglos 18 y 19. Fue pintor de cámara del rey Carlos IV.

   a. En sus obras ataca la decadencia social y política de España.
   b. Entre sus obras principales deben mencionarse *Los fusilamientos* (shootings) *del dos de mayo* y *Los caprichos.*

4. Joaquín **Sorolla** es el pintor de "sol y color." Pintó las costumbres y los trajes de las varias regiones. Muchos de sus cuadros se encuentran en el Museo de la Sociedad Hispánica, en Nueva York.

5. José María **Sert.** Pintor de murales, muchos de los cuales se encuentran en el Rockefeller Center y en el Salón Sert del Hotel Waldorf-Astoria, en Nueva York.

6. Pablo **Picasso.** Fundador del **cubismo,** estilo de pintura en que figuras geométricas representan figuras humanas.

7. Salvador **Dalí.** Uno de los fundadores del **surrealismo** en la pintura. El artista trata de pintar los pensamientos y los sueños.

B. Músicos y Compositores:

1. Isaac **Albéniz** compuso música para el piano. Dos de sus composiciones más conocidas son *Iberia* y *El Albaicín.*

2. Enrique **Granados** también compuso música para el piano. Escribió la ópera *Goyescas,* basada en las obras de Goya.

3. Manuel **de Falla** fue el más importante de los compositores españoles. Compuso *La vida breve* y *El amor brujo*.

4. José **Iturbi** fue un pianista y compositor famoso.

5. Andrés **Segovia** es el guitarrista más famoso del mundo.

6. Pablo **Casals** fue el mejor violoncelista (cellist) del mundo.

C. Baile:

Vicente **Escudero,** que murió en 1980, fue el más famoso de los bailarines españoles. Fue un gran intérprete (interpreter) de los bailes gitanos.

D. Bailes e Instrumentos Típicos:

1. **Bailes.** De Andalucía viene un gran número de bailes, tales como el **bolero,** el **fandango,** el **jaleo,** y el **flamenco.** De otras regiones vienen la **jota** (Aragón), la **sardana** (Cataluña), y la **muñeira** (Galicia).

2. **Instrumentos.** El instrumento típico de España es la **guitarra.** Además, en Galicia se emplea la **gaita** (bagpipe). La **pandereta** (tambourine) y las **castañuelas** (castanets) se emplean para acompañar la música.

E. Científicos:

1. Santiago **Ramón y Cajal.** Recibió el Premio Nobel de Medicina por sus estudios acerca del sistema nervioso.

2. Juan **de la Cierva** inventó el autogiro (autogyro), precursor (forerunner) del helicóptero.

3. Severo **Ochoa.** Recibió el Premio Nobel de Medicina en 1959 por sus estudios sobre la herencia (heredity).

EJERCICIOS

A. Identifique Vd. las siguientes personas como *bailarín, pintor, científico, o músico:*

1. El Greco	6. Manuel de Falla	11. Sorolla
2. Ramón y Cajal	7. Juan de la Cierva	12. Andrés Segovia
3. Severo Ochoa	8. Goya	13. Dalí
4. Vicente Escudero	9. Pablo Casals	14. Granados
5. José Iturbi	10. Albéniz	15. Velázquez

B. De la lista *B* escoja Vd. una expresión que tenga relación con cada nombre de la lista *A*.

	A		*B*
1.	Goya	*a.*	*Las meninas*
2.	El Greco	*b.*	pintor de murales
3.	Velázquez	*c.*	Doménico Theotocópuli
4.	Juan de la Cierva	*d.*	guitarrista
5.	Manuel de Falla	*e.*	violoncelista
6.	Albéniz	*f.*	*La vida breve*
7.	Picasso	*g.*	autogiro
8.	Pablo Casals	*h.*	*Iberia*
9.	Andrés Segovia	*i.*	cubismo
10.	Sert	*j.*	*Los fusilamientos del dos de mayo*

C. Complete Vd. cada frase, escogiendo un nombre o una palabra de la lista siguiente: Manuel de Falla, castañuelas, bolero, jota, El Greco, Felipe IV, médico, *Las lanzas*, gaita, Granados, Goya, Sert, Sorolla, Dalí, sardana.

1. Velázquez fue el pintor de cámara de _____.
2. El _____ es un baile de Andalucía.
3. Ramón y Cajal fue un gran _____ español.
4. *La rendición de Bredá* se llama también _____.
5. _____ compuso música basada en las obras de un gran pintor.
6. Para acompañar la música se emplean las _____.
7. _____ fue un gran compositor español.
8. _____ pintó *El entierro del conde de Orgaz.*
9. El baile regional de Cataluña es la _____.
10. _____ fue el pintor de cámara de Carlos IV.
11. Muchas de las obras de _____ se hallan en el Waldorf-Astoria y el Rockefeller Center.
12. Los aragoneses bailan mucho la _____.
13. _____ es un famoso pintor surrealista.
14. _____ pintó el "sol y color" de España.
15. En Galicia se oye mucha música producida en la _____.

5. LA VIDA Y LAS COSTUMBRES ESPAÑOLAS

A. Casa:

En los pueblos de España, las casas generalmente son de un solo piso. Cada casa tiene su **patio** (inner courtyard), donde la familia pasa las tardes. Hay **rejas** (iron gratings) en las ventanas. En muchas casas las paredes están cubiertas de **azulejos** (glazed tiles).

B. Nombres (Given Names) **y Apellidos** (Family Names):

1. Cada español tiene dos apellidos, el apellido del padre seguido del apellido de la madre. Ejemplo: Juan **López Carranza.** Muchas veces se pone **y** entre los dos apellidos: Juan López **y** Carranza.

2. A veces se omite el apellido de la madre: Juan **López.**

3. Al casarse una mujer, añade a su propio apellido el apellido de su marido, con la preposición **de.** Ejemplo: María Gómez **de González.**

4. La mayor parte de los niños españoles tienen el nombre de un santo, y en vez de celebrar su cumpleaños, celebran **el día del santo.**

C. Tipos Pintorescos:

1. El **sereno** guarda las calles y las casas de noche.

2. El **pordiosero** es un mendigo (beggar) que pide limosna "por Dios."

3. Los **gitanos** viven en el sur de España, sobre todo en Sevilla y Granada.

4. El **aguador** es un vendedor de agua. Es común en las regiones secas.

D. Vida Social y Costumbres:

1. Por la tarde la gente tiene la costumbre de ir al **café** para tomar la **merienda** (afternoon snack), una comida que generalmente consiste en un ligero refresco.

2. Muchos hombres van al **casino** (club) después del trabajo para pasar una hora o dos.

3. En muchas ciudades hay un **ateneo** (club literario y científico).

4. La **tertulia** es una reunión, generalmente en casa, donde la gente pasa el tiempo charlando.

5. **Pelando la pava** es una costumbre que se observa en muchas partes. El novio, que está fuera de la casa, habla a través de la **reja** con su novia, que está dentro.

6. Frecuentemente hay una **lotería** dirigida por el gobierno. El primer premio vale mucho dinero, y se llama el **premio gordo.**

7. Después del almuerzo, y durante el calor de la tarde, la gente duerme la **siesta.**

E. Fiestas Religiosas:

1. La **Navidad,** que cae el 25 de diciembre, es la fiesta más importante del año. Desde principios de diciembre en cada casa se preparan los **nacimientos** (grupos de figuras que representan el nacimiento de Jesucristo). En México, la Navidad se celebra desde el 16 de diciembre con las **Posadas,** unas reuniones en casa, en que se rompe la **piñata,** una jarra que está llena de dulces. La **Nochebuena** (Christmas Eve) la gente asiste a la **misa del gallo** (midnight mass) en las iglesias. Grupos de personas andan por las calles cantando **villancicos** (Christmas carols). Los niños reciben regalos el 6 de enero, que se llama el **Día de los Reyes Magos.** Los Reyes Magos corresponden a nuestro Santa Claus.

2. El **Carnaval** es un período de tres días de diversión antes de la **Cuaresma** (Lent).

3. La **Pascua Florida** (Easter) se celebra en toda España. Es famosa la celebración de **Semana Santa** (Holy Week) en Sevilla.

4. El día del **santo patrón** (patron saint). Cada pueblo tiene su santo patrón, cuyo día se celebra con una fiesta. La noche anterior se celebra una **verbena** (evening festival). El día del santo hay **romerías** (religious picnics) a la tumba (tomb) del santo.

5. El **Día de los Difuntos** (All Souls' Day) se celebra el 2 de noviembre, en memoria de los muertos.

F. Fiestas Nacionales:

1. El **Dos de Mayo** es la fiesta nacional de España.

2. El **Día de la Raza** corresponde a nuestro *Columbus Day*, el 12 de octubre.

G. Deportes y Diversiones (Amusements):

1. La **corrida de toros** (bullfight) tiene lugar en la **plaza de toros.** Hay toreros de varias clases:

   a. Los **picadores** van montados a caballo. Llevan lanzas largas, con las cuales resisten el toro.

   b. Los **banderilleros,** que ponen **banderillas** en el cuello del toro.

   c. El **matador** es el torero principal, que al fin mata el toro.

2. **Jai-alai** es un juego de pelota, de origen vasco, que se juega en un gran **frontón** (court) de tres paredes. Es algo semejante al *handball,* aunque el jugador (player) usa una **cesta** para coger la pelota, y no la mano.

3. Se juega mucho al **fútbol,** que en los Estados Unidos se llama *soccer.*

H. Prendas de Vestir:

La ropa de los españoles es semejante a la ropa que llevamos nosotros. Sin embargo, en muchas partes la gente todavía lleva ropa tradicional.

1. La **mantilla** es un pañuelo grande de seda y encajes (lace) que la mujer lleva en la cabeza.

2. Los días de fiesta, las mujeres todavía llevan en la cabeza un peine (comb) alto, llamado la **peineta.**

3. El **mantón** es un chal (shawl) de seda, bordado (embroidered) de flores de muchos colores.

4. La **boina** es una gorra al estilo del "beret."

5. Los trabajadores en muchas partes llevan **alpargatas,** una especie (kind) de sandalia (sandal) hecha de lona (canvas).

I. Alimentos:

1. El **cocido** (stew), que también se llama **puchero,** es el alimento diario (daily) de los campesinos y trabajadores.

2. El **arroz con pollo** es muy popular.

3. La **paella** es el arroz con pollo mezclado con mariscos (seafood). Es popular en Valencia.

J. Bebidas:

1. El **chocolate** caliente se toma en el desayuno, con panecillos o bizcochos (biscuits).

2. La **horchata** es una bebida fría de almendras (almonds), agua, y azúcar.

EJERCICIOS

A. Identifique Vd. cada uno de los siguientes como *alimento, bebida, prenda de vestir, fiesta religiosa,* o *costumbre social:*

1. boina
2. verbena
3. paella
4. tertulia
5. cocido

6. romería
7. horchata
8. Día de los Difuntos
9. alpargatas
10. arroz con pollo

11. mantilla
12. Carnaval
13. merienda
14. peineta
15. chocolate

B. De la lista *B* escoja Vd. una palabra o expresión que tenga relación con cada expresión de la lista *A*.

A	B
1. apellido	*a.* premio gordo
2. pelando la pava	*b.* frontón
3. lotería	*c.* limosna
4. Nochebuena	*d.* verbena
5. sereno	*e.* reja
6. banderillero	*f.* nombre
7. jai-alai	*g.* alimento
8. día del santo patrón	*h.* Navidad
9. puchero	*i.* corrida de toros
10. pordiosero	*j.* guardia

C. Complete Vd. las frases siguientes:

1. Para evitar el calor de la tarde, los españoles duermen la _____.
2. Antonio Moreno y Villa está casado con Luisa Gómez y Vega, y tienen un hijo, Juan. El nombre completo del hijo es Juan _____ y _____.
3. Un alimento popular en Valencia, hecho de arroz, pollo, y mariscos, se llama _____.
4. La fiesta nacional de España se celebra _____.
5. El vendedor de agua se llama un _____.
6. _____ se celebra el 12 de octubre.
7. Los niños españoles reciben regalos el 6 de enero, el Día de los _____.
8. El torero que va montado a caballo se llama el _____.
9. _____ es el nombre que se da a un club científico y literario.
10. En vez de celebrar su cumpleaños, los niños españoles celebran su _____.

D. En inglés, identifique Vd. los siguientes:

1. Día de los Difuntos
2. matador
3. Semana Santa
4. las Posadas
5. azulejos

6. verbena
7. Pascua Florida
8. romería
9. villancicos
10. nacimiento

6. MASTERY EXERCISES ON SPAIN

A. Complete Vd. cada frase, escogiendo la palabra o expresión correcta.

1. Don Juan es un personaje de (*a*) *La vida es sueño* (*b*) *La barraca* (*c*) *Doña Perfecta* (*d*) *El burlador de Sevilla.*
2. Manuel de Falla fue un célebre (*a*) compositor (*b*) pintor (*c*) cantor (*d*) bailarín moderno español.
3. Un baile regional de Cataluña es (*a*) el jaleo (*b*) la muñeira (*c*) el bolero (*d*) la sardana.
4. Lope de Vega escribió (*a*) dramas (*b*) ensayos (*c*) gramáticas (*d*) enciclopedias.
5. El Día de la Raza se celebra el (*a*) 14 de abril (*b*) 2 de mayo (*c*) 12 de octubre (*d*) 6 de enero.
6. Sancho Panza fue (*a*) un poeta español (*b*) el escudero de don Quijote (*c*) el Cid (*d*) un héroe español.
7. El río más navegable de España es el (*a*) Guadalquivir (*b*) Duero (*c*) Tajo (*d*) Ebro.
8. El jai-alai es un (*a*) baile (*b*) juego (*c*) torero (*d*) autor.
9. La Alhambra de Granada fue construida por (*a*) los iberos (*b*) Felipe II (*c*) los moros (*d*) los griegos.
10. El Greco fue un célebre (*a*) escritor (*b*) actor (*c*) libertador (*d*) pintor   español.
11. El refresco que los españoles toman por la tarde es la (*a*) lotería (*b*) merienda (*c*) reja (*d*) tertulia.
12. Un alimento español es (*a*) la Navidad (*b*) el pordiosero (*c*) la guerra (*d*) el cocido.
13. Barcelona está en (*a*) Galicia (*b*) Cataluña (*c*) Aragón (*d*) Castilla.
14. El Escorial está cerca de (*a*) Madrid (*b*) Vigo (*c*) Valencia (*d*) Sevilla.
15. En el noroeste de España está la región de (*a*) Aragón (*b*) Galicia (*c*) Castilla (*d*) Murcia.
16. Una prenda de vestir es (*a*) la cesta (*b*) la boina (*c*) el villancico (*d*) la horchata.
17. Los Reyes Católicos eran (*a*) Carlos y María (*b*) Felipe y Cristina (*c*) Alfonso y Victoria (*d*) Fernando e Isabel.
18. El que pide limosna es el (*a*) sereno (*b*) matador (*c*) trabajador (*d*) pordiosero.
19. La noria se emplea (*a*) en la construcción de edificios (*b*) en el teatro (*c*) para regar los campos (*d*) para fabricar ropa.
20. El día anterior a la Navidad se llama (*a*) la Nochebuena (*b*) las Posadas (*c*) la Cuaresma (*d*) el Día de la Raza.

B. De la lista *B* escoja Vd. una palabra o expresión que tenga relación con cada expresión de la lista *A*.

Grupo I

A	B
1. Cervantes	*a.* nacimiento
2. Nochebuena	*b.* matador
3. los Reyes Magos	*c.* pícaro
4. gaita	*d.* baile
5. corrida de toros	*e.* 6 de enero
6. fandango	*f.* dramaturgo
7. día del santo	*g.* limosna
8. *Lazarillo de Tormes*	*h.* cumpleaños
9. Calderón	*i.* *Don Quijote*
10. pordiosero	*j.* Galicia

GRUPO II

A	B
1. Aragón	*a.* héroe nacional de España
2. jai-alai	*b.* las Posadas
3. el Cid	*c.* montañas
4. Tirso de Molina	*d.* museo
5. pelar la pava	*e.* torero
6. Pirineos	*f.* don Juan
7. banderillero	*g.* región de España
8. el Prado	*h.* Covadonga
9. piñata	*i.* frontón
10. Pelayo	*j.* reja

C. Complete Vd. las frases siguientes:

1. La jota es un _____ de Aragón.
2. Dos sierras del sur de España son _____ y _____.
3. El premio principal en la lotería se llama el _____.
4. La región del sur de España es _____.
5. La Reconquista terminó en el año _____.
6. El torero que va montado a caballo es el _____.
7. _____ fue un poeta de la "Generación del '98."
8. La obra maestra de Velázquez es _____.
9. La fiesta nacional de España ocurre _____.
10. Una bebida española es _____.
11. El compositor que compuso la ópera *Goyescas* es _____.
12. El dramaturgo español que escribió *Canción de cuna* es _____.
13. El inventor del autogiro fue _____.
14. La catedral más grande de España está en la ciudad de _____.
15. El pintor español más importante de los siglos 18 y 19 fue _____.
16. Un escritor del Siglo de Oro fue _____.
17. El pintor español que fundó el cubismo es _____.
18. El idioma español se deriva del _____.
19. Un alimento muy popular en Valencia es _____.
20. Dos novelistas de la "Generación del '98" son _____ y _____.
21. La primera gramática de la lengua española fue escrita por _____.
22. Una novela de Blasco Ibáñez que trata de (deals with) la vida de los campesinos de Valencia es _____.
23. Un escritor español que ganó el Premio Nobel fue _____.
24. Las montañas de la parte central de España son la sierra de _____.
25. El catalán es el idioma de la región de _____.
26. Los niños españoles reciben sus regalos de Navidad el Día de _____.
27. La segunda república española fue establecida en el año _____.
28. La más famosa de las novelas picarescas es _____.
29. El Cid capturó la ciudad de Valencia de los _____.
30. La Alhambra está en la ciudad de _____.
31. Sorolla fue un famoso _____ español.
32. El fútbol, deporte muy popular en España, se llama _____ en los Estados Unidos.
33. _____ fue dictador de España entre los años 1939–1975.
34. Dos ríos de España son _____ y _____.
35. Los moros invadieron a España en el año _____.
36. Las montañas que separan a España de Francia son _____.

37. Si Pedro Ortega y Carlota Rivera se casan, el nombre completo de Carlota será ------.
38. Los primeros habitantes de España fueron ------.
39. ------ es la capital de España.
40. El instrumento músico típico de Galicia es la ------.

D. Conteste Vd. en español en frases completas.

1. ¿Quién fue el dramaturgo más importante del Siglo de Oro?
2. ¿Dónde está la universidad más antigua de España?
3. ¿En cuántas regiones tradicionales está dividida España?
4. ¿Cuáles son los dos países que forman la Península Ibérica?
5. ¿En qué ciudad se encuentra la Giralda?
6. ¿Quiénes introdujeron en España las ciencias?
7. ¿En qué fecha cae la Navidad?
8. ¿Qué ciudad fundaron los fenicios?
9. ¿Quién pintó *El entierro del conde de Orgaz?*
10. ¿Cuál es el instrumento músico típico de España?

La corrida de toros es un espectáculo tradicional en España y en muchas partes del mundo hispánico. Tiene su origen en el siglo XII. A los españoles les gusta asistir a la plaza de toros para admirar la destreza (skill), el arte, y la osadía (boldness) del torero, que lucha contra un toro feroz que trata de matar al torero con sus cuernos (horns).

7. LA GEOGRAFÍA DE LA AMÉRICA HISPANA

MÉXICO

México está al sur de los Estados Unidos. El **Río Grande** (que los mexicanos llaman el **Río Bravo del Norte**) separa a México del estado de Tejas. Al oeste de Tejas hay frontera (frontier) con los estados de Nuevo México, Arizona, y California.

A. Extensión y Población:

México tiene la cuarta parte (1/4) de la extensión de los Estados Unidos. Tiene más de **76,000,000** de habitantes.

B. Montañas y Volcanes:

Hay dos sierras que cruzan el país de norte a sur: la **Sierra Madre Oriental** (Eastern) y la **Sierra Madre Occidental** (Western). También hay varios volcanes, tales como el **Orizaba, Popocatépetl, Ixtaccíhuatl,** y **Paricutín.**

C. Productos:

Son importantes la agricultura y la industria minera (mining). Se producen mucha plata, petróleo, trigo, maíz, y ganado (cattle). En la península de **Yucatán** se produce el henequén (hemp).

D. Ciudades Principales:

1. La **Ciudad de México** (México, D. F.) está situada en una meseta (plateau), a unos **7,000** pies de altura. Fue la antigua capital de los **aztecas,** quienes la llamaban **Tenochtitlán.**

   Hay mucho que ver en la capital:

   a. el **Castillo de Chapultepec,** que es hoy un museo de historia colonial.
   b. el **Palacio de Bellas Artes,** teatro y museo muy grande y hermoso.
   c. la **Ciudad Universitaria.**
   d. la **Basílica de Guadalupe,** iglesia fundada en honor de la **Virgen de Guadalupe,** santa patrona del país.
   e. el **Zócalo,** la plaza principal de la ciudad. A un lado de la plaza está la **Catedral de México,** la catedral más grande y más vieja del continente.
   f. Cerca de la capital se ven los famosos **jardines flotantes** (floating) de **Xochimilco.**

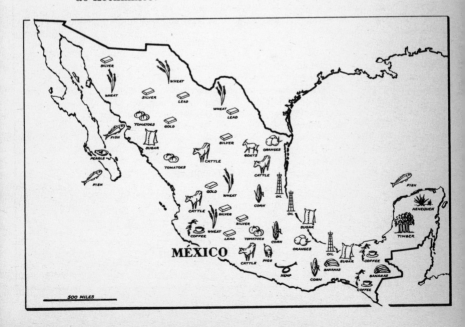

2. **Guadalajara,** la segunda ciudad de México, es un centro industrial.

3. **Tampico** y **Veracruz** son puertos del Golfo (Gulf) de México. Tampico es el centro de la industria de petróleo.

4. **Acapulco** es una playa famosa de la costa occidental.

5. **Taxco** es una ciudad antigua, la más pintoresca de México.

6. **Chichén-Itzá,** en Yucatán, es famosa por las ruinas de la cultura maya que se encuentran allí.

EJERCICIOS

A. Complete Vd. las frases siguientes:

1. El nombre antiguo de la Ciudad de México fue _____.
2. Un producto importante de México es _____.
3. Una sierra del este de México es _____.
4. El Orizaba y el Paricutín son _____.
5. La segunda ciudad de México es _____.
6. Dos puertos del Golfo de México son _____ y _____.
7. El Río Bravo del Norte se llama el _____ en los Estados Unidos.
8. Una ciudad industrial de México es _____.
9. El _____ es un hermoso teatro y museo en la Ciudad de México.
10. La Virgen de _____ es la santa patrona de México.

B. De la columna *B* escoja Vd. una palabra o expresión que tenga relación con cada expresión de la columna *A*.

A	B
1. Zócalo	*a.* museo histórico
2. Taxco	*b.* petróleo
3. Xochimilco	*c.* ruinas
4. Popocatépetl	*d.* plaza principal
5. Chapultepec	*e.* henequén
6. Tenochtitlán	*f.* ciudad pintoresca
7. Acapulco	*g.* jardines flotantes
8. Chichén-Itzá	*h.* capital azteca
9. Tampico	*i.* playa
10. Yucatán	*j.* volcán

LA AMÉRICA CENTRAL

A. **Guatemala** produce bananas, café, y chicle. El chicle se usa para fabricar la goma de mascar (chewing gum). Su capital es la **Ciudad de Guatemala**.

B. **El Salvador** es el país más pequeño de la América Central. Su capital es **San Salvador**.

C. **Honduras** exporta bananas y café. Su capital es **Tegucigalpa**.

D. **Nicaragua** es la república más grande de la América Central. **Managua** es su capital.

E. **Costa Rica** exporta mucho café y plátanos (bananas). Su capital es **San José**.

F. **Panamá** es un istmo (isthmus) que junta (joins) las dos Américas. El **Canal de Panamá** cruza el país. Su capital también se llama **Panamá**.

LAS ANTILLAS

Las Antillas Mayores son un grupo de tres islas al sudeste de la costa de la Florida.

A. **Cuba** es la isla más grande e importante de las tres islas. Se llama "la perla (pearl) de las Antillas." Su capital es **La Habana.** Produce mucho azúcar y tabaco.

B. **Puerto Rico** produce mucho café y azúcar. Antes fue una posesión de los Estados Unidos. Hoy está asociado (associated) a los Estados Unidos como estado libre. Su capital es **San Juan.**

C. **La República Dominicana** comparte (shares) con Haití la isla llamada La Española. Su capital es **Santo Domingo.**

EJERCICIOS

A. De la lista *B* escoja Vd. la capital de cada país de la lista *A*.

	A		*B*
1.	Nicaragua	*a.*	San José
2.	Cuba	*b.*	Santo Domingo
3.	República Dominicana	*c.*	Managua
4.	Honduras	*d.*	La Habana
5.	Costa Rica	*e.*	Tegucigalpa

B. Complete Vd. las frases siguientes:

1. La república más grande de la América Central es _____.
2. La república más pequeña de la América Central es _____.
3. Un producto importante de Guatemala es _____.
4. "La perla de las Antillas" es un nombre que se da a _____.
5. El plátano es un producto importante de _____.
6. El _____ es el país que junta (joins) la América del Norte con la América del Sur.
7. La Española es una isla compartida por dos naciones: la República Dominicana y _____.
8. Una isla de las Antillas que forma un estado libre asociado con los Estados Unidos es _____.
9. Para fabricar la goma de mascar se usa el _____.
10. El azúcar y el tabaco son productos importantes de _____.

LA AMÉRICA DEL SUR

A. Montañas y Picos:

Los **Andes** cruzan el continente de norte a sur, a lo largo de (along) la costa occidental. **Chimborazo** y **Cotopaxi** son dos volcanes de los Andes. Los dos están situados en el Ecuador. **Aconcagua,** el pico más alto de los Andes, y de toda la América del Sur, está situado en la Argentina.

B. Ríos y Lagos:

El **Amazonas,** que atraviesa el Brasil, es el segundo río del mundo en longitud (the second longest river in the world). En los países de habla española los ríos principales son el **Magdalena** (en Colombia), el **Orinoco** (en Venezuela), y el **Plata** (en la Argentina). Entre la Argentina y el Brasil se encuentra la famosa **catarata** (waterfalls) **del Iguazú.** Entre Bolivia y el Perú está el **lago Titicaca,** el lago navegable más alto del mundo.

C. Llanuras (Plains):

Las **pampas** son grandes llanuras en la Argentina, donde se producen trigo y ganado. Aquí se halla el **ombú,** árbol típico de la pampa. Aquí también vive el **gaucho.** En Venezuela las llanuras se llaman **llanos.** En Colombia y el Brasil se encuentran las **selvas,** densos bosques de gran extensión.

D. Clima:

En la América del Sur las estaciones ocurren en orden opuesto (opposite) a las nuestras. Cuando nosotros tenemos el verano aquí, allí tienen el invierno, y viceversa.

MAR CARIBE

OCÉANO ATLÁNTICO

CANAL DE PANAMÁ

La Guaira

Caracas

VENEZUELA

COLOMBIA

Bogotá

RÍO MAGDALENA

LLANOS

RÍO ORINOCO

LOS ANDES

GUAYANA

SURINAM

GUAYANA FRANCESA

ECUADOR

Quito

COTOPAXI

CHIMBORAZO

Guayaquil

ECUADOR

RÍO AMAZONAS

BRASIL

Natal

PERU

LOS ANDES

Callao

Lima

Cuzco

LAGO TITICACA

La Paz

BOLIVIA

Brasilia

Tacna

Arica

Sucre

GRAN CHACO

PARAGUAY

Río de Janeiro

OCÉANO PACÍFICO

LOS ANDES

Asunción

IGUAZÚ

Santos

Tucumán

RÍO PARANÁ

ISLAS JUAN FERNÁNDEZ (CH.)

Viña del Mar

Valparaíso

Santiago

ACONCAGUA

Córdoba

PAMPAS

CHILE

Buenos Aires

URUGUAY

Montevideo

RÍO DE LA PLATA

ARGENTINA

PATAGONIA

LOS ANDES

OCÉANO ATLÁNTICO

ESTRECHO DE MAGALLANES

ISLAS MALVINAS (Falkland Islands) (Ing.)

CABO DE HORNOS

▲ VOLCÁN O PICO

1000 KILÓMETROS

1000 MILLAS

E. Población:

Hay gran variedad (variety) de razas en la América del Sur:

1. La raza **blanca** que, en su mayor parte, consiste en **inmigrados** (immigrants) de Europa y **criollos**. Los criollos son personas nacidas en América de padres españoles.

2. La raza **india**. El grupo más numeroso son los **incas**. También hay muchos **mestizos,** personas que tienen sangre india y blanca.

3. La raza **negra**. Los negros fueron importados como esclavos durante la época colonial.

EJERCICIOS

A. Escoja Vd. la palabra o expresión que complete correctamente cada frase.

1. El ombú es un (a) animal (b) producto importante (c) árbol.
2. El río más largo de Sudamérica es el (a) Amazonas (b) Orinoco (c) Magdalena.
3. Una persona de sangre blanca e india es un (a) criollo (b) inmigrado (c) mestizo.
4. Entre Bolivia y el Perú está el lago (a) Chimborazo (b) Titicaca (c) Plata.
5. Las llanuras de la Argentina se llaman (a) llanos (b) pampas (c) selvas.

B. Complete Vd. las frases siguientes:

1. Una catarata famosa entre la Argentina y el Brasil es _____.
2. El río principal de Venezuela es el _____.
3. Una persona nacida en América de padres españoles se llama un _____.
4. El pico más alto de la América del Sur es _____.
5. Un volcán de los Andes, situado en el Ecuador, es _____.
6. Los bosques extensos de la América del Sur se llaman _____.
7. Cuando en la Argentina tienen el invierno, aquí tenemos el _____.
8. La raza india más numerosa de la América del Sur es la de los _____.
9. El río más importante de la Argentina es el _____.
10. El habitante típico de la pampa es el _____.

PAÍSES DEL ESTE

A. **La Argentina** se extiende desde el Chaco, en el norte, hasta el extremo sur del continente. Está separada de Chile por los Andes. En la frontera entre Chile y la Argentina hay una estatua grande, llamada el **Cristo de los Andes,** que conmemora (commemorates) el arreglo pacífico (peaceful settlement) de una disputa entre los dos países. Los productos principales de la Argentina son carne, lana, y trigo. Su capital, **Buenos Aires,** es la ciudad hispánica más grande de Sudamérica. Los habitantes de la capital se llaman **porteños**.

B. **El Uruguay** es el país hispano más pequeño de Sudamérica. Como la Argentina, sus productos principales son carne, lana, y cereales. Su capital es **Montevideo.**

C. **El Paraguay** no tiene puerto de mar, pero puede comunicarse con la costa por medio del **río Paraná.** Produce yerba mate, un té que se usa mucho allí, y quebracho, una madera muy dura que se usa para fabricar el cuero. Su capital es **Asunción.**

Países de los Andes

D. **Chile** se encuentra entre los Andes y el Océano Pacífico. De norte a sur se extiende unas 3,000 millas. Es el país más largo y más estrecho del continente. Sus productos principales son el cobre y el salitre (nitrates). Las ciudades principales son **Santiago,** la capital, y **Valparaíso,** el puerto principal.

E. **Bolivia** es el único país de Sudamérica que no tiene contacto con el mar. Para exportar sus productos depende de los países vecinos. Produce mucho estaño (tin). Su capital, **La Paz,** es la capital más alta del mundo (a unos 12,000 pies).

F. **El Perú** fue el centro del gobierno de los **incas,** que establecieron su capital en **Cuzco.** Hoy día, la capital y ciudad principal es **Lima.** En Lima se encuentra la universidad más antigua de la América del Sur, la de **San Marcos,** fundada en 1551. **El Callao,** cerca de Lima, es el puerto principal. El Perú tiene mucha riqueza minera. También exporta lana (de la alpaca) y guano (a fertilizer), que se usa en la agricultura.

G. **El Ecuador** está en el centro de la Zona Tórrida. La línea geográfica llamada *el ecuador* cruza el país. Aquí se producen los *sombreros de jipijapa*, que nosotros llamamos "Panama hats." También se produce mucho cacao, del cual se hace chocolate. Las ciudades principales son **Quito,** la capital, y **Guayaquil,** el puerto principal.

H. **Colombia** está en el noroeste del continente. Tiene puertos en los dos mares: el mar Caribe y el Océano Pacífico. Su capital es **Bogotá. Medellín,** en la costa, es el centro de la industria de café. Los productos principales del país son café, petróleo, platino (platinum), y esmeraldas (emeralds).

I. **Venezuela,** patria del Libertador, Bolívar, está en el norte. Exporta mucho petróleo. Su capital es **Caracas,** y su puerto principal, **La Guaira.**

EJERCICIOS

A. De la lista *B* escoja Vd. la capital de cada país de la lista *A*.

	A		*B*
1.	Chile	*a.*	La Paz
2.	Venezuela	*b.*	Bogotá
3.	el Perú	*c.*	Quito
4.	el Ecuador	*d.*	Asunción
5.	Colombia	*e.*	Santiago
6.	Bolivia	*f.*	Lima
7.	el Uruguay	*g.*	Buenos Aires
8.	el Paraguay	*h.*	Montevideo
9.	la Argentina	*i.*	Caracas

B. De la lista *B* escoja Vd. los productos de cada país de la lista *A*. (Cada letra de la lista *B* debe usarse una vez solamente.)

	A		*B*
1.	Venezuela	*a.*	salitre, cobre
2.	Bolivia	*b.*	petróleo
3.	el Ecuador	*c.*	esmeraldas, platino, café
4.	Chile	*d.*	sombreros de jipijapa
5.	el Paraguay	*e.*	estaño
6.	Colombia	*f.*	carne, trigo, lana
7.	la Argentina	*g.*	yerba mate

C. Complete Vd. las frases siguientes:

1. Los habitantes de Buenos Aires se llaman _____.
2. _____ es un país sudamericano con puertos en dos mares.
3. La ciudad hispana más grande de Sudamérica es _____.
4. Cuzco fue la capital antigua de los _____.
5. _____ es el país más estrecho de la América del Sur.
6. _____ es una estatua en los Andes entre Chile y la Argentina.
7. El país hispano más pequeño de la América del Sur es _____.
8. San Marcos es el nombre de una _____ antigua del Perú.
9. Del cacao se hace _____.
10. El único país sudamericano que no tiene contacto con el mar es _____.

8. LA HISTORIA DE HISPANOAMÉRICA

A. Descubrimiento, Exploración, y Conquista:

1. Cristóbal **Colón** salió de España con tres barcos, la Niña, la Pinta, y la Santa María. El 12 de octubre de 1492 descubrió la isla de San Salvador (que hoy se llama *Watlings Island*). La fecha de este descubrimiento se celebra en todo el mundo hispánico como el "Día de la Raza."

2. Vasco Núñez de **Balboa** cruzó el istmo de Panamá y descubrió el Océano Pacífico, que él llamó "Mar del Sur."

3. Hernando **de Soto** descubrió el río Misisipí.

4. Juan **Ponce de León** descubrió la Florida.

5. Francisco Vázquez de **Coronado** exploró el sudoeste de los Estados Unidos, y descubrió el Gran Cañón (Grand Canyon).

6. Álvar Núñez **Cabeza de Vaca** exploró Nuevo México, Tejas, y parte de Kansas.

7. Fernando de **Magallanes** (Magellan), un navegante portugués, trató de dar la vuelta (circumnavigate) al mundo. Descubrió y pasó por el **Estrecho** (Strait) **de Magallanes.** Magallanes murió durante el viaje, y Juan Sebastián **del Cano,** un español, llevó a cabo el viaje.

8. Hernán **Cortés** conquistó a México, venciendo a los aztecas y a su rey, **Moctezuma.**

9. Francisco **Pizarro** conquistó el Perú. Venció a los incas, matando a su rey, **Atahualpa.** Fundó la ciudad de Lima, que él llamó "Ciudad de los Reyes."

10. Pedro de **Valdivia** conquistó a Chile, luchando con los araucanos, una tribu (tribe) de indios muy feroces.

B. Gobierno de las Colonias:

Las colonias eran gobernadas por el **Consejo** (Council) **de Indias,** un grupo de hombres nombrados por el rey. La **Casa de Contratación** dirigió el comercio colonial. Las colonias estaban divididas en cuatro **virreinatos** (viceroyalties), cada uno gobernado por un **virrey** (viceroy). Los virreinatos eran:

1. **Nueva España** (México, Antillas, y la América Central).

2. **Nueva Granada** (Colombia, Panamá, Venezuela, y el Ecuador).

3. **El Perú** (el Perú, Bolivia, y Chile).

4. **La Plata** (la Argentina, el Uruguay, y el Paraguay).

C. **Misioneros** (Missionaries):

1. Fray Junípero **Serra** estableció misiones en California.

2. Fray Bartolomé de **las Casas,** el "apóstol (apostle) de los indios," luchó en favor de los indios.

D. **La Independencia (Revolución Contra España):**

1. Francisco **Miranda,** de Venezuela, fue el primero de los revolucionarios.

2. Simón **Bolívar,** llamado "El Libertador," es la figura principal de la revolución. Ganó la libertad de Venezuela, Colombia, y el Ecuador.

3. José de **San Martín** ganó la libertad de la Argentina, Chile, y el Perú.

4. Bernardo **O'Higgins,** un general chileno, ayudó a San Martín en la lucha en Chile.

5. Antonio José de **Sucre** venció a los españoles en la batalla de **Ayacucho,** en 1824, la última batalla de la revolución.

6. El padre Miguel **Hidalgo,** cura del pueblo mexicano de Dolores, inició el movimiento por la independencia en México con el "Grito (battle cry) de Dolores."

7. El padre José **Morelos,** también sacerdote, continuó el trabajo comenzado en México por Hidalgo.

8. José **Martí** fue un patriota y poeta cubano que luchó por la independencia de Cuba.

E. **Dictadores:**

Las guerras de independencia fueron seguidas de una época de dictaduras en muchos países:

1. Agustín de **Iturbide** se declaró emperador (Agustín I) de México en 1822. La monarquía fue derribada (overthrown) un año después, en 1823.

2. **Maximiliano** (1864–1867), de Austria, fue enviado por Napoleón III a ser emperador de México. Fue matado por las fuerzas republicanas de Benito **Juárez,** un patriota mexicano. Los mexicanos consideran a Juárez-el "Abrahán Lincoln de México."

Otros dictadores:

3. Porfirio **Díaz,** México, 1877–1880, 1884–1911.

4. Juan Manuel de **Rosas,** la Argentina, 1829–1852.

5. Juan **Perón,** la Argentina, 1943–1955.

6. José Gaspar de **Francia,** el Paraguay, 1814–1840.

7. Vicente **Gómez,** Venezuela, 1908–1935.

8. Marcos **Pérez Jiménez,** Venezuela, 1953–1958.

9. Fulgencio **Batista,** Cuba, 1934–1944; 1952–1958.

10. Fidel **Castro,** Cuba, 1959—.

F. Relaciones Interamericanas:

1. **El Panamericanismo:** un movimiento que trata de fomentar (promote) la paz, el comercio, y la ayuda mutua (mutual) entre los Estados Unidos y las repúblicas de la América Latina.

 a. La **Unión Panamericana** fue establecida en 1910 para realizar los ideales del panamericanismo. En 1948 se cambió el nombre a la **Organización de Estados Americanos (O.E.A.;** en inglés, O.A.S.).
 b. El **Día Panamericano** se celebra cada año el 14 de abril.

2. La **Política** (Policy) **del Buen Vecino:** una política de amistad hacia los otros países americanos, iniciada por el presidente Franklin D. Roosevelt.

3. El **Cuerpo de Paz** (Peace Corps) y la **Alianza Para el Progreso** (Alliance for Progress) fueron iniciados por el presidente Kennedy. El Cuerpo de Paz envía maestros y técnicos (technicians) a otros países para ayudar a los habitantes a mejorar su condición. La Alianza Para el Progreso ofrece dinero y ayuda técnica a los países latinoamericanos que quieran hacer más democrático su gobierno.

EJERCICIOS

A. Escoja Vd. la palabra o expresión que correctamente complete cada frase.

1. Atahualpa fue el rey de (*a*) los incas (*b*) los mayas (*c*) los aztecas (*d*) los araucanos.
2. Colombia formaba parte del virreinato de (*a*) Nueva España (*b*) Nueva Granada (*c*) Perú (*d*) La Plata.
3. Ciudad de los Reyes es el nombre que Pizarro dio a la ciudad de (*a*) México (*b*) Buenos Aires (*c*) Caracas (*d*) Lima.
4. El libertador de la Argentina, de Chile, y del Perú fue (*a*) Miranda (*b*) Martí (*c*) San Martín (*d*) Morelos.

5. El jefe de las fuerzas que vencieron a Maximiliano fue (a) Benito Juárez (b) Porfirio Díaz (c) Hidalgo (d) O'Higgins.

6. El Día Panamericano se celebra (a) el dos de mayo (b) el catorce de abril (c) el doce de octubre (d) el cinco de mayo.

7. La Política del Buen Vecino fue iniciada por (a) Perón (b) Roosevelt (c) Castro (d) Batista.

8. El patriota que luchó por la independencia de Cuba fue (a) Martí (b) Batista (c) O'Higgins (d) Sucre.

9. Los Estados Unidos trata de ayudar el desarrollo (development) de la democracia en la América Latina por medio de (a) la Unión Panamericana (b) la Política del Buen Vecino (c) las conferencias panamericanas (d) la Alianza Para el Progreso.

10. El navegante español que completó el primer viaje alrededor del mundo fue (a) Sebastián del Cano (b) Magallanes (c) Valdivia (d) Cabeza de Vaca.

B. De la lista *B* escoja Vd. el nombre de la persona que descubrió, exploró, o conquistó cada lugar de la lista *A*.

A	*B*
1. Chile	*a.* Balboa
2. San Salvador	*b.* de Soto
3. el Perú	*c.* Ponce de León
4. México	*d.* Coronado
5. Estrecho de Magallanes	*e.* Cabeza de Vaca
6. la Florida	*f.* Cortés
7. Nuevo México, Tejas, y Kansas	*g.* Valdivia
8. Océano Pacífico	*h.* Magallanes
9. río Misisipí	*i.* Colón
10. el Gran Cañón	*j.* Pizarro

C. De la lista *B* escoja Vd. una palabra o expresión que tenga relación con cada nombre de la lista *A*.

A	*B*
1. Bartolomé de las Casas	*a.* el Libertador
2. Bolívar	*b.* Maximiliano
3. Hidalgo	*c.* dictador mexicano
4. Napoleón III	*d.* apóstol de los indios
5. Rosas	*e.* dictador cubano
6. Fray Junípero Serra	*f.* batalla de Ayacucho
7. Colón	*g.* misiones en California
8. Castro	*h.* la Pinta
9. Porfirio Díaz	*i.* dictador argentino
10. Sucre	*j.* Grito de Dolores

9. LA LITERATURA, EL ARTE, Y LA MÚSICA
DE HISPANOAMÉRICA

A. Poetas:

1. Alonso de **Ercilla** (siglo 16) escribió *La araucana*, un poema épico acerca de las luchas entre los conquistadores españoles y los indios araucanos de Chile. Fue la primera obra literaria importante escrita en el Nuevo Mundo.

2. Sor **Juana Inés de la Cruz** (siglo 17), de México, escribió la mejor poesía de la época colonial.

3. José **Hernández** (siglo 19) escribió *Martín Fierro*, un poema épico que describe la vida del gaucho. Es el mejor ejemplo de la literatura gauchesca.

4. José **Martí** (siglo 19) fue un poeta y patriota cubano.

5. Rubén **Darío** (siglos 19 y 20), de Nicaragua, fue el mejor poeta de la América Hispana. Fundó un nuevo movimiento en la poesía llamado el *modernismo.* Sus obras principales son *Prosas profanas* y *Cantos de vida y esperanza.*

6. Gabriela **Mistral** (siglo 20), poetisa de Chile, ganó el Premio Nobel de Literatura en 1945.

7. Jorge Luis **Borges** (siglo 20), argentino, es uno de los poetas más importantes de Hispanoamérica.

B. Ensayistas y Novelistas:

1. José Enrique **Rodó** (siglo 20), del Uruguay, fue el ensayista más famoso de Hispanoamérica. Su obra maestra es *Ariel*, un libro de ensayos.

2. Ricardo **Palma** (siglos 19 y 20), del Perú, fue el autor de *Tradiciones peruanas,* cuentos de la época colonial.

3. Jorge **Isaacs** (siglo 19), de Colombia, escribió *María*, una novela romántica.

4. Ricardo **Güiraldes** (siglo 20), de la Argentina, escribió *Don Segundo Sombra*, una novela del gaucho.

5. Rómulo **Gallegos** (siglo 20), de Venezuela, escribió *Doña Bárbara*, una novela de los llanos de Venezuela.

6. Mariano **Azuela** (siglo 20), de México, escribió una novela de la revolución mexicana, *Los de abajo*.

7. Ciro **Alegría** (siglo 20), del Perú, escribió de los indios de su país en su novela *El mundo es ancho y ajeno* (alien).

8. Gabriel **García Márquez** (siglo 20), de Colombia, escribió la novela *Cien años de soledad*, que cuenta la historia de un pueblo colombiano ficticio (fictitious). García Márquez ganó el Premio Nobel de Literatura en 1982.

C. Educadores:

1. Andrés **Bello** (siglo 19), de Venezuela, fue poeta, crítico (critic), y erudito (scholar). Su *Gramática castellana*, escrita hace más de cien años, todavía se considera una de las mejores.

2. Domingo Faustino **Sarmiento** (siglo 19), de la Argentina, fue profesor y también presidente de su país. Escribió *Facundo*, biografía de un jefe gaucho.

D. Pintores:

1. Los tres pintores principales de México, Diego **Rivera**, José **Orozco**, y David **Siqueiros**, son todos del siglo 20, todos pintaron murales, y todos trataron temas (topics) sociales y políticos.

2. Cesáreo Bernaldo de **Quirós** (siglo 20), de la Argentina, pintó la vida pintoresca del gaucho.

3. Tito **Salas** (siglo 20), de Venezuela, pintó muchos cuadros sobre la lucha por la independencia.

E. Músicos y Compositores:

1. Carlos **Chávez** fue el compositor más famoso de México. También fue director de orquesta.

2. Agustín **Lara**, mexicano, compuso canciones populares, por ejemplo, *Granada*.

3. Ernesto **Lecuona**, cubano, también compuso canciones. Entre las más populares son *Siboney* y *Malagueña*.

4. Claudio **Arrau**, de Chile, es un gran pianista.

F. Cantantes (Singers) y Actores:

1. Ramón **Vinay**, de Chile, es un famoso tenor de ópera.

2. Yma **Sumac**, peruana, es una de las cantantes mejores y más conocidas del mundo.

3. **Cantinflas,** actor mexicano, es un famoso cómico (comedian) de cine.

G. Bailes:

1. El **jarabe tapatío** es el baile típico de México. En los Estados Unidos se conoce como *The Mexican Hat Dance.*

2. La **rumba,** el **mambo,** y el **cha-cha-chá** son bailes de Cuba.

3. El **tango** es un baile de la Argentina.

4. La **zamacueca,** generalmente llamada la **cueca,** es un baile de Chile.

5. El **merengue** es un baile de la República Dominicana.

H. Instrumentos Músicos:

1. La **guitarra** es tan popular en la América Hispana como en España.

2. La **quena** es una flauta (flute) usada por los indios del Perú.

3. La **marimba** es semejante al *xylophone.* Es muy popular en México y en Guatemala.

4. Tres instrumentos que se usan mucho en Cuba para acompañar la música y marcar el ritmo (beat time) son:

   a. las **maracas** (made of gourds filled with pebbles)
   b. las **claves** (two round sticks that are struck against one another)
   c. el **güiro** (dried gourd scraped with a rod)

EJERCICIOS

A. Escoja Vd. la palabra o expresión que correctamente complete cada frase.

1. Una novela de la vida de los gauchos fue escrita por (*a*) Rodó (*b*) Güiraldes (*c*) Ercilla.
2. Una cantora del Perú que tiene fama mundial es (*a*) Tito Salas (*b*) Yma Sumac (*c*) Carlos Chávez.
3. *Los de abajo* fue escrito por (*a*) Rómulo Gallegos (*b*) Siqueiros (*c*) Mariano Azuela.
4. El padre del modernismo en la poesía es (*a*) Rubén Darío (*b*) Gabriela Mistral (*c*) Agustín Lara.
5. Andrés Bello y Domingo Sarmiento eran dos (*a*) pintores (*b*) educadores (*c*) compositores.
6. Una famosa poetisa mexicana de la época colonial fue (*a*) Yma Sumac (*b*) Gabriela Mistral (*c*) Sor Juana Inés de la Cruz.
7. Un célebre pintor de Venezuela fue (*a*) Orozco (*b*) Siqueiros (*c*) Salas.
8. El baile típico de México es (*a*) el jarabe tapatío (*b*) la rumba (*c*) la quena.
9. Un pianista famoso de Chile es (*a*) Lecuona (*b*) Cantinflas (*c*) Arrau.
10. *El mundo es ancho y ajeno* describe la vida y los problemas de los (*a*) indios (*b*) gauchos (*c*) actores.

B. De la lista *B* escoja Vd. una expresión que tenga relación con cada nombre o cosa de la lista *A*.

A	B
1. José Martí	*a.* poeta argentino
2. marimba	*b. Doña Bárbara*
3. Diego Rivera	*c.* poeta cubano
4. Cantinflas	*d.* ensayista
5. José Enrique Rodó	*e.* xylophone
6. Jorge Luis Borges	*f.* compositor mexicano
7. Quirós	*g. María*
8. Carlos Chávez	*h.* pintor argentino
9. Jorge Isaacs	*i.* pintor mexicano
10. Rómulo Gallegos	*j.* cómico mexicano

C. Complete Vd. las frases siguientes:

1. En Chile el baile típico es la _____.

2. *Don Segundo Sombra, Facundo,* y *Martín Fierro* tratan de (deal with) la vida de los _____.

3. La primera obra literaria de importancia escrita en el Nuevo Mundo fue _____.

4. _____ es el autor de una famosa gramática española.

5. El mejor ejemplo de la literatura gauchesca es _____.

6. Para acompañar la música se usan las _____.

7. _____ fue una poetisa chilena.

8. Un pintor argentino fue _____.

9. El tango tuvo su origen en _____.

10. El instrumento más popular de los países hispánicos es la _____.

11. _____ fue un famoso autor peruano que escribió cuentos de la época colonial.

12. Dos bailes típicos de Cuba son _____ y _____.

13. _____ es el autor de *Cien años de soledad.*

14. Orozco fue un célebre _____ mexicano.

15. La flauta de los indios del Perú se llama _____.

10. LA VIDA Y LAS COSTUMBRES DE HISPANOAMÉRICA

A. Tipos Pintorescos:

1. El **charro** es el vaquero (cowboy) mexicano. Generalmente va montado a caballo. La **china poblana** es la compañera del charro.

2. En la Argentina el vaquero de las pampas se llama el **gaucho.** En los llanos de Venezuela se llama el **llanero.**

3. Los **mariachis** son grupos de cantantes mexicanos que andan por las calles cantando y pidiendo dinero.

B. Alimentos Mexicanos:

La **tortilla** es un *pancake* hecho de maíz. Las tortillas muchas veces vienen arrolladas (rolled) y contienen carne y salsa de ají (chili sauce). En estas formas se llaman **tacos** o **enchiladas.** Se comen también **chile con carne** y **tamales,** que consisten en maíz, carne picada (chopped meat), pimientos (peppers), etc.

C. Bebidas:

Además del café, que se bebe en todas partes, en la Argentina y el Paraguay también se bebe **mate,** que se hace de la planta *yerba mate.* Se bebe de una **calabaza** (gourd) por medio de un tubo llamado **bombilla.**

En México se producen el **pulque** y la **tequila,** bebidas intoxicantes hechas del *maguey.*

D. Ropa Típica:

1. Los **sombreros de jipijapa** (Panama hats) no se fabrican en Panamá, sino en el Ecuador.

2. El **poncho** es una capa que usa el gaucho para protegerse del frío y de la lluvia.

3. El **sarape** es una manta (blanket) que el mexicano lleva en el hombro.

4. Los **huaraches** son sandalias (sandals) que llevan los mexicanos.

5. El **rebozo** es un chal (shawl) que la mujer mexicana lleva en los hombros.

E. Fiestas:

Las fiestas religiosas son generalmente las mismas que en España. De las demás fiestas, hay dos que se celebran en toda la América Española:

1. El **Día de la Raza,** que corresponde a *Columbus Day* (el 12 de octubre), y que se celebra también en España.

2. El **Día Panamericano** (el 14 de abril), que se celebra en todos los países americanos.

En México se observan dos fiestas públicas:

3. El **16 de septiembre,** la fiesta nacional, conmemora (commemorates) el principio de la rebelión contra España.

4. El **5 de mayo** conmemora la lucha contra Francia y Maximiliano.

EJERCICIOS

A. Complete Vd. las frases siguientes:

1. _____ es un alimento mexicano.
2. Los sombreros de jipijapa se fabrican en _____.
3. La calabaza y la bombilla se usan para beber _____.
4. La mujer mexicana lleva en los hombros un _____.
5. Las _____ y las _____ se hacen de maíz.
6. Dos licores hechos del maguey son _____ y _____.
7. En Venezuela el *cowboy* se llama _____.
8. En los pies los mexicanos llevan _____.
9. Los mexicanos celebran el 5 de mayo para conmemorar su independencia de _____.
10. Para protegerse de la lluvia, el gaucho lleva un _____.

B. De la lista *B* escoja Vd. una palabra o expresión que tenga relación con cada expresión de la lista *A*.

A	B
1. taco	*a.* cantante
2. 16 de septiembre	*b.* manta
3. mariachi	*c.* Columbus Day
4. sarape	*d.* alimento mexicano
5. china poblana	*e.* té
6. 14 de abril	*f.* Día Panamericano
7. Día de la Raza	*g.* maguey
8. yerba mate	*h.* Panama hat
9. sombrero de jipijapa	*i.* charro
10. pulque	*j.* día de la independencia mexicana

11. MASTERY EXERCISES ON SPANISH AMERICA

A. En cada grupo, escoja Vd. una palabra o expresión de la lista *B* que tenga relación con cada nombre o palabra de la lista *A*.

Grupo I

A	*B*
1. Cuba	*a.* iglesia famosa
2. charro	*b.* gramática
3. Basílica de Guadalupe	*c.* patriota mexicano
4. Bolívar	*d.* ciudad mexicana
5. Junípero Serra	*e.* pampas
6. Andrés Bello	*f.* instrumento músico
7. Hidalgo	*g.* azúcar
8. Tampico	*h.* misiones
9. gaucho	*i.* china poblana
10. marimba	*j.* el Libertador

Grupo II

A	*B*
1. Benito Juárez	*a.* volcán en México
2. Cabeza de Vaca	*b.* patriota cubano
3. Ixtaccíhuatl	*c.* general chileno
4. el Cristo de los Andes	*d.* país pequeño
5. José Martí	*e.* presidente mexicano
6. El Salvador	*f.* montañas de Sudamérica
7. Orinoco	*g.* educador argentino
8. los Andes	*h.* monumento a la paz
9. O'Higgins	*i.* río de Venezuela
10. Sarmiento	*j.* explorador

B. Escoja Vd. la palabra o expresión que correctamente complete cada frase.

1. Uno de los lagos más altos del mundo se llama (*a*) Amazonas (*b*) Titicaca (*c*) el Zócalo (*d*) Iguazú.

2. Buenos Aires está en (*a*) Chile (*b*) el Perú (*c*) Cuba (*d*) la Argentina.

3. Una novela famosa de la revolución mexicana es (*a*) *Los de abajo* (*b*) *Facundo* (*c*) *Prosas profanas* (*d*) *Don Segundo Sombra*.

4. Antes de la conquista española, los aztecas reinaron en (*a*) México (*b*) el Perú (*c*) el Ecuador (*d*) la América Central.

5. Los incas fueron conquistados por (*a*) Coronado (*b*) Pizarro (*c*) Cortés (*d*) Balboa.

6. Un volcán del Ecuador es (*a*) Paricutín (*b*) Aconcagua (*c*) Cotopaxi (*d*) Popocatépetl.

7. El (*a*) Río Grande (*b*) Orinoco (*c*) Amazonas (*d*) Magdalena   separa a México de los Estados Unidos.

8. (*a*) Ernesto Lecuona (*b*) Carlos Chávez (*c*) Hernando de Soto (*d*) Cabeza de Vaca   fue un famoso compositor y director mexicano.

9. Un alimento mexicano es (*a*) mate (*b*) poncho (*c*) pulque (*d*) tortilla.

10. (*a*) El gaucho (*b*) El mexicano (*c*) El inca (*d*) El llanero   usa el sarape.

11. Un país de la América del Sur que no tiene costa de mar es (a) el Uruguay (b) Bolivia (c) Venezuela (d) el Perú.
12. Un gran poeta hispanoamericano es (a) Ciro Alegría (b) Sarmiento (c) Rubén Darío (d) Rodó.
13. La capital de Chile es (a) Asunción (b) Córdoba (c) Santiago (d) Valparaíso.
14. Se produce mucho petróleo en (a) Cuba (b) Venezuela (c) el Uruguay (d) el Perú.
15. El Castillo de Chapultepec se halla en (a) Buenos Aires (b) La Habana (c) Lima (d) la Ciudad de México.
16. La bombilla y la calabaza se usan para beber (a) café (b) pulque (c) mate (d) tequila.
17. Diego Rivera fue un famoso (a) músico (b) novelista (c) pintor (d) filósofo.
18. San Martín ganó la independencia (a) de Colombia (b) del Uruguay (c) de México (d) de la Argentina.
19. Un baile típico de Chile es (a) la cueca (b) la rumba (c) el tango (d) el jarabe tapatío.
20. Uno de los mejores ejemplos de la literatura gauchesca es (a) *Doña Bárbara* (b) *Martín Fierro* (c) *María* (d) *El mundo es ancho y ajeno*.

C. Complete Vd. las frases siguientes:

1. Una playa famosa de México es _____.
2. El salitre es un producto importante de _____.
3. Valdivia conquistó a _____.
4. La universidad más antigua de la América del Sur es la de _____.
5. Quirós pintó la vida del _____.
6. _____ fue una poetisa chilena que ganó el Premio Nobel.
7. La rebelión de México contra España fue iniciada por el padre _____.
8. Una poetisa de la época colonial fue _____.
9. Atahualpa fue el jefe de los _____.
10. El Día Panamericano se celebra el _____.
11. _____ es la capital del Uruguay.
12. _____ se considera el "Abrahán Líncoln de México."
13. _____ y _____ son dos famosos novelistas hispanoamericanos.
14. La capital de Venezuela es _____.
15. México celebra dos fiestas nacionales: el 5 de mayo y _____.
16. El pico más alto de los Andes es _____.
17. Las personas nacidas en el Nuevo Mundo de padres españoles se llaman _____.
18. _____ es el río principal de la Argentina.
19. El "apóstol de los indios" fue _____.
20. El país hispánico más pequeño de Sudamérica es _____.
21. El emperador de los aztecas fue _____.
22. La capital de Costa Rica es _____.
23. El general _____ venció a los españoles en la batalla de Ayacucho.
24. _____ exporta mucho cacao.
25. La ciudad de _____, en México, es famosa por sus jardines flotantes.
26. El Día de la Raza se celebra el _____.
27. La Paz es la capital de _____.
28. El jarabe tapatío es un baile de _____.
29. La capital del Perú es _____.
30. Asunción es la capital del _____.

Part VI—*Auditory Comprehension*

A. COMPLETION OF ORAL SENTENCES

Directions to the Pupil: The teacher will read aloud a sentence, in Spanish, and will repeat it. After the *second* reading of the sentence, write the letter of the answer that best completes the sentence.

B. SUITABLE RESPONSES TO QUESTIONS OR STATEMENTS

Directions to the Pupil: The teacher will read aloud a question or statement, in Spanish, and will repeat it. After the *second* reading of the question or statement, write the letter of the alternative which is the most suitable response to the oral question or statement.

1. *a.* Es de mi padre y mi madre.
   b. Cae el mes próximo.
   c. Este regalo es para ellos.
   d. Es su aniversario quinientos.

2. *a.* Está en el gabinete.
   b. Cuesta mucho.
   c. Pertenece al muchacho.
   d. Debes colgarla en el ropero.

3. *a.* Di con mi amigo el joyero.
   b. Le regalé una joya preciosa.
   c. La casa daba al parque.
   d. Me dio un libro.

4. *a.* Busco una moneda que perdí.
   b. Espero la llegada del tren.
   c. El vestíbulo está oscuro.
   d. Asistí a una tertulia.

5. *a.* Hay dos sellos en el sobre.
   b. El cartero llegó tarde.
   c. Mi cartera está en casa.
   d. No comprendo algunos párrafos.

6. *a.* Sí, llegué a las nueve en punto.
   b. Sí, hacía buen tiempo.
   c. Sí, voy a la escuela todos los días.
   d. Sí, paso mucho tiempo allí.

7. *a.* No es muy modesta.
   b. Celebró su boda recientemente.
   c. Es muy bondadosa.
   d. Pintó aquel cuadro bonito.

8. *a.* Sí, porque estoy en la ciudad.
   b. Sí, comenzó al anochecer.
   c. Sí, comenzó al amanecer.
   d. Sí, me acosté tarde anoche.

9. *a.* Hay mucho que hacer en el centro.
   b. Mi amigo sale en media hora.
   c. Me gusta viajar por ferrocarril.
   d. Las tiendas se cierran a las cinco.

10. *a.* No pude comer.
    b. No me gusta bailar.
    c. La ópera terminó a las once.
    d. Sí, y vi una película interesante.

11. *a.* Es de noche.
    b. Es el mes de junio.
    c. Hace frío.
    d. Es peligroso salir.

12. *a.* Limpió los sillones.
    b. Compró una almohada.
    c. Se bañó en la fuente.
    d. Abrió la nevera.

13. *a.* Llegará pronto.
    b. Hay que correr a la estación.
    c. Va a llover dentro de poco.
    d. Brilla el sol.

14. *a.* Es agradable visitar el campo.
    b. Hay una buena película.
    c. Voy a comprar huevos.
    d. Hay noticias de gran importancia.

15. *a.* Sueña con príncipes y princesas.
    b. Es bastante rica ahora.
    c. Son las dos de la madrugada.
    d. Tiene una belleza encantadora.

16. *a.* Salí hace una hora.
    b. No estoy por salir.
    c. Hice una visita al sacerdote.
    d. No estoy listo todavía.

17. *a.* No, porque el relojero está muy lejos.
    b. Me lo dio mi padre.
    c. No doy mi reloj a nadie.
    d. Sí, por eso anda bien.

18. *a.* El agua corre lentamente.
    b. Hay mucho lodo.
    c. Hay numerosos pescadores.
    d. Todo el mundo está patinando.

19. *a.* Tiene un lugar conveniente.
    b. en el mes de septiembre
    c. Ocurre en muchos sitios.
    d. Todavía buscan un lugar.

20. *a.* Vuelven inmediatamente.
    b. No salen del nido.
    c. Mueren en seguida.
    d. Se echan a volar.

21. *a.* Tuvo mucha suerte en la lotería.
    b. Pasó la noche en su alcoba.
    c. Salió en compañía de su cuñado.
    d. Se encontró con un antiguo amigo.

22. *a.* Sí, porque nuestro equipo siempre gana.
    b. No, porque siempre pierdo.
    c. Sí, porque es semejante al tenis.
    d. Sí, cuando hace sol.

23. *a.* Se hizo daño en la cabeza.
    b. Se quebró la pierna izquierda.
    c. Se rompió en mil pedazos.
    d. Pepe lo recogió.

24. *a.* Hable Vd. con él.
    b. Póngalo Vd. en la mesa.
    c. Una carta llega más pronto.
    d. Allí está la oficina de la compañía.

25. *a.* Se usa en un partido de fútbol.
    b. Es enorme.
    c. Es redonda.
    d. Es bastante pequeña.

26. *a.* Ella está muy ocupada ahora.
    b. Ella está leyéndoles un cuento.
    c. La lección no es interesante.
    d. No prestan atención.

27. *a.* Es la una y media.
    b. Hace sol.
    c. No hago nada.
    d. Trabajo todo el día.

28. *a.* La recibirán mañana.
    b. El carretero vendrá tarde.
    c. Espero recibirla en dos días.
    d. Me enviaron una tarjeta.

29. *a.* Di una peseta al niño.
    b. Tengo diez centavos en la bolsa.
    c. Acabo de gastar un dólar.
    d. Mi papá me dio diez dólares.

30. *a.* Produce música muy bonita.
    b. La orquesta es muy buena.
    c. Juega muy bien.
    d. Recibió una buena nota.

31. *a.* Tiene el pelo rubio.
    b. Las boinas están de moda.
    c. Es una boina negra.
    d. Las boinas deben llevarse en los pies.

32. *a.* Nadie lleva paraguas hoy.
    b. El cielo está claro.
    c. Se ven nubes grises.
    d. Llovió ayer.

33. *a.* Ella prefiere un alfiler.
    b. Ella quería venderlo.
    c. Ella me lo devolvió.
    d. Sí, y la noticia le gustó.

34. *a.* La tierra está seca.
    b. El florero es muy hábil.
    c. Llueve bastante aquí.
    d. Debe ser roja.

35. *a.* ¿Le traigo la cuenta, señor?
    b. ¿Dónde está el lechero?
    c. Vamos a comer.
    d. Tiene buen apetito.

36. *a.* Visito al dentista a menudo.
    b. Compro objetos raros.
    c. Compro solamente las cosas necesarias.
    d. No me gusta hacerlo.

37. *a.* Mire Vd. estos calcetines.
    b. Se fue ayer.
    c. Tome Vd. un vaso de agua.
    d. ¿Cómo le gusta este color?

38. *a.* Irá en un buque grande.

b. El teléfono está en la pared.

c. Compró un billete de ida y vuelta.

d. Hará un viaje a Italia.

39. *a.* Juan la abrió.
b. Quiero aprovecharme del sol.

c. Hace mucho viento.
d. Me gusta el aire fresco.

40. *a.* Siempre pierdo.
b. No gano nada estudiando.

c. Es posible ganar mucho.
d. Me gusta estudiar.

41. *a.* Vamos a subir para ver.
b. Es un edificio alto.

c. Voy a tomar el ascensor.
d. Por lo visto, el árbol es demasiado alto.

42. *a.* La librería está bastante lejos.
b. Deseo hacer ejercicios.

c. Tengo que ponerme el abrigo.
d. Me molesta el sol.

43. *a.* Se usa para cortar la hierba.
b. Busco un empleo.

c. No tiene gasolina.
d. Es un rascacielos.

44. *a.* Están de buen humor.
b. Dejó de fumar.

c. El fuego es muy grande.
d. Se prohibe fumar aquí.

45. *a.* Sirven a las cinco de la tarde.

b. Tomaban la merienda.

c. El propietario del restaurante lo sirvió.
d. Sirvieron una taza a aquella dama.

46. *a.* Nos da frutas.
b. Es muy útil.

c. Se puede comer.
d. Se sirve con té y limón.

47. *a.* Daremos un paseo largo mañana.
b. El comité se reunió a las diez.

c. Nadie va a pasar por aquí hoy.

d. Es un asunto muy serio.

48. *a.* Tengo más amigos que él.

b. Están muy lejos de aquí.

c. Tiene pensamientos muy alegres.
d. Son muy crueles.

49. *a.* No, tú ya tienes mucho.
b. Sí, es imposible estudiar aquí.

c. Sí, tu mamá sabe cocinar bien.
d. La música suena mejor en la mía.

50. *a.* Borro la pizarra.
b. Meto el pie en la cesta.

c. Vuelvo la espalda al maestro.
d. Salgo de la escuela.

C. AUDITORY COMPREHENSION PASSAGES

Directions to the Pupil: The teacher will read aloud, in Spanish, a question followed by a passage, and will repeat the reading of both the question and the passage. After the *second* reading, write the letter of the alternative that best answers the question. Base your answers only on the content of the passage.

1. ¿Cuántas cosas tomó Alfonso en el almuerzo?

   a. doce   *b.* cuatro   *c.* dos   *d.* tres

2. ¿Qué estación se describe aquí?

   a. el invierno   *c.* el verano
   b. la primavera   *d.* el otoño

3. ¿De qué color tenía los ojos?

   a. pardo   *b.* gris   *c.* azul   *d.* negro

4. ¿Qué hacen los niños?

   a. Se arrojan al agua.   *c.* Se divierten con la nieve.
   b. Se dedican a estudiar.   *d.* Nadan en los ríos.

5. ¿Qué son las selvas?

   a. bosques   *c.* ríos largos
   b. plantas tropicales   *d.* animales enormes

6. ¿Quién fue Juárez?

   a. emperador de México   *c.* soldado del ejército
   b. amigo de Maximiliano   *d.* presidente de México

7. ¿Por qué no hago viajes?

   a. Tengo miedo de cruzar el mar.   *c.* Los libros son mejores.
   b. Cuestan mucho.   *d.* No quiero viajar.

8. ¿Para quiénes es el club español?

   a. para todos los alumnos   *c.* para los alumnos avanzados
   b. para los alumnos del primer   *d.* para los que no hablan español
   año

9. ¿Quién descubrió el Nuevo Mundo?

   a. muchos hombres   *c.* un hombre serio
   b. solamente Colón   *d.* cuatro hombres europeos

10. ¿Dónde está Bogotá?

    a. en España
    b. en las plazas y calles

    c. cerca de Colombia
    d. en una llanura alta

11. ¿Cuántos ríos hay en el Brasil?

    a. muchos
    b. menos que en los otros países

    c. uno solamente
    d. ningunos

12. ¿Qué hicieron primero al entrar en la casa?

    a. Se sentaron a comer.
    b. Discutieron las noticias del día.

    c. Regresaron a la casita.
    d. Tomaron el aire fresco.

13. ¿Qué tiempo hacía cuando Juan salió de casa?

    a. Hacía buen tiempo.
    b. No hacía sol.

    c. Llovía.
    d. Hacía mucho fresco.

14. ¿Por qué hay poco progreso en la América del Sur?

    a. No se emplean los burros.
    b. Son abundantes los caminos.

    c. No hay bastantes ferrocarriles.
    d. El progreso es muy lento.

15. ¿Qué es la Alhambra?

    a. un hotel para turistas
    b. una calle de Granada

    c. un palacio
    d. una época romántica

16. ¿Por qué es famoso Montevideo?

    a. por su playa de mar
    b. Está en el Uruguay.

    c. Es más grande que Buenos Aires.
    d. Está cerca de Buenos Aires.

17. ¿Quiénes asisten al mercado?

    a. los que quieren comprar algo
    b. los que no quieren comprar

    c. todo el mundo
    d. los que quieren hablar

18. ¿Quién fue Ojeda?

    a. un conquistador español
    b. un personaje imaginario

    c. el compañero íntimo de Colón
    d. un escritor de leyendas

19. ¿Por qué era noble el conde?

    a. Vivía en el campo.
    b. Le gustaba trabajar.

    c. Sus vecinos le ayudaban.
    d. Hacía cosas buenas.

20. ¿Cuándo fue construido el acueducto de Segovia?

    a. en el siglo diez y ocho
    b. en el siglo primero

    c. hace mil años
    d. hace nueve siglos

21. ¿Qué estación era?

    a. el otoño   *c.* el verano
    b. el invierno   *d.* la primavera

22. ¿De qué están hablando estas personas?

    a. de la vida de campo   *c.* de una rebelión
    b. de la cárcel   *d.* de la guerra

23. ¿Cómo están viajando?

    a. a caballo   *c.* por tren
    b. en autobús   *d.* en automóvil

24. ¿Cómo está la madre?

    a. triste   *b.* sentada   *c.* alegre   *d.* tranquila

25. ¿Qué se aprende de este párrafo?

    a. Teresa escribía para un diario.   *c.* Su padre no mencionaba el casa-miento.
    b. Teresa cuidaba a su padre.   *d.* Teresa estaba enferma.

26. ¿Qué se sabe de este joven?

    a. Sabe bailar.   *c.* Baila muy mal.
    b. No desea bailar con Elena.   *d.* Sale a menudo.

27. ¿Por qué dice Luis que es la segunda visita?

    a. Está enfermo.   *c.* El médico no es bueno.
    b. No desea pagar diez dólares.   *d.* Le gusta la medicina que toma.

28. ¿Por qué quería el muchacho dar dinero al hombre?

    a. Era un niño bueno.   *c.* El hombre era viejo.
    b. Quería comprar algo.   *d.* Le gustaba ayudar a los pobres.

29. ¿Qué desea el hombre?

    a. Desea conocer a la familia del joyero.   *c.* Desea hablar español.
    b. Desea comprar una joya.   *d.* Desea ver una tarjeta.

30. ¿Qué no le gustaba al chófer?

    a. parar el autobús   *c.* tomar un asiento
    b. cobrar dinero   *d.* contestar a las personas

31. ¿Qué se prepara a hacer la gente?

    a. escuchar la voz de la madre   *c.* comer
    b. poner las luces   *d.* hacer ruido

32. ¿Qué se puede ver hoy día en Toledo?

    a. solamente piedras

    b. la cultura de varias razas

    c. moros y cristianos

    d. una ciudad moderna

33. ¿Cuándo llegaron al teatro?

    a. antes de las ocho y media

    b. después de comenzar la función

    c. al principio de la función

    d. después del segundo acto

34. ¿Por qué celebraban las personas?

    a. Habían ganado una victoria.

    b. El enemigo entró en la capital.

    c. Su ejército había sido destruido.

    d. Comenzó la guerra.

35. ¿Cuánto vino se exporta de España?

    a. menos de la mitad

    b. todo el vino

    c. ningún vino

    d. más de la mitad

36. ¿Cuánto territorio ocuparon los incas?

    a. las montañas del Perú

    b. todo el continente

    c. solamente la capital

    d. gran parte del continente

37. ¿Qué se encuentra en Buenos Aires?

    a. unas pampas extensas

    b. el centro del gobierno

    c. muchos gauchos

    d. lo más típico de la Argentina

38. ¿Por qué no lloró Juanito?

    a. Buscó a su madre.

    b. Tenía solamente seis años.

    c. Se cayó.

    d. Nadie estaba con él.

39. ¿Por qué no sabía Ricardo hablar español?

    a. Era inteligente.

    b. Deseaba aprender mucho.

    c. No estudiaba.

    d. Era mexicano.

40. ¿Por qué abandonó el hombre su casa?

    a. Fue un desertor.

    b. Fue a ver al juez.

    c. El juez conocía a su esposa.

    d. Su esposa le trataba mal.

41. ¿Por qué era loca la muchacha?

    a. No sabía elegir un buen esposo.

    b. No quería al joven.

    c. El padre le decía que debía casarse.

    d. No deseaba casarse.

42. ¿Cuántos países libertó Bolívar?

    a. cinco

    b. menos de cinco

    c. toda la América del Sur

    d. No se sabe.

43. ¿Por qué fue el hombre a casa de su amigo?

    a. Tenía mucho dinero.
    b. Se encontraba sin dinero.
    c. Quería dormir.
    d. Quería hablar con el criado.

44. ¿Cuándo se ven las nubes?

    a. de noche
    b. cuando el avión vuela muy alto
    c. cuando el cielo está claro
    d. cuando hay mucha luz

45. ¿Qué costumbre tenía este muchacho?

    a. Estudiaba mucho.
    b. Tenía sueño en las clases.
    c. Luchaba con los amigos.
    d. Se divertía todas las noches.

46. ¿Qué sabían hacer los mayas?

    a. luchar contra los aztecas
    b. construir edificios grandes
    c. vencer a los españoles
    d. leer libros de arquitectura

47. ¿Qué son las "casas colgadas"?

    a. piedras muy grandes
    b. unas montañas
    c. edificios antiguos
    d. casas formadas por la naturaleza

48. ¿Cuánto tiempo habían caminado?

    a. por la tarde
    b. todo el día
    c. cuatro horas
    d. por la mañana

49. ¿Qué se aprende de este párrafo?

    a. Las personas ven las cosas con ojos distintos.
    b. Las fábricas de Bilbao son grandes.
    c. Todo el mundo tiene las mismas ideas.
    d. Los pintores no saben nada.

50. ¿Qué palabra describe al criado?

    a. perezoso   *b.* alto   *c.* inteligente   *d.* estúpido

Part VII—*Passages for Reading Comprehension*

A. BRIEF PASSAGES FOR COMPREHENSION

Lea Vd. los pasajes siguientes. Al fin de cada pasaje hay una pregunta, con varias respuestas posibles. Escoja Vd. la respuesta correcta, según el sentido del pasaje.

1. Una tarde primaveral mis amigos y yo pescábamos en el río. Nos encantó la esperanza de comer pescado fresco aquella noche. Pasamos allí un par de horas, sin éxito, pues no se acercó ni un solo pez. Cansados de aquel ejercicio, nos decidimos a regresar al pueblo.

¿Por qué volvieron al pueblo?

a. Hacía fresco.
b. Les gustaban los ejercicios.
c. No cogieron nada.
d. La noche se acercaba.

2. En España casi nadie, cuando sale de noche, lleva consigo la llave de su casa. Si una persona vuelve tarde y quiere entrar, da unas palmadas, y pronto llega un individuo que se llama el sereno. Lleva en la mano unas llaves. Con una de éstas deja abierta la puerta.

¿Qué hace el sereno?

a. Le da a uno la llave.
b. Entra en la casa.
c. Le da la mano.
d. Le permite a uno entrar.

3. El viejo y su sobrina, seguidos del criado, entraron en el comedor, una sala tan vasta que había lugar allí para cien personas más. Se sentaron a una mesa enorme, que tenía bastante comida para una compañía de soldados. Solos se pusieron a comer, aunque sin apetito.

¿Cuántas personas estaban en la sala?

a. cien personas
b. muchos soldados
c. tres personas
d. dos personas

4. En Madrid casi todo el mundo asiste al café por la tarde. Allí van grupos de estudiantes, de políticos, de hombres de negocios, personas de todas clases. Toman cerveza o café, con algo de comer, no porque tienen hambre, sino para pasar un par de horas charlando con amigos, lo cual es la razón principal para reunirse.

¿Por qué van las personas al café?

a. Tienen hambre.
b. Les gusta hablar.
c. Desean estudiar.
d. Están en Madrid.

5. La primera casa por donde pasábamos era tan hermosa que parecía un palacio. Sus dueños eran los más ricos del pueblo, y no tenían hijos. Esto último les debía causar mucha pena, porque eran muy aficionados a los niños. Su mayor gusto, siempre que íbamos a la escuela o volvíamos a casa para almorzar, era asomarse al balcón que daba sobre el camino. De allí hablaban con nosotros y nos echaban regalitos.

¿Qué solían hacer los niños?

a. tomar el almuerzo en el camino
b. pasar por la casa
c. hacer llorar a los dueños de la casa
d. mirar desde el balcón

6. El pequeño Ricardito ayudaba a su madre una noche a lavar los platos. La madre notó que su hijo trabajaba despacio, sin entusiasmo. Para animarle un poco, le dijo: —Debes trabajar más rápido. No debes dejar para mañana lo que puedes terminar hoy.

—En ese caso—contestó el niño—debemos terminar hoy el pastel que está en la mesa, y no dejarlo para mañana.

¿Por qué contestó Ricardo a su madre?

a. Deseaba ayudar a su madre.
b. Siempre pensaba en mañana.
c. Le gustó el pastel.
d. Le gustaba trabajar.

7. En México la tierra tiene muchos aspectos distintos: llanuras fértiles y extensas cubiertas de magníficas plantas; cadenas de montañas cubiertas de nieve; ríos, grandes y pequeños, que con sus aguas hacen posible la agricultura; y a los dos lados de los ríos, valles hermosos.

¿Cómo es la tierra de México?

a. muy montañosa
b. Hay nieve por todas partes.
c. cubierta de agua
d. variada

8. En el siglo XVI los mares del mundo estaban llenos de buques hispanos, tanto comerciales como de guerra. En esos tiempos los españoles amaban el mar, porque el mar había dado a España una dimensión mayor, un nuevo horizonte. Por medio del mar, el comercio español llegó a ser el más importante del mundo, y España la primera entre las naciones de Europa.

¿Por qué era importante el mar?

a. a causa del comercio
b. Estaba lleno de buques españoles.
c. Los españoles eran los mejores navegantes del mundo.
d. Todos los españoles salían de España.

9. Había unas veinte y cinco casas blancas, con balcones, situadas en calles estrechas y tortuosas al pie de una colina. Alrededor, se extendía un hermoso prado, cortado por un pequeño río. De este río sacaban agua para el trigo y el maíz. De las casas salían los campesinos todos los días a trabajar en los campos.

   ¿De qué se habla aquí?

   a. de una montaña
   b. de un pueblo rural

   c. de un museo
   d. de una ciudad moderna

10. Al fin de tantos años de trabajo, yo todavía tengo que ganar hoy lo que he de comer mañana. Es decir, que en mi casa no hay abundancia de pesetas, y antes de comprar algo tengo que pensarlo bien.

    ¿Qué se sabe de este hombre?

    a. Es rico.
    b. Tiene hambre.

    c. Todavía trabaja.
    d. Está acostumbrado a gastar mucho dinero.

11. Yo tuve un tío que era conocido y respetado de todo el mundo por hombre serio. Sus palabras, su estilo, sus pasos, sus gestos, su ropa, su barba, todos sus actos, iban acompañados de una terrible severidad. Muy raras veces se le veía reír.

    ¿Cómo era el tío?

    a. Tenía un carácter grave.
    b. Se reía mucho.

    c. Era actor.
    d. Le gustaba la buena compañía.

12. Al llegar al puerto de La Coruña, en Galicia, la cosa más notable que se ve es una torre muy alta que sirve de faro para guiar a los marineros. Tan antigua es esta torre, que su verdadero origen está perdido en la tradición. No se sabe ni cuándo, ni cómo, ni por quién fue construida. Lo que sí se sabe es que tiene una base tan firme que ni los siglos ni las tempestades han bastado para destruirla.

    ¿Qué se sabe de la torre?

    a. su origen
    b. Es muy fuerte y sólida.

    c. Fue construida recientemente.
    d. No sirve para nada.

13. En el año 1769, por orden del rey Carlos III, salió de México una compañía de militares españoles a explorar la tierra de lo que es hoy California. Pasaron varios años en esta obra, avanzando desde el sur hacia el norte. Iban acompañados de varios sacerdotes, entre ellos el padre Junípero Serra. En aquel mismo año fundó éste la misión de San Diego, primera de las veinte y una que estableció.

¿Quién estableció las misiones en California?

a. el padre Junípero Serra   c. los soldados
b. San Diego   d. el rey

14. Castilla y Aragón, los dos viejos reinos (kingdoms) más grandes e importantes de España, se unieron en el siglo XV con el casamiento de Isabel de Castilla y Fernando de Aragón. Castilla contribuyó más que ningún otro reino a la formación de una España unida. Esta unidad se logró por fin en el año 1492 con la conquista de Granada, el último reino de los moros en España.

¿Cuál de éstos fue el más importante para la formación de España?

a. los moros   c. Aragón
b. Granada   d. Castilla

15. En una aldea vivía un hombre pobre que tenía un hijo, un joven bueno y simpático. En la misma aldea había otro hombre, que era muy rico. Este hombre tenía una hija cuyo carácter era todo lo contrario del carácter del muchacho. Era ella de naturaleza violenta, dispuesta a cada momento a gritar o a dar golpes a cualquier persona. Por ser rica la muchacha, el muchacho quería casarse con ella, y se arregló el casamiento.

Los dos novios eran

a. de carácter distinto   c. de carácter semejante
b. simpáticos   d. ricos

16. Ganada la independencia de la Argentina, el general San Martín quería libertar a Chile. Para esto era necesario vencer a los españoles que ocupaban aquel país. San Martín se vio obligado a cruzar las montañas con todo su ejército, entrar en Chile, y allí luchar con los españoles. Esta marcha a través de los Andes, desde la Argentina a Chile, es la obra suprema de San Martín, y le hace brillar como un genio militar de primer orden. En veinte días pudo llevar a cabo una obra que debía ocupar meses enteros.

¿Dónde estaban los españoles?

a. con San Martín   c. en Chile
b. en la Argentina   d. en las montañas

17. Entre los pintores españoles, el que se distingue por la luz y alegría de sus obras es Sorolla. A diferencia de las obras religiosas de Ribera y Murillo, o del duro realismo de Velázquez y Goya (que pintan la alta sociedad tanto como la clase baja), en Sorolla se ven escenas alegres: las flores, los jardines, los pescadores, los niños corriendo por la playa o nadando

en las aguas del mar, todo esto bañado en un sol espléndido que parece más real que el sol mismo.

¿Qué se ve en las obras de Sorolla?

a. escenas al aire libre
b. temas religiosos

c. la clase alta
d. la gente dentro de sus casas

18. Andando por la calle un día, Juan Perezoso vio a un hombre que no conocía. Se acercó a él y le dijo:

—Buenos días, caballero. ¿Cómo está Vd.?

—Bien, gracias.

—Quiero pedirle—dijo Juan—que me preste dinero; necesito doscientos dólares.

—Eso es imposible. ¿Habla Vd. en serio? No tengo el honor de conocerle.

—Es mucho mejor así. Las personas que me conocen no quieren prestarme ni un centavo.

¿Por qué pidió dinero a una persona que no conocía?

a. Era rico.
b. Le conocía bien.

c. Sus amigos le conocían.
d. Sus amigos eran pobres.

19. Alrededor todo estaba quieto. No se oía ni el más leve ruido de animal ni persona. Nuestros ojos, ya acostumbrados a la oscuridad, podían ver las formas negras de los árboles. Allá arriba en el cielo se veía la línea curva de la luna creciente, que echaba reflejos en las aguas del lago.

¿Cuándo tiene lugar esto?

a. a medianoche
b. a mediodía

c. por la mañana
d. por la tarde

20. Pasando por la calle, un caballero de aspecto simpático vio a un chiquillo que lloraba mucho. El amable caballero le preguntó por qué lloraba. El niño respondió:

—Mi mamá me dio una moneda de diez centavos, y la he perdido.

Y siguió llorando amargamente.

—No llores, niño. Aquí tienes otros diez centavos.

Los ojos del niño brillaron un momento de alegría; pero de pronto volvió a llorar.

—¿Por qué lloras ahora? ¿No tienes diez centavos?

—Sí, pero si no hubiera perdido mis diez centavos, ahora tendría veinte.

¿Cómo quedó el niño?

a. rico
b. Tenía diez centavos.

c. sin dinero
d. satisfecho

21. En el coche seguimos la orilla del río, y cuando era ya de noche entramos en Entralgo, donde pensábamos pasar el verano. Yo estaba medio dormido. Sólo recuerdo que delante de mí había unas montañas muy altas, muchos árboles, un río, una casa grande con balcones de madera, y delante de ella, esperándonos, unos cuantos aldeanos que nos saludaron con alegría.

Esta escena tuvo lugar en

a. la casa
b. el río

c. una gran ciudad
d. el campo

22. En una tertulia un hombre joven, rico y muy guapo, fue presentado a una señorita hermosa, pero muy fría y egoísta (selfish). Se habló de varias cosas aquella noche, especialmente las diferencias de opinión entre marido y mujer. Dijo el joven:

—Yo creo que desde el principio el marido debe comenzar de la manera que piensa continuar. Por ejemplo, el fumar. Yo, el primer día fumaría un cigarro; de esta manera daría a entender a mi esposa que pensaba continuar fumando cigarros.

—¡Y yo le quitaría de la boca ese cigarro!—exclamó la señorita.

—¿De veras? (Really?)—contestó el joven. —Estoy seguro de que Vd. no estaría allí.

¿Qué piensa hacer el joven?

a. seguir la opinión de la señorita
b. casarse con la señorita

c. seguir con sus costumbres
d. no fumar más

23. La noche estaba tan oscura que le era difícil ver la cabeza del caballo en que iba montado. Tenía que pasar por un llano muy extenso y cruzar un río, pero no tenía la menor idea qué dirección tomar para llegar al río. Para colmo de su mala suerte comenzó a llover con fuerza. "Aquí estoy en esta tierra desierta," dijo para sí. "No se ve ni aldea, ni casa, ni luz, ni persona. Y lo peor es que mi caballo no ha comido ni bebido en siete horas, desde las dos de la tarde."

El viajero

a. está perdido
b. tiene sed

c. sabe dónde debe ir
d. tiene hambre

24. Las señoritas Pérez eran hijas de un médico, ya viejo, que había gozado de fama en Sevilla en otro tiempo. Por su edad avanzada y porque habían llegado otros médicos, es lo cierto que poco a poco había ido perdiendo sus clientes, hasta perder la mayor parte de ellos. Las niñas no sabían dirigir su propia casa. Mientras duró el éxito del padre, gastaron mucho y vivieron bien. Nadie pensó en mañana. Pero los tiempos habían cambiado.

¿Cuántos pacientes tenía el médico en esta época?

a. pocos
b. muchos

c. ningunos
d. más que ningún otro médico de Sevilla

25. En la América del Sur, en las anchas llanuras del río Amazonas, se hallan las selvas, bosques muy densos, de una extensión mayor que cualquier otro bosque del mundo. Contienen una variedad de plantas, animales, y pájaros tropicales; una variedad más grande que la de ninguna otra parte del mundo. Además de miles de especies de flores, hay más de trescientas variedades de la palma, muchos árboles frutales, y muchos otros, tales como la caoba y el caucho, útiles para el comercio. Los animales de la selva son casi tan numerosos y variados como la vegetación.

En la selva hay más de mil especies de

a. árboles frutales
b. flores

c. llanuras
d. la palma

B. LONGER PASSAGES FOR COMPREHENSION

1. Lea Vd. el pasaje siguiente. Después, escriba *verdad* o *mentira* por cada frase basada en el pasaje.

Puerto Rico es el nombre de la isla, y quien se lo dio tenía razón. Descubierta por Cristóbal Colón en su segundo viaje, y nombrada por él "San Juan Bautista," no fue hasta el año 1521 que recibió el nombre que lleva ahora. Pero antes, en el año 1508, el conquistador Ponce de León había fundado una colonia en lo que es hoy día San Juan, la capital. Este paraíso tropical, la más oriental y la más pequeña de las Antillas Mayores, fue una de las colonias favoritas de España en el Nuevo Mundo, hasta el año 1898, cuando España la perdió.

En Puerto Rico hay riqueza por todas partes. Pero no es una riqueza de dinero, de oro. Es la riqueza de su clima, de su paisaje, de su espíritu, y de sus tradiciones, españolas éstas en su mayor parte. Pero al lado de las antiguas casas y costumbres, se ven hoy día hoteles elegantes, altos rascacielos, grandes casas comerciales, y otras evidencias de la influencia norteamericana.

a. El nombre de Puerto Rico se debe a un error.
b. La isla fue descubierta por San Juan Bautista.
c. La capital de Puerto Rico es San Juan.

d. Puerto Rico recibió su nombre actual en 1508.

e. Puerto Rico es más grande que las demás islas de las Antillas Mayores.

f. Puerto Rico está en el este de las Antillas Mayores.

g. España perdió la isla al fin del siglo 19.

h. Ponce de León encontró mucho oro en Puerto Rico.

i. No hay ningunos edificios altos en San Juan.

j. En Puerto Rico se mezclan las influencias de España y de los Estados Unidos.

2. Lea Vd. el pasaje siguiente. Después, escoja la expresión entre paréntesis que correctamente complete cada una de las frases que siguen.

El deseo de volver a mi pueblo se hizo tan fuerte que no dejó lugar en mi cabeza para ninguna otra idea. Hubo días enteros cuando, en vez de estudiar, pensaba en la manera de salir de esa casa miserable.

Un martes por la noche escondí mi maleta, con parte de mi ropa, en el fondo del jardín, en un rincón donde podría sacarla fácilmente sin ser visto. Me acosté en seguida, sin decir nada a nadie, pero no me fue posible dormir aquella noche. Me consideraba libre ya, lejos de aquella casa, que más bien me parecía una cárcel. Ahora mis pensamientos volvieron a la Sra. Gómez, y busqué en mi imaginación la manera de hacerla pagar todo lo que me había hecho sufrir. ¿Qué daño podría yo hacer a esa vieja sin matarla? Al principio no pude pensar en nada. Pero no quería abandonar la casa sin encontrar algún castigo. Este pensamiento me consumía como un fuego. Al amanecer me levanté y comencé a vestirme.

a. Mientras vivía en aquella casa, el autor (salía a menudo, no era feliz, estaba contento).

b. El autor era (criminal, prisionero, estudiante).

c. Deseaba (escaparse de la casa, perder la maleta, pasar la noche en el jardín).

d. Antes de salir de la casa, se determinó a (prender fuego a la casa, matar a la vieja, castigar a la vieja).

e. Cuando se levantó, (todavía era de noche, vio la primera luz del día, buscó a la vieja).

3. Lea Vd. el pasaje siguiente. Después, conteste Vd. *en inglés*, en frases completas, a las preguntas que siguen.

Un joven sacerdote una vez tenía que dar un sermón en su iglesia. Fue la primera vez que hablaba en público, y había estudiado mucho su sermón, hasta aprenderlo de memoria. Pero estaba tan nervioso que, en el momento de comenzar a hablar, lo olvidó por completo.

Allí estaba en el púlpito el pobre cura, cara a cara con la gente, sin saber qué decir. Así permaneció largo rato. La gente le miraba, esperando el sermón.

El silencio se hizo intolerable. Al fin el pobre cura dijo:

—Vds. ya saben lo que quiero decir, lo que está en mi corazón.

Un hombre que estaba sentado allí se levantó y le contestó: —Puede ser, padre, que algunos saben lo que Vd. quiere decir. Pero mejor es que Vd. lo diga, porque hay otros que no lo saben.

A lo que respondió el cura: —Pues, los que saben lo que quiero decir, hagan Vds. el favor de decírselo a los que no lo saben.

Y bajó del púlpito y salió de la iglesia.

a. ¿Por qué olvidó el cura su sermón?
b. ¿Cuánto tiempo se quedó sin decir nada?
c. ¿Qué dijo al fin?
d. ¿Por qué dijo el hombre que el cura debía hablar?
e. ¿Qué respondió el cura?

4. Lea Vd. el pasaje siguiente. Después, conteste Vd. *en inglés*, en frases completas, a las preguntas que siguen.

En cierto pueblo vivía un hombre que estaba casado con una mujer muy contraria. Si él decía que un color era negro, decía ella que era blanco; si él decía que era de noche, decía ella que era de día; si él decía que sí, ella decía que no.

Un día salieron a dar un paseo por el campo, cerca del río. Ella comenzó a argüir con su esposo. Tanto hablaba que no miró dónde andaba. Se cayó en el río, y desapareció en seguida.

El marido corrió al pueblo, y algunos de sus amigos volvieron con él para ayudarle a buscar a su mujer. Todos los amigos la buscaron río abajo, en la dirección en que iba la corriente, pero el marido la buscó río arriba. Los amigos, creyéndole loco, le preguntaron:

—Pero, hombre, ¿por qué busca Vd. a su esposa río arriba?

—Mi mujer era tan contraria que aun muerta va en contra de la corriente— contestó él.

a. ¿Cómo era la mujer con quién estaba casado el hombre?
b. ¿Por qué se cayó la mujer en el río?
c. ¿Qué hizo el hombre cuando su mujer cayó en el río?
d. ¿Quiénes ayudaron al hombre a buscar a su mujer?
e. ¿Por qué buscó el hombre a su mujer río arriba?

5. Lea Vd. el pasaje siguiente. Después, conteste Vd. *en inglés*, en frases completas, a las preguntas que siguen.

Paseándose por las calles de San Francisco un día, el Sr. Hernández entró en una tienda para comprar una corbata. Escogió una corbata bonita, de color azul, que valía un dólar. Pagó al dueño de la tienda, y salió muy contento.

Poco después, al abrir la cartera, notó que le faltaba un billete de diez dólares. Recordó entonces que en vez de dar al dueño un dólar, le había dado un billete de diez dólares. Volvió en seguida y preguntó al dueño:

—¿Le he dado a Vd. un billete de diez dólares en vez de un dólar?

—No, señor—contestó el comerciante, sin dudar un instante.

El Sr. Hernández no sabía qué hacer. Evidentemente el dueño de la tienda no quería abrir el cajón para devolverle el billete de diez dólares. Al fin pensó en un plan. Dijo:

—El caso es que yo tenía en la cartera un billete falso de diez dólares, y ahora no puedo encontrarlo.

—Oh—dijo el dueño. —Espere Vd. un momento. Seguramente está en el cajón.

a. ¿Para qué entró en la tienda el Sr. Hernández?

b. ¿Qué error había hecho?

c. ¿Por qué no quería el dueño abrir el cajón?

d. ¿Qué respondió el dueño cuando el Sr. Hernández le dijo que el billete era falso?

e. ¿Era falso el billete?

6. Lea Vd. el pasaje siguiente. Después, conteste Vd. *en inglés*, en frases completas, a las preguntas que siguen.

Un hombre mal vestido se acercó un día a una señora, y le pidió de limosna un billete de diez dólares. La mujer, sorprendida, le dijo:

—¡Diez dólares! Así no se pide la caridad. Vd. debe pedir diez centavos o veinte y cinco. Pero diez dólares, ¡no, señor!

—Señora—respondió el pordiosero—he pedido diez dólares a varias personas hoy, porque es la cantidad que necesito. Todo el mundo me dice lo mismo, que no. No voy a pedir a ninguna otra persona. Ahora voy a salir a hacer una cosa de desesperación, una cosa terrible.

La pobre señora no sabía qué decir. ¿Qué cosa terrible iba a hacer aquel hombre? ¿Tal vez robar, o matar? Y todo porque ella no le había dado diez dólares. De pronto le dijo:

—Si yo le doy diez dólares, prométame Vd. que no hará esa cosa terrible que piensa.

—Yo prometo, señora.

—Pues, aquí tiene Vd. diez dólares—dijo. Y luego preguntó: —¿Cuál era la cosa terrible que Vd. iba a hacer?

—Señora, estuve a punto de ir a trabajar.

a. What did the beggar want?

b. Why did the lady refuse to give it to him?

c. What did the beggar threaten to do?

d. On what condition did she give him the money?

e. What had the beggar planned to do?

7. Lea Vd. el pasaje siguiente. Después, conteste Vd. *en inglés*, en frases completas, a las preguntas que siguen.

Pasé días y días arreglando mi baúl, preparándome para la primera gran aventura de mi vida. Vi en la imaginación una multitud de escenas, de la infancia que acababa de terminar, y otras, imaginarias, de la vida futura. Esperaba impaciente el día de salir de mi pueblo.

Por fin llegó el momento de la partida. Era, si no recuerdo mal, el día primero de octubre, cuatro días después de cumplir yo los diez y siete años. Mi padre me acompañó hasta Oviedo, de donde salía el tren para Madrid. El reloj de la torre, cuya voz me había llamado al estudio tantas veces, dio al fin diez solemnes campanadas. El tren empezó a moverse, avanzando despacio hacia las montañas. Los árboles y las colinas se veían indistintamente, aunque la noche era clara, con luna y estrellas. Cerré los ojos, tratando de dormir, pero no pude. Pensé en la vida universitaria que iba a comenzar.

a. ¿Qué pensamientos tenía el joven mientras se preparaba para su viaje?
b. ¿Cuántos años tenía?
c. ¿A qué hora salió el tren?
d. ¿Qué vio el muchacho desde la ventanilla del tren?
e. ¿Para qué iba a la ciudad?

8. Lea Vd. el pasaje siguiente. Después, conteste Vd. *en inglés*, en frases completas, a las preguntas que siguen.

Un campesino, al ir un día al establo a buscar su caballo, descubrió que el caballo ya no estaba allí, que alguien lo había robado. Corrió por el camino, dando gritos. Llegó al pueblo, y allí vio a un hombre que no conocía, un viajero que andaba montado en el caballo robado.

Fue al juez, que mandó comparecer ante él al viajero, con el caballo. Allí el nuevo dueño del caballo dijo que el caballo era suyo, que lo había criado desde que nació, y que el campesino decía mentiras. Puesto que el campesino no tenía ningunas pruebas, el juez estaba a punto de decidir en favor del otro. De pronto exclamó el campesino:

—El caballo es mío y voy a probarlo.

Se quitó la chaqueta, la echó sobre la cabeza del animal, y dijo:

—Si este hombre es el dueño del animal, sin duda sabrá decir de qué ojo es ciego.

El viajero tuvo que contestar algo, y dijo: —Del ojo derecho.

—Pues—dijo el campesino—el caballo no es ciego ni del ojo derecho ni del izquierdo.

El juez decidió en su favor, y echó al viajero en la cárcel, por ladrón.

a. ¿Qué es la primera cosa que hizo el campesino al descubrir el robo?
b. ¿Dónde vio su caballo?
c. ¿Qué dijo el viajero al juez?
d. ¿Qué preguntó el campesino al viajero?
e. ¿De qué ojo era ciego el caballo?

9. Lea Vd. el pasaje siguiente. Después, conteste Vd. *en inglés*, en frases completas, a las preguntas que siguen.

Un campesino español fue un día a ver al maestro de escuela de su pueblo, llevando consigo a su único hijo, un muchacho de doce años.

—Señor maestro, éste es mi hijo. Quiere asistir a su escuela de Vd.

—Sabe leer?—preguntó el maestro.

—No, señor, ni una palabra.

—Sabe escribir su nombre?

—No, no sabe nada; absolutamente nada.

—Pues—dijo el maestro—en ese caso será necesario enseñarle todo. Es mucho trabajo.

Pensó un momento, y luego dijo: —Esto le va a costar cien duros.

—¡Cien duros! ¡Imposible! Por cien duros puedo comprar un burro.

—Pues, señor—le contestó el maestro—compre Vd. su burro. Entonces, con el burro que Vd. compre, y con este niño, tendrá Vd. dos burros.

a. ¿Por qué fue el campesino a ver al maestro?
b. ¿Qué sabía el niño?
c. ¿Por qué costaría mucho educar al muchacho?
d. ¿Por qué no deseaba el campesino pagar tanto dinero?
e. ¿Por qué tendría dos burros?

10. Lea Vd. el pasaje siguiente. Después, escoja Vd. la frase o expresión que correctamente conteste la pregunta o complete la frase.

Un sacerdote estàba acostumbrado a recibir cada semana una cesta llena de frutas, que le mandaba un amigo suyo. El amigo, que era dueño de una frutería, generalmente mandaba la cesta con un criado suyo que tenía un automóvil.

El criado, que nunca había recibido ninguna propina del sacerdote, siempre hacía este encargo de mala gana. Una vez entró, sin llamar a la puerta, en la sala donde estaba el cura, puso la cesta en la mesa sin decir palabra, y se volvió para salir. Pero el cura, que quería darle una lección de cortesía, le llamó y le dijo:

—Ven acá, joven. Debes saber que así no se entregan los regalos. Permíteme enseñarte un poco de cortesía. Siéntate en esta silla. Tú estarás en mi lugar, y yo en el tuyo.

El muchacho se sentó. El cura fue a la puerta, volvió a entrar con la cesta, avanzó hacia la mesa, y, haciendo una profunda reverencia, dijo: —Señor, mi amo le saluda a Vd., y ruega que Vd. acepte este pobre regalo.

—¡De veras! (Really!) —replicó el muchacho. —Dígale a su amo que le doy las gracias por su generosidad, y tome Vd. este dólar como propina.

El cura se rió mucho, y le dio al muchacho el doble del dólar, en pago de la lección que el muchacho le había dado.

(1) ¿Qué recibía el sacerdote de regalo?

a. un criado
b. la frutería
c. algo de comer
d. un automóvil

(2) El criado era

a. rudo
b. cortés
c. hablador
d. alegre

(3) ¿Qué quería hacer el sacerdote?

a. ir a otro lugar
b. sentarse en la silla
c. dar una lección al muchacho
d. entregar la cesta al amo

(4) ¿Qué hizo el muchacho?

a. Ofreció una propina al cura.
b. Saludó a su amo.
c. Salió por la puerta.
d. Dio una fruta al cura.

(5) ¿Por qué le dio dos dólares el cura al muchacho?

a. Quería agradecer al frutero.
b. Había aprendido algo.
c. No le gustaban las frutas.
d. Aceptó el regalo.

11. Lea Vd. el pasaje siguiente. Después, escoja Vd. la frase o expresión que correctamente conteste la pregunta o complete la frase.

El coronel y su esposa acababan de cenar, y ahora estaban en el salón. El coronel leía un periódico mientras fumaba un cigarro. Su mujer miraba unas fotos.

Alguien llamó a la puerta. La criada no estaba en casa, y la esposa del coronel fue a abrirla. Volvió pronto, diciendo:

—Un caballero que desea verte. ¿Le digo que entre?

—¿Quién es?

—No quiere decir su nombre, pero parece una persona distinguida, y creo que es extranjero.

—Que pase. Le veré aquí en el salón.

Entró el desconocido, un hombre alto y delgado. Cerró la puerta del salón con aire misterioso, y se acercó al coronel.

—¿Sabe Vd. quién soy?—preguntó en voz baja. —¿No reconoce Vd. a su antiguo amigo, Pablo Gómez?

—¡Gómez! ¿Es posible? Yo creí que Gómez había muerto—dijo la señora.

—No. Me escapé en compañía de otros dos hombres, uno inglés y el otro francés. Pasé años allá en Inglaterra, sufriendo hambre y frío. Acabo de volver a España. Ahora deseo ver a mis amigos, y también a mis enemigos.

(1) ¿Qué hacían el coronel y su esposa?

    a. Acababan de salir.   *c.* Discutían las noticias.
    b. Estaban descansando.   *d.* Estaban comiendo.

(2) ¿Quién llamó a la puerta?

    a. un hombre que no tenía nom-   *c.* el coronel
        bre
    b. la criada   *d.* un hombre desconocido

(3) ¿Quién fue el hombre?

    a. un muerto   *c.* un amigo del coronel
    b. un enemigo del coronel   *d.* un criado

(4) Gómez deseaba ver

    a. a un inglés   *c.* a sus enemigos solamente
    b. a otros hombres desconocidos *d.* a las personas que había conocido
                                   antes

(5) ¿Cuántas personas aparecen en esta escena?

    a. tres   *c.* cuatro
    b. dos   *d.* una

12. Lea Vd. el pasaje siguiente. Después, escoja Vd. la frase o expresión que correctamente conteste la pregunta.

Llegué a la ciudad de Guatemala a las dos de la tarde. Después de almorzar y descansar un rato, salí a dar un paseo. Era una ciudad de calles largas y amplias, paseos anchos y elegantes, iglesias imponentes, y casas grandes, de buena construcción. Pero mi primera impresión no fue completamente favorable. Sentí cierto miedo que no podía describir, como de algo terrible que iba a ocurrir.

Aquella noche, poco antes de medianoche, me desperté bruscamente de un sueño profundo. Algo había ocurrido, algo extraño y violento. Me parecía que el hotel se movía, que toda la ciudad se movía. Abrí los ojos, y vi que por la ventana entraba la luz de un fuego. Súbitamente la luz eléctrica se encendió por sí sola.

No pude creer mis ojos. "Estoy soñando," pensé.

Después de esperar algunos momentos, traté de acostarme otra vez, pero sin cerrar los ojos. Escuché atentamente, y me pareció oír el ruido de hombres y mujeres que hablaban y gritaban mientras corrían hacia la calle. Me levanté y me vestí rápidamente.

"No puedo quedarme aquí," me dije.

(1) ¿Cuál de estas palabras describe la ciudad de Guatemala?

    a. sucia   *c.* hermosa
    b. pequeña   *d.* estrecha

(2) ¿Cómo se sintió el viajero?

    a. Tenía hambre.   *c.* cansado
    b. Temía algo.   *d.* enfermo

(3) ¿A qué hora se acostó aquella noche?

    a. antes de las doce   *c.* a las dos de la tarde
    b. a las doce   *d.* después de medianoche

(4) ¿Qué le despertó?

    a. una luz   *c.* el fuego
    b. Estaba soñando.   *d.* el movimiento de la tierra

(5) ¿Qué se decidió a hacer?

    a. cerrar los ojos   *c.* quedarse en el hotel
    b. salir a la calle   *d.* encender la luz

13. Lea Vd. el pasaje siguiente. Después, escoja Vd. la frase o expresión que correctamente conteste la pregunta.

El señor Gómez quiso arreglar el casamiento de su hijo Pedro. Fue difícil encontrar novia para él, porque ninguna muchacha que le conocía quería casarse con él. La triste verdad es que Pedro, aunque rico, era el más estúpido de todos los estúpidos que hay en el mundo.

Por fin, el padre pudo encontrar a una muchacha bastante amable para su hijo en otro pueblo, donde nadie conocía al muchacho. Llegó el día en que la familia de Pedro había de visitar por primera vez a la familia de la novia. El padre de Pedro le dijo que no debía hablar en toda la tarde, para no mostrar su estupidez.

Llegaron a casa de la novia, y el padre presentó a Pedro. El muchacho, que era bastante guapo, gustó a la novia. Las dos familias se sentaron a comer. Un tío de la novia, que estaba sentado cerca de Pedro, le hizo varias preguntas. Pedro, que recordaba las instrucciones de su padre, no contestó nada. Al fin el tío dijo en voz baja a otro pariente:

—¿Sabes, Tomás, que el nuevo sobrino me parece un grandísimo burro?

Pedro, al oír esto, dijo a su padre: —Papá, ahora que me conocen aquí, puedo hablar, ¿verdad?

(1) ¿Por qué era difícil encontrar esposa para Pedro?

    a. Pedro era pobre.
    b. Pedro tenía muy poca inteligencia.

    c. Pedro no quería casarse.
    d. Pedro era rico.

(2) ¿Por qué consintió la muchacha en casarse con él?

    a. Estaba triste.
    b. Le conocía bien.

    c. No era amable.
    d. No le conocía.

(3) ¿Qué debía hacer Pedro?

    a. Debía tener cerrada la boca.
    b. Debía hablar mucho.

    c. Debía confesar que era estúpido.
    d. Debía quedarse en casa.

(4) ¿Quién trató de conversar con Pedro?

    a. un pariente de la novia
    b. el padre de la novia

    c. el padre de Pedro
    d. la novia

(5) ¿Por qué quería hablar Pedro?

    a. para mostrar su inteligencia
    b. porque ya le conocían

    c. para saludar a su tío
    d. para decir la verdad a su padre

14. Lea Vd. el pasaje siguiente. Después, escoja Vd. la frase o expresión que correctamente conteste la pregunta.

—Ven conmigo, muchacho—dijo el doctor Sangredo. —No te daré salario, pero vivirás bien. Yo te enseñaré a ser médico, como yo. Más que criado, serás mi discípulo.

Acepté la proposición del doctor, esperando, bajo su dirección, llegar a ser un médico famoso y sabio.

Yo tenía que escribir el nombre, la calle, y la casa donde vivían los enfermos que le llamaban. Para esto tenía un libro. Si se podría poner un título a aquel libro, con razón debía llamarse "Libro de Muertos," porque murieron casi todos los enfermos mencionados allí.

Un día me dijo: —Estoy muy contento contigo, y voy a enseñarte a ser médico. Mi arte no necesita mucho estudio; simplemente consiste en sangrar a los enfermos, porque tienen demasiada sangre. De hoy en adelante yo visitaré solamente a los nobles y los ricos. Tú, muchacho, visitarás a los otros.

Todos los días tuve que visitar a ocho o diez enfermos. No sé por qué, pero nunca tuve que hacer una segunda visita a ningún paciente. Una visita era bastante para enviar al paciente al otro mundo.

(1) ¿Qué le ofreció el médico?

    a. pagarle con dinero   *c.* comidas malas
    b. hacerle médico   *d.* curar sus enfermedades

(2) ¿Qué tenía que hacer el muchacho?

    a. matar a los enfermos   *c.* servir la comida al médico
    b. estudiar en un libro   *d.* escribir la dirección de cada paciente

(3) ¿Cómo curaba el médico a los enfermos?

    a. Les daba medicinas baratas.   *c.* Sabía bien su profesión.
    b. Estudiaba mucho.   *d.* Les quitaba la sangre.

(4) ¿A quiénes debía visitar el muchacho?

    a. a todos los pacientes   *c.* a la gente pobre
    b. a los ricos   *d.* a los nobles

(5) ¿Qué les pasó a los pacientes?

    a. No estaban enfermos.   *c.* Se quedaban enfermos.
    b. Se murieron.   *d.* Salieron curados.

15. Lea Vd. el pasaje siguiente. Después, escoja Vd. la frase o expresión que correctamente conteste la pregunta o complete la frase.

Los mexicanos siempre tendrán en grata memoria al padre Miguel Hidalgo, el primer jefe de la lucha por la independencia.

México entonces era una colonia española. Los mexicanos no podían tomar parte en el gobierno. Los gobernadores eran todos españoles, nombrados por el rey de España. Muchos aceptaron puestos solamente para hacerse ricos, a costa de los mexicanos.

El deseo de libertar a su patria inflamaba el corazón de Hidalgo, que entonces era sacerdote de la pequeña aldea de Dolores. En 1810 organizó un partido patriótico cuyo objeto era trabajar y luchar por la independencia. Formaron un ejército y avanzaron sobre Guanajuato, una ciudad grande y rica, fortificada y defendida por los españoles. Por el heroísmo de Hidalgo, los revolucionarios pudieron vencer a los españoles.

Hidalgo fortificó la ciudad y la hizo centro de la revolución. En seguida empezaron a llegar miles de mexicanos, que querían juntarse a las fuerzas patrióticas. Con la ayuda de éstos, Hidalgo pudo continuar la lucha.

(1) ¿Quién fue Hidalgo?

    a. un jefe del gobierno   *c.* un soldado
    b. un español   *d.* un cura mexicano

(2) ¿Qué hicieron los gobernadores?

    a. Perdieron dinero.

    b. Robaron a los mexicanos.

    c. Vivieron en la costa.

    d. Gobernaron bien.

(3) ¿Cuál fue el objeto del grupo que Hidalgo organizó?

    a. ganar la libertad

    b. luchar contra los mexicanos

    c. poner fuego al pueblo de Dolores

    d. hacerse rico

(4) ¿Por qué atacaron a Guanajuato?

    a. La ciudad era independiente.

    b. Eran patriotas.

    c. Muchos españoles estaban allí.

    d. Era fácil vencerla.

(5) Después de tomar la ciudad de Guanajuato,

    a. Hidalgo continuó la revolución desde allí

    b. Hidalgo mató a miles de soldados

    c. la revolución se acabó

    d. era difícil encontrar soldados

16. Lea Vd. el pasaje siguiente. Después, escoja Vd. la frase o expresión que correctamente conteste la pregunta o complete la frase.

Vasco Núñez de Balboa era un hombre que no sabía estar parado; siempre buscaba nuevos territorios. Había oído hablar del mar del Sur (Océano Pacífico), que los indios dijeron quedaba hacia el oeste. Determinó ir a buscar el mar. Si no él, otro explorador lo descubriría y le quitaría la gloria del descubrimiento. Pues, partió de Darién una mañana con ciento noventa soldados, a fines de agosto del año 1513.

Llegaron por fin a un pueblo indio. El jefe salió con mucha gente para averiguar qué querían. Cuando le dijeron que iban al mar del Sur, que traían una nueva religión, y que buscaban oro, el jefe les impidió el paso libre, y les mandó volver atrás. Pero los españoles insistieron en seguir adelante, y en la lucha que siguió el jefe indio fue muerto. Los demás indios huyeron, porque creían que las armas de los españoles eran rayos del cielo. Balboa y los suyos pudieron entrar en el pueblo. Vieron a algunos habitantes, los viejos y los enfermos, pero nada de lo que buscaban.

(1) ¿Cómo era Balboa?

    a. estudioso

    b. activo

    c. perezoso

    d. cruel

(2) ¿Por qué quería ir en busca del mar del Sur?

    a. Buscaba una ruta a las Indias.

    b. Tenía miedo a los indios.

    c. Quería la gloria.

    d. Estaba al oeste.

(3) Salió de Darién en

    a. el verano   *c.* el otoño
    b. el invierno   *d.* la primavera

(4) ¿Qué hizo el jefe de los indios?

    a. Les prohibió el paso.   *c.* Les permitió pasar.
    b. Aceptó la religión de los espa-   *d.* Les dio mucho oro.
       ñoles.

(5) ¿Qué encontraron los españoles en el pueblo?

    a. mucho oro   *c.* unas armas
    b. un rayo del cielo   *d.* algunos indios

17. Lea Vd. el pasaje siguiente. Después, escoja Vd. la frase o expresión que correctamente conteste la pregunta.

Dos amigos, Juan y Pedro, caminaban por el bosque un día. De repente apareció delante de ellos un oso enorme. Juan, lleno de terror, se puso a correr. Rápidamente subió a un árbol alto, dejando solo a su amigo Pedro. Éste, que se vio sin defensa y abandonado de su amigo, se cayó al suelo, y se quedó allí sin moverse. Pareció muerto.

El oso se acercó a él, le miró, y con la nariz le tocó la cara y las orejas. Al fin se fue sin hacerle daño, porque se dice que los osos nunca comen carne muerta.

Juan, el amigo cobarde, que había visto la escena desde las ramas del árbol, bajó y corrió a su amigo. Le abrazó, y le dijo qué alegre se sentía de verle vivo y sin daño. Terminó diciendo:

—Desde el árbol me pareció ver que el oso te decía algo. ¿Es verdad?

—Sí—respondió Pedro. —Me dijo que el amigo que me abandona cuando estoy en peligro es mal amigo.

(1) ¿Qué vieron los dos amigos?

    a. nada   *c.* un camino
    b. un animal feroz   *d.* un árbol alto

(2) ¿Qué hizo Juan?

    a. Se acercó a su amigo.   *c.* Se escapó.
    b. Corrió a buscar ayuda.   *d.* Ayudó a su amigo.

(3) ¿Por qué se fue el oso sin hacer daño a Pedro?

    a. Creyó que estaba muerto.   *c.* Le gustó.
    b. No tenía hambre.   *d.* Vio al amigo en el árbol.

(4) ¿Qué hizo Juan después?

 a. Subió al árbol.
 b. Se alejó de su amigo.

 c. No hizo nada.
 d. Bajó del árbol.

(5) Según Pedro, ¿qué le había dicho el oso?

 a. que debía correr
 b. que su amigo estaba en peligro

 c. que debía abandonar a su amigo
 d. que Juan no era buen amigo

18. Lea Vd. el pasaje siguiente. Después, escoja Vd. la frase o expresión que correctamente conteste la pregunta o complete la frase.

Un señor muy rico tenía una hija que estaba casada con un abogado. El abogado era bastante avaro, y no le gustaba sacar el dinero del bolsillo. Su mujer, en cambio, tenía la costumbre de gastar libremente el dinero en cosas frívolas e innecesarias. Su marido trabajaba mucho, pero cuanto más ganaba él, tanto más gastaba ella.

Cada vez que el abogado se encontraba con el padre de su esposa, le contaba, con todos los detalles, cómo y cuánto su mujer gastaba. El padre, después de tolerar estas historias mucho tiempo, dijo a su yerno (son-in-law):

—Dígale Vd. a su esposa que ya estoy cansado de su frivolidad. Si yo oigo que ella continúa gastando tanto dinero, no voy a dejar para ella ni un centavo cuando me muera. Voy a desheredarla por completo.

El resultado fue que el abogado nunca más le habló del dinero que su mujer gastaba.

(1) ¿Cómo era el abogado?

 a. liberal
 b. perezoso

 c. generoso
 d. trabajador

(2) ¿Qué hacía la mujer?

 a. Hacía cosas buenas.
 b. Gastaba mucho.

 c. Ganaba dinero.
 d. Guardaba el dinero en la bolsa.

(3) El abogado decía que su mujer

 a. gastaba dinero sin pensar
 b. era innecesaria

 c. era buena
 d. contaba el dinero

(4) El padre dijo que

 a. el abogado ganaba mucho
 b. iba a dejar todo su dinero a su hija

 c. su hija estaba cansada
 d. no dejaría nada a su hija si ella seguía gastando dinero

(5) ¿Por qué no volvió el abogado a hablar del dinero?

a. Su mujer ya no gastaba mucho dinero.

c. No quería perder el dinero del padre.

b. No le gustaba el dinero.

d. El padre desheredó a su hija.

19. Lea Vd. el pasaje siguiente. Después, escoja Vd. la frase o expresión que correctamente conteste la pregunta.

Vivió en el pueblo un joven que el señor cura había recogido cuando todavía era niño, porque tuvo la desgracia de perder a sus padres. Lo había criado, dándole la educación que pudo, pues el señor cura era tan bueno que solía privarse de lo necesario para que los desgraciados pudiesen comer. El resultado fue que su bolsa estaba tan limpia de dinero como su alma de pecados.

Pedro González, que así se llamaba el niño, creció teniendo siempre por delante el santo ejemplo del cura. Como tenía una naturaleza buena, de niño bueno llegó a ser joven honrado, el más honrado del pueblo. Como su protector, estaba siempre dispuesto a sacar del bolsillo su última peseta y ofrecerla al que tuviera necesidad. Además, andaba por la ciudad buscando pobres que ayudar. No había función pública sin que Pedro tomara parte en los preparativos, haciendo más que ningún otro. Muchas veces la gente del pueblo, o el alcalde mismo, le buscaba para pedir su ayuda en arreglar alguna fiesta.

(1) ¿Por qué ayudó el cura al niño?

a. Vivía en el pueblo.

c. Era su criado.

b. Era su vecino.

d. No tenía ni padre ni madre.

(2) ¿Cuál de estas palabras describe al cura?

a. desgraciado

c. pobre

b. rico

d. privado

(3) ¿Por qué era Pedro honrado?

a. Era un santo.

c. Seguía el ejemplo del cura.

b. Protegió al cura.

d. Robaba dinero a los demás.

(4) ¿Cómo ayudó a los pobres?

a. Les dio dinero.

c. Los buscaba.

b. Fue su protector.

d. Andaba por las calles.

(5) ¿Quién buscaba su ayuda?

a. solamente el alcalde

c. los niños

b. todo el pueblo

d. el cura

20. Lea Vd. el pasaje siguiente. Después, escoja Vd. la frase o expresión que correctamente conteste la pregunta.

En cierto país vivió un rey muy cruel, y además, supersticioso. Toda la gente le odiaba y le temía. Su diversión favorita era llamar a la corte a cualquier persona, hablar con él un rato, y después, matar al infeliz con quien hablaba. También pasaba muchas horas estudiando las estrellas. Creía que así podría saber el futuro.

Un día sus soldados llevaron a su presencia a un hombre viejo, que era astrólogo. El rey pensaba hablar con él, como era su costumbre, y después matarle. El astrólogo, que sabía la intención del rey, tenía un plan.

Después de dos o tres preguntas de poca importancia, el rey le preguntó:
—¿Sabes tú cuándo vas a morir?

Y el astrólogo contestó: —He consultado las estrellas. No me dicen el día exacto, pero me dicen que voy a morir el mismo día que Vd.

Al oír esto el rey quedó muy asustado. En vez de matarle, le dio una buena casa, con pensión, y los mejores médicos del país para cuidar de su salud.

(1) ¿Cuál de estas palabras describe al rey?

    a. justo   *c.* cobarde
    b. bondadoso   *d.* malo

(2) ¿Por qué estudiaba el rey las estrellas?

    a. Se interesaba por las ciencias.   *c.* Le gustaba estudiar.
    b. Era infeliz.   *d.* Era supersticioso.

(3) ¿Qué pensaba el rey hacer?

    a. decirle unas cosas al astrólogo   *c.* llamar a sus soldados
    b. dar la muerte al astrólogo   *d.* contestar a las preguntas del astrólogo

(4) ¿Qué sabía el astrólogo?

    a. Sabía lo que el rey pensaba hacer.   *c.* Sabía el día en que el rey iba a morir.
    b. Sabía todo el futuro.   *d.* Sabía que el rey era viejo.

(5) Según el astrólogo, ¿qué le dijeron las estrellas?

    a. El rey debía consultar un médico.   *c.* Él viviría tanto como el rey.
    b. Debía tener un plan.   *d.* El rey viviría muchos años.

Part VIII—*Practice in Directed Composition*

Write a composition of at least five sentences, in Spanish, for each of the following topics. Each sentence should contain the information asked for in the suggested outline. Following each outline are several suggested vocabulary items, which you may use as you wish.

1. Write a composition about your birthday. Mention the following:

   a. the date of your birthday
   b. how old you were on your last birthday
   c. how you celebrated your last birthday
   d. what gifts you received
   e. what you hope to get for your next birthday

Vocabulary
birthday, **el cumpleaños**
to celebrate, **celebrar**
gift, **el regalo**
party, **la tertulia, la fiesta**

2. Write a composition about your plans for next Saturday. Say that:

   a. You are going to study in the morning.
   b. In the afternoon you will attend a baseball game.
   c. You are going to have supper at home.
   d. After supper you will visit a friend.
   e. You and your friend are going to the movies together.

Vocabulary
to attend, **asistir a**
baseball game, **el partido de béisbol**
to have supper, **cenar**
movies, **el cine**
together, **juntos (-as)**

3. Write about a day's shopping trip. Mention:

   a. that you went shopping with your mother
   b. what you had to buy (two things)
   c. what your mother bought (two things)
   d. that you and she had lunch in a restaurant
   e. that you returned home at 5 o'clock

Vocabulary
to go shopping, **ir de compras**
to have lunch, **almorzar**
to return home, **volver a casa**

4. You are writing a composition on "My Family." Tell:

   a. in what year you were born
   b. how many brothers and sisters you have
   c. how old your parents are
   d. what your father does
   e. in what city you live

Vocabulary

to be born, **nacer**
to be . . . years old, **tener . . . años**
parents, **los padres**

5. Write about your plans for a picnic. Say that:

   a. Your friends are going on a picnic.
   b. You want to go also.
   c. It won't cost much.
   d. One of your friends will bring the lunch.
   e. You will return home early.

Vocabulary

to cost, **costar**
to go on a picnic, **ir de jira**

6. Write about your mark in a recent test. Say that:

   a. You received your mark in Spanish.
   b. It was not as good as you wished.
   c. You did not pay attention in class.
   d. You intend to study more.
   e. You will get an excellent mark next month.

Vocabulary

to intend, **pensar**
mark, **la nota**
next month, **el mes que viene**
to pay attention, **prestar atención**

7. You are at the railroad station waiting to meet a friend. Tell:

   a. where you are
   b. for whom you are waiting
   c. that the train will arrive in half an hour
   d. that he (she) will spend the Christmas vacation with you
   e. that you will go to many parties together

Vocabulary

party, **la tertulia, la fiesta**
railroad, **el ferrocarril**
to spend (time), **pasar**
to wait (for), **esperar**

8. Write about the Spanish Club in your school. Tell:

    a. that you are a member of the Spanish Club
    b. on what day the club meets
    c. how many pupils attend the meetings
    d. that the members speak only Spanish at the meetings
    e. that you have learned many pretty Spanish songs

Vocabulary

to attend, **asistir a**
to meet, **reunirse**
meeting, **la reunión**
member, **el socio, la socia**
Spanish Club, **el Círculo Español**

9. Write about a party you attended recently. Tell:

    a. that the party took place last Saturday
    b. who gave the party
    c. with whom you went
    d. what you did at the party
    e. what was served

Vocabulary

last Saturday, **el sábado pasado**
party, **la tertulia, la fiesta**
refreshments, **los refrescos**
to take place, **tener lugar**

10. A pen pal from Spain asks you what foreign language you are studying. Write him that:

    a. You have been studying Spanish for two years.
    b. Your Spanish class is very interesting.
    c. You are learning to speak and write in Spanish.
    d. You will continue studying it in college.
    e. Some day you will visit Spain.

Vocabulary

college, **la universidad**
to continue, **seguir, continuar** (+ present participle)
to have been, **hace** + time + **que** + present tense
Spanish class, **la clase de español**

11. You are walking in the street. It is January. Tell that:

    a. You are returning from a friend's house.
    b. It is very cold.
    c. You are wearing an overcoat and gloves.
    d. You are hungry and tired.
    e. After supper you have to study.

Vocabulary

to be (very) cold (weather), **hacer (mucho) frío**
to be hungry, **tener hambre**
glove, **el guante**
to have to, **tener que** + infinitive
overcoat, **el sobretodo**
tired, **cansado**
to wear, **llevar**

12. Write a note to your teacher telling why you failed to do your homework for today. Explain that:

a. You fell while returning home yesterday.
b. You hurt your hand.
c. You went to the doctor.
d. He said that you needed to rest.
e. You are better today.

Vocabulary

to hurt oneself (in), **hacerse daño (en)**
to need, **necesitar**
to rest, **descansar**
to return home, **volver a casa**

13. Write about your after-school activities. Give the following information:

a. Your classes end at half past three.
b. After returning home you study.
c. You speak on the telephone till suppertime.
d. Afterwards you help your mother wash the dishes.
e. You watch television for two hours and then go to bed.

Vocabulary

to end, **terminar**
to go to bed, **acostarse**
suppertime, **la hora de cenar**
to speak on the telephone, **hablar por teléfono**
television, **la televisión**
to wash, **lavar**
to watch, **mirar**

14. Write about a visit to the library. Tell that:

a. In the library you met a friend.
b. He was returning a book.
c. You asked him if it was interesting.
d. He said that he liked it very much.
e. You are going to read it next week.

Vocabulary

to like (to be pleasing), **gustar**
next week, **la semana que viene**
to return (to give back), **devolver**
very much, **muchísimo**

15. In your Spanish class you are writing on "How I Spent the Summer." Say that:

    a. Last summer you went to the country.
    b. In the morning you used to play tennis.
    c. After lunch you had an hour of rest.
    d. Later you generally swam in the lake (or river).
    e. In the evening you either danced (used to dance) or went to the movies (used to go).

Vocabulary

in the morning (evening), **por la mañana (noche)**
lake, **el lago**
last summer, **el verano pasado**
movies, **el cine**
to play, **jugar (a)**
rest, **el descanso**
to swim, **nadar**

16. Write about a meeting with an old friend. Say that:

    a. You were walking in the street near your home.
    b. You suddenly saw your friend Paul.
    c. You didn't recognize him because he was wearing eyeglasses.
    d. He said that his family was well.
    e. He promised to pay you a visit soon.

Vocabulary

eyeglasses, **las gafas**
to pay a visit (to), **hacer una visita (a)**
to recognize, **reconocer**
suddenly, **de pronto**
to wear, **llevar**

17. Write to a friend telling him (or her):

    a. at what time you get up on Sunday
    b. what you have for breakfast
    c. what you do after breakfast (read the newspaper, go to church, etc.)
    d. that in the afternoon you visit friends or relatives
    e. that in the evening you study or watch a television program

Vocabulary

in the afternoon (evening), **por la tarde (noche)**
relative, **el pariente**
television program, **el programa de televisión**
to watch, **mirar**

18. Write about meeting another passenger on a plane going to Mexico.

    a. Tell him your name and where you come from.
    b. Ask him if he likes to travel.
    c. Tell him that this is your first trip to Mexico.
    d. Tell him the things you want to see in Mexico (mention two).
    e. Ask him how long he intends to stay in Mexico.

Vocabulary

to intend, **pensar** + infinitive
to like (to be pleasing), **gustar**
to stay, **quedarse**

19. Write about the following incident:

    a. Last night a neighbor knocked at your door.
    b. She wanted to ask for some sugar.
    c. You told her your mother was not at home.
    d. You found some sugar and gave it to her.
    e. She promised to return it the next day.

Vocabulary

to ask for, **pedir**
to knock at the door, **llamar a la puerta**
last night, **anoche**
neighbor, **el vecino, la vecina**
the next day, **al día siguiente**
to return (give back), **devolver**

20. You are writing about shopping in a large food store. You approach the clerk.

    a. Ask him how much the milk costs.
    b. Ask him where you can find the meat.
    c. You also want to buy a pound of butter.
    d. Tell him what kinds of fruit you need (mention two).
    e. Ask him how much you owe him.

Vocabulary

butter, **la mantequilla**
to cost, **costar**
to find, **hallar**
to owe, **deber**
pound, **la libra**

21. You came late to school today. Write a note explaining that:

    a. You were ready to leave the house.
    b. You could not find your Spanish book.
    c. You spent fifteen minutes looking for it.
    d. You found it under the table.
    e. You ran, but you missed the bus.

Vocabulary

bus, **el autobús**
to be ready (to), **estar listo(-a) (para)**
to leave, **salir (de)**
to look for, **buscar**
to miss, **perder**
Spanish book, **libro de español**
to spend (time), **pasar**
under, **debajo de**

22. You are writing to a pen pal.

   a. Tell him (her) that you think of him (her) often.
   b. Tell him (her) that you hope to go to the seashore this year.
   c. Ask him (her) where he (she) traveled last summer.
   d. Ask him (her) when he (she) will visit the United States.
   e. Tell him (her) to answer this letter soon.

Vocabulary

last summer, **el verano pasado**
seashore, **la playa**
to think of, **pensar en**

23. Write about a visit to a sick friend.

   a. Ask him how he is today.
   b. Ask him when he became ill.
   c. Ask him if the doctor was there.
   d. Ask him when he will be well again.
   e. Tell him you have to be home at 5 o'clock, and say goodbye.

Vocabulary

to be (health), **estar**
to become, **ponerse**
to have to, **tener que** + infinitive

24. You are planning a trip to Europe. Write to a friend telling him (or her) that:

   a. You have always dreamed of traveling.
   b. You are going to Europe next week.
   c. You will travel by steamship.
   d. You will spend the whole summer there.
   e. You will visit many interesting cities.

Vocabulary

to dream of, **soñar con**
next week, **la semana que viene**
to spend (time), **pasar**
steamship, **el vapor**

25. Imagine that you are in Madrid. You approach a policeman.

   a. Tell him that you have just arrived from the United States.
   b. Tell him how long you have been studying Spanish.
   c. Ask him where you can find a good restaurant.
   d. Ask him on what days the bullfights take place.
   e. Thank him, and tell him he is very kind.

Vocabulary

bullfight, **la corrida de toros**
to have been, **hace** + time + **que** + present tense
to have just, **acabar de** + infinitive
kind, **amable**
to take place, **tener lugar**

Irregular Verb Forms

Note. (1) Verbs that are similar in structure to the verbs in the following chart are listed alphabetically at the end of the chart.
(2) The only verbs that are irregular in the imperfect indicative are:

> ir: iba, ibas, iba, íbamos, ibais, iban
> ser: era, eras, era, éramos, erais, eran
> ver: veía, veías, veía, veíamos, veíais, veían

Infinitive, Present Part., Past Part.	Present Indicative	Preterite	Future	Present Subjunctive	Imperfect Subjunctive	Familiar Command (tú)
1. abrazar		abracé abrazaste abrazó etc.		abrace abraces abrace abracemos abracéis abracen		
2. abrir abriendo abierto						
3. almorzar	almuerzo almuerzas almuerza almorzamos almorzáis almuerzan	almorcé almorzaste almorzó etc.		almuerce almuerces almuerce almorcemos almorcéis almuercen		almuerza
4. andar		anduve anduviste anduvo anduvimos anduvisteis anduvieron			anduviera(-se) anduvieras(-ses) anduviera(-se) anduviéramos('-semos) anduvierais(-seis) anduvieron(-sen)	

IRREGULAR VERB FORMS (Continued)

Infinitive, Present Part., Past Part.	Present Indicative	Preterite	Future	Present Subjunctive	Imperfect Subjunctive	Familiar Command (tú)
5. averiguar		averigüé averiguaste averiguó etc.		averigüe averigües averigüe averigüemos averigüéis averigüen		
6. buscar		busqué buscaste buscó etc.		busque busques busque busquemos busquéis busquen		
7. caber	quepo cabes cabe etc.	cupe cupiste cupo cupimos cupisteis cupieron	cabré cabrás cabrá cabremos cabréis cabrán	quepa quepas quepa quepamos quepáis quepan	cupiera(-se) cupieras(-ses) cupiera(-se) cupiéramos(-'semos) cupierais(-seis) cupieran(-sen)	
8. caer cayendo caído	caigo caes cae etc.	caí caíste cayó caímos caísteis cayeron		caiga caigas caiga caigamos caigáis caigan	cayera(-se) cayeras(-ses) cayera(-se) cayéramos(-'semos) cayerais(-seis) cayeran(-sen)	

9. conocer

conozco
conoces
conoce
etc.

conozca
conozcas
conozca
conozcamos
conozcáis
conozcan

10. continuar

continúo
continúas
continúa
continuamos
continuáis
continúan

continúe
continúes
continúe
continuemos
continuéis
continúen

continúa

11. creer
creyendo
creído

creí
creíste
creyó
creímos
creísteis
creyeron

creyera(-se)
creyeras(-ses)
creyera(-se)
creyéramos('-semos)
creyerais(-seis)
creyeran(-sen)

12. dar

doy
das
da
damos
dais
dan

di
diste
dio
dimos
disteis
dieron

dé
des
dé
demos
deis
den

diera(-se)
dieras(-ses)
diera(-se)
diéramos('-semos)
dierais(-seis)
dieran(-sen)

13. decir
diciendo
dicho

digo
dices
dice
decimos
decís
dicen

dije
dijiste
dijo
dijimos
dijisteis
dijeron

diré
dirás
dirá
diremos
diréis
dirán

diga
digas
diga
digamos
digáis
digan

dijera(-se)
dijeras(-ses)
dijera(-se)
dijéramos('-semos)
dijerais(-seis)
dijeran(-sen)

di

IRREGULAR VERB FORMS (Continued)

Infinitive, Present Part., Past Part.	Present Indicative	Preterite	Future	Present Subjunctive	Imperfect Subjunctive	Familiar Command (tú)
14. dirigir	dirijo diriges dirige etc.			dirija dirijas dirija dirijamos dirijáis dirijan		
15. distinguir	distingo distingues distingue etc.			distinga distingas distinga distingamos distingáis distingan	distinguiera(-se) distinguieras(-ses) distinguiera(-se) distinguiéramos(-'semos) distinguierais(-seis) distinguieran(-sen)	
16. dormir durmiendo dormido	duermo duermes duerme dormimos dormís duermen	dormí dormiste durmió dormimos dormisteis durmieron		duerma duermas duerma durmamos durmáis duerman	durmiera(-se) durmieras(-ses) durmiera(-se) durmiéramos(-'semos) durmierais(-seis) durmieran(-sen)	duerme
17. elegir eligiendo elegido	elijo eliges elige elegimos elegís eligen	elegí elegiste eligió elegimos elegisteis eligieron		elija elijas elija elijamos elijáis elijan	eligiera(-se) eligieras(-ses) eligiera(-se) eligiéramos(-'semos) eligierais(-seis) eligieran(-sen)	elige

	Present	Preterite	Future	Imperfect Subjunctive	Present Subjunctive	Imperative
18. empezar	empiezo empiezas empieza empezamos empezáis empiezan	empecé empezaste empezó etc.			empiece empieces empiece empecemos empecéis empiecen	empieza
19. enviar	envío envías envía enviamos enviáis envían				envíe envíes envíe enviemos enviéis envíen	envía
20. escribir escribiendo escrito						
21. estar	estoy estás está estamos estáis están	estuve estuviste estuvo estuvimos estuvisteis estuvieron		estuviera(-se) estuvieras(-ses) estuviera(-se) estuviéramos(-'semos) estuvierais(-seis) estuvieran(-sen)	esté estés esté estemos estéis estén	está
22. haber	he has ha hemos habéis han	hube hubiste hubo hubimos hubisteis hubieron	habré habrás habrá habremos habréis, habrán	hubiera(-se) hubieras(-ses) hubiera(-se) hubiéramos(-'semos) hubierais(-seis) hubieran(-sen)	haya hayas haya hayamos hayáis hayan	
23. hacer haciendo hecho	hago haces hace etc.	hice hiciste hizo hicimos hicisteis hicieron	haré harás hará haremos haréis harán	hiciera(-se) hicieras(-ses) hiciera(-se) hiciéramos(-'semos) hicierais(-seis) hicieran(-sen)	haga hagas haga hagamos hagáis hagan	haz

IRREGULAR VERB FORMS (Continued)

Infinitive, Present Part., Past Part.	Present Indicative	Preterite	Future	Present Subjunctive	Imperfect Subjunctive	Familiar Command (tú)
24. huir huyendo huido	huyo huyes huye huimos huís huyen	huí huiste huyó huimos huisteis huyeron		huya huyas huya huyamos huyáis huyan	huyera(-se) huyeras(-ses) huyera(-se) huyéramos(-'semos) huyerais(-seis) huyeran(-sen)	huye
25. ir yendo ido	voy vas va vamos vais van	fui fuiste fue fuimos fuisteis fueron		vaya vayas vaya vayamos vayáis vayan	fuera(-se) fueras(-ses) fuera(-se) fuéramos(-'semos) fuerais(-seis) fueran(-sen)	ve
26. jugar	juego juegas juega jugamos jugáis juegan	jugué jugaste jugó etc.		juegue juegues juegue juguemos juguéis jueguen		juega
27. llegar		llegué llegaste llegó etc.		llegue llegues llegue lleguemos lleguéis lleguen		

28. morir muriendo muerto					
muero	morí	muera	muriera(-se)		muere
mueres	moriste	mueras	murieras(-ses)		
muere	murió	muera	muriera(-se)		
morimos	morimos	muramos	muriéramos(-'semos)		
morís	moristeis	muráis	murierais(-seis)		
mueren	murieron	mueran	murieran(-sen)		

29. mostrar		
muestro	muestre	muestra
muestras	muestres	
muestra	muestre	
mostramos	mostremos	
mostráis	mostréis	
muestran	muestren	

30. mover		
muevo	mueva	mueve
mueves	muevas	
mueve	mueva	
movemos	movamos	
movéis	mováis	
mueven	muevan	

31. negar			
niego	negué	niegue	niega
niegas	negaste	niegues	
niega	negó	niegue	
negamos	etc.	neguemos	
negáis		neguéis	
niegan		nieguen	

32. oír oyendo oído					
oigo	oí	oiré	oiga	oyera(-se)	oye
oyes	oíste	oirás	oigas	oyeras(-ses)	
oye	oyó	oirá	oiga	oyera(-se)	
oímos	oímos	oiremos	oigamos	oyéramos(-'semos)	
oís	oísteis	oiréis	oigáis	oyerais(-seis)	
oyen	oyeron	oirán	oigan	oyeran(-sen)	

IRREGULAR VERB FORMS (Continued)

Infinitive, Present Part., Past Part.	Present Indicative	Preterite	Future	Present Subjunctive	Imperfect Subjunctive	Familiar Command (tú)
33. oler	huelo hueles huele olemos oléis huelen			huela huelas huela olamos oláis huelan		huele
34. pedir pidiendo pedido	pido pides pide pedimos pedís piden	pedí pediste pidió pedimos pedisteis pidieron		pida pidas pida pidamos pidáis pidan	pidiera(-se) pidieras(-ses) pidiera(-se) pidiéramos(-'semos) pidierais(-seis) pidieran(-sen)	pide
35. pensar	pienso piensas piensa pensamos pensáis piensan			piense pienses piense pensemos penséis piensen		piensa
36. perder	pierdo pierdes pierde perdemos perdéis pierden			pierda pierdas pierda perdamos perdáis pierdan		pierde

	Present	Preterite	Future	Pres. Subj.	Imperf. Subj.	Imperative
37. poder	puedo	pude	podré	pueda	pudiera(-se)	puede
pudiendo	puedes	pudiste	podrás	puedas	pudieras(-ses)	
podido	puede	pudo	podrá	pueda	pudiera(-se)	
	podemos	pudimos	podremos	podamos	pudiéramos(-'semos)	
	podéis	pudisteis	podréis	podáis	pudierais(-seis)	
	pueden	pudieron	podrán	puedan	pudieran(-sen)	
38. poner	pongo	puse	pondré	ponga	pusiera(-se)	pon
poniendo	pones	pusiste	pondrás	pongas	pusieras(-ses)	
puesto	pone	puso	pondrá	ponga	pusiera(-se)	
	etc.	pusimos	pondremos	pongamos	pusiéramos(-'semos)	
		pusisteis	pondréis	pongáis	pusierais(-seis)	
		pusieron	pondrán	pongan	pusieran(-sen)	
39. querer	quiero	quise	querré	quiera	quisiera(-se)	quiere
	quieres	quisiste	querrás	quieras	quisieras(-ses)	
	quiere	quiso	querrá	quiera	quisiera(-se)	
	queremos	quisimos	querremos	queramos	quisiéramos(-'semos)	
	queréis	quisisteis	querréis	queráis	quisierais(-seis)	
	quieren	quisieron	querrán	quieran	quisieran(-sen)	
40. reír	río	reí	reiré	ría	riera(-se)	ríe
riendo	ríes	reíste	reirás	rías	rieras(-ses)	
reído	ríe	rió	reirá	ría	riera(-se)	
	reímos	reímos	reiremos	riamos	riéramos(-'semos)	
	reís	reísteis	reiréis	riáis	rierais(-seis)	
	ríen	rieron	reirán	rían	rieran(-sen)	
41. reunir	reúno			reúna		reúne
	reúnes			reúnas		
	reúne			reúna		
	reunimos			reunamos		
	reunís			reunáis		
	reúnen			reúnan		

IRREGULAR VERB FORMS (Continued)

Infinitive, Present Part., Past Part.	Present Indicative	Preterite	Future	Present Subjunctive	Imperfect Subjunctive	Familiar Command (tú)
42. rogar	ruego ruegas ruega rogamos rogáis ruegan	rogué rogaste rogó etc.		ruegue ruegues ruegue roguemos roguéis rueguen		ruega
43. romper rompiendo roto						
44. saber	sé sabes sabe etc.	supe supiste supo supimos supisteis supieron	sabré sabrás sabrá sabremos sabréis sabrán	sepa sepas sepa sepamos sepáis sepan	supiera(-se) supieras(-ses) supiera(-se) supiéramos(-'semos) supierais(-seis) supieran(-sen)	
45. salir	salgo sales sale etc.		saldré saldrás saldrá saldremos saldréis saldrán	salga salgas salga salgamos salgáis salgan		sal
46. seguir siguiendo seguido	sigo sigues sigue seguimos seguís siguen	seguí seguiste siguió seguimos seguisteis siguieron		siga sigas siga sigamos sigáis sigan	siguiera(-se) siguieras(-ses) siguiera(-se) siguiéramos(-'semos) siguierais(-seis) siguieran(-sen)	sigue

47. sentir *sintiendo* sentido	*siento* *sientes* *siente* sentimos sentís sienten	sentí sentiste sintió sentimos sentisteis sintieron		*sienta* *sientas* *sienta* *sintamos* *sintáis* *sientan*	*sintiera(-se)* *sintieras(-ses)* *sintiera(-se)* *sintiéramos(-'semos)* *sintierais(-seis)* *sintieran(-sen)*	*siente*
48. ser	*soy* *eres* *es* *somos* *sois* *son*	fui fuiste fue fuimos fuisteis fueron		*sea* *seas* *sea* *seamos* *seáis* *sean*	*fuera(-se)* *fueras(-ses)* *fuera(-se)* *fuéramos(-'semos)* *fuerais(-seis)* *fueran(-sen)*	*sé*
49. tener	*tengo* *tienes* *tiene* *tenemos* *tenéis* *tienen*	tuve tuviste tuvo tuvimos tuvisteis tuvieron	*tendré* *tendrás* *tendrá* *tendremos* *tendréis* *tendrán*	*tenga* *tengas* *tenga* *tengamos* *tengáis* *tengan*	*tuviera(-se)* *tuvieras(-ses)* *tuviera(-se)* *tuviéramos(-'semos)* *tuvierais(-seis)* *tuvieran(-sen)*	*ten*
50. traducir	*traduzco* *traduces* *traduce* etc.	traduje tradujiste tradujo tradujimos tradujisteis tradujeron		*traduzca* *traduzcas* *traduzca* *traduzcamos* *traduzcáis* *traduzcan*	*tradujera(-se)* *tradujeras(-ses)* *tradujera(-se)* *tradujéramos(-'semos)* *tradujerais(-seis)* *tradujeran(-sen)*	
51. traer *trayendo* *traído*	*traigo* *traes* *trae* etc.	traje trajiste trajo trajimos trajisteis trajeron		*traiga* *traigas* *traiga* *traigamos* *traigáis* *traigan*	*trajera(-se)* *trajeras(-ses)* *trajera(-se)* *trajéramos(-'semos)* *trajerais(-seis)* *trajeran(-sen)*	

IRREGULAR VERB FORMS (Continued)

Infinitive, Present Part., Past Part.	Present Indicative	Preterite	Future	Present Subjunctive	Imperfect Subjunctive	Familiar Command (tú)
52. vencer	venzo vences vence etc.			venza venzas venza venzamos venzáis venzan		
53. venir viniendo venido	vengo vienes viene venimos venís vienen	vine viniste vino vinimos vinisteis vinieron	vendré vendrás vendrá vendremos vendréis vendrán	venga vengas venga vengamos vengáis vengan	viniera(-se) vinieras(-ses) viniera(-se) viniéramos(-'semos) vinierais(-seis) vinieran(-sen)	ven
54. ver viendo visto	veo ves ve etc.			vea veas vea veamos veáis vean		
55. volver volviendo vuelto	vuelvo vuelves vuelve volvemos volvéis vuelven			vuelva vuelvas vuelva volvamos volváis vuelvan		vuelve

OTHER VERBS WITH IRREGULAR FORMS

acercarse (*See* buscar)
acordarse (*See* mostrar)
acostarse (*See* mostrar)
agradecer (*See* conocer)
alcanzar (*See* abrazar)
alzar (*See* abrazar)
apagar (*See* llegar)
aparecer (*See* conocer)
atacar (*See* buscar)
atender (*See* perder)
atravesar (*See* pensar)
avanzar (*See* abrazar)
calentar (*See* pensar)
cargar (*See* llegar)
castigar (*See* llegar)
cerrar (*See* pensar)
coger (*See* dirigir)
colgar (*See* rogar)
colocar (*See* buscar)
comenzar (*See* empezar)
componer (*See* poner)
comunicarse (*See* buscar)
concluir (*See* huir)
conducir (*See* traducir)
confesar (*See* pensar)
conseguir (*See* seguir)
consentir (*See* sentir)
construir (*See* huir)
contar (*See* mostrar)
contener (*See* tener)
contribuir (*See* huir)
convencer (*See* vencer)

corregir (*See* elegir)
costar (*See* mostrar)
crecer (*See* conocer)
cruzar (*See* abrazar)
cubrir (*See* abrir)
dedicar (*See* buscar)
defender (*See* perder)
demostrar (*See* mostrar)
desaparecer (*See* conocer)
describir (*See* escribir)
descubrir (*See* abrir)
despedirse (*See* pedir)
despertarse (*See* pensar)
destruir (*See* huir)
detener (*See* tener)
devolver (*See* volver)
distribuir (*See* huir)
divertirse (*See* sentir)
encender (*See* perder)
encontrar (*See* mostrar)
entender (*See* perder)
entregar (*See* llegar)
envolver (*See* volver)
equivocarse (*See* buscar)
escoger (*See* dirigir)
establecer (*See* conocer)
explicar (*See* buscar)
extender (*See* perder)
fabricar (*See* buscar)
gobernar (*See* pensar)
gozar (*See* abrazar)
graduarse (*See* continuar)

guiar (*See* enviar)
herir (*See* sentir)
identificar (*See* buscar)
impedir (*See* pedir)
indicar (*See* buscar)
influir (*See* huir)
introducir (*See* traducir)
juzgar (*See* llegar)
lanzar (*See* abrazar)
leer (*See* creer)
llover (*See* mover)
mantener (*See* tener)
mascar (*See* buscar)
mentir (*See* sentir)
merecer (*See* conocer)
morder (*See* mover)
nacer (*See* conocer)
nevar (*See* pensar)
obedecer (*See* conocer)
obligar (*See* llegar)
obtener (*See* tener)
ofrecer (*See* conocer)
padecer (*See* conocer)
pagar (*See* llegar)
parecer (*See* conocer)
pegar (*See* llegar)
permanecer (*See* conocer)
perseguir (*See* seguir)
pertenecer (*See* conocer)
pescar (*See* buscar)
poseer (*See* creer)
preferir (*See* sentir)

probar (*See* mostrar)
producir (*See* traducir)
proteger (*See* dirigir)
quebrar (*See* pensar)
realizar (*See* abrazar)
recoger (*See* dirigir)
reconocer (*See* conocer)
recordar (*See* mostrar)
reducir (*See* traducir)
repetir (*See* pedir)
rezar (*See* abrazar)
sacar (*See* buscar)
sentarse (*See* pensar)
servir (*See* pedir)
significar (*See* buscar)
situar (*See* continuar)
soler (Present and imperfect tenses only. *See* mover)
soltar (*See* mostrar)
sonar (*See* mostrar)
sonreír (*See* reír)
soñar (*See* mostrar)
suplicar (*See* buscar)
temblar (*See* pensar)
tocar (*See* buscar)
tropezar (*See* empezar)
valer (*See* salir)
vestir (*See* pedir)
volar (*See* mostrar)

a, to, at

abajo, below, down, downstairs

abeja, *f.*, bee

abierto, -a, open

abogado, *m.*, lawyer

abrazar (c), to embrace

abrigo, *m.*, overcoat

abril, *m.*, April

abrir, to open

abuelo, *m.*, grandfather; abuela, *f.*, grandmother

acá, here

acabar, to finish, to end; acabar de + *inf.*, to have just . . .

acaso, perhaps

accidente, *m.*, accident

acento, *m.*, accent

aceptar, to accept

acera, *f.*, sidewalk

acerca de, about, concerning

acercarse (qu) (a), to approach

acero, *m.*, steel

acompañar, to accompany

aconsejar, to advise.

acordarse (ue) (de), to remember

acostarse (ue), to go to bed, to lie down

acto, *m.*, act

actor, *m.*, actor; actriz, *f.*, actress

actual, present, present-day

acueducto, *m.*, aqueduct

acuerdo, *m.*, agreement, accord

adelantar(se), to advance, to progress

adelante, ahead, forward

además (de), besides, moreover

adiós, goodbye

adjetivo, *m.*, adjective

admirar, to admire, to wonder

¿adónde?, where?

adondequiera, wherever

aduana, *f.*, custom house

aduanero, *m.*, customs inspector

adverbio, *m.*, adverb

aeropuerto, *m.*, airport

afecto, *m.*, affection

agosto, *m.*, August

agradable, pleasant, agreeable

agradecer (zc), to thank (for)

agrícola, agricultural

agricultor, *m.*, farmer

agua (el), *f.*, water

aguador, *m.*, water-carrier

aguardar, to await, to wait (for)

agudo, -a, sharp

águila (el), *f.*, eagle

aguja, *f.*, needle

ahí, there

ahora, now; ahora mismo, right now

aire, *m.*, air; al aire libre, in the open air, outdoors

ajedrez, *m.*, chess

al, to the, at the; al + *inf.*, on, upon (speaking, etc.)

alabar, to praise

albóndiga, *f.*, meat ball

alcalde, *m.*, mayor

alcanzar (c), to overtake, to reach

alcázar, *m.*, Moorish castle, fortress

alcoba, *f.*, bedroom

aldea, *f.*, village

alegrarse (de), to be glad (to, of)

alegre, merry, gay, happy

alegría, *f.*, joy, merriment

alejarse (de), to move away, to withdraw (from)

alemán, alemana, German; alemán, *m.*, German (language)

Alemania, *f.*, Germany

alfabeto, *m.*, alphabet

alfiler, *m.*, pin

alfombra, *f.*, carpet

algo, something, somewhat

algodón, *m.*, cotton

alguien, someone, somebody

alguno, -a (algún), some; algún día, some day; alguna vez, some time; algunas veces, sometimes

alimento, *m.*, food

alma (el), *f.*, soul

almohada, *f.*, pillow

almorzar (ue, c), to lunch, to eat (have) lunch

almuerzo, *m.*, lunch

alrededor (de), around

alto, -a, high, tall; en voz alta, aloud, in a loud voice

altura, *f.*, height

alumbrar, to illuminate

aluminio, *m.*, aluminum

alumno, -a, pupil, student

alzar (c), to raise, to lift

allá, allí, there

amable, kind, amiable

amanecer (zc), to dawn, to grow light; al amanecer, at daybreak

amar, to love

amargo, -a, bitter

amarillo, -a, yellow

ambos, -as, both

América, *f.*, America; la América Central, Central America; la América del Norte, North America; la América del Sur, South America; la América Hispana, Spanish America

americano, -a, American

amigo, -a, friend

amistad, *f.*, friendship

amo, *m.*, master, owner

amor, *m.*, love

anciano, -a, old man, old woman

ancho, -a, wide

andaluz, -a, Andalusian

andar, to walk, to go

ángel, *m.*, angel

animal, *m.*, animal

aniversario, *m.*, anniversary

anoche, last night

anochecer: al anochecer, at nightfall

ante, before

anteojos, *m. pl.*, eyeglasses

anterior, former, preceding

antes, before, previously; antes de, antes (de) que, before; cuanto antes, as soon as possible

antiguo, -a, old, ancient

antónimo, *m.*, antonym

anunciar, to announce

añadir, to add

año, *m.*, year; el año pasado, last year; el año que viene, next year; hace un año, a year ago

apagar (gu), to put out, to extinguish

aparecer (zc), to appear

apartamiento, *m.*, apartment

apetito, *m.*, appetite

aplaudir, to applaud

aplicado, -a, studious, industrious, diligent

aprender, to learn

apresurarse (a), to hurry (to), to hasten (to)

aprisa, quickly

aprovecharse (de), to take advantage (of), to profit (by)

aproximadamente, approximately

aquel, aquella, that; aquél, aquélla, that one, the former; aquellos, -as, those; aquéllos, -as, those, the former

aquí, here

árabe, Arab, Arabian, Arabic

árbol, *m.*, tree

argentino, -a, Argentinian

aritmética, *f.*, arithmetic

arma (el), *f.*, weapon, arm

armada, *f.*, navy, fleet; la Armada Invencible, the Invincible Armada

armario, *m.*, closet

arquitectura, *f.*, architecture

arreglar, to arrange

arriba, above, up, upstairs

arrojar, to throw

arroz, *m.*, rice

arte, *m.* or *f.*, art; bellas artes, fine arts

artículo, *m.*, article

artista, *m.* or *f.*, artist

asado, -a, roasted

asar, to roast

ascensor, *m.*, elevator

asegurar, to assure

así, so, thus

asiento, *m.*, seat

asistir (a), to attend

asno, *m.*, donkey

asombrar, to astonish, to amaze

aspecto, *m.*, aspect, appearance

asunto, *m.*, matter, affair

asustar, to frighten; asustarse, to be frightened

atacar (qu), to attack

atar, to tie

atención, *f.*, attention; con atención, attentively; prestar atención, to pay attention

atender (ie) (a), to attend (to)

atentamente, attentively

atómico, -a, atomic

atravesar (ie), to cross

atreverse (a), to dare (to)

aula (el), *f.*, classroom

aumentar, to increase

aún, even, still, yet

aunque, although

ausencia, *f.*, absence

ausente, absent

autobús, *m.*, bus

automóvil (auto), *m.*, automobile

autor, *m.*, author

avanzar (c), to advance

ave (el), *f.*, bird

avenida, *f.*, avenue

aventura, *f.*, adventure

aventurero, *m.*, adventurer

averiguar (ü), to find out, to verify

avión, *m.*, airplane

ayer, yesterday

ayuda, *f.*, aid, help

ayudar, to help, to aid

azúcar, *m.*, sugar

azul, blue

bailar, to dance

bailarín,-ina, dancer

baile, *m.*, dance

bajar, to go down, to descend; bajar de, to get out of (a vehicle)

bajo, -a, low, short; en voz baja, in a low voice; bajo, *adv.*, under

balcón, *m.*, balcony, porch

banco, *m.*, bench, bank

bandera, *f.*, flag

banderilla, *f.*, banderilla (dart used in the bullfight)

bañar(se), to bathe (oneself)

baño, *m.*, bath; el cuarto de baño, bathroom

barato, -a, cheap

barba, *f.*, beard, chin

barbería, *f.*, barber shop

barbero, *m.*, barber

barco, *m.*, ship, boat

basado, -a, based

bastante, enough, quite

batalla, *f.*, battle

baúl, *m.*, trunk; hacer (g) el baúl, to pack one's trunk

beber, to drink

bebida, *f.*, beverage, drink

béisbol, *m.*, baseball

belleza, *f.*, beauty

bello, -a, beautiful; bellas artes, fine arts

besar, to kiss

beso, *m.*, kiss

biblioteca, *f.*, library

bicicleta, *f.*, bicycle

bien, well; está bien, all right; salir (g) bien, to pass (an examination); que le vaya bien, good luck to you; que lo pase Vd. bien, good luck to you

billete, *m.*, ticket, note; **billete de ida y vuelta**, round-trip ticket
bizcocho, *m.*, biscuit
blanco, -a, white
blando, -a, soft
blusa, *f.*, blouse
boca, *f.*, mouth
boda, *f.*, wedding
boina, *f.*, beret
bolsa, *f.*, purse
bolsillo, *m.*, pocket
bomba, *f.*, bomb
bondad, *f.*, goodness, kindness; **con bondad**, kindly; **tenga Vd. la bondad de** + *inf.*, please . . .
bondadoso, -a, kind
bonito, -a, pretty
borrar, to erase
bosque, *m.*, forest, woods
botella, *f.*, bottle
botica, *f.*, drugstore
botón, *m.*, button
(el) Brasil, Brazil
brazo, *m.*, arm
breve, short, brief
brillar, to shine
broma, *f.*, joke, jest
bueno, -a (buen), good; **dar los buenos días (las buenas noches)**, to say good morning (evening); **de buena gana**, willingly; **hace buen tiempo**, the weather is good
buque, *m.*, boat, ship
burlarse (de), to make fun (of), to laugh (at)
burro, *m.*, donkey
buscar (qu), to look for, to seek
butaca, *f.*, armchair

caballero, *m.*, gentleman, knight
caballo, *m.*, horse; **a caballo**, on horseback; **dar un paseo a caballo**, to go horseback riding
cabello, *m.*, hair

caber (quepo), to fit
cabeza, *f.*, head; **tener (ie, g) dolor de cabeza**, to have a headache
cabo: **llevar a cabo**, to carry out
cada (uno, -a), each (one)
caer (g), to fall; **caerse**, to fall down; **dejar caer**, to drop
café, *m.*, coffee, café
cafetería, *f.*, cafeteria
caja, *f.*, box
cajón, *m.*, drawer
calcetín, *m.*, sock
calendario, *m.*, calendar
calentar (ie), to heat
calidad, *f.*, quality
caliente, hot, warm
calor, *m.*, heat; **hace calor**, it is warm (weather); **él tiene calor**, he is warm
callarse, to be silent, to keep still
calle, *f.*, street
cama, *f.*, bed
cambiar, to change; **cambiar de**, to change (opinion, trains, etc.)
cambio, *m.*, change; **en cambio**, on the other hand
caminar, to walk
camino, *m.*, road; **ponerse en camino**, to set out, to start out
camisa, *f.*, shirt
campana, *f.*, bell
campesino, *m.*, farmer, peasant
campo, *m.*, country, field
(el) Canadá, Canada
canción, *f.*, song
cansado, -a, tired
cantante, *m.* or *f.*, singer
cantar, to sing
cantidad, *f.*, quantity
cantor, *m.*, singer
cañón, *m.*, canyon; **el Gran Cañón**, the Grand Canyon
capa, *f.*, cape
capital, *f.*, capital (city)

capitán, *m.*, captain
capítulo, *m.*, chapter
capturar, to capture
cara, *f.*, face
carácter, *m.*, character
carbón, *m.*, coal, carbon
cárcel, *f.*, prison
cargar (gu), to load
cariño, *m.*, affection
cariñoso, -a, affectionate
Carnaval, *m.*, Carnival
carne, *f.*, meat
carnicería, *f.*, butcher shop
carnicero, *m.*, butcher
caro, -a, expensive, dear
carpintero, *m.*, carpenter
carrera, *f.*, profession, career, race
carretero, *m.*, truckman
carta, *f.*, letter; **echar (una carta) al correo**, to mail (a letter)
cartera, *f.*, wallet
cartero, *m.*, letter carrier, postman
casa, *f.*, house, home; **la casa particular**, private house; **a casa**, (to) home; **de casa**, (from) home; **en casa**, (at) home
casamiento, *m.*, marriage
casarse (con), to marry, to get married (to)
casi, almost
caso, *m.*, case; **en caso de que**, in case
castellano, -a, Spanish, Castilian
castigar (gu), to punish
castillo, *m.*, castle
catalán, -ana, Catalonian
catarro, *m.*, cold (illness)
catedral, *f.*, cathedral
católico, -a, Catholic
catorce, fourteen
caucho, *m.*, rubber
causa, *f.*, cause; **a causa de**, because of
celebrar, to celebrate
célebre, famous
cena, *f.*, supper
cenar, to eat supper
centavo, *m.*, cent

centro, *m.*, center, down-town

cepillo, *m.*, brush

cerca, near; cerca de, near

cercano, -a, nearby, neighboring

cereal, *m.*, cereal

cereza, *f.*, cherry

cerezo, *m.*, cherry tree

cero, *m.*, zero

cerrado, -a, closed

cerrar (ie), to close

cerveza, *f.*, beer

cesar (de), to stop, to cease

cesta, *f.*, basket

ciego, -a, blind

cielo, *m.*, sky, heaven

ciencia, *f.*, science

científico, -a, scientific; *m.*, scientist

ciento (cien), one hundred

cierto, -a, certain, a certain

cinco, five

cincuenta, fifty

cine, *m.*, movies

cinturón, *m.*, belt

circo, *m.*, circus

ciruela, *f.*, plum

ciudad, *f.*, city

claro, -a, light, clear; claramente, clearly

clase, *f.*, class, kind

clavel, *m.*, carnation

clima, *m.*, climate

club, *m.*, club (group of people)

cobarde, *m.*, coward

cobrar, to collect, to charge

cobre, *m.*, copper

cocer (ue, z), to cook

cocido, *m.*, stew

cocina, *f.*, kitchen

cocinar, to cook

cocinero, -a, cook

coche, *m.*, coach, car

cochero, *m.*, coachman, driver

coger (j), to seize, to catch

colección, *f.*, collection

colegio, *m.*, college, boarding school

colgar (ue, gu), to hang

colina, *f.*, hill

colocar (qu), to place, to put

Colón, Columbus

colonia, *f.*, colony

color, *m.*, color

combate, *m.*, fight, combat

comedia, *f.*, comedy, play

comedor, *m.*, dining room

comenzar (ie, c), to begin, to commence

comer, to eat

comerciante, *m.*, merchant

comercio, *m.*, trade, commerce

comida, *f.*, food, dinner, meal

comienzo, *m.*, beginning

comité, *m.*, committee

como, as, like; tan + *adj.* or *adv.* + como, as . . . as; tanto(-a, -os, -as) + *noun* + como, as much (many) . . . as

¿cómo?, how?, what?

cómoda, *f.*, bureau, dresser

cómodo, -a, comfortable

compañero, -a, companion

compañía, *f.*, company

compilar, to compile

completar, to complete

completo, -a, complete; completamente, completely

componer (g), to compose

composición, *f.*, composition

compositor, *m.*, composer

comprar, to buy

comprender, to understand

común, common

comunicarse (qu) con, to communicate with

con, with; con tal que, provided that

concierto, *m.*, concert

concluir (y), to conclude

conde, *m.*, count

condición, *f.*, condition

conducir (zc), to lead, to drive

confesar (ie), to confess

conmigo, with me

conocer (zc), to know

conocido, -a, acquaintance, known

conquista, *f.*, conquest

conquistador, *m.*, conqueror

conquistar, to conquer

conseguir (i, gu), to get, to obtain, to succeed in

consejo, *m.*, advice

consentir (ie, i), to consent

conservar, to preserve, to save, to conserve

considerar, to consider

consigo, with him(self), with her(self), etc.

consiguiente: por consiguiente, consequently, therefore

consistir en, to consist of

construcción, *f.*, construction

construir (y), to construct, to build

consultar, to consult

contador, *m.*, accountant

contar (ue), to count, to narrate; contar con, to rely on, to count on

contener (ie, g), to contain

contento, -a, content(ed)

contestar, to answer

contigo, with you

continente, *m.*, continent

continuar (ú), to continue

continuo, -a, continuous

contra, against

contrario, -a, contrary, opposite

contribuir (y), to contribute

convencer (z), to convince

conversación, *f.*, conversation

conversar, to converse

convidar, to invite

copa, *f.*, (wine) glass

copiar, to copy

corazón, *m.*, heart

corbata, *f.*, necktie

cordero, *m.*, lamb

coronel, *m.*, colonel

corrección, *f.*, correction

correcto, -a, correct; correctamente, correctly

corregir (i, j), to correct

correo, *m.*, mail, post office; echar (una carta) al

correo, to mail (a letter)
correr, to run
corrida (de toros), *f.,* bull-fight
cortar, to cut
corte, *f.,* court
cortés, courteous, polite
cortesía, *f.,* courtesy; **con cortesía,** courteously, politely
cortina, *f.,* curtain
corto, -a, short
cosa, *f.,* thing
cosecha, *f.,* harvest
costa, *f.,* coast, cost; **a costa de,** at the expense of
costar (ue), to cost
costumbre, *f.,* custom, habit
crear, to create
crecer (zc), to grow, to increase
creer, to believe; **creer que sí (no),** to think so (not); **¡Ya lo creo!,** Yes indeed!, I should say so!
crema, *f.,* cream
criado, *m.,* servant; **criada,** *f.,* maid, servant
crimen, *m.,* crime
cristiano, -a, Christian
cruz, *f.,* cross
cruzar (c), to cross
cuaderno, *m.,* notebook
cuadrado, -a, square; *m.,* square
cuadro, *m.,* picture
¿cuál?, ¿cuáles?, which?
cualquier(a), whatever, any
cuando, when; **¿cuándo?,** when?; **de cuando en cuando,** from time to time; **de vez en cuando,** from time to time
cuanto, -a, as much as; **¿cuánto, -a?,** how much?; **¿cuántos, -as?,** how many?; **cuanto antes,** as soon as possible; **cuanto más . . . tanto más,** the more . . . the more; **¿cuánto tiempo?,** how long?; **¿Cuántos años tiene Vd.?,** How old are

you?; **¿A cuántos estamos?,** What is today's date?; **en cuanto,** as soon as; **en cuanto a,** as regards, as for; **unos cuantos (unas cuantas),** a few, several
cuarenta, forty
cuarto, -a, fourth; *m.,* room, quarter
cuatro, four
cuatrocientos, -as, four hundred
cubano, -a, Cuban
cubierto, -a, covered
cubrir, to cover
cuchara, *f.,* spoon
cuchillo, *m.,* knife
cuello, *m.,* neck, collar
cuenta, *f.,* account, bill
cuento, *m.,* story, tale
cuerda : dar cuerda a, to wind
cuero, *m.,* leather
cuerpo, *m.,* body
cuidado, *m.,* care; **con cuidado,** carefully; **tener (ie, g) cuidado,** to be careful
cuidadoso, -a, careful
cuidar (de, a), to take care (of)
cultivar, to cultivate
cultura, *f.,* culture
cumpleaños, *m.,* birthday
cumplir, to fulfill, to keep (a promise); **cumplir . . . años,** to be . . . years old
cuñado, *m.,* brother-in-law
cura, *m.,* priest
curar, to cure
cursivo, -a : letra cursiva, italics
curso, *m.,* course
cuyo, -a, whose

chaleco, *m.,* vest
chaqueta, *f.,* jacket
charlar, to chat
chico, -a, child, boy, girl
chileno, -a, Chilean
chimenea, *f.,* chimney, fireplace

chino, -a, Chinese
chiste, *m.,* joke
chocolate, *m.,* chocolate
chófer, *m.,* chauffeur

dama, *f.,* lady
daño, *m.,* damage, harm; **hacer (g) daño (a),** to hurt, to harm
dar, to give; **dar a,** to face; **dar con,** to come upon; **dar cuerda a,** to wind; **dar de comer a,** to feed; **dar la hora (las siete),** to strike the hour (seven o'clock); **dar la mano (a alguien),** to shake hands (with someone); **darse la mano,** to shake hands with each other; **dar las gracias a,** to thank; **dar las buenas noches (a alguien),** to say good evening (to someone); **dar los buenos días (a alguien),** to say good morning (to someone); **dar un paseo,** to take a walk; **dar un paseo en automóvil (en coche),** to take an automobile ride; **dar un paseo a caballo,** to go horseback riding
de, of, from, by, than, with
debajo de, under
deber, should, ought to, to owe; *m.,* duty
débil, weak
decadencia, *f.,* decay, decline
decidir, to decide; **decidirse a + *inf.*,** to decide to
décimo, -a, tenth
decir (i, g), to say, to tell; **es decir,** that is to say; **querer (ie) decir,** to mean
decisión, *f.,* decision
declarar, to declare
decorar, to decorate
dedicar (qu), to dedicate, to

devote; **dedicarse a,** to devote oneself to

dedo, *m.,* finger, toe

defender (ie), to defend

dejar, to let, to allow, to leave; **dejar caer,** to drop; **dejar de** + *inf.,* to stop, to fail to ·

del, of the, from the

delante de, in front of

delgado, -a, thin, slender

delicia, *f.,* delight

demasiado, -a (demasiados, -as), too much (too many); **demasiado,** *adv.,* too

democracia, *f.,* democracy

demonio, *m.,* devil

demostrar (ue), to demonstrate

dentista, *m.,* dentist

dentro (de), inside, within; **dentro de poco,** in a little while, presently

depender (de), to depend (on)

dependiente, *m.,* clerk

deporte, *m.,* sport

derecho, -a, right, straight; **a la derecha,** at (to) the right

desagradable, disagreeable

desaparecer (zc), to disappear

desayunarse, to eat (have) breakfast

desayuno, *m.,* breakfast

descansar, to rest

descanso, rest

describir, to describe

descubrimiento, *m.,* discovery

descubrir, to discover

desde, from, since; **desde luego,** at once, of course

desear, to wish, to desire

deseo, *m.,* wish

desgraciadamente, unfortunately

despacio, slowly

despacho, *m.,* office

despedirse (i) (de), to take leave (of), to say goodbye (to)

despertarse (ie), to wake up

después, afterward; **después de,** after

destruir (y), to destroy

detener (ie, g), to stop, to detain; **detenerse,** to stop (oneself)

detrás (de), in back (of), behind

devolver (ue), to return, to give back

día, *m.,* day; **al día siguiente,** on the following day; **algún día,** some day; **dar los buenos días (a),** to say good morning (to); **de día,** by day, in the daytime; **hoy día,** nowadays; **ocho días,** a week; **quince días,** two weeks, a fortnight; **todos los días,** every day

diablo, *m.,* devil

dialecto, *m.,* dialect

diamante, *m.,* diamond

diccionario, *m.,* dictionary

diciembre, *m.,* December

dictado, *m.,* dictation

dictador, *m.,* dictator

dictadura, *f.,* dictatorship

dicho, -a, said; *m.,* saying

diente, *m.,* tooth

diez, ten

diferencia, *f.,* difference; **a diferencia de,** unlike

diferente, different

difícil, difficult

dificultad, *f.,* difficulty

diligente, diligent

dinamita, *f.,* dynamite

dinero, *m.,* money

Dios, God

dirección, *f.,* address, direction

director, *m.,* director, principal, conductor

dirigir (j), to direct; **dirigirse a,** to make one's way toward, to address

disco, *m.,* phonograph record

discurso, *m.,* speech, talk

disputa, *f.,* dispute

distancia, *f.,* distance

distinguir (g), to distinguish

distinto, -a, different

distribuir (y), to distribute

diversión, *f.,* amusement

divertirse (ie, i), to enjoy oneself, to have a good time

dividir, to divide

doblar, to fold, to turn

doce, twelve

docena, *f.,* dozen

documento, *m.,* document

dólar, *m.,* dollar

dolor, *m.,* pain, sorrow; **tener (ie, g) dolor de cabeza,** to have a headache; **tener dolor de estómago,** to have a stomach-ache; **tener dolor de garganta,** to have a sore throat; **tener dolor de muelas,** to have a toothache

doméstico, -a, domestic

dominar, to dominate

domingo, *m.,* Sunday

don, *m.,* **doña,** *f.* (title given to a gentleman or a lady, equivalent to *Mr.,* *Mrs.,* or *Miss* in English, but used only before given names)

donde, where; **¿dónde?,** where?

dondequiera, wherever

dormir (ue, u), to sleep; **dormirse,** to fall asleep

dormitorio, *m.,* bedroom

dos, two; **dos veces,** twice

doscientos, -as, two hundred

drama, *m.,* drama

dramaturgo, *m.,* dramatist

duda, *f.,* doubt; **sin duda,** no doubt, doubtless

dudar, to doubt

dudoso, -a, doubtful

dueño, *m.,* master, owner

dulce, sweet; **dulces,** *m. pl.,* candy

dulcería, *f.,* candy shop

durante, during

durar, to last

duro, -a, hard; m., Spanish coin

e, and (used only before a word beginning with i or hi, but not hie)

echar, to throw; echar de menos, to miss; echar (una carta) al correo, to mail (a letter); echarse a + inf., to start to

edad, f., age

edificio, m., building

educador, m., educator, teacher

ejemplo, m., example

ejercicio, m., exercise; hacer (g) ejercicios, to take exercise

ejército, m., army

el, the; el que, the one who, the one that

él, he, it

eléctrico, -a, electric, electrical

elefante, m., elephant

elegir (i, j), to elect

elevar, to raise, to lift

ella, she, her, it

ellos, -as, they, them

embargo: sin embargo, nevertheless, however

emparedado, m., sandwich

emperador, m., emperor

empezar (ie, c), to begin

empleado, m., employee

emplear, to employ, to use

empleo, m., job

en, in, on; en cuanto, as soon as; en cuanto a, as for

enamorarse (de), to fall in love (with)

encantador, -a, charming, enchanting

encantar, to charm, to enchant

encender (ie), to light

encima (de), on top (of), above

encontrar (ue), to meet, to

find; encontrarse, to find oneself, to be

encuentro, m., meeting, encounter

enemigo, -a, enemy

enero, m., January

enfadarse, to become angry

enfermedad, f., sickness, illness

enfermera, f., nurse

enfermo, -a, sick, ill

en frente (de), in front (of), opposite

engañar, to deceive, to fool, to cheat

enojarse, to become angry

enorme, enormous

ensalada, f., salad

ensayista, m., essayist

ensayo, m., essay

enseñar, to teach, to show

entender (ie), to understand

entero, -a, entire, whole

entonces, then

entrada, f., entrance, admission ticket

entrar (en), to enter

entre, between, among

entregar (gu), to deliver, to hand over

enviar (í), to send

envolver (ue), to wrap up

época, f., epoch, time, period

equipo, m., team

equivocarse (qu), to be mistaken

error, m., error, mistake

escalera, f., stairs, staircase

escena, f., scene

esclavo, -a, slave

escoger (j), to choose, to select

esconder, to hide

escribir, to write

escrito, -a, written

escritor, -a, writer

escritorio, m., desk

escuchar, to listen (to)

escudero, m., squire, attendant

escuela, f., school

ese, -a, that; ése, -a, that one; eso, that; esos, -as, those; ésos, -as, those; a eso de, at about + time expression; de esa manera, de ese modo, in that way; por eso, therefore

espacio, m., space

espada, f., sword

espalda, f., back, shoulder

espantar, to frighten, to scare

España, f., Spain

español, -a, Spanish, Spaniard; español, m., Spanish (language)

especialmente, especially

espectáculo, m., spectacle

espejo, m., mirror

esperanza, f., hope

esperar, to wait for, to await, to hope, to expect

espléndido, -a, splendid

esposo, m., husband; esposa, f., wife

esquina, f., corner

establecer (zc), to establish

estación, f., station, season

estado, m., state; los Estados Unidos, the United States

estante (para libros), m., bookcase

estar, to be; ¿A cuántos estamos?, What is today's date?; estamos a + date, today's date is . . . ; estar a punto de + inf., estar para + inf., to be about to; está bien, all right; estar por + inf., to be in favor of

estatua, f., statue

este, m., east

este, -a, this; éste, -a, this one, the latter; esto, this; estos, -as, these; éstos, -as, these, the latter; esta noche, tonight; de esta manera, de este modo, in this way; en este momento, at this moment estilo, *m.*, style

estómago, *m.*, stomach; te- ner (ie, g) dolor de estó- mago, to have a stomach- ache

estrecho, -a, narrow

estrella, *f.*, star

estudiante, *m.* or *f.*, student

estudiar, to study

estudio, *m.*, study

estufa, *f.*, stove

estúpido, -a, stupid

Europa, *f.*, Europe

europeo, -a, European

evidente, evident

evitar, to avoid

examen, *m.*, examination

examinar, to examine

excelente, excellent

existir, to exist

éxito, *m.*, success

explicación, *f.*, explanation

explicar (qu), to explain

explorador, *m.*, explorer

explorar, to explore

explosión, *f.*, explosion

exportar, to export

expresar, to express

expresión, *f.*, expression

expulsar, to expel

extenderse (ie), to extend

extenso, -a, extensive, broad

extranjero, -a, foreign, for- eigner

extraño, -a, strange

extraordinario, -a, extraor- dinary

fábrica, *f.*, factory

fabricar (qu), to manufac- ture

fácil, easy

facilidad: con facilidad, easily

fácilmente, easily

falda, *f.*, skirt

falso, -a, false

falta, *f.*, lack, mistake, error; hacerle (g) falta a al- guien, to be lacking (to someone), to lack, to need

faltar, to be lacking, to lack, to need

fama, *f.*, fame, reputation

familia, *f.*, family

famoso, -a, famous

fatigado, -a, tired

favor, *m.*, favor; haga Vd. el favor de + *inf.*, please; por favor, please

favorito, -a, favorite

febrero, *m.*, February

fecha, *f.*, date

felicidad, *f.*, happiness

feliz, happy

femenino, -a, feminine

feo, -a, ugly

feria, *f.*, fair

feroz, ferocious

ferrocarril, *m.*, railroad

fiebre, *f.*, fever

fiel, faithful

fiesta, *f.*, holiday, party

figura, *f.*, figure, shape

fijar, to fix, to set

fila, *f.*, row

filosofía, *f.*, philosophy

filósofo, *m.*, philosopher

fin, *m.*, end; al fin, finally, at last; por fin, finally

finalmente, finally

fino, -a, delicate, fine

firmar, to sign

flaco, -a, thin

flor, *f.*, flower

florero, *m.*, florist

fonda, *f.*, inn

forma, *f.*, form

formación, *f.*, formation

formar, to form

fortuna, *f.*, fortune

fósforo, *m.*, match

fracaso, *m.*, failure

francés, francesa, French; francés, *m.*, French (lan- guage), Frenchman

Francia, *f.*, France

franco, -a, frank, open

frase, *f.*, sentence, phrase

frecuencia: con frecuencia, frequently

frecuentemente, frequently

frente: en frente de, in front of, opposite; frente a, facing, in front of

fresa, *f.*, strawberry

fresco, -a, cool; hace fresco, it is cool

frío, -a, cold; *m.*, cold; hace frío, it is cold (weather); él tiene frío, he is cold

fruta, *f.*, fruit

fuego, *m.*, fire

fuente, *f.*, fountain

fuera (de), outside (of)

fuerte, strong

fuerza, *f.*, force, strength

fumar, to smoke

fundador, *m.*, founder

fundar, to found, to estab- lish

furia, *f.*, fury

furioso, -a, furious

fútbol, *m.*, football, soccer

futuro, *m.*, future

gabán, *m.*, overcoat

gabinete, *m.*, office

gafas, *f.*, eyeglasses

gallego, -a, Galician

gallina, *f.*, hen

gallo, *m.*, rooster; la misa del gallo, midnight mass

gana: de buena gana, will- ingly; de mala gana, un- willingly

ganar, to win, to earn

garaje, *m.*, garage

garganta, *f.*, throat; el dolor de garganta, sore throat

gaseosa, *f.*, soda pop

gasolina, *f.*, gasoline

gastar, to spend

gasto, *m.*, expense

gato, *m.*, cat

generación, *f.*, generation

general: por lo general, gen- erally, in general

generalmente, usually, gen- erally

gente, *f.*, people

geografía, *f.*, geography

geográfico, -a, geographic

gerente, *m.*, manager, boss

gitano, -a, Gypsy

gobernador, *m.*, governor

gobernar (ie), to govern

gobierno, *m.*, government

gordo, -a, fat, stout

gorra, *f.*, cap

gozar (c) de, to enjoy

gracias, *f. pl.*, thanks; **dar las gracias (a)**, to thank

graduarse (ú), to graduate

gramática, *f.*, grammar

grande (gran), large, big, great

grave, serious

griego, -a, Greek

gris, gray

gritar, to shout

grito, *m.*, shout

grupo, *m.*, group

guante, *m.*, glove

guapo, -a, handsome

guardar, to guard, to keep

guardia, *m.*, guard, policeman

guerra, *f.*, war

guía, *m.*, guide; *f.*, guidebook; **la guía de teléfonos**, telephone directory

guiar (í), to guide, to drive (a vehicle)

guisante, *m.*, pea

guitarra, *f.*, guitar

gustar, to be pleasing; **gustarle (a alguien) una cosa**, to like something

gusto, *m.*, pleasure;˙ **con mucho gusto**, gladly; **tener (ie, g) gusto (en)** + *inf.*, to be glad (to)

La Habana, Havana

haber, to have (auxiliary); **hay**, there is, there are; **había, hubo**, there was, there were; **haber de** + *inf.*, to be to, to be supposed to; **hay lodo**, it is muddy; **hay luna**, it is moonlight; **hay neblina**, it is foggy; **hay polvo**, it is dusty; **hay sol**, it is sunny; **no hay de qué**, don't mention it, you're welcome; **hay que** + *inf.*, one must ...; **hay +** *noun* **+ que +** *inf.* (hay mucho trabajo que hacer), there is (are) + *noun* + *inf.* (there is much work to do)

hábil, skillful

habitación, *f.*, room

habitante, *m.* or *f.*, inhabitant

habla: **de habla española**, Spanish-speaking

hablado, -a, spoken

hablador, -a, talkative

hablar, to speak

hacer (g), to do, to make; **hace buen (mal) tiempo**, the weather is good (bad); **hace calor (fresco, frío)**, it is warm (cool, cold); **hace sol**, it is sunny; **hace viento**, it is windy; **hace una semana (un mes, un año)** + *preterite*, a week (a month, a year) ago; **hacer daño (a)**, to harm, to hurt; **hacer de**, to act as; **hacer ejercicios**, to take exercise; **hacer el baúl (la maleta)**, to pack one's trunk (suitcase); **hacer un viaje**, to take a trip; **hacer una pregunta**, to ask a question; **hacer una visita**, to pay a visit; **hacerle falta (a alguien)**, to be lacking, to lack, to need; **no tener (ie, g) nada que hacer**, to have nothing to do; **haga Vd. el favor de** + *inf.*, please ... ; **¿Qué tiempo hace?**, How is the weather?; **hacerse**, to become (through one's own efforts); **hacerse tarde**, to be getting late

hacia, toward

hacienda, *f.*, estate

hacha (el), *f.*, ax

hallar, to find; **hallarse**, to find oneself, to be

hambre (el), *f.*, hunger; **tener (ie, g) hambre**, to be hungry

hasta, until, to; **hasta la vista**, goodbye, until I see you again; **hasta luego**, goodbye, see you later

hecho, -a, done, made

helado, *m.*, ice cream

herida, *f.*, wound

herido, -a, wounded

herir (ie, i), to wound

hermano, *m.*, brother; **hermana**, *f.*, sister

hermoso, -a, beautiful

héroe, *m.*, hero; **heroína**, *f.*, heroine

hierba, *f.*, grass

hierro, *m.*, iron

hijo, *m.*, son; **hija**, *f.*, daughter; **hijos, -as**, children

hispánico, -a, hispano, -a, Hispanic, Spanish

Hispanoamérica, *f.*, Spanish America

hispanoamericano, -a, Spanish-American

historia, *f.*, story, history

hoja, *f.*, leaf

hombre, *m.*, man

hombro, *m.*, shoulder

honrar, to honor

hora, *f.*, hour, time; **¿a qué hora?**, at what time?; **dar la hora**, to strike the hour; **¿Qué hora es?**, What time is it?

hospital, *m.*, hospital

hotel, *m.*, hotel

hoy, today; **hoy día**, nowadays

huerta, *f.*, garden

hueso, *m.*, bone

huésped, *m.*, guest, host

huevo, *m.*, egg

huida, *f.*, flight

huir (y), to flee

humano, -a, human

húmedo, -a, humid, damp

humilde, humble

humor, *m.*, humor

huracán, *m.*, hurricane

ibérico, -a, ibero, -a, Iberian

ida: el billete de ida y vuelta, round-trip ticket
identificar (qu), to identify
idioma, *m.*, language
iglesia, *f.*, church
igual, equal
imaginarse, to imagine
imitar, to imitate
impedir (i), to hinder, to
impede
impermeable, *m.*, raincoat
importancia, *f.*, importance
importante, important
importar, to import, to be
important
imposible, impossible
impuesto, *m.*, tax
incorrecto, -a, incorrect
independencia,*f.*, independ-
ence
indicar (qu), to indicate
indio, -a, Indian
industria, *f.*, industry
infeliz, unhappy, unfortu-
nate
influencia, influence
influir (y) (en), to influence
ingeniero, *m.*, engineer
Inglaterra, *f.*, England
inglés, inglesa, English;
inglés, *m.*, English (language), Englishman
iniciar, to initiate, to begin
inmediatamente, immedi-
ately
inocencia,*f.*, innocence; con
inocencia, innocently
inocente, innocent
insistir (en), to insist (on)
instrumento, *m.*, instrument
inteligencia, *f.*, intelligence;
con inteligencia, intel-
ligently
inteligente, intelligent
interesante, interesting
interesar, to interest
interrumpir, to interrupt
introducir (zc) (en), to
bring in, to introduce
(into)
inútil, useless
invadir, to invade

inventar, to invent
invierno, *m.*, winter
invitar, to invite
ir, to go; irse, to go away;
que le vaya bien, good
luck to you
isla, *f.*, island
Italia, *f.*, Italy
italiano, -a, Italian
izquierdo, -a, left; a la
izquierda, at (to) the left

jabón, *m.*, soap
jai-alai, *m.*, jai-alai (Basque
game somewhat similar
to handball)
jamás, never
jamón, ham
jardín, *m.*, garden
jefe, *m.*, chief, boss
joven, young, young person
joya, *f.*, jewel
joyero, *m.*, jeweler
judío, -a, Jewish, Jew
juego, *m.*, game
jueves, *m.*, Thursday
juez, *m.*, judge
jugar (ue, gu), to play
jugo, *m.*, juice
juguete, *m.*, toy
julio, *m.*, July
junio, *m.*, June
junto, -a, joined; *pl.*, together; junto a, next to,
beside
justicia, *f.*, justice
juventud, *f.*, youth
juzgar (gu), to judge

la, the, her, it, you
labio, *m.*, lip
laboratorio, *m.*, laboratory
lado, *m.*, side; al lado de,
beside, next to
ladrón, *m.*, thief
lago, *m.*, lake
lágrima, *f.*, tear
lámpara, *f.*, lamp
lana, *f.*, wool
lanza, *f.*, lance
lanzar (c), to throw

lápiz, *m.*, pencil
largo, -a, long
lástima, *f.*, pity
latín, *m.*, Latin (language)
lavar, to wash; lavarse, to
wash oneself
le, him, to him, to her, you,
to you
leal, loyal
lección, *f.*, lesson
lectura, *f.*, reading
leche, *f.*, milk
lechero, *m.*, milkman
leer, to read
legumbre, *f.*, vegetable
lejos (de), far (from); a lo
lejos, in the distance
lengua, *f.*, language, tongue
lentamente, slowly
lento, -a, slow
león, *m.*, lion
les, to them, to you
letra,*f.*, letter (of the alphabet); letra cursiva, italics
levantar, to raise; levantarse, to get up, to stand
up
ley, *f.*, law
leyenda, *f.*, legend
libertad, *f.*, liberty
libertador, *m.*, liberator
libra, *f.*, pound
libre, free; al aire libre, in
the open air, outdoors
librería, *f.*, bookstore
librero, *m.*, bookseller
libro, *m.*, book
ligero, -a, light
limitar, to limit
límite, *m.*, limit
limón, *m.*, lemon
limosna, *f.*, charity, alms
limpiar, to clean
limpio, -a, clean
lindo, -a, pretty
línea, *f.*, line
lista, *f.*, list
listo, -a, ready, clever
lo, it, him, the; lo que, what
(that which)
lobo, *m.*, wolf
loco, -a, insane, mad, crazy
lodo: hay lodo, it is muddy

lograr, to obtain; **lograr** + *inf.,* to succeed in

los, las, the, them, you

lotería, *f.,* lottery

lucha, *f.,* fight, struggle

luchar, to fight, to struggle

luego, then; **luego que,** as soon as; **desde luego,** of course, at once; **hasta luego,** goodbye, see you later

lugar, *m.,* place; **en lugar de,** instead of; **tener (ie, g) lugar,** to take place

luna, *f.,* moon; **hay luna,** it is moonlight

lunes, *m.,* Monday

luz, *f.,* light

llama, *f.,* flame, llama

llamar, to call; **llamarse,** to be called or named

llanos, *m. pl.,* plains

llanura, *f.,* plain

llave, *f.,* key

llegada, *f.,* arrival

llegar (gu), to arrive, to reach; **llegar a ser,** to become

llenar, to fill

lleno, -a, full

llevar, to carry, to take, to wear; **llevar a cabo,** to carry out

llorar, to cry

llover (ue), to rain

lluvia, *f.,* rain

madera, *f.,* wood

madre, *f.,* mother

madrileño, -a, Madrilenian (inhabitant of Madrid)

madrugada, *f.,* (early) morning

maestro, -a, teacher; **la obra maestra,** masterpiece

magnífico, -a, magnificent

maíz, *m.,* corn

mal, badly, poorly, ill; **salir (g) mal,** to fail (an examination)

maleta, *f.,* suitcase; **hacer (g) la maleta,** to pack one's suitcase

malo, -a (mal), bad; (with estar) ill; **de mala gana,** unwillingly

mamá, *f.,* mamma, mother

mandar, to order, to send

manera, *f.,* manner, way; **de esta (esa) manera,** in this (that) way; **de ninguna manera,** by no means

manga, *f.,* sleeve

mano, *f.,* hand; **dar la mano a,** to shake hands with; **darse la mano,** to shake hands with each other

mantel, *m.,* tablecloth

mantener (ie, g), to maintain, to support

mantequilla, *f.,* butter

manzana, *f.,* apple

manzano, *m.,* apple tree

mañana, tomorrow; *f.,* morning; **de la mañana,** in the morning, A.M.; **por la mañana,** in (during) the morning

mapa, *m.,* map

máquina, *f.,* machine

mar, *m.* or *f.,* sea

maravilla, *f.,* marvel

maravilloso, -a, marvelous

marchar, to march, to walk; **marcharse,** to go away

marido, *m.,* husband

marina, *f.,* navy

marinero, *m.,* sailor

martes, *m.,* Tuesday

marzo, *m.,* March

más, more; **más tarde,** later

mascar (qu), to chew

masculino, -a, masculine

matador, *m.,* matador (bullfighter who kills the bull)

matar, to kill

matemáticas, *f. pl.,* mathematics

material, *m.,* material

mayo, *m.,* May

mayor, older, oldest; larger, largest; greater, greatest;

la mayor parte de, most of, the majority of

me, me, to me, myself

media, *f.,* stocking

medianoche, midnight; **a medianoche,** at midnight

medicina, *f.,* medicine

médico, *m.,* doctor

medio, -a, half; **y media,** half past; **en medio de,** in the midst of; **por medio de,** by means of

mediodía, noon; **a mediodía,** at noon

mejilla, *f.,* cheek

mejor, better, best

mejorar, to improve

melocotón, *m.,* peach

melón, *m.,* melon

memoria, *f.,* memory; **de memoria,** by heart

mencionar, to mention

menester: es menester, it is necessary

menor, younger, youngest; lesser, least; smaller, smallest

menos, less, minus; **a menos que,** unless; **echar de menos,** to miss; **por lo menos,** at least

mensaje, *m.,* message

mentir (ie, i), to lie

mentira, *f.,* lie

menudo: a menudo, often

mercado, *m.,* market

merecer (zc), to deserve, to merit

merienda, *f.,* (afternoon) snack

mes, *m.,* month; **el mes pasado,** last month; **hace un mes** + *preterite,* a month ago

mesa, *f.,* table; **poner (g) la mesa,** to set the table

metal, *m.,* metal

meter, to put (in), to insert

mexicano, -a, Mexican

México, *m.,* Mexico

mezclar, to mix

mi, mis, my

mí, me

miedo, *m.*, fear; tener (ie, g) miedo, to be afraid

mientras (que), while

miércoles, *m.*, Wednesday

mil, one thousand

milla, *f.*, mile

millón, *m.*, million

ministro, *m.*, minister

minuto, *m.*, minute

mío, -a, mine, of mine

mirada, *f.*, glance

mirar, to look at; mirarse, to look at oneself

misa, *f.*, mass (religious); la misa del gallo, midnight mass

mismo, -a, same; ahora mismo, right now; lo mismo, the same

mitad, *f.*, half

moda, *f.*, style; de moda, in style

moderno, -a, modern

modesto, -a, modest

modista, *f.*, dressmaker

modo, *m.*, manner, way; de este (ese) modo, in this (that) way

molestar, to disturb, to annoy, to bother

momento, *m.*, moment; en este momento, at this moment

monarquía, *f.*, monarchy

monasterio, *m.*, monastery

moneda, *f.*, coin

mono, -a, monkey

montado, -a, mounted, riding

montaña, *f.*, mountain

montar, to ride (on horseback)

monte, *m.*, mountain

monumento, *m.*, monument

morder (ue), to bite

moreno, -a, dark-complexioned, brunette

morir (ue, u), to die

moro, -a, Moorish, Moor

mosca, *f.*, fly

mostrar (ue), to show

mover (ue), to move (something); moverse, to move (oneself)

movimiento, *m.*, movement

mozo, *m.*, waiter, porter, servant

muchacho, *m.*, boy; muchacha, *f.*, girl

muchísimo, very much

mucho, -a, much; muchos, -as, many; muchas veces, often; mucho tiempo, a long time

mudo, -a, mute, silent

mueble, *m.*, article of furniture; *pl.*, furniture

muela, *f.*, tooth; tener (ie, g) dolor de muelas, to have a toothache

muerte, *f.*, death

muerto, -a, dead

mujer, *f.*, woman, wife

mundial, worldwide, world (*adj.*)

mundo, *m.*, world; todo el mundo, everybody; el Nuevo Mundo, the New World

museo, *m.*, museum

música, *f.*, music

músico, -a, musical; *m.*, musician

muy, very

nacer (zc), to be born

nacimiento, *m.*, birth, representation of the Nativity scene

nación, *f.*, nation

nacional, national

nada, nothing, not . . . anything; de nada, you are welcome, don't mention it; no tener (ie, g) nada que hacer, to have nothing to do

nadar, to swim

nadie, no one, nobody, not . . . anyone, not . . . anybody

naranja, *f.*, orange

nariz, *f.*, nose

naturaleza, *f.*, nature

navegable, navigable

navegante, *m.*, navigator

Navidad, *f.*, Christmas

neblina, *f.*, fog; hay neblina, it is foggy

necesario, -a, necessary

necesidad, *f.*, necessity, need

necesitar, to need

necio, -a, stupid, foolish

negar (ie, gu), to deny; negarse a + *inf.*, to refuse

negativo, -a, negative

negocio, *m.*, business, business transaction; *pl.*, business

negro, -a, black

nervioso, -a, nervous

nevar (ie), to snow

nevera, *f.*, refrigerator

ni, neither, nor; ni . . . ni, neither . . . nor

nido, *m.*, nest

nieto, *m.*, grandson; nieta, *f.*, granddaughter

nieve, *f.*, snow

nilón, *m.*, nylon

ninguno, -a (ningún), no, none, no one

niñez, *f.*, childhood

niño, -a, child

no, no, not; no obstante, notwithstanding, in spite of

noche, *f.*, night, evening; de noche, at night, in the evening; de la noche, in the evening, P.M.; esta noche, tonight; por la noche, in (during) the evening; dar las buenas noches (a), to say good evening (to)

nombrar, to name, to appoint

nombre, *m.*, name

nordeste, *m.*, northeast

noroeste, *m.*, northwest

norte, north

norteamericano, -a, North American, American

nos, us, to us, ourselves

nosotros, -as, we, us

nota, *f.*, grade, mark, note

notar, to notice, to note

noticia, *f.*, news item; *pl.*, news

novecientos, -as, nine hundred

novela, *f.*, novel

novelista, *m.* or *f.*, novelist

noveno, -a, ninth

noventa, ninety

noviembre, *m.*, November

novio, *m.*, bridegroom, sweetheart, fiancé; novia, *f.*, bride, sweetheart, fiancée

nube, *f.*, cloud

nuestro, -a, our, ours, of ours

nueve, nine

nuevo, -a, new; de nuevo, again; el Día de Año Nuevo, New Year's Day; el Nuevo Mundo, the New World

nuez, *f.*, nut

número, *m.*, number

numeroso, -a, numerous

nunca, never

o, or

obedecer (zc), to obey

obispo, *m.*, bishop

objeto, *m.*, object

obligar (gu), to obligate, to compel

obra, *f.*, work; obra maestra, masterpiece

obscuro, -a, oscuro, -a, dark

observar, to observe

obstante: no obstante, notwithstanding, in spite of

obtener (ie, g), to obtain

ocasión, *f.*, opportunity

occidental, western

océano, *m.*, ocean

octavo, -a, eighth

octubre, *m.*, October

ocupado, -a, busy

ocupar, to occupy; ocuparse de, to busy oneself with, to concern oneself with

ocurrir, to occur, to happen

ochenta, eighty

ocho, eight; ocho días, a week

ochocientos, -as, eight hundred

odiar, to hate

odio, *m.*, hatred

oeste, *m.*, west

oficial, *m.*, official

oficina, *f.*, office

oficio, *m.*, trade, occupation

ofrecer (zc), to offer

oído, *m.*, (inner) ear, hearing

oír (y, g), to hear

¡ojalá!, God grant . . . !, if only . . . !

ojo, *m.*, eye

oler (hue), to smell

olvidar, to forget; olvidarse (de), to forget

omitir, to omit

ómnibus, *m.*, bus

once, eleven

ópera, *f.*, opera

opinión, *f.*, opinion

oportunidad, *f.*, opportunity

oración, *f.*, prayer, sentence

orden, *f.*, order, command

oreja, *f.*, ear

(la) Organización de Estados Americanos (O.E.A.), Organization of American States (O.A.S.)

oriental, eastern

origen, *m.*, origin

oro, *m.*, gold; el Siglo de Oro, Golden Age

orquesta, *f.*, orchestra

oso, *m.*, bear

otoño, *m.*, autumn, fall

otro, -a, other, another; otra vez, again

oveja, *f.*, sheep

paciencia, *f.*, patience; con paciencia, patiently

paciente, patient

padecer (zc), to suffer

padre, *m.*, father; *pl.*, parents

pagar (gu), to pay

página, *f.*, page

país, *m.*, country, nation

paisaje, *m.*, countryside

paja, *f.*, straw

pájaro, *m.*, bird

palabra, *f.*, word

palacio, *m.*, palace

pálido, -a, pale

paloma, *f.*, dove, pigeon

pan, *m.*, bread

panadería, *f.*, bakery

panadero, *m.*, baker

panecillo, *m.*, roll, bun

pantalones, *m. pl.*, trousers, pants

paño, *m.*, cloth

pañuelo, *m.*, handkerchief

papá, *m.*, papa, dad

papel, *m.*, paper

paquete, *m.*, package

par, *m.*, pair, couple

para, for, in order to; para que, in order that; ¿para qué?, why?, for what purpose?; estar para + *inf.*, to be about to

paraguas, *m.*, umbrella

parar, to stop; pararse, to stop (oneself)

pardo, -a, brown

parecer (zc), to seem, to appear

pared, *f.*, wall

paréntesis, *m. pl.*, parentheses

pariente, -a, relative

parque, *m.*, park

párrafo, *m.*, paragraph

parte, *f.*, part; la mayor parte de, most of, the majority of; por (en) todas partes, everywhere; tomar parte (en), to take part (in)

particular: la casa particular, private house

partido, *m.*, game, party (political)

partir, to depart

pasado, -a, past; el año (mes) pasado, last year (month); la semana pasada, last week pasajero, *m.*, passenger

pasaporte, *m.*, passport

pasar, to pass, to spend (time), to happen; **que lo pase Vd. bien,** good luck to you

pasear, to walk, to ride; **pasearse,** to take a walk

paseo, *m.*, walk, drive; **dar un paseo,** to take a walk; **dar un paseo en coche,** to take an automobile ride

paso, *m.*, step, pace, passage

pastel, *m.*, pie, cake

pastelero, *m.*, pastry baker

patata, *f.*, potato

patinar, to skate

patio, *m.*, courtyard, patio

pato, *m.*, duck

patria, *f.*, (native) country, fatherland

patriota, *m.* or *f.*, patriot

patrón: santo patrón, patron saint

pavo, *m.*, turkey

paz, *f.*, peace

pecho, *m.*, chest

pedazo, *m.*, piece

pedir (i), to ask for, to request; **pedir prestado, -a,** to borrow

pegar (gu), to stick, to beat

peinarse, to comb one's hair

película, *f.*, film, movie

peligro, *m.*, danger

peligroso, -a, dangerous

pelo, *m.*, hair

pelota, *f.*, ball

peluquería, *f.*, beauty parlor, barber shop

peluquero, *m.*, hairdresser, barber

península, *f.*, peninsula

pensamiento, *m.*, thought

pensar (ie), to think, to intend to; **pensar de,** to think of (have an opinion about); **pensar en,** to think of (direct one's thoughts to)

pensión, *f.*, pension

peor, worse, worst

pequeño, -a, small

pera, *f.*, pear

peral, *m.*, pear tree

perder (ie), to lose; **perderse,** to get lost

perdonar, to pardon, to forgive

perezoso, -a, lazy

perfectamente, perfectly

perfecto, -a, perfect

perfume, *m.*, perfume

periódico, *m.*, newspaper

periodista, *m.*, journalist, newspaperman

período, *m.*, period

permanecer (zc), to remain

permiso, *m.*, permission

permitir, to permit

pero, but

perro, *m.*, dog

perseguir (i, g), to pursue, to persecute

persona, *f.*, person

personaje, *m.*, character (in a play, novel)

pertenecer (zc), to belong

peruano, -a, Peruvian

pesado, -a, heavy

pesar, to weigh; **a pesar de,** in spite of

pescado, *m.*, fish

pescador, *m.*, fisherman

pescar (qu), to fish

peseta, *f.*, peseta (monetary unit of Spain)

peso, *m.*, peso (monetary unit of several Spanish-American countries)

petróleo, *m.*, petroleum

picador, *m.*, picador (bullfighter mounted on horseback, carrying a long spear)

picaresco, -a, picaresque, roguish

pícaro, -a, roguish, rogue, rascal

pico, *m.*, peak

pie, *m.*, foot; **a pie,** on foot; **de pie,** standing

piedra, *f.*, stone

piel, *f.*, fur, hide

pierna, *f.*, leg

piloto, *m.*, pilot

pimienta, *f.*, (black) pepper

pintar, to paint

pintor, *m.*, painter

pintoresco, -a, picturesque

pintura, *f.*, painting

piña, *f.*, pineapple

pirámide, *f.*, pyramid

piso, *m.*, floor, story, apartment; **el piso bajo,** ground floor

pizarra, *f.*, blackboard

placer, *m.*, pleasure

plan, *m.*, plan

planta, *f.*, plant

plata, *f.*, silver

plato, *m.*, plate, dish

playa, *f.*, beach, seashore

plaza, *f.*, square, plaza; **la plaza de toros,** bullring

plomero, *m.*, plumber

pluma, *f.*, pen

población, *f.*, population, town

pobre, poor

poco, -a, little; **poco a poco,** little by little; **dentro de poco,** in a little while; **un poco (de),** a little bit (of); **pocos, -as,** few

poder (ue), to be able, can; *m.*, power

poderoso, -a, powerful

poema épico, *m.*, epic poem

poesía, *f.*, poem, poetry

poeta, *m.*, poet

poetisa, *f.*, poetess

policía, *f.*, police; *m.*, policeman

político, -a, political, politician; *f.*, policy, politics

polvo, *m.*, dust; **hay polvo,** it is dusty

pollo, *m.*, chicken

poner (g), to put, to set; **poner la mesa,** to set the table; **poner un telegrama,** to send a telegram; **ponerse,** to put on (clothing); **ponerse + adj.,** to become (involuntarily); **ponerse a,** to begin to; **ponerse en camino,** to start out, to set out; **el sol se pone,** the sun sets

por, for, by, through, "times"; **por consiguiente,** therefore, consequently; **por eso,** therefore; **por favor,** please; **por fin,** finally; **por la mañana,** in the morning; **por la tarde,** in the afternoon; **por la noche,** in the evening; **por lo general,** generally, in general; **por lo menos,** at least; **por lo visto,** apparently; **por supuesto,** of course; **por todas partes,** everywhere; **estar por** + *inf.*, to be in favor of

pordiosero, *m.,* beggar

porque, because

¿por qué?, why?

portorriqueño, -a, puertorriqueño, -a, Puerto Rican

portugués, portuguesa, Portuguese; **portugués,** *m.,* Portuguese (language)

poseer, to possess

posesión, *f.,* possession

posible, possible; **lo más pronto posible,** as soon as possible

postre(s), *m.,* dessert

preceder, to precede

precio, *m.,* price

precioso, -a, precious

preciso, -a, necessary; **es preciso,** it is necessary

preferible, preferable

preferir (ie, i), to prefer

pregunta, *f.,* question; **hacer (g) una pregunta,** to ask a question

preguntar, to ask

premio, *m.,* prize, reward; **el premio gordo,** grand prize

prenda de vestir, *f.,* article of clothing, garment

preparar, to prepare; **prepararse a,** to get ready to

presentar, to present, to introduce; **presentarse,** to appear, to present oneself

presente, present

prestar, to lend; **pedir prestado, -a,** to borrow; **prestar atención,** to pay attention

primavera, *f.,* spring (season)

primero, -a (primer), first

primo, -a, cousin

princesa, *f.,* princess

principal, main, principal

príncipe, *m.,* prince

principiar, to begin

principio, *m.,* beginning

prisa, *f.,* haste; **tener (ie, g) prisa,** to be in a hurry

probar (ue), to prove, to try, to test

problema, *m.,* problem

producir (zc), to produce

producto, *m.,* product

profesión, *f.,* profession

profesor, -a, teacher

profundo, -a, deep, profound

programa, *m.,* program

prohibir, to prohibit, to forbid

promesa, *f.,* promise

prometer, to promise

pronombre, *m.,* pronoun

pronto, soon; **de pronto,** suddenly; **lo más pronto posible,** as soon as possible; **tan pronto como,** as soon as

pronunciación, *f.,* pronunciation

pronunciar, to pronounce

propietario, *m.,* proprietor

propina, *f.,* tip

propio, -a, proper, own

prosa, *f.,* prose

proteger (j), to protect

proverbio, *m.,* proverb

provincia, *f.,* province

próximo, -a, next

prueba, *f.,* test, proof

público, -a, public; *m.,* public

pueblo, *m.,* town, people

puente, *m.,* bridge

puerta, *f.,* door

puerto, *m.,* port

pues, then, well

puesta: la puesta del sol, sunset

puesto, -a, placed, put; *m.,* position, post, stand; **puesto que,** since

punto, *m.,* point, dot; **en punto,** exactly, on the dot; **estar a punto de** + *inf.*, to be about to

pupitre, *m.,* (pupil's) desk

puro, -a, pure

que, who, whom, which, that, than

¿qué?, what?; **¡qué . . . !,** what a . . . !; **¿Qué hora es?,** What time is it?; **¿Qué tiempo hace?,** How is the weather?; **¿a qué hora?,** at what time?; **no hay de qué,** you're welcome, don't mention it

quebrar (ie), to break

quedar(se), to remain; **quedarle una cosa a alguien,** to have something left, to remain to someone

quejarse (de), to complain (about)

querer (ie), to want, to wish, to love; **querer decir,** to mean

queso, *m.,* cheese

quien, who, whom; **¿quién?, ¿quiénes?,** who?, whom?; **¿a quién?,** whom?; **¿de quién?,** whose?

quienquiera, whoever

quince, fifteen; **quince días,** two weeks, a fortnight

quinientos, -as, five hundred

quinto, -a, fifth

quitar, to take away; **quitarse,** to take off (clothing) radio, *m.* or *f.*, radio (generally *f.* in Spain; *m.* in Spanish America)

rama, *f.*, branch

rápidamente, rapidly

rápido, -a, rapid

raro, -a, rare; **raras veces,** seldom, rarely

rascacielos, *m.*, skyscraper

rato, *m.*, (little) while

ratón, *m.*, mouse

rayón, *m.*, rayon

raza, *f.*, race (of people)

razón, *f.*, reason; **tener (ie, g) razón,** to be right; **no tener razón,** to be wrong

real, royal, real

realizar (c), to fulfill, to realize (a profit)

rebelión, *f.*, rebellion

recibir, to receive

recientemente, recently

recoger (j), to gather, to pick up

reconocer (zc), to recognize, to acknowledge

reconquista, *f.*, reconquest

recordar (ue), to remember

recuerdo, *m.*, remembrance, souvenir; *pl.*, regards, memories

redondo, -a, round

reducir (zc), to reduce

refresco, *m.*, refreshment

refrigerador, *m.*, refrigerator

regalar, to give (as a gift)

regalo, *m.*, gift, present

región, *f.*, region

regla, *f.*, rule, ruler

regresar, to return

reina, *f.*, queen

reinar, to reign, to rule

reír (í), to laugh; **reírse de,** to laugh at

relámpago, *m.*, lightning

religión, *f.*, religion

religioso, -a, religious

reloj, *m.*, watch, clock

relojero, *m.*, watchmaker

remedio, *m.*, remedy, cure

repente: **de repente,** suddenly, all of a sudden

repetir (i), to repeat

representación, *f.*, performance

representante, *m.*, representative

representar, to represent

república, *f.*, republic

resfriado, *m.*, cold (illness)

resistir, to resist

respetar, to respect

respirar, to breathe

responder, to answer, to respond

respuesta, *f.*, reply, answer

restaurante, *m.*, restaurant

resultado, *m.*, result

resultar, to result

resumen, *m.*, summary

retirarse, to withdraw

retrato, *m.*, portrait

reunión, *f.*, meeting

reunir (ú), to gather, to bring together; **reunirse,** to meet, to assemble

revista, *f.*, magazine

revolución, *f.*, revolution

rey, *m.*, king

rezar (c), to pray

rico, -a, rich

rincón, *m.*, corner

río, *m.*, river

riqueza, *f.*, wealth, riches

risa, *f.*, laughter

rival, *m.*, rival

robar, to steal

roca, *f.*, rock

rodear, to surround

rogar (ue, gu), to beg, to request

rojo, -a, red

romper, to break, to tear

ropa, *f.*, clothes, clothing

ropero, *m.*, closet

rosa, *f.*, rose

rosbif, *m.*, roast beef

rostro, *m.*, face

roto, -a, broken

rubio, -a, blond

ruido, *m.*, noise

ruina, *f.*, ruin

Rusia, *f.*, Russia

ruta, *f.*, route

sábado, *m.*, Saturday

saber (sé), to know, to know how (to)

sabio, -a, wise, wise man

sacapuntas, *m.*, pencil sharpener

sacar (qu), to take out

sacerdote, *m.*, priest

saco, *m.*, sack, bag

sal, *f.*, salt

sala, *f.*, living room, hall, parlor

salida, *f.*, exit, departure

salir (g) (de), to leave, to go out (of); **salir bien (mal),** to pass (fail) (an examination); **el sol sale,** the sun rises

saltar, to jump, to leap

salud, *f.*, health

saludar, to greet, to salute

salvar, to save, to rescue

sandía, *f.*, watermelon

sangre, *f.*, blood

Santo, -a (San), Saint, St.; **el santo patrón,** patron saint

sarape, *m.*, serape (Mexican blanket)

sastre, *m.*, tailor

sastrería, *f.*, tailor shop

sátira, *f.*, satire

satisfecho, -a, satisfied

se, to him, to her, to you, to them, himself, herself, yourselves, themselves

seco, -a, dry

secretario, -a, secretary

sed, *f.*, thirst; **tener (ie, g) sed,** to be thirsty

seda, *f.*, silk

seguida: **en seguida,** immediately, at once

seguir (i, g), to follow, to continue

según, according to

segundo, -a, second

seguramente, surely

seguro, -a, secure, sure, safe

seis, six

seiscientos, -as, six hundred

selva, *f.*, jungle

sello, *m.*, seal, stamp

semana, *f.*, week; **la semana pasada,** last week; **la semana que viene,** next week; **hace una semana** + *preterite*, a week ago

semejante, similar, alike

senador, *m.*, senator

sencillo, -a, simple

sentado, -a, seated

sentarse (ie), to sit down

sentido, *m.*, meaning, sense

sentimiento, *m.*, sentiment

sentir (ie, i), to regret, to feel; **sentirse,** to feel

señal, *f.*, signal

señalar, to point out

señor (Sr.), *m.*, master, gentleman, Mr., sir

señora (Sra.), *f.*, lady, madam, Mrs.

señorita (Srta.), *f.*, young lady, Miss

separar, to separate; **separarse (de),** to withdraw (from)

septiembre, *m.*, September

ser, to be

sereno, *m.*, night watchman

serio, -a, serious; **en serio,** seriously

servicio, *m.*, service

servilleta, *f.*, napkin

servir (i), to serve; **servir para,** to be useful for; **servirse de,** to use, to make use of

sesenta, sixty

setecientos, -as, seven hundred

setenta, seventy

sexto, -a, sixth

si, if

sí, yes, himself, herself, yourself, themselves

siempre, always

sierra, *f.*, mountain range

siesta, *f.*, siesta, afternoon nap

siete, seven

siglo, *m.*, century; **el Siglo de Oro,** Golden Age

significar (qu), to mean

siguiente, following; **el (al)**

día siguiente, (on) the following day

silencio, *m.*, silence

silenciosamente, silently

silla, *f.*, chair

sillón, *m.*, armchair

simpático, -a, nice, pleasant

sin, without; **sin duda,** no doubt, doubtless; **sin embargo,** nevertheless, however

sincero, -a, sincere

sino, but, except

sinónimo, -a, synonymous; *m.*, synonym

sistema, *m.*, system

sitio, *m.*, place, site

situación, *f.*, situation, place

situado, -a, situated

situar (ú), to place, to locate

sobre, *m.*, envelope

sobre, on, upon; **sobre todo,** especially, above all

sobretodo, *m.*, overcoat

sobrino, *m.*, nephew; **sobrina,** *f.*, niece

sociedad, *f.*, society

sofá, *m.*, sofa

sol, *m.*, sun; **hace (hay) sol,** it is sunny; **el sol sale (se pone),** the sun rises (sets); **la puesta del sol,** sunset

solamente, only

soldado, *m.*, soldier

soler (ue), to be in the habit of, to be accustomed to

solo, -a, alone

sólo, only

soltar (ue), to loosen, to let go of

sombra, *f.*, shade, shadow

sombrero, *m.*, hat

sombrerero, *m.*, hat seller

sonar (ue), to sound

sonreír (í), to smile

soñar (ue), to dream; **soñar con,** to dream of

sopa, *f.*, soup

sorprender, to surprise; **sorprenderse,** to be surprised

sótano, *m.*, cellar, basement

su, sus, his, her, your, their, its

subir, to go up, to ascend, to climb; **subir a,** to get into (a vehicle)

subjuntivo, *m.*, subjunctive

subrayar, to underline

subterráneo, *m.*, subway

suceder, to happen

suceso, *m.*, event, occurrence

sucio, -a, dirty

Sud América (Sudamérica), *f.*, South America

sudamericano, -a, South American

sudeste, *m.*, southeast

sudoeste, *m.*, southwest

suegro, *m.*, father-in-law; **suegra,** *f.*, mother-in-law

suelo, *m.*, floor, ground, soil

sueño, *m.*, sleep, dream; **tener (ie, g) sueño,** to be sleepy

suerte, *f.*, luck; **tener (ie, g) suerte,** to be lucky

suéter, *m.*, sweater

suficiente, enough, sufficient

sufrir, to suffer, to undergo

sujeto, *m.*, subject

supermercado, *m.*, supermarket

suplicar (qu), to beg, to implore

supuesto: **por supuesto,** of course

sur, *m.*, south; **la América del Sur,** South America

sustantivo, *m.*, noun

suyo, -a, his, hers, yours, theirs

tabaco, *m.*, tobacco

tal, such (a); **tal vez,** perhaps

talento, *m.*, talent

también, also

tampoco, neither; **ni yo tampoco,** neither do I, nor I either

tan, so; tan + *adj.* or *adv.* +
como, as . . . as

tanque, *m.*, tank

tanto, -a, so much; tanto
(-a, -os, -as) + *noun* +
como, as much (many)
. . . as; cuanto más . . .
tanto más, the more . . .
the more

taquígrafo, -a, stenographer

tardar (en), to delay (in)

tarde, late;*f.*, afternoon; de
la tarde, in the afternoon,
P.M.; por la tarde, in
(during) the afternoon;
hacerse tarde, to be get-
ting late; más tarde,
later; todas las tardes,
every afternoon

tarea, *f.*, task, chore

tarjeta, *f.*, card

taxímetro, taxi, *m.*, taxi

taza, *f.*, cup

te, you, to you, yourself

té, *m.*, tea

teatro, *m.*, theater

techo, *m.*, ceiling, roof

teléfono, *m.*, telephone; la
guía de teléfonos, tele-
phone directory

telegrama, *m.*, telegram;
poner (g) un telegrama,
to send a telegram

televisión, *f.*, television

temblar (ie), to tremble

temer, to fear

temor, *m.*, fear

templo, *m.*, temple

temprano, early

tenedor, *m.*, fork

tener (ie, g), to have; tener
. . . años, to be . . . years
old; tener calor (frío), to
be warm (cold); tener
cuidado, to be careful;
tener dolor de cabeza
(estómago, muelas), to
have a headache (stom-
ach ache, toothache); te-
ner dolor de garganta, to
have a sore throat; tener
hambre (sed), to be hun-
gry (thirsty); tener lugar,

to take place; tener mie-
do, to be afraid; tener
mucho gusto en + *inf.*,
to be very glad to; tener
prisa, to be in a hurry;
tener que + *inf.*, to have
to; tener razón, to be
right; no tener razón, to
be wrong; tener sueño, to
be sleepy; no tener nada
que hacer, to have noth-
ing to do; tenga Vd. la
bondad de + *inf.*, please;
¿Qué tiene Vd.?, What's
the matter with you?;
tiene las manos frías (los
ojos cansados), his hands
are cold (his eyes are
tired)

tenis, *m.*, tennis

tercero, -a (tercer), third

terminar, to finish, to end

terror, *m.*, terror

tertulia, *f.*, party, gathering

tesoro, *m.*, treasure

ti, you

tiempo, *m.*, time, weather,
tense; a tiempo, on time;
al mismo tiempo, at the
same time; ¿cuánto tiem-
po?, how long?; hace
buen (mal) tiempo, the
weather is good (bad);
mucho tiempo, a long
time; ¿Qué tiempo hace?,
How is the weather?

tienda, *f.*, store

tierra, *f.*, land, earth

tigre, *m.*, tiger

tinta, *f.*, ink

tintero, *m.*, inkwell

tío, *m.*, uncle; tía, *f.*, aunt;
los tíos, uncle and aunt,
uncles

típico, -a, typical

tipo, *m.*, type

tirar, to throw

título, *m.*, title

tiza, *f.*, chalk

tocadiscos, *m.*, record player

tocador, *m.*, dresser

tocar (qu), to touch, to play
(an instrument); tocarle

a alguien, to be someone's
turn

todavía, still, yet; todavía
no, not yet

todo, -a, all; *m.*, everything;
todos, -as, everyone; todo
el día, all day; todos los,
todas las, every; todo el
mundo, everybody; sobre
todo, especially; por todas
partes, everywhere

tomar, to take, to have
(food or drink); tomar
parte (en), to take part
(in)

tono, *m.*, tone

tonto, -a, foolish, stupid

torero, *m.*, bullfighter

toro, *m.*, bull; la corrida de
toros, bullfight

toronja, *f.*, grapefruit

torre, *f.*, tower

tortilla, *f.*, omelet, tortilla
(Mexican cornmeal pan-
cake)

trabajador, -a, worker,
hard-working

trabajar, to work

trabajo, *m.*, work

tradicional, traditional

traducción, *f.*, translation

traducir (zc), to translate

traer (g), to bring

tragedia, *f.*, tragedy

traje, *m.*, suit

tranquilo, -a, tranquil, calm

tranvía, *m.*, streetcar

tras (de), after, behind

tratar, to treat; tratar de +
inf., to try to

través: a través de, through,
across

trece, thirteen

treinta, thirty

tren, *m.*, train

tres, three

trescientos, -as, three hundred

trigo, *m.*, wheat

triste, sad

tristeza, *f.*, sadness; con
tristeza, sadly

trono, *m.*, throne

tropa, *f.*, troop

tropezar (ie, c), to stumble; tropezar con, to come upon

trueno, *m.*, thunder

tu, tus, your

tú, you

tubo, *m.*, tube

turco, -a, Turkish

turista, *m.* or *f.*, tourist

tuyo, -a, yours

u, or (used only before words beginning with o or ho)

último, -a, last

un, una, a, an, one

único, -a, only

unido, -a, united; los Estados Unidos, the United States

unión, *f.*, union

unir(se) (a), to unite (with), to join (to)

universidad, *f.*, university

uno, -a, one; a la una, at one o'clock

unos, -as, some, about; unos(-as) cuantos(-as), a few, several

uña, *f.*, fingernail

usar, to use

usted (Vd.), ustedes (Vds.), you

útil, useful

uva, *f.*, grape

vaca, *f.*, cow

vacaciones, *f. pl.*, vacation

vacío, -a, empty

valer (g), to be worth

valiente, brave

valle, *m.*, valley

vano, -a, vain; en vano, in vain

vapor, *m.*, steamship, steam

varios, -as, several

vasco, -a, Basque

vascongado, -a, Basque

vascuence, *m.*, Basque (language)

vaso, *m.*, glass

vecino, -a, neighbor

veinte, twenty

vencer (z), to conquer, to defeat

vendedor, *m.*, seller, vendor

vender, to sell

venir (ie, g), to come; el año (la semana) que viene, next year (week)

ventana, *f.*, window

ver, to see

verano, *m.*, summer

verbo, *m.*, verb

verdad, *f.*, truth; ¿no es verdad? or ¿verdad?, aren't you?, isn't he?, don't they?, etc.

verdadero, -a, true, real

verde, green

vestíbulo, *m.*, vestibule

vestido, *m.*, dress

vestir (i), to dress; vestirse (de), to get dressed (in); la prenda de vestir, article of clothing, garment

veterano, *m.*, veteran

vez, *f.*, time; a veces, at times; a la vez, at the same time; alguna vez, some time; algunas veces, sometimes; de vez en cuando, from time to time; dos veces, twice; en vez de, instead of; esta vez, this time; muchas veces, often; otra vez, again; raras veces, seldom, rarely; tal vez, perhaps; una vez, once; varias veces, several times

viajar, to travel

viaje, *m.*, trip; hacer (g) un viaje, to take a trip

viajero, *m.*, traveler

vicio, *m.*, vice

vida, *f.*, life

vidrio, *m.*, glass

viejo, -a, old

viento, *m.*, wind; hace viento, it is windy

viernes, *m.*, Friday

vinagre, *m.*, vinegar

vino, *m.*, wine

violeta, *f.*, violet

virgen, *f.*, virgin

virtud, *f.*, virtue

visita, *f.*, visit; hacer (g) una visita (a), to pay a visit (to)

visitar, to visit

vista, *f.*, sight, view; hasta la vista, goodbye, until I see you again

visto: por lo visto, apparently

vivir, to live

vivo, -a, alive, lively

vocabulario, *m.*, vocabulary

volar (ue), to fly

volcán, *m.*, volcano

voluntad, *f.*, will

volver (ue), to return, to go back; volver a + *inf.*, to . . . again

vosotros, -as, you

voz, *f.*, voice; en voz alta (baja), in a loud (low) voice

vuelo, *m.*, flight

vuelta, *f.*, return; el billete de ida y vuelta, round-trip ticket

vuestro, -a, your

y, and

ya, already; ¡ya lo creo!, yes indeed!, I should say so!; ya no, no longer

yo, I

zapatería, *f.*, shoe store

zapatero, *m.*, shoemaker, shoe dealer

zapato, *m.*, shoe

a, an, un, una
able: to be able, poder (ue)
about, de, acerca de; **at about,** a eso de; **to be about to,** estar para + *inf.*, estar a punto de + *inf.*
accept, aceptar
accompany, acompañar
account: on account of, a causa de
ache, el dolor; **stomach ache,** el dolor ˜de estómago
acquaintance, el conocido, la conocida
act: to act as, hacer (g) de
action, la acción
activity, la actividad
actor, el actor
address, la dirección; **to address,** dirigirse (j) a
admire, admirar
advance, avanzar (c)
advantage: to take advantage (of), aprovecharse (de)
afraid: to be afraid of, tener (ie, g) miedo de (a)
after, después de; **it is (five) after (nine),** son las (nueve) y (cinco)
afternoon, la tarde; **in the afternoon,** por la tarde; **(at three) in the afternoon,** (a las tres) de la tarde
again, otra vez, de nuevo; **to (*verb*) again,** volver a + *inf.*
ago, hace + *time expression* (+ que)
air: in the open air, al aire libre
Alfred, Alfredo
all, todo, -a
all right, está bien
aloud, en voz alta
Alphonse, Alfonso
already, ya
always, siempre

A.M., de la mañana
America: South America, la América del Sur, Sud América
American, americano, -a, norteamericano, -a
amorous, amoroso, -a
amuse (oneself), divertir(se) (ie, i)
and, y, e (before *i* or *hi*)
angel, el ángel
angry: to get angry, enfadarse, enojarse
animal, el animal
Anna, Ann, Ana
announce, anunciar
another, otro, -a
answer, responder, contestar
anyone: not . . . anyone, no . . . nadie
anything: not . . . anything, no . . . nada
apparently, por lo visto
apparition, el aparecido
appear, aparecer (zc)
applaud, aplaudir
apple, la manzana
approach, acercarse (qu) a
April, abril
Argentina, la Argentina
army, el ejército
around, alrededor (de)
arrival, la llegada
arrive, llegar (gu)
art, el arte, *m.* or *f.*
Arthur, Arturo
article, el artículo
artist, el (la) artista
as, como; **as +** *adj.* or *adv.* **+ as,** tan + *adj.* or *adv.* + como; **as for,** en cuanto a; **as much +** *noun* **+ as,** tanto(-a) + *noun* + como; **as many +** *noun* **+ as,** tantos(-as) + *noun* + como; **as soon as,** en cuanto, así que, luego que, tan pronto como; **as soon as possible,** cuanto

antes, lo más pronto posible
ask (for information), preguntar; **(request)** pedir (i); **to ask a question,** hacer (g) una pregunta
asleep: to fall asleep, dormirse (ue, u)
at: at about, a eso de; **at home,** en casa; **at last,** al fin, por fin; **at least,** por lo menos; **at night,** de noche; **at once,** en seguida; **at the same time,** a la vez; **at times,** a veces
attack, atacar (qu)
attend, asistir (a)
attention, la atención; **to pay attention,** prestar atención
attentively, atentamente, con atención
August, agosto
aunt, la tía
author, el autor
automobile, el automóvil, el coche; **to take an automobile ride,** dar un paseo en automóvil (coche)
autumn, el otoño
avenue, la avenida
away: to take away, quitar; **to go away,** irse, marcharse

bad, malo, -a (mal); **the bad,** lo malo
badly, mal
baker, el panadero
bakery, la panadería
ball, la pelota
baseball, el béisbol
battle, la batalla
be, estar, ser; **to be able,** poder (ue); **to be about to,** estar para + *inf.*, estar a punto de + *inf.*; **to be afraid to (of),** tener (ie, g) miedo de (a); **to be born,** nacer (zc); **to be**

careful, tener cuidado; **to
be cold (weather),** hacer
(g) frío; **to be cool
(weather),** hacer fresco;
to be concerned with,
ocuparse de; **to be dusty,**
haber polvo; **to be frightened,** asustarse; **to be
glad,** alegrarse; **to be
glad to,** tener gusto en +
inf., alegrarse de + *inf.*;
to be good (bad) weather,
hacer buen (mal) tiempo;
to be hungry, tener hambre; **to be in a hurry,**
tener prisa; **to be in favor
of,** estar por + *inf.*; **to be
mistaken,** equivocarse
(qu); **to be muddy,** haber
lodo; **to be one's turn,**
tocarle (qu) a uno; **to be
right,** tener razón; **to be
silent,** callarse; **to be
sleepy,** tener sueño; **to
be sorry,** sentir (ie, i);
to be standing, estar de
pie; **to be successful,**
tener éxito; **to be sunny,**
haber (hacer) sol; **to be
thirsty,** tener sed; **to be to
(to be supposed to),** haber de + *inf.*; **to be warm
(personal),** tener calor;
(weather), hacer calor; **to
be windy,** hacer viento;
to be worth, valer (g); **to
be wrong,** no tener razón;
to be . . . years old, tener
(cumplir) . . . años

bear: to bear, llevar

beautiful, hermoso, -a,
bello, -a

beauty parlor, la peluquería

because, porque; **because
of,** a causa de

become, llegar (gu) a ser,
hacerse (g); **(involuntarily),** ponerse (g)

bed: to go to bed, acostarse
(ue)

before, antes de, antes (de)
que

beg, rogar (ue, gu), suplicar
(qu)

begin, comenzar (ie, c),
empezar (ie, c), princi-
piar, echarse a + *inf.*

behind, detrás (de)

believe, creer

belong, pertenecer (zc)

beside, al lado de, junto a

best, el (la) mejor

better, mejor

between, entre

big, grande

bill, la cuenta

birth, el nacimiento

birthday, el cumpleaños

blackboard, la pizarra

blouse, la blusa

book, el libro; **Spanish book,**
el libro de español

born: to be born, nacer (zc)

borrow, pedir (i) prestado,
-a

both, los (las) dos, ambos,
-as

box, la caja; **candy box,** la
caja para dulces; **iron
box,** la caja de hierro

boy, el muchacho

brave, valiente

bread, el pan

breakfast, el desayuno

bring, traer (g)

brother, el hermano;
brother(s) and sister(s),
los hermanos

build, construir (y)

building, el edificio

business, los negocios

but, pero; *(after neg.),* sino

butcher, el carnicero

butcher shop, la carnicería

buy, comprar

by, por, de; **by day,** de día;
by heart, de memoria; **by
no means,** de ninguna
manera, de ningún modo

call, llamar

can *(to be able),* poder (ue)

Canada, el Canadá

candy, los dulces

cannot (can't), no poder
(ue)

capital, la capital

captain, el capitán

capture, capturar, tomar

car, el automóvil, el coche

care, el cuidado

careful: to be careful, tener
(ie, g) cuidado

carefully, con cuidado, cuidadosamente

case: in case, en caso de que

catch, coger (j)

Catholic, católico, -a

celebrate, celebrar

cent, el centavo

central, central

Central America, la América Central, Centro
América

century, el siglo

certain (a certain), cierto, -a

chair, la silla

change, cambiar

chapter, el capítulo

Charles, Carlos

cheap, barato, -a

check (bill), la cuenta

chicken, el pollo; **chicken
salad,** la ensalada de pollo

child, el niño, la niña; **children,** los niños, las niñas

chocolate, el chocolate

Christmas, la Navidad

church, la iglesia

city, la ciudad

civilization, la civilización

class, la clase

clean: to clean, limpiar

clearly, claramente

clock, el reloj

close, cerrar (ie)

club, el círculo, el club

coat, el abrigo

coffee, el café

cold, frío, -a; **to be cold
(weather),** hacer (g) frío

colony, la colonia

come, venir (ie, g)

comedy, la comedia

complain (of), quejarse (de)

**concerned: to be concerned
with,** ocuparse de

conclude, concluir (y)

conquer, conquistar, vencer (z)

conqueror, el conquistador, el vencedor

consent, el consentimiento; to consent (to), consentir (ie, i) (en)

construct, construir (y)

construction, la construcción

contents, el contenido

continue, continuar (ú), seguir (i, g)

contribute, contribuir (y)

conversation, la conversación

convince, convencer (z)

cool: to be cool (weather), hacer fresco

copy, copiar

corner, la esquina

correct: to correct, corregir (i, j)

correctly, correctamente

cost, costar (ue)

cotton, el algodón

could, poder (ue) (*imperfect or preterite*)

country (nation), el país; (in contrast with city), el campo

course: of course, por supuesto, desde luego

courteous, cortés

cousin, el primo, la prima

cover, cubrir

cream: ice cream, el helado

create, crear

cross, cruzar (c), atravesar (ie)

cruel, cruel

cruelty, la crueldad

cry, llorar

cup, la taza

curiosity, la curiosidad

custom, la costumbre

customs inspector, el aduanero

dairy, la lechería

dance, el baile; to dance, bailar

dangerous, peligroso, -a

dare (to), atreverse (a)

date, la fecha

daughter, la hija

day, el día; by day, de día; every day, todos los días; in the daytime, de día; on the following day, al día siguiente

dead, muerto, -a

December, diciembre

decide, decidir

declare, declarar

deed, el hecho

defend, defender (ie)

delay in, tardar en + *inf.*

delightful, delicioso, -a

deliver, entregar (gu)

deny, negar (ie, gu)

descend, bajar

description, la descripción

deserve, merecer (zc)

desk, el escritorio

destroy, destruir (y)

devote oneself (to), dedicarse (qu) a

diamond, el diamante

die, morir (ue, u)

different, distinto, -a, diferente

difficult, difícil

dinner, la comida

direction, la dirección

dirty, sucio, -a

disappear, desaparecer (zc)

discover, descubrir

discoverer, el descubridor

discovery, el descubrimiento

distribute, distribuir (y)

divide, dividir

do, hacer (g); to have much to do, tener (ie, g) mucho que hacer

doctor, el médico, el doctor

dog, el perro

dollar, el dólar

done, hecho, -a

door, la puerta

doubt: to doubt, dudar; no doubt, doubtless, sin duda

down: to fall down, caerse

(g); to go down, bajar; to sit down, sentarse (ie); downtown, el centro

dozen, la docena

drama, el drama

dream (of), soñar (ue) con

dress, el vestido; to dress (oneself), vestir(se) (i)

drink, beber

drinker, el bebedor

drive, conducir (zc)

driver, el cochero

drop, dejar caer

during, durante

dusty: to be dusty, haber polvo

each (one), cada uno, -a

ear, la oreja

early, temprano

earn, ganar

easy, fácil

eat, comer; to eat breakfast, desayunarse; to eat lunch, almorzar (ue, c)

egg, el huevo

eight, ocho; eighteen(th), diez y ocho; eighth, octavo, -a; eight hundred, ochocientos, -as; eighty, ochenta

either (*after neg.*), tampoco; either . . . or (*after neg.*), ni . . . ni; nor I either, ni yo tampoco

elect, elegir (i, j)

eleven, once

employ, emplear

employee, el empleado, la empleada

empty, vacío, -a

end, terminar

enemy, el enemigo, la enemiga

England, Inglaterra

English, inglés, inglesa; (language), el inglés; Englishman, el inglés

enjoy, gozar (c) de; to enjoy oneself, divertirse (ie, i)

enough, bastante, suficiente

enter, entrar

erase, borrar
error, el error, la falta
especially, sobre todo
Europe, Europa
evening, la noche; **in the evening**, por la noche
ever, jamás; (*after neg.*), nunca
every, todos los, todas las
everybody, everyone, todos, -as, todo el mundo
everywhere, por todas partes
exactly, exactamente, en punto
examination, el examen, la prueba
example, el ejemplo; **for example**, por ejemplo
exercise, el ejercicio
exit, la salida
expect, esperar
expensive, caro, -a
explain, explicar (qu)
explorer, el explorador
explosion, la explosión
extremely, muy, -ísimo, -a
eye, el ojo

face, la cara, el rostro; **to face**, dar a; **facing**, frente a
fail, salir (g) mal (en); **to fail to**, dejar de + *inf.*
faithful, fiel
faithfully, fielmente
fall, la caída; **to fall**, caer (g); **to fall asleep**, dormirse (ue, u); **to fall down**, caerse (g); **to fall in love with**, enamorarse de
family, la familia
famous, famoso, -a, célebre
father, el padre
favor: **to be in favor of**, estar por + *inf.*
fear: **to fear**, temer
February, febrero
feed, dar de comer a
feel, sentirse (ie, i)
feeling, el sentimiento

few, pocos, -as; **a few**, unos cuantos (unas cuantas)
fiancée, la novia
fifteen(th), quince
fifth, quinto, -a
fifty, cincuenta
fight, luchar
fill, llenar
finally, al fin, por fin, finalmente
find, hallar, encontrar (ue), dar con; **to find out**, averiguar (ü)
fine: **the weather is fine**, hace buen tiempo
finish, acabar, terminar
fire, el fuego
first, primero, -a (primer)
fish, el pescado, el pez; **fisherman**, el pescador
fit, caber (quepo)
five, cinco; **five hundred**, quinientos, -as
flag, la bandera
flee, huir (y)
flight, la huida
flower, la flor; **flower shop**, la florería
fly, volar (ue)
follow, seguir (i, g); **on the following day**, al día siguiente
foot, el pie; **on foot**, a pie
for, para, por; **as for**, en cuanto a; **for example**, por ejemplo
forget, olvidar, olvidarse de
forty, cuarenta
founder, el fundador
four, cuatro; **four hundred**, cuatrocientos, -as; **fourteen(th)**, catorce; **fourth**, cuarto, -a
France, Francia
frankness, la franqueza
French, francés, francesa; **(language)**, el francés; **Frenchman**, el francés
frequently, frecuentemente, con frecuencia, a menudo
Friday, el viernes
friend, el amigo, la amiga
frighten, asustar, espantar;

to be frightened, asustarse
from, de, desde; **from time to time**, de cuando en cuando, de vez en cuando
front: **in front of**, delante de, enfrente de, frente a
fulfill, cumplir (con)
fun: **to make fun of**, burlarse de
furniture, los muebles
furious, furioso, -a

Galician, gallego, -a
game, el juego
garden, el jardín
general, el general; **generally**, generalmente, por lo general
generosity, la generosidad
George, Jorge
German, alemán, alemana; **(language)**, el alemán
Germany, Alemania
get: **to get angry**, enfadarse, enojarse; **to get dressed**, vestirse (i); **to get off**, bajar de; **to get on**, subir a; **to get up**, levantarse
gift, el regalo
girl, la muchacha, la chica
give, dar
glad: **to be glad (to)**, alegrarse (de), tener (ie, g) mucho gusto (en); **gladly**, con mucho gusto
glove, el guante
go, ir; **to go away**, irse, marcharse; **to go down (stairs)**, bajar (la escalera); **to go home**, ir a casa; **to go horseback riding**, dar un paseo a caballo; **to go out**, salir (g); **to go to bed**, acostarse (ue); **to go up (stairs)**, subir (la escalera)
gold, el oro
good, bueno, -a (buen); **the good**, lo bueno; **good luck to you**, que le vaya bien,

que lo pase Vd. bien;
good morning, buenos
días

goodbye, adiós, hasta la
vista, hasta luego; **to say
goodbye (to),** despedirse
(i) (de)

govern, gobernar (ie)

government, el gobierno

governor, el gobernador

graduate, graduarse (ú)

great, grande (gran); **greatest,** el (la) mayor; **greatness,** la grandeza

green, verde

ground, el suelo

guide, el guía; **to guide,**
guiar (í)

guitar, la guitarra

half, medio, -a; **half past,**
. . . y media

hand, la mano; **to shake
hands with,** dar la mano
a; **to shake hands with
each other,** darse la mano

happen, ocurrir, suceder

happy, feliz, contento, -a,
alegre

hard-working, trabajador,
-a

hat, el sombrero; **hat store,**
la sombrerería

hate, odiar

Havana, La Habana

have (possess), tener (ie,
g); (*helping verb*), haber;
to have a good time,
divertirse (ie, i); **to have
a headache,** tener dolor
de cabeza; **to have just
. . . ,** acabar de + *inf.*;
to have (something) left,
quedarle (algo) a alguien;
**to have much (something)
to do,** tener mucho (algo)
que hacer; **to have to,**
tener que + *inf.*

he, él

headache, el dolor de cabeza

hear, oír (y, g)

heart: by heart, de memoria

Helen, Elena

help, ayudar

Henry, Enrique

her: her book, su libro; **her
books,** sus libros; (*prep.
+ her*), ella; **I see her,**
la veo; **I speak to her,** le
hablo

here, aquí

hero, el héroe

hers, el suyo, la suya, los
suyos, las suyas; el (la,
los, las) de ella; **(a friend)
of hers,** (un amigo) suyo,
(una amiga) suya

herself, se

high, alto, -a

him: for him, para él; **I
know him,** le (lo) conozco;
I speak to him, le hablo

his (*adj.*), su, sus; (*pron.*),
el suyo, la suya, los
suyos, las suyas; el (la,
los, las) de él; **(a friend)
of his,** (un amigo) suyo,
(una amiga) suya

holiday, la fiesta

home, la casa; **at home,** en
casa; **at the home of,** en
casa de; **to go home,** ir a
casa

hope, esperar

horse, el caballo; **on horseback,** a caballo

hotel, el hotel

hour, la hora

house, la casa; **at Charles'
house,** en casa de Carlos

how?, ¿cómo?; **How is the
weather?,** ¿Qué tiempo
hace?; **how long?,** ¿cuánto
tiempo?; **how much?,**
¿cuánto, -a?; **how many?,**
¿cuántos, -as?; **how (good
it is),** lo (bueno) que (es)

**however: however rich he
may be,** por rico que sea

humanity, la humanidad

hundred, ciento (cien)

**hungry: to be (very) hun-
gry,** tener (ie, g) (mucha)
hambre

hurry: to be in a hurry,
tener (ie, g) prisa

husband, el esposo, el marido

I, yo

ice cream, el helado

idea, la idea

if, si

ill, enfermo, -a

illness, la enfermedad

important, importante

impossible, imposible

in, en; (*after superlative*),
de; **in a loud (low) voice,**
en voz alta (baja); **in
order to,** para; **in order
that,** para que; **in spite of,**
a pesar de; **in style,** de
moda; **in the daytime,** de
día; **in the middle of,** en
medio de; **in the morning
(afternoon, evening),** por
la mañana (tarde, noche);
in the open air, al aire
libre; **in this (that) way,**
de este (ese) modo, de
esta (esa) manera; **in
vain,** en vano

information, los informes

inhabitant, el (la) habitante

innocent, inocente

insist (on), insistir (en)

instead of, en vez de, en
lugar de

intelligent, inteligente

intention, la intención

interest, interesar

interesting, interesante

invitation, la invitación

invite, invitar, convidar

iron, el hierro

isn't it?, ¿no es verdad?,
¿verdad?

it: for it, para él (ella); **I
see it,** lo (la) veo; **its,** su,
sus

Italy, Italia

January, enero

Japan, el Japón

jewel, la joya
jewelry shop, la joyería
John, Juan; Johnny, Juanito
joke, el chiste
Joseph, José
judge, el juez
Julia, Julia
July, julio
June, junio
just: to have just . . . ,
acabar de + *inf.*

keep, guardar; to keep on,
seguir (i, g), continuar
(ú); to keep one's prom-
ise, cumplir la promesa;
to keep still, callarse
kind, bondadoso, -a
king, el rey; king and queen,
los reyes
kitchen, la cocina
knife, el cuchillo
know (a person), conocer
(zc); (a fact), saber (sé);
(how to), saber
knowledge, el conocimiento,
los conocimientos

lady, la dama, la señora
language, la lengua, el
idioma
large, grande
last: at last, al fin, por fin,
finalmente; last month, el
mes pasado; last night,
anoche; last week, la se-
mana pasada; last year,
el año pasado
late, tarde
later, más tarde; see you
later, hasta luego
laugh, reír (í); to laugh at,
reírse de
lawyer, el abogado
lazy, perezoso, -a
lead, conducir (zc)
learn, aprender
least, el (la) menor; at least,
por lo menos
leave, salir (g) (de), dejar;

to take leave (of), despedirse (i) (de)
left: at (to) the left, a la
izquierda; to have (some-
thing) left, quedarle
(algo) a alguien
lend, prestar
less, menos
lesson, la lección
let, dejar, permitir
letter, la carta; letter carrier, el cartero; to mail a
letter, echar una carta al
correo
library, la biblioteca
lie, mentir (ie, i)
light, la luz
lightness, la ligereza
like (to be pleasing), gustar
listen (to), escuchar
little (size), pequeño, -a;
(quantity), poco, -a; little
by little, poco a poco; a
little (water), un poco de
(agua)
live, vivir
liveliness, la viveza
long, largo, -a; a long time,
mucho tiempo; how long?,
¿cuánto tiempo?; no
longer, ya no; to be long
(in), tardar (en)
look, la mirada; to look at,
mirar; to look for, buscar
(qu)
lose, perder (ie)
lot: a lot, mucho
loud: in a loud voice, en voz
alta
Louis, Luis
love, amar, querer (ie); to
fall in love with, enamo-
rarse de
low: in a low voice, en voz
baja
luck: good luck to you, que
lo pase Vd. bien, que le
vaya bien
lunch, el almuerzo; to (eat)
lunch, almorzar (ue)

magazine, la revista

maid, la criada
mail (a letter), echar (una
carta) al correo
make, hacer (g); to make
fun of, burlarse de
man, el hombre
many, muchos, -as; as
many . . . as, tantos(-as)
. . . como; how many?,
¿cuántos, -as?; very
many, muchísimos, -as
map, el mapa
March, marzo
marry, casarse (con)
marvelous, maravilloso, -a
Mary, María
master, el amo, el dueño
masterpiece, la obra maestra
matter: no matter how rich
(he may be), por rico
(que sea); What's the
matter with you?, ¿Qué
tiene Vd.?
May, mayo
me: for me, para mí; he
sees me, me ve; he speaks
to me, me habla; with
me, conmigo
meal, la comida
mean, significar (qu), querer (ie) decir
means: by no means, de
ningún modo, de ninguna
manera
meat, la carne
medicine, la medicina
meet, encontrar (ue); (for
the first time), conocer
(zc)
mention: don't mention it,
no hay de qué, de nada
messenger, el mensajero
Mexican, mexicano, -a
Mexico, México
middle: in the middle of,
en medio de
midnight, medianoche
milk, la leche
million, el millón
mine, el mío, la mía, los
míos, las mías; (a friend)

of mine, (un amigo) mío, (una amiga) mía

minute, el minuto

miss, echar de menos; **Miss,** (la) señorita, (la) Srta.

mistaken: to be mistaken, equivocarse (qu)

money, el dinero

month, el mes; a month ago, hace un mes; last month, el mes pasado; **next month,** el mes que viene

moonlight: it is moonlight, hay luna

more, más; the more ... the more, cuanto(-a) más ... tanto(-a) más

morning, la mañana; at (six) in the morning, a (las seis) de la mañana; good morning, buenos días; in the morning, por la mañana; tomorrow morning, mañana por la mañana

most, más; most of, la mayor parte de

mother, la madre

mountain, la montaña

movement, el movimiento

movie, la película; **movies,** el cine

Mr., (el) señor, (el) Sr.; **Mrs.,** (la) señora, (la) Sra.; **Mr. and Mrs.,** los señores, los Sres.

much, mucho, -a; as much ... as, tanto(-a) ... como; how much?, ¿cuánto, -a?; so much, tanto, -a; very much, muchísimo, -a

muddy: it is muddy, hay lodo

museum, el museo

music, la música

must, deber, tener (ie, g) que + *inf.*; one must, hay que + *inf.*

my, mi, mis

name, el nombre; to be named, llamarse

Napoleon, Napoleón

nation, la nación, el país

national, nacional

near, cerca de

necessary: it is necessary, es necesario, es preciso

need, necesitar, hacer (g) falta a alguien, faltar a alguien

neighbor, el vecino, la vecina

neither ... nor, ni ... ni

nephew, el sobrino

never, jamás, nunca

nevertheless, sin embargo

new, nuevo, -a

news, las noticias

newspaper, el periódico, el diario

next: the next day, el (al) día siguiente; next Thursday, el jueves que viene; next to, al lado de, junto a; next week, la semana que viene

night, la noche; at night, de noche; last night, anoche; tonight, esta noche

nine, nueve; nine hundred, novecientos, -as; nineteen(th), diez y nueve; ninety, noventa; ninth, noveno, -a

no, no, ninguno, -a (ningún); no doubt, sin duda; no longer, ya no; by no means, de ningún modo, de ninguna manera; no one, nadie

noble, noble

nobility, la nobleza

nobody, nadie

noise, el ruido

nomination, el nombramiento

none, ninguno, -a

noon, mediodía; at noon, a mediodía

nor: nor I either, ni yo tampoco

North America, la América del Norte, Norte América

not, no; not yet, todavía no

nothing, nada

notice, notar

notwithstanding, no obstante

novel, la novela

November, noviembre

now, ahora; right now, ahora mismo

nowadays, hoy día

obey, obedecer (zc)

obtain, obtener (ie, g), conseguir (i, g)

occur, ocurrir

o'clock: at eight o'clock, a las ocho; it is (two) o'clock, son las (dos)

October, octubre

of, de; of course, por supuesto, desde luego

off: to take off (clothing), quitarse

offer, el ofrecimiento; to offer, ofrecer (zc)

office, la oficina

often, a menudo, muchas veces

old, viejo, -a, antiguo, -a; to be ... years old, tener (ie, g) ... años

older, mayor

omit, omitir

on, en, sobre; on account of, a causa de; on foot, a pie; on horseback, a caballo; on (speaking), al (hablar); on the following day, al día siguiente; on time, a tiempo; on Tuesdays, los martes; on Wednesday, el miércoles

once, una vez; at once, en seguida, inmediatamente

one, uno, -a (un); no one, nadie

only, sólo, solamente, no ... más que

open, abierto, -a; to open, abrir; in the open air, al aire libre

operation, la operación

opportunity, la oportunidad, la ocasión
opposite, en frente de
orange, la naranja
order, mandar; **in order to,** para; **in order that,** para que
ought to, deber
our, nuestro(-a, -os, -as); **ours,** el nuestro, la nuestra, los nuestros, las nuestras
out: **to find out,** averiguar (ü); **to go out,** salir (g); **to take out,** sacar (qu)
outdoors, al aire libre
overtake, alcanzar (c)

pack: **to pack one's trunk,** hacer (g) el baúl
package, el paquete
page, la página
painting, la pintura
pair, el par
paper, el papel
paragraph, el párrafo
parents, los padres
park, el parque
party, la fiesta, la tertulia
pass, salir (g) bien (en)
past: **half past,** y media
pastry shop, la pastelería
patience, la paciencia
patiently, con paciencia, pacientemente
Paul, Pablo
pay, pagar (gu); **to pay a visit (to),** hacer (g) una visita (a); **to pay attention (to),** prestar atención (a)
pen, la pluma
pencil, el lápiz
people, la gente, las personas
perfect, perfecto, -a
perhaps, tal vez, acaso
person, la persona
Peru, el Perú
Philip, Felipe
piano, el piano
pick up, recoger (j)

picture, el cuadro, la fotografía
pie, el pastel
place, colocar (qu), poner (g)
plan, el plan, el proyecto
plate, el plato
play (a game), jugar (ue, gu); **(an instrument),** tocar (qu)
pleasant, agradable
please, por favor; haga Vd. el favor de + *inf.*; tenga Vd. la bondad de + *inf.*
P.M., de la tarde, de la noche
poet, el poeta
polite, cortés
politely, con cortesía, cortésmente
poor, pobre
popular, popular
port, el puerto
possible, posible; **as soon as possible,** cuanto antes
potato, la patata, la papa
pound, la libra
poverty, la pobreza
powerful, poderoso, -a
praise, alabar
precious, precioso, -a
prefer, preferir (ie, i)
prepare, preparar
president, el presidente
pretty, bonito, -a, lindo, -a
price, el precio
priest, el cura, el sacerdote
principal (*adj.*), principal
probable, probable
probably, probablemente (or use *future or conditional*)
produce, producir (zc)
program, el programa
promise, la promesa; **to promise,** prometer
pronounce, pronunciar
prosperity, la prosperidad
prove, probar (ue)
punish, castigar (gu)
pupil, el alumno, la alumna, el (la) estudiante
purity, la pureza

put, colocar (qu), poner (g); **to put on (clothing),** ponerse

quarter, el cuarto
queen, la reina; **king and queen,** los reyes
question, la pregunta; **to ask a question,** hacer (g) una pregunta
quickly, rápidamente

radio, el radio, la radio
rain, la lluvia; **to rain,** llover (ue)
raise, levantar, alzar (c)
rapidly, rápidamente
rarely, raras veces, raramente
reach, alcanzar (c), llegar (gu) a
read, leer
reality, la realidad
receive, recibir
recognize, reconocer (zc)
refuse to, negarse (ie, gu) a
regret, sentir (ie, i)
relate, contar (ue)
remain, quedarse
remember, recordar (ue), acordarse (ue) de
repeat, repetir (i)
reply, la respuesta
respect, respetar
restaurant, el restaurante
return, la vuelta; **to return (to come back),** volver (ue), regresar; **(to give back),** devolver (ue)
rich, rico, -a
right, derecho, -a; **all right,** está bien; **at (to) the right,** a la derecha; **to be right,** tener razón; **right now,** ahora mismo
ring, el anillo
rise: **the sun rises,** el sol sale
river, el río
road, el camino
roast, el asado

Robert, Roberto
rocky, rocoso, -a
room, el cuarto, la habitación
rose, la rosa; Rose, Rosa
round-trip ticket, el billete de ida y vuelta
row, la fila
ruler, la regla
run, correr

sad, triste
sadness, la tristeza
said, dicho, -a
sailor, el marinero
Saint, Santo, -a (San)
salad: chicken salad, la ensalada de pollo
same, mismo, -a; at the same time, a la vez, al mismo tiempo
Saturday, el sábado
save, salvar
say, decir (i, g); I should say so!, ¡Ya lo creo!; that is to say, es decir; to say goodbye (to), despedirse (i) (de); to say good morning (good night) (to), dar los buenos días (las buenas noches) (a)
school, la escuela
season, la estación
seat, el asiento
seated, sentado, -a
second, segundo, -a
see, ver; he sees me, me ve; see you again, hasta la vista; see you later, hasta luego
seem, parecer (zc)
seize, coger (j)
sell, vender
send, enviar (í), mandar
September, septiembre
serious, serio, -a, grave
serve, servir (i)
set, poner (g); the sun sets, el sol se pone; to set out, ponerse en camino; to set the table, poner la mesa

seven, siete; seven hundred, setecientos, -as; seventeen(th), diez y siete; seventh, séptimo, -a; seventy, setenta
several, varios, -as; several times, varias veces
shake hands (with), dar la mano (a); to shake hands (with each other), darse la mano
sharp (hour), en punto
sharpness, la agudeza
she, ella
shirt, la camisa
shoe, el zapato; shoemaker, el zapatero; shoe store, la zapatería
short, corto, -a, breve
shortly, dentro de poco
should: I should say so!, ¡Ya lo creo!
shout, gritar
show, mostrar (ue), enseñar
sick, enfermo, -a
silent, silencioso, -a; to be silent, callarse
silk, la seda
sing, cantar
sister, la hermana
sit down, sentarse (ie)
six, seis; six hundred, seiscientos, -as; sixteen(th), diez y seis; sixth, sexto, -a; sixty, sesenta
sleep, dormir (ue); to be sleepy, tener (ie, g) sueño
slowly, lentamente, despacio
small, pequeño, -a
smell, oler (hue)
smile, sonreír (í)
smoke, fumar
snow, la nieve; to snow, nevar (ie); snowfall, la nevada
so, tan; so much, tanto, -a; so that, para que; I think so, creo que sí
society, la sociedad
sofa, el sofá
soldier, el soldado

some, alguno, -a (algún); some day, algún día
someone, alguien
something, algo
sometimes, algunas veces
son, el hijo
song, la canción
soon, pronto; as soon as, así que, luego que, en cuanto, tan pronto como; as soon as possible, cuanto antes, lo más pronto posible
sorry: to be sorry, sentir (ie, i)
soup, la sopa; tomato soup, la sopa de tomates
South America, la América del Sur, Sud América
Spain, España
Spaniard, el español, la española
Spanish, español, española; (language), el español
speak, hablar
speaker, el hablador
spend (money), gastar; (time), pasar
spite: in spite of, a pesar de
spring, la primavera
stairs, la escalera
standing, de pie
state: the United States, los Estados Unidos
station, la estación
stay, quedarse
stew, el cocido
still: to keep still, callarse
stomach ache, el dolor de estómago
stop, la parada; to stop, cesar de + inf.; to stop (oneself), detenerse (ie, g), pararse
store, la tienda
story, el cuento, la historia
street, la calle; streetcar, el tranvía
strike (the hour), dar (la hora)
strong, fuerte
student, el alumno, la alumna

studious, aplicado, -a
study, estudiar
stupid, estúpido, -a
style, la moda; in style, de moda
substitute, sustituir (y)
succeed (in), lograr + inf., conseguir (i, g)
successful: to be successful, tener (ie, g) éxito
such (a), tal
suddenly, de pronto, de repente
suffer, sufrir
suit, el traje
summer, el verano
sun, el sol; the sun rises (sets), el sol sale (se pone)
Sunday, el domingo
sunny: it is sunny, hace sol, hay sol
sweet, dulce
swim, nadar

table, la mesa
tailor, el sastre
take, tomar, llevar; to take a trip, hacer (g) un viaje; to take a walk, dar un paseo; to take advantage (of), aprovecharse (de); to take an automobile ride, dar un paseo en coche; to take away, quitar; to take leave (of), despedirse (i) (de); to take off (clothing), quitarse; to take out, sacar (qu)
talk, hablar
tall, alto, -a
tea, el té
teach, enseñar
teacher, el profesor, la profesora, el maestro, la maestra
television, la televisión
tell, decir (i, g)
ten, diez; tenth, décimo, -a
test, el examen

than, que, de
thank, dar las gracias (a); to thank for, agradecer (zc); thanks, gracias
that (adj.), ese, esa, aquel, aquella; that (one) (pron.), ése, ésa, eso, aquél, aquélla, aquello; that is to say, es decir; (the book) that (I bought), (el libro) que (compré)
the, el, la, los, las
theater, el teatro
their, su, sus
theirs, el suyo, la suya, los suyos, las suyas, el (la, los, las) de ellos, -as; (a friend) of theirs, (un amigo) suyo, (una amiga) suya
them: for them, para ellos, -as; I know them, los (las) conozco; I speak to them, les hablo
then, entonces
there, allí; there is (are), hay; there was (were), había
therefore, por eso, por consiguiente
these (adj.), estos, -as; (pron.), éstos, -as
they, ellos, - as
thief, el ladrón
thin, delgado, -a, flaco, -a
thing, la cosa
think, pensar (ie), creer; to think of (direct one's thoughts to), pensar en; (have an opinion about), pensar de; I think so, creo que sí; I think not, creo que no
thinker, el pensador
third, tercero, -a (tercer)
thirsty: to be thirsty, tener (ie, g) sed
thirteen(th), trece
thirty, treinta
this (adj.), este, esta; this (one) (pron.), éste, ésta, esto
Thomas, Tomás

those (adj.), esos, -as, aquellos, -as; (pron.), ésos, -as, aquéllos, -as
thought, el pensamiento
thousand, mil
three, tres; three hundred, trescientos, -as
through, por
throw, echar, arrojar, lanzar (c), tirar
Thursday, el jueves
ticket, el billete, el boleto; round-trip ticket, billete de ida y vuelta
time, el tiempo; (hour), la hora; (in a series), la vez; a long time, mucho tiempo; at the same time, a la vez, al mismo tiempo; at times, a veces; at what time?, ¿a qué hora?; from time to time, de vez en cuando, de cuando en cuando; to have a good time, divertirse (ie, i); on time, a tiempo; several times, varias veces; What time is it?, ¿Qué hora es?
tip, la propina
tired, cansado, -a
to, a, hasta
today, hoy
together, juntos, -as
tomato, el tomate; tomato soup, la sopa de tomates
tomorrow, mañana; tomorrow morning, mañana por la mañana
tonight, esta noche
touch, tocar (qu)
toward(s), hacia
town, el pueblo
toy, el juguete
train, el tren
translate, traducir (zc)
travel, viajar
traveler, el viajero
treasurer, el tesorero
tree, el árbol
trip, el viaje; round-trip ticket, el billete de ida y vuelta; to take a trip, hacer (g) un viaje

trunk, el baúl; **to pack one's trunk,** hacer (g) el baúl

true: it is true, es verdad

truth, la verdad

try to, tratar de + *inf.*

Tuesday, el martes

turn, volver (ue); **to be one's turn,** tocarle (qu) a alguien

twelve (twelfth), doce

twenty (twentieth), veinte

twice, dos veces

two, dos; **two hundred,** doscientos, -as; **two weeks,** quince días

umbrella, el paraguas

uncle, el tío

understand, entender (ie), comprender

understanding, el entendimiento

United States (the), los Estados Unidos

unity, la unidad

university, la universidad

unless, a menos que

until, hasta, hasta que

unwillingly, de mala gana

up: to get up, levantarse

upon: upon reading, al leer

upstairs: to go upstairs, subir la escalera

Uruguay, el Uruguay

us: for us, para nosotros; **he sees us,** nos ve; **he speaks to us,** nos habla

use, usar, emplear, servirse (i) de

useful, útil

usually, generalmente, por lo general

vacation, las vacaciones

vain: in vain, en vano

vanilla, la vainilla

vegetable, la legumbre

very, muy, -ísimo, -a; **very much,** muchísimo, -a; **it is very warm,** hace mucho calor

violin, el violín

visit, visitar; **to pay a visit,** hacer (g) una visita

voice, la voz; **in a loud (low) voice,** en voz alta (baja)

volume, el tomo

wait (for), esperar, aguardar

waiter, el mozo

wake up, despertarse (ie)

walk, andar, caminar; **to take a walk,** dar un paseo

want, querer (ie), desear

war, la guerra

warm: it is warm (weather), hace calor

warrior, el guerrero

wash, lavar; **to wash oneself,** lavarse

watch, el reloj; **to watch,** mirar; **watchmaker's shop,** la relojería

water, el agua (*f.*)

way, el modo, la manera; **in this way,** de este modo, de esta manera; **in that way,** de ese modo, de esa manera

we, nosotros, -as

weak, débil

wealth, la riqueza

weather, el tiempo; **How is the weather?,** ¿Qué tiempo hace?; **the weather is good (fine),** hace buen tiempo; **the weather is bad,** hace mal tiempo

Wednesday, el miércoles

week, la semana, ocho días; **every week,** todas las semanas, cada semana; **last week,** la semana pasada; **next week,** la semana que viene; **two weeks,** quince días

welcome: you're welcome, no hay de qué, de nada

well, bien

what, lo que; **what?,** ¿qué?, ¿cuál?; **what a . . . !,** ¡qué . . . !; **at what time?,** ¿a qué hora?; **What time**

is it?, ¿Qué hora es?; **What's the matter with you?,** ¿Qué tiene Vd.?

whatever, cualquier, cualquiera

when, cuando; **when?,** ¿cuándo?

where?, ¿dónde?; **(to) where?,** ¿a dónde?

wherever, (a)dondequiera

which, que; **which?** (*before noun*), ¿qué?; **which (one)?,** ¿cuál?; **which (ones)?,** ¿cuáles?

while, mientras (que)

who, que; **who?,** ¿quién?, ¿quiénes?

whoever, quienquiera

whom, que; (*after prep.*), quien(es); **(to) whom?,** ¿a quién(es)?; **with whom?,** ¿con quién(es)?

whose, cuyo, -a; **whose?,** ¿de quién(es)?

why?, ¿por qué?

wife, la esposa, la mujer

willingly, de buena gana

wind: to wind, dar cuerda (a)

window, la ventana

windy: it is windy, hace viento

wine, el vino

winter, el invierno

wish, desear, querer (ie)

with, con; **with me,** conmigo; **with whom?,** ¿con quién(es)?

without, sin, sin que

woman, la mujer

won't they?, ¿(no es) verdad?

wooden, de madera

wool, la lana

word, la palabra

work, el trabajo; **to work,** trabajar

worker, el trabajador, el obrero

worse, peor; **worst,** el (la) peor

worth: to be worth, valer (g)

wound, la herida; to wound, herir (ie, i)

wrap, envolver (ue)

write, escribir

wrong: to be wrong, no tener (ie, g) razón

year, el año; to be... years old, tener (ie, g) ... años; every year, todos los años; last year, el año pasado; next year, el año que viene

yellow, amarillo, -a

yesterday, ayer

yet, todavía; not yet, todavía no

you, usted, ustedes (Vd., Vds.); tú, vosotros, -as; I know you, le (lo, la, los, las, te, os) conozco; I speak to you, le (les, te, os) hablo

young, joven

younger, menor

youngest, el (la) menor

your, su, sus, tu, tus, vuestro(-a, -os, -as)

yours, el suyo, la suya, los suyos, las suyas, el (la, los, las) de Vd. (Vds.); (a friend) of yours, (un amigo) suyo, (una amiga) suya